铁道车辆制动装置及制动新技术

主　编　王　婷　宋少文

副主编　费　强　王天睿　孙　凯

主　审　施一宁

西南交通大学出版社

·成　都·

图书在版编目（CIP）数据

铁道车辆制动装置及制动新技术 / 王婷，宋少文主编. —成都：西南交通大学出版社，2023.8
ISBN 978-7-5643-9471-4

Ⅰ. ①铁… Ⅱ. ①王… ②宋… Ⅲ.①铁路车辆－车辆制动－制动装置－高等职业教育－教材 Ⅳ. ①U260.13

中国国家版本馆 CIP 数据核字（2023）第 159563 号

Tiedao Cheliang Zhidong Zhuangzhi ji Zhidong Xinjishu
铁道车辆制动装置及制动新技术

主编　王　婷　宋少文

责任编辑　李　伟
封面设计　何东琳设计工作室

出版发行　西南交通大学出版社
　　　　　（四川省成都市金牛区二环路北一段 111 号
　　　　　　西南交通大学创新大厦 21 楼）
邮政编码　610031
发行部电话　028-87600564　028-87600533
网址　http://www.xnjdcbs.com
印刷　四川煤田地质制图印务有限责任公司

成品尺寸　185 mm×260 mm
印张　20.25
插页　4
字数　519 千
版次　2023 年 8 月第 1 版
印次　2023 年 8 月第 1 次
定价　69.00 元
书号　ISBN 978-7-5643-9471-4

课件咨询电话：028-81435775
图书如有印装质量问题　本社负责退换
版权所有　盗版必究　举报电话：028-87600562

随着我国铁路事业的高速发展，铁道车辆技术不断革新，对车辆的检修与维护工作也提出了更高的要求。制动装置作为车辆的核心组成部分，对保证列车运行安全、提高运输效率起到了至关重要的作用。

本书编写以严谨、求实为原则，力求做到用语准确、层次分明、针对性强、解决问题，同时紧跟铁路制动技术发展现状，以满足铁道车辆检修相关岗位对高技能型人才的岗位需求为目标，针对关键工作岗位的作业流程和生产任务，分析岗位所需的职业技能，以能力培养制定学习目标，做到教学内容与典型工作任务相接轨，能力培养与职业技能训练及鉴定相接轨，学生素质培养评价与企业文化、职业素养要求相接轨。

本书的特点如下：

（1）专业协作、校企"双元"的编写团队。本书编写团队由辽宁铁道职业技术学院、吉林铁道职业技术学院、辽宁轨道交通职业学院三所铁路高职院校教师以及中国铁路沈阳局集团有限公司的行业企业专家组成，为建设高质量的教材提供了保障，体现了专业协作、校企合作的办学理念。

（2）立足前沿技术，淘汰老旧内容，增加 CR200J 速度 160 km/h 动力集中动车组制动技术，并增加新型客货车制动系统。

（3）融入课程思政内容。通过植入典型案例、体现专业特色、立足当前形势、深挖制动技术发展、开展实践教学等方式，全方位引入思政元素，有机融入劳动教育、工匠精神、职业道德、职业精神、家国情怀和职业规范等内容，达到润物无声的育人效果。

（4）深化"岗课赛证"。教材内容除满足课程教学外，还能对接学生工作岗位、职业技能等级证书以及技能大赛。同时，每个项目后配套精选习题，精选习题客观题答案可扫项目十一最后二维码获取。

（5）坚持信息革命，适应数字化时代变革。教材各个任务均配有 PPT 课件和微课视频等数字教学资源，适应信息化、数字化时代的"线上学习、碎片化学习、自主学习"。

本书由王婷、宋少文担任主编，费强、王天睿、孙凯担任副主编，中国铁路沈阳局集团有限公司通辽车辆段段长、高级工程师施一宁担任主审。本书编写分工如下：辽宁铁道职业技术学院王婷编写项目一；辽宁铁道职业技术学院宋少文编写前言，项目五的任务一、任务二，项目六，项目九；辽宁铁道职业技术学院费强编写项目二，项目四的任务三、任务四、任务五；辽宁轨道交通职业学院王天睿编写项目十的任务四、任务五、任务六；辽宁铁道职业技术学院孙凯编写项目四的任务一、任务二，项目七；辽宁铁道职业技术学院褚云博编写项目十一；辽宁铁道职业技术学院王忠旭编写项目十的任务一、任务二、任务三；辽宁铁道职业技术学院衣美玲编写项目八；辽宁铁道职业技术学院宋晓婷编写项目三的任务一、项目五的任务三；吉林铁道职业技术学院王菲菲编写项目三的任务二；吉林铁道职业技术学院张晶编写项目三的任务三。

本书在编写过程中参考了部分已出版教材并引用了部分插图，编者在此对所参考教材的作者深表感谢。

本书的编写力求符合高职教学改革要求，具有高职特色，但由于编者水平有限，书中不足之处在所难免，恳请读者提出宝贵意见。

编　者

2023 年 3 月

目　录

项目一　制动基础知识

 项目描述

制动系统是确保列车运行安全的主要装备之一。多年以来，随着列车载重和速度的不断提高，列车制动系统也历经了多种形式，在学习制动技术前需要掌握制动相关的基础知识。本项目将重点介绍制动的相关概念、制动机的分类以及自动式空气制动机的作用原理，为学生后续课程的学习打下基础。

 对应岗赛证

对应岗位：铁路客货车检车员岗位、铁路客货车制动钳工岗位。

对应大赛：职业技能大赛、创新创业大赛。

对应证书：铁路职业技能鉴定系列证书、1+X 轨道交通装备系列证书。

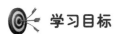 **学习目标**

【知识目标】

（1）掌握制动技术的相关概念；

（2）掌握制动机的种类及各型制动机的基本作用原理；

（3）掌握自动式空气制动机的组成及作用原理。

【技能目标】

（1）能够阐述制动的相关概念；

（2）能够利用原理图分析自动式空气制动机的作用原理。

【素质目标】

（1）培养学生严谨认真的工作作风，强化对知识的综合运用能力；

（2）树立民族自豪感，培养学生的家国情怀。

 思政案例

我国制动技术的发展

内燃机车诞生于 20 世纪 20 年代，此后得到迅速发展，并逐步取代蒸汽机车，我国也在 21 世纪初完全淘汰了蒸汽牵引方式。由于牵引动力内燃化，列车运行速度提高到 100 km/h 以上。在此期间，机车车辆创新技术层出不穷，制动技术得到显著发展，空气制动机也得到不断更新，我国在 20 世纪 60 年代开始试验研究 103/104 型空气制动机，70 年代以后合成闸瓦在基础制动装置中得到广泛使用。

20世纪70年代，电力机车高速发展，推动了电空制动机的完善，在一些旅客列车上出现了电气指令式和ATC（列车自动控制）化的制动控制装置。我国客货车辆开始采用盘形制动、电空制动阀、电子防滑等制动新技术。

如今，单纯的空气制动已经不能充分满足列车制动能力的要求，我国开始采用空气、电气制动为主的复合制动装置，大大满足了列车安全、重载、舒适等方面的要求。

中国铁路事业高速发展的100年里，也是制动技术不断升级的过程，铁路人克服了重重困难，完成了制动机技术从跟跑、并跑到领跑的重大跨越。

任务一　制动的相关概念

 **任务目标**

【知识目标】

（1）掌握制动的相关概念；

（2）掌握制动的重要意义。

【技能目标】

能够阐述制动力的形成过程，并依据轮轨关系分析黏着的概念。

【素质目标】

培养学生分析问题、解决问题的能力。

 任务描述

掌握制动的相关概念，能够分析制动力的形成过程，对后续课程的学习至关重要。课前同学们要完成对制动相关概念的学习，课上汇报学习成果，同时老师讲解各个概念的含义；课后同学们要根据所讲知识自主对制动各相关概念的术语进行更深入的探究。

 数字资源

制动的相关概念

 配套知识

一、制动相关概念

（一）制动作用

制动作用是人为施加的外力，使运动的物体减速或阻止其加速，以及保持静止的物体静止不动的作用。

车辆的制动按用途主要可分为如下两种：

1. 常用制动

正常情况下为调节或控制列车速度（包括进站停车）所施加的制动。其特点是作用比较缓和，而且制动力可以调节。

2. 紧急制动

紧急情况下为使列车尽快停止而施加的制动。其特点是把列车的制动能力全部用上，作用迅猛。

（二）制动力

实现制动作用的力称为制动力。制动力是人为施加的外力作用，制动力的大小即制动作用的效果，可以进行调整。

制动力对被制动物体来说是一种外力，列车制动力的产生是由列车以外的物体产生并施加于列车的一种力。对于普通客货车，这一外力只能是钢轨施加于车轮并与列车运行方向相反（与钢轨平行）的力，如图 1-1 所示。

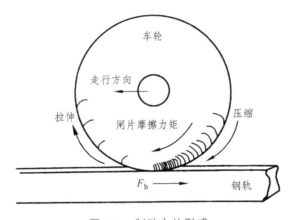

图 1-1　制动力的形成

列车在运行时，车轮和钢轨的接触并不是纯滚动状态，由于车轮和钢轨的形变，二者接触状态处于滚动中伴有微小的滑动，这种状态称为黏着，黏着状态下的力称为黏着力。通常情况下，列车就是依靠轮轨间的黏着力来实现制动的。

按照制动力的形成方式，制动方式又可分为黏着制动和非黏着制动。前者要通过轮轨黏着来产生制动力并受黏着的限制，后者则不然。在应用于各国高速动车组的制动方式当中，除磁轨制动、轨道涡流制动和翼板制动外，其他方式一般说来都属于黏着制动。

（三）缓解作用

对已经施加制动的列车，解除或减弱其制动作用称为缓解。

（四）车辆制动装置

装于车辆上能实现制动作用和缓解作用的装置称为车辆制动装置。车辆制动装置包括空气制动机、人力制动机、基础制动装置三部分。通常将空气制动机称为车辆制动机。

（五）制动距离

制动距离是指从司机将制动控制阀手柄置于制动位开始，到列车完全停止，此期间列车移动的全部距离。制动距离是衡量制动性能的指标之一。我国《铁路技术管理规程》规定的制动距离表 1-1 ~ 表 1-3 所示。

表 1-1　货物列车制动距离

速度/（km/h）	制动距离/m
90	800
120（轴重＜25 t）	1 100
120（轴重≥25 t）	1 400
160	1 400

表 1-2　普速客车制动距离

速度/（km/h）	制动距离/m
120	800
140	1 100
160	1 400

表 1-3　高速列车制动距离

速度/（km/h）	制动距离/m
200	2 000
250	3 200
300	3 800
350	6 500

（六）制动波和制动波速

制动机在制动时，制动作用沿列车纵向由前向后的传播现象称为制动波。制动波的传播速度称为制动波速。

制动波速也是综合评定制动机性能的重要指标之一。在制动过程中，制动波速越高，则列车制动作用传播越快，列车制动力增长越快，列车前后部制动作用同时性越好，即前后部作用时间比较一致，前后部车辆的减速度差值比较小，制动过程中任一瞬间的平均制动力比较大。这既可缩短制动距离，确保列车运行安全，又可有效地缓和列车的纵向冲击作用。

二、制动的重要意义

（1）制动系统控制列车的运行速度，确保列车安全、正点运行。

（2）保证列车具有强大牵引性能的同时具备遇到突发情况时及时停车的能力。

（3）制动系统还能提高列车的区间通过能力。

任务二　制动机的分类

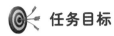 **任务目标**

【知识目标】

掌握制动机的种类及各型制动机的基本作用原理。

【技能目标】

能够阐述各型制动机的特点及作用。

【素质目标】

培养学生对知识的综合运用能力。

 任务描述

制动技术在长期的发展过程中，产生了多种类型的制动机。课前同学们要完成对各型制动机的学习，课上汇报学习成果，同时老师讲解各制动机的基本作用原理；课后同学们要根据所讲知识自主对各型制动机进行更深入的探究。

 数字资源

制动机的分类

 配套知识

目前，我国铁路列车使用的制动机种类主要有：人力制动机、空气制动机、电空制动机、轨道电磁制动机、线性涡流制动机等。

一、人力制动机

1825 年 9 月 27 日，英国斯托克顿至达林顿之间建成了世界上第一条铁路，第一列由蒸汽机车牵引的列车开始运营。当时所使用的制动机是手制动机，即人力制动机。

人力制动机是装在车辆制动装置上，以人力作为产生制动力原动力的部分。它是用人力转动的手轮或手把，以代替压缩空气作用于制动缸活塞推力带动基础制动装置动作，使闸瓦压紧车轮，产生制动作用的一种装置，如图 1-2 所示。但其产生的制动力比空气制动时的制动力要小得多，制动过程也很缓慢，因此，现代列车只有在不能使用空气制动机的情况下才使用人力制动机。目前，人力制动机只作为辅助制动装置，一般仅用于原地制动或调车作业。

图 1-2　货车人力制动机

二、空气制动机

由于手制动机具有劳动强度大、列车各车辆制动的同时性差、列车制动效果不佳等缺点，因此，之后的铁路车辆多数采用空气制动机。空气制动机是以压缩空气为原动力，利用气压的变化来操纵的制动机。

1. 直通式空气制动机

1869 年，美国工程师乔治·韦斯汀豪斯发明了世界上第一台直通式空气制动机。其原理是空气压缩机（风泵）产生压缩空气并送入机车上的总风缸储存，制动管直接通向制动缸（直通），制动管充气（增压），制动缸也充气（增压），产生制动；制动管排气（减压），制动缸也排气（减压），产生缓解，如图 1-3 所示。

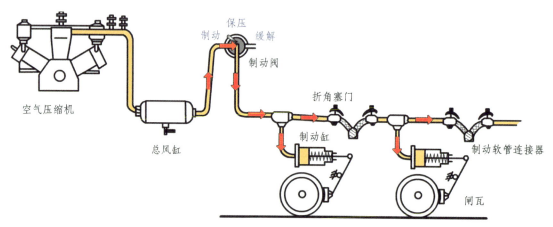

图 1-3　直通式空气制动机原理图

当操纵制动控制阀的手柄置于制动位时，总风缸的压缩空气便进入贯通全列车的制动管。制动管包括贯通每辆车的制动主管、端部的制动软管和软管连接器及由每根主管中部接出的制动支管。进入制动管的压缩空气可经由每辆车的制动支管"直通"其制动缸，推动制动缸内的活塞移动，压缩其背后的缓解弹簧，使活塞杆向外伸出，从而使装于制动杠杆下端的闸瓦及闸瓦托紧压车轮，产生制动作用。

当制动控制阀手柄置于保压位时，总风缸、制动管和大气三者之间的通路均被隔断，制动管和制动缸的空气压力保持不变。

当制动控制阀手柄置于缓解位时，制动缸和制动管的压缩空气均可由制动控制阀排往大气。制动缸活塞在缓解弹簧的复原力推动下移动，使活塞杆向缸内缩回，闸瓦离开车轮，制动状态得到缓解。

直通式空气制动机的特点：

（1）构造简单，既有阶段制动，又有阶段缓解，便于调节制动力。

（2）制动：制动管增压，压缩空气进入制动缸。所有车辆的制动缸都靠机车上的总风缸经制动管供气。缓解：制动管减压，制动缸内的压缩空气排向大气。各车制动缸的压缩空气都需经制动管从机车上的制动控制阀处排出。

（3）列车前后部制动和缓解发生的时间差大，会造成纵向冲击，因此该方式适用于单节、短编组，不适用编组较长的列车。

（4）当列车发生分离事故时，列车将彻底丧失制动力，不能自动停车。

2. 自动式空气制动机

当列车发生分离故障时，直通式空气制动机无法实现制动作用，因此它不适用于安全性要求较高的列车上。于是在1872年，乔治·韦斯汀豪斯在直通式空气制动机的基础上，研制出了一种新型的空气制动机，即自动式空气制动机。

自动式空气制动机在每辆车上增加了三通阀（分配阀或控制阀）及副风缸，如图1-4所示。副风缸在缓解位储存好本辆制动机制动时所需的压力空气，制动时，各制动缸的压力空气就近取自本车的副风缸；缓解时，各制动缸的压力空气经本车的三通阀排气口排出。

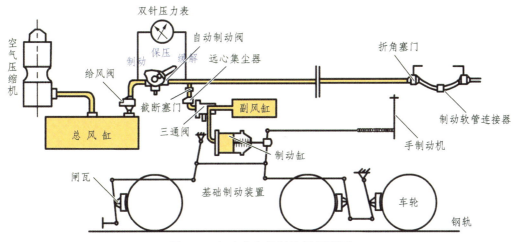

图1-4 自动式空气制动机原理图

自动式空气制动机的特点：

（1）制动：制动管减压（排气），三通阀动作，副风缸内的压缩空气进入制动缸，制动缸充气（增压），产生制动；缓解：制动管增压（充气），三通阀动作，制动缸内的压缩空气排向大气（减压），产生缓解。

（2）当列车发生分离事故时，制动软管被拉断，制动风压急剧下降，三通阀自动而迅速地移动到制动位，列车可自动、迅速地制动直至停车。

（3）制动时，各车都由副风缸分别向本车的制动缸供气；缓解时，各车制动缸的压缩空气也分别从本车的三通阀处排出。因此，制动时制动缸的动作较快，风压上升也快，提高了列车运行的安全性，且列车前后部制动和缓解的一致性都比直通式空气制动机要好，大大缓解了列车运行中的纵向冲击。自动式空气制动机适用于编组较长的列车。

三、电空制动机

电空制动机是在空气制动机的基础上加装电磁阀等电气控制部件而形成的，如图1-5所示。电磁阀能根据控制电路输入的电信号，阀内产生相应的磁信号，这个磁信号驱动电磁铁动作，来控制阀门的开闭。因此，电空制动机是以压缩空气为原动力，用电气装置控制，由空气制动机产生制动、缓解作用的制动机。电空制动本质上也是空气制动。

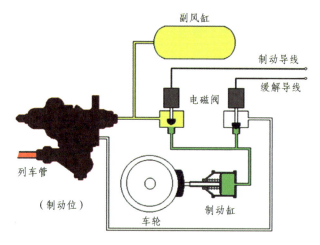

图1-5　电空制动机原理图

制动时，各车的制动电磁阀的排气口同时打开，将制动管的压缩空气排往大气，产生制动作用。缓解时，各车的缓解电磁阀的通路同时打开，使各车的加速缓解风缸同时向制动管充气。加速缓解风缸的压缩空气是制动管经过三通阀向副风缸充气时经止回阀充入的，由于止回阀的作用，制动时加速缓解风缸的压缩空气并没有使用。保压时，缓解电磁阀的通路被关闭，保压电磁阀将三通阀的排气通路切断，所以，三通阀主活塞此时虽然停留在充气缓解位，制动缸经三通阀与排气口相通，但不通大气，制动缸空气压力保持不变。

电空制动机通过电气指令控制每辆车电磁阀的开闭，来控制制动管的充/排气（增/减压），从而使三通阀动作，实现全列车的制动或缓解。因此，与空气制动机相比，它大大改善了列车前后制动和缓解的一致性，从而显著减轻了列车的纵向冲击，缩短了制动距离。

四、轨道电磁制动机

在每一个转向架上设有可起落的电磁铁，司机操纵制动时，将悬挂在转向架上导电后起磁感应的电磁铁放下并压紧钢轨，使它与钢轨发生摩擦而产生制动力，如图1-6所示。轨道电磁制动机在高速旅客列车上与空气制动机并用。其优点是制动力不受轮轨间的黏着限制，避免车轮滑行；但其质量较大，增加了车辆的自重并加速了钢轨的磨耗，且因设备寿命短，一般只在紧急制动时使用。

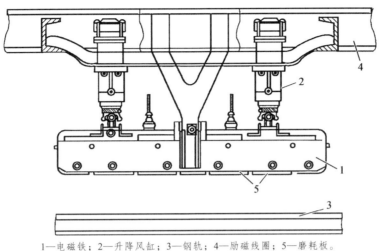

1—电磁铁；2—升降风缸；3—钢轨；4—励磁线圈；5—磨耗板。

图 1-6　轨道电磁制动机原理图

五、线性涡流制动

在每一个转向架上设有可起落的电磁铁，司机操纵制动时，将悬挂在转向架上导电后起磁感应的电磁铁放下距轨面上方几毫米处，利用它和钢轨的相对运动使钢轨表面产生感应电磁涡流，从而产生阻力并使钢轨发热，将列车的动能转化为热能，由钢轨和电磁铁将热能逸散于大气中。

六、再生制动

再生制动指的是将原来驱动轮对的自励牵引电动机变为他励发电机，由轮对带动发电。列车制动时，电力机车或用电力牵引的动车的牵引电动机转变为发电机，将运行中的列车动能通过发电机转化为电能反馈回电网（供电网范围内的其他列车牵引使用），使列车的动能转化为可利用的电能，如图 1-7 所示。

在各种制动方式中，唯有再生制动方式几乎不需要在列车上增加任何部件，因此它已成为高速列车极为重要的一种制动方式。列车的再生制动能力不但取决于电机的功率，更受制于线路供电网的网压。

七、电阻制动

电阻制动与再生制动类似，仍然是在制动时将原来驱动轮对的自励牵引电动机变为他励发电机，由轮对带动发电，不同的是电阻制动是将电流通往专门设置的电阻器，采用强迫通风使热量耗散于大气，从而产生制动作用。其优点是效率高，不会发生长时间抱死车轮的现象，高速时制动力大，但低速时它的效率降低，所以经常和空气制动配合使用。

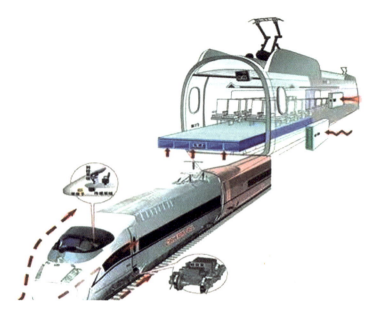

图 1-7　再生制动原理图

任务三　自动式空气制动机的基本作用原理

任务目标

【知识目标】

掌握自动式空气制动机的组成及三通阀的作用原理。

【技能目标】

能够对自动式空气制动机进行检修。

【素质目标】

培养学生的标准化作业意识及安全责任意识。

任务描述

制动技术在长期的发展过程中，产生了多种类型的制动机。课前同学们要完成对各型制动机的学习，课上汇报学习成果，同时老师讲解各制动机的基本作用原理；课后同学们要根据所讲知识自主对各型制动机进行更深入的探究。

数字资源

自动式空气制动机的基本作用原理

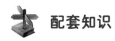 **配套知识**

一、自动式空气制动系统的组成

自动式空气制动机由压缩机、总风缸、给风阀、自动制动阀、制动管、三通阀、副风缸、制动缸、基础制动装置等组成，如图 1-4 所示。

1. 压缩机

压缩机又称风泵，用以产生压缩空气，供制动系统及其他风动装置使用。

2. 总风缸

总风缸是机车储存压缩空气的容器。总风缸内空气压力为 750 ~ 900 kPa，供全列车制动系统使用。同时，总风缸设有安全阀，防止空气压力过大。

3. 给风阀

给风阀将总风缸的压力空气调整至规定压力后，经自动制动阀充入制动管。

4. 自动制动阀

自动制动阀俗称"大闸"，用于操纵列车空气制动系统的制动、缓解和保压。

5. 制动管

制动管是贯通全列车的空气导管。通过它向列车中各车辆的制动装置输送压力空气，并通过自动制动阀控制制动管内压力空气的压力变化，来实现操纵列车各车辆制动机产生相应的作用。

6. 三通阀

三通阀是根据制动管内空气压力的变化来控制压缩空气的流向，使制动机形成制动、保压或缓解作用，是空气制动机中最主要且复杂的部件。

7. 副风缸

副风缸是每辆车辆储存压缩空气的容器。缓解时，总风缸中的压缩空气经调压后通过控制阀（或分配阀）进入副风缸储存；制动时，副风缸内的压缩空气又经控制阀（或分配阀）直接进入制动缸。

8. 制动缸

制动时，制动缸将副风缸送来的压缩空气变为机械推力，推动制动缸活塞移动并压缩缓解弹簧，再通过基础制动装置产生摩擦力而产生制动作用。

9. 基础制动装置

基础制动装置是机械部件，用来将制动缸活塞推力放大若干倍并传递到闸瓦，使闸瓦压紧车轮产生制动作用；缓解时，使闸瓦离开车轮，实现制动机的缓解作用。

二、三通阀的基本作用原理

三通阀指的是一通制动管，二通副风缸，三通制动缸（目前，自动式空气制动装置中的"分配阀"或"控制阀"与此处的三通阀功能相同，但结构更为复杂）。三通阀内有一个气密性良好的主活塞和带孔道的滑阀及节制阀。主活塞外侧通制动管，内侧通副风缸。当制动管内压缩空气的压力发生增减变化时，主活塞两侧产生压力差（制动管与副风缸的空气压力差），当克服移动阻力后，推动主活塞带动滑阀、节制阀移动形成不同的作用位置，实现以下各种作用。

1. 充气缓解位

当制动控制阀手柄置于缓解位时，总风缸的压缩空气经制动阀进入制动管（增压），并进入三通阀活塞左侧，将三通阀内的活塞推至右极端（缓解位），空气经活塞上部的充气沟进入副风缸。同时，滑阀沟通了制动缸通大气的排气口，制动缸开始排气缓解，如图1-8所示。

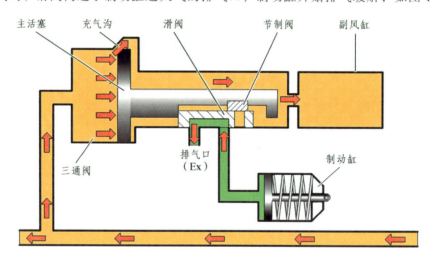

图1-8　充气缓解位作用原理

2. 减压制动位

当制动控制阀手柄置于制动位时，制动管经制动控制阀通大气（减压），副风缸的气压将三通阀的活塞推向左极端（制动位），关闭了制动缸通大气的通路，同时打开副风缸通往制动缸的孔路，副风缸的压缩空气进入制动缸，产生制动作用，如图1-9所示。

3. 制动保压位

当制动控制阀手柄置于保压位时，制动管既不通总风缸，也不通大气，制动管空气压力保持不变。此时，副风缸仍继续向制动缸供气，副风缸空气压力仍在下降。当副风缸空气压力降至比制动管空气压力略低时，制动管气压会将三通阀活塞向右反推至中间位置（中立位或保压位），恰好使三通阀通制动缸的孔关闭；于是，副风缸停止向制动缸供气，副风缸空气压力不再下降，处于保压状态，制动缸空气压力不再上升，也处于保压状态。此时，制动管与副风缸的通路也被切断，如图1-10所示。

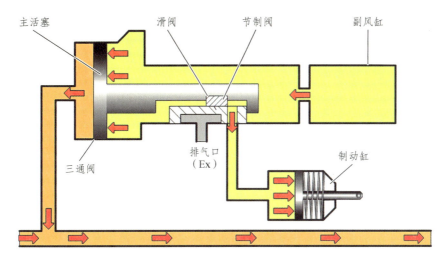

图 1-9　减压制动位作用原理

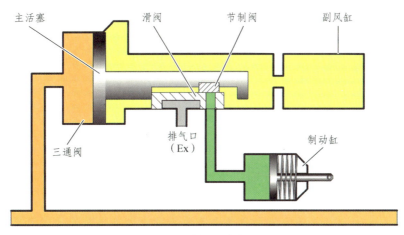

图 1-10　制动保压位作用原理

精选习题

一、单选题（选自国铁集团制动钳工竞赛题库）

1. 制动装置指机车或车辆上能产生制动和缓解作用的零、部件所组成的一整套机构，通常包括制动机、（　　　）、人力制动机。

  A. 控制阀   B. 基础制动装置

  C. 机车制动装置   D. 车辆制动装置

2. 25 t 轴重货车运行速度为 120 km/h，制动距离为（　　　）m。

  A. 800   B. 1 100   C. 1 400   D. 2 000

3. 空气制动机分为直通式空气制动机和（　　　）空气制动机。

  A. 真空式   B. 自动式   C. 半自动式   D. 电空式

4. 三通阀属二压力机构阀，主活塞两侧受到制动管与（　　　）的空气压力。

 A. 副风缸   B. 制动缸

 C. 加速缓解风缸   D. 压力风缸

5. 旅客列车运行速度为 160 km/h，制动距离为（　　　）m。

 A. 800   B. 1 400   C. 2 000   D. 2 400

二、判断题（选自职业技能鉴定题库）

1. 制动是指作用在运动物体，使其减速、停止运动或保持其静止状态的作用。（　　）

2. 闸瓦施加于车轮的摩擦力不能称为制动力。（　　）

3. 制动装置是指机车或车辆上能够产生制动作用的一整套装置。（　　）

4. 制动作用由前向后传播的现象称为制动波速。（　　）

5. 空气制动机的特点为增压缓解、减压制动。（　　）

三、简答题

1. 简述三通阀的工作原理。

2. 简述制动的重要意义。

3. 简述制动机的种类。

项目二　客货车空气制动机检修

 项目描述

空气制动机是车辆制动装置中的核心部分，决定车辆的运行品质，对保证列车行车安全、提高运输效率、降低运输成本、提高社会效益和经济效益起着至关重要的作用。本项目将重点介绍空气制动机的构造、作用原理，以及空气制动机的检修工艺流程，使学生掌握企业作业标准。

对应岗赛证

对应岗位：铁路客货车检车员岗位、铁路客货车制动钳工岗位。

对应大赛：职业技能大赛、创新创业大赛。

对应证书：铁路职业技能鉴定系列证书、1+X 轨道交通装备系列证书。

学习目标

【知识目标】

（1）了解空气制动机的发展历程；

（2）掌握客货车空气制动机的构造及特点；

（3）掌握各制动机配件的结构、作用及检修要求。

【技能目标】

（1）能够检修客货车空气制动机；

（2）具备识别空气制动机典型故障及故障原因分析和判断的能力。

【素质目标】

（1）培养学生精益求精的工匠精神；

（2）树立标准化作业意识及安全责任意识。

 思政案例

我国货车制动缸的发展历程

我国铁路货车制动缸的发展经历了 3 个阶段：20 世纪 80 年代以前，货车制动缸为前盖非密封式，制动缸体、前后盖和活塞为铸造件，通过压板将 L 形皮碗紧固在活塞上，此类制动缸质量大，密封性能差；80 年代末期开始推广制动新技术，$\phi 254\ mm \times 254\ mm$ 密封式制动缸开始投入使用，该型制动缸前盖为带有密封功能的钢板压型结构，制动缸体、后盖和活塞为铸造件，活塞密封采用嵌入式 Y 形皮碗，密封性能有所提高，制动缸质量也较大；90 年代初开始推广使用整体旋压密封式制动缸，与 $\phi254\ mm\times254\ mm$ 密封式制动缸相比，该型制动缸将缸体和后盖合并制成钢制整体旋压式缸体，沿用了铸造活塞和 Y 形皮碗结构。

目前，我国 70 t 级铁路货车制动系统采用的旋压密封式制动缸主型为 $\phi305\ mm\times254\ mm$ 型旋压密封式，其可与货车主型 120 型控制阀和空重车自动调整装置相匹配，其性能与目前配置的制动机基本相同，可适用于 70 t 级货车、轴重 25 t 及以上的通用货车，主要性能符合《关于公布车辆旋压密封式制动缸技术条件和转发技术审查意见的通知》的相关要求。

任务一　货车空气制动机的种类及组成

 **任务目标**

【知识目标】

（1）了解空气制动机的发展历程；

（2）掌握 103 型和 120 型空气制动机的构造及特点。

【技能目标】

（1）掌握各型号货车空气制动机的结构及特点；

（2）能识别 120 型空气制动机及其各零部件的名称。

【素质目标】

培养学生精益求精的工匠精神。

 任务描述

空气制动机是指车辆制动装置中利用压缩空气作为动力来源，以制动主管的空气压力变化来控制分配阀产生动作，实现制动和缓解作用的装置。空气制动机是车辆制动装置的重要组成部分。课前同学们要完成货车空气制动机种类的学习，课上汇报学习成果，同时老师讲解各型号空气制动机的结构组成及特点；课后同学们要根据所讲知识归纳总结 120 型空气制动机各零部件的作用，以便更好地学习后续相关专业知识。

 数字资源

货车空气制动机的种类及组成

 配套知识

空气制动机包括从制动软管连接器至制动缸之间的所有制动部件。分配阀是空气制动机的主要控制部件，它能根据制动管中的空气压力的变化来控制车辆制动装置的制动、缓解和保压作用。

我国的铁路通用货车采用的空气制动机经历了从 K 型空气控制阀到 GK 型空气控制阀，从 103 型空气控制阀到 120 型空气控制阀的发展阶段，目前，长大重载列车已发展到 120-1 型空气控制阀。

一、GK 型空气制动机

GK 型空气制动机是以 GK 型三通阀为主的货用自动式空气制动机，由制动软管连接器 12、制动主管 1、制动支管、截断塞门 6、远心集尘器 4、GK 型三通阀 3、副风缸 11、制动缸 2 等组成，如图 2-1 所示。

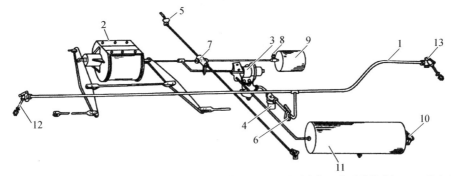

1—制动主管；2—制动缸；3—GK 型三通阀；4—远心集尘器；5—空重车指示牌及调整手把；6—截断塞门；
7—空重车转换塞门；8—安全阀；9—降压气室；10—缓解阀；11—副风缸；
12—制动软管连接器；13—折角塞门。

图 2-1 GK 型空气制动机

GK 型空气制动机的组成特点是：空重车调整装置（包括降压气室 9、空重车转换塞门 7、安全阀 8、空重车指示牌及调整手把 5 等）可通过空重车转换塞门 7 手动调节，两级调整。缓解阀安装在副风缸上，拉动车体两侧的拉条可排空副风缸，使车辆缓解。GK 型空气制动机主要装用在 50 t 级货车上，截至目前已基本被淘汰。

二、103 型空气制动机

103 型空气制动机是以我国自行设计制造的以 103 阀为主的货用自动式空气制动机，由制动软管连接器、制动主管、制动支管、截断塞门 3、远心集尘器 4、103 型分配阀 5、副风缸 7、制动缸 1、压力风缸 9、缓解阀 8 等组成，如图 2-2 所示。

103 型空气制动机的组成特点是：增设容积为 11 L 的压力风缸 9，副风缸 7 容积为 100 L，103 阀设有空重车调整部，其调整装置是通过伸向车体两侧的杠杆和手柄配套使用的，扳动手柄即可调整为空车位或重车位。103 型空气制动机其他部件与旧型制动机基本相同。

与 GK 型空气制动机相比，103 型空气自动机的优点如下：

（1）可适用于各种不同尺寸的制动缸；

（2）制动缸压力与制动缸活塞行程无关；

（3）制动缸有泄漏可进行自动补风；

（4）自带空重车调整装置；

（5）采用橡胶膜板结构，减少了研磨件。

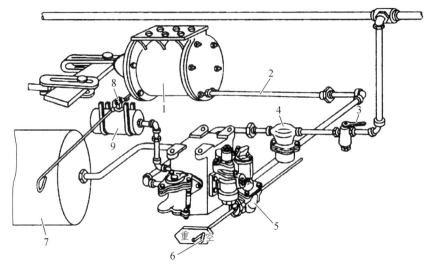

1—制动缸；2—制动缸管；3—截断塞门；4—远心集尘器；5—103 型分配阀；
6—空重车指示牌及调整手把；7—副风缸；8—缓解阀；9—压力风缸。

图 2-2　103 型空气制动机

103 型空气制动机的缺点如下：

（1）副风缸容积为 100 L，初充气时间过长；

（2）小减压量时制动缸压力超出 GK 阀一倍，混编时冲动较大；

（3）无加速缓解阀，缓解波速较低；

（4）不适宜压力保持操纵，影响坡道上操纵的可控性；

（5）压力风缸泄漏会产生自然缓解，在下坡道时容易失控。

103 型空气制动机主要装用在 60 t 级车辆上，因其不能适应长大货物列车运输时对制动机性能的要求，随着近年来新造货车和改造货车均装用 120 型制动机，103 型和 GK 型制动机已逐渐被替代。

三、120 型空气制动机

120 型空气制动机是以 120 型控制阀为主的自动式空气制动机。120 型控制阀是由铁道科学研究院和眉山车辆厂共同研制的二压力直接作用式三通阀。

120 型空气制动机（以 C70 为例）由制动管 5、制动支管 7、组合式集尘器 9（截断塞门与集尘器组合而成，二者也可以分开安装）、120 型控制阀 12、副风缸 8、双室风缸 11（由加速缓解风缸与降压气室组合而成）、制动缸 15、空重车自动调整装置（包括测重机构 10、限压阀 14 和降压气室）、折角塞门 3、制动软管 2 等零部件组成，如图 2-3 所示。

120 型控制阀根据制动管中空气压力的变化，来操纵本车制动装置的制动和缓解作用，它是制动机的主要控制机构。

与 103 型空气制动机相比，120 型空气制动机的优点如下：

（1）增加脱轨自动制动装置，若车辆脱轨时，脱轨制动阀中制动阀杆被拉断，列车主管通大气，车辆发生紧急制动作用。

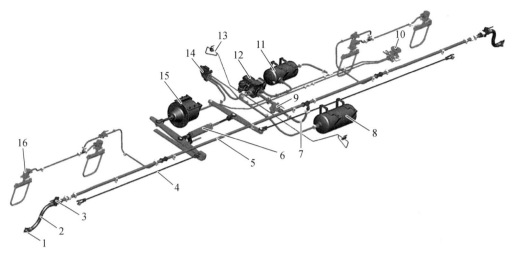

1—制动软管连接器；2—制动软管；3—折角塞门；4—制动拉条；5—制动管；6—闸调器；7—制动支管；
8—副风缸；9—组合式集尘器；10—测重机构；11—双室风缸；12—120型控制阀；
13—缓解阀手柄；14—限压阀；15—制动缸；16—脱轨制动阀。

图 2-3   120 型空气制动机三维图

（2）空重车装置自动调节，测重机构根据车辆载重的变化自动调整制动缸压力，保持与载重相适应的车辆制动力，改善了车辆的制动性能。

（3）120 阀增设半自动缓解阀，靠人工拉动该缓解阀的手柄后，就可以使制动缸的压缩空气直接排入大气，达到制动机缓解的目的。使用时在拉动半自动缓解阀手柄 3~5 s 听到制动缸的排气声后，即可松开手柄，制动缸的压缩空气会自动排尽，持续拉动，可排出全车风压。

（4）120 阀增设加速缓解阀，在列车缓解时，使制动机产生制动管局部增压作用，从而加快了制动管的充气速度，提高了列车的缓解波速。

（5）增设加速缓解风缸，缓解时作为风源将压力空气经 120 型控制阀充入制动管，使制动管产生局部增压作用，以提高缓解波速。

（6）制动缸升级为旋压密封式制动缸，其缸体采用先进的旋压工艺制造，具有质量轻、密封性能好、使用寿命长等优点。

120 阀已替代 GK 阀和 103 阀，120 型空气制动机是我国铁路货车主型制动机。120 阀的常用制动波速、缓解波速、紧急制动波速等主要性能已达到先进水平，基本可以满足重载运输的要求。

任务二   货车制动机主要配件及检修

🎯 **任务目标**

【**知识目标**】
（1）掌握各制动配件的构造及作用原理；
（2）掌握各制动配件的作用及检修要求；

（3）掌握各制动配件典型故障的原因及判断。

【技能目标】

（1）能够识别制动系统各部件的故障并判断故障原因；

（2）具备制动系统各零部件的检修能力。

【素质目标】

培养学生精益求精的工匠精神。

 任务描述

制动系统是车辆的重要组成部分，各部件性能的稳定性直接影响车辆制动系统是否可靠，从而影响行车安全。课前同学们要完成对货车制动机构造的学习，课上汇报学习成果，同时老师讲解制动机主要零部件的作用原理以及检修工艺流程；课后同学们要根据所讲的知识结合实训设备进行更深入的研究。

 数字资源

货车制动机主要配件及检修

 配套知识

一、制动软管连接器

（一）制动软管连接器的用途与构造

制动软管连接器是由制动软管及软管连接器等组成，它的用途是连接相邻两车辆的制动主管，能在列车通过曲线或各车辆间距变化时，不妨碍压缩空气的流通。其构造如图 2-4 所示。

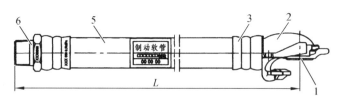

（a）制动软管连接器

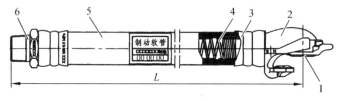

（b）内衬簧制动软管连接器

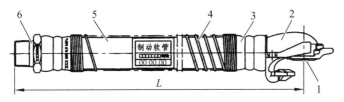

（c）外护簧制动软管连接器

1—软管垫圈；2—连接器体；3—套箍；4—外护簧；5—橡胶软管；6—螺纹接头。

图 2-4　制动软管连接器示意图

橡胶软管由内胶层、骨架层和外胶层组成，一端装有连接器体，另一端装有螺纹接头，与折角塞门连接，连接器体与螺纹接头采用套箍与橡胶软管紧固在一起，如图 2-5 和图 2-6 所示。

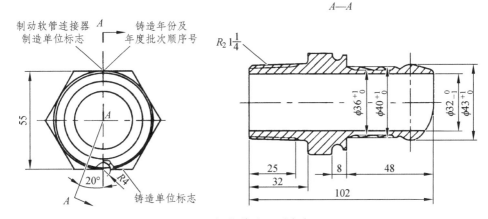

图 2-5　螺纹接头尺寸与标记

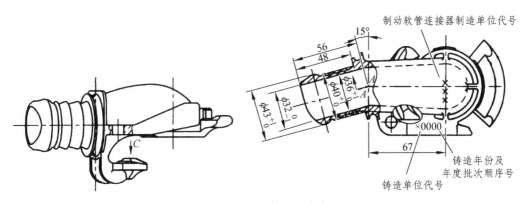

图 2-6　连接器体尺寸与标记

连接器体和螺纹接头采用锻铸铁或球墨铸铁制成，与橡胶软管连接的部位采用波纹形状，通过套箍与橡胶软管紧固在一起。

为了保证两根软管连接器互相连接后严密不漏泄，在连接器体内嵌入一个软管垫圈，如图 2-7 所示。

制动软管连接器标记由"制动软管连接器"和其长度组成，内衬簧、外护簧制动软管连接器还应分别加注"N""W"。

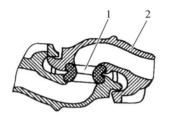

1—软管垫圈；2—连接器体。

图 2-7 两根软管连接器连接状态

示例 1：长度为 715 mm 的制动软管连接器，标记为制动软管连接器 715；

示例 2：长度为 715 mm 的内衬簧制动软管连接器，标记为制动软管连接器 715N；

示例 3：长度为 980 mm 的外护簧制动软管连接器，标记为制动软管连接器 980W。

制动软管标记示意图如图 2-8 所示。

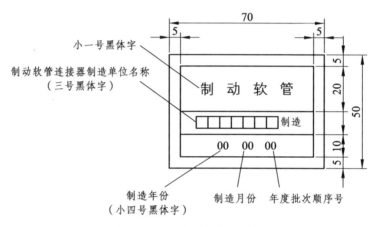

图 2-8 制动软管标记示意图

制动软管连接器在车上安装时，连接器体的接合面应为铅垂面。当摘开车辆之间的制动软管连接器时，为防止尘沙侵入，并避免在调车时和线路上的一切设备发生碰撞，在车辆端部装有用铸铁制的制动软管连接器防尘堵，如图 2-9 所示，并用铁链连接，悬挂在车钩托板螺栓上。

图 2-9 制动软管连接器防尘堵

（二）制动软管连接器风、水压试验

制动软管组装后以及车辆施行厂修、段修、辅修时，都必须按下列规定进行风、水压试验，合格后才准使用。

1. 风压漏泄试验

软管风压漏泄试验在特制的水槽中进行，软管内充入 600～700 kPa 的风压，保持 5 min 不发生下列情况之一者为合格。

（1）软管外围局部凸起，或周围膨胀有显著差异者；

（2）软管破裂或接头部分漏泄（但在软管表面或边缘出现小气泡，逐渐减少，并在 10 min 内即消失者不算漏泄，可以使用）。

2. 水压试验

软管在风压试验后，再进行水压强度试验，即在软管内充以 1 000 kPa 的水压保持 2 min 不发生下列情况之一者为合格。

（1）软管外径膨胀超过原形 8 mm；

（2）软管外径局部凸起以及局部膨胀有显著差异者；

（3）软管破损、漏水。

3. 风、水压试验标记

经过风压和水压试验合格的软管，用白磁漆在中间部顺着连接器方向涂打试验标记，如图 2-10 所示。

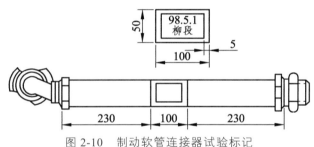

图 2-10　制动软管连接器试验标记

（三）制动软管连接器摘挂方法

1. 顺位摘挂

当两辆车编组在一起时，软管连接器在牵引杆的同一侧，此时，软管连接器与直端塞门连接在一起，软管连接器摘挂空间比较大，具体摘挂技巧如下：

（1）护簧撸起：为减小风管对接时弯曲风管的强度，将弯曲侧制动软管护簧撸起。

（2）一抱一拉：右手抱起所在侧制动软管，向怀中弯曲，左手将另一侧软管拉起，实现两条制动软管的对接。

（3）十字对接：制动软管对接过程中，必须保持连接器呈 90°角，实现十字对接。

（4）压实到位：将连接好的制动软管压实到位。

2. 反位摘挂

当两辆车通过车钩缓冲装置进行连挂时，两辆车的软管连接器相对车钩连挂中心对称，软管连接器连挂时需要从车钩底部穿过，此时连挂空间较小，具体摘挂技巧如下：

（1）护簧撸起：为减小风管对接时弯曲风管的强度，将弯曲侧制动软管护簧撸起。

（2）抱短接长：右手将长度较短的风管抱起，向怀中弯曲，左手将较长风管拉起，实现两条制动软管的对接。

（3）巧借外力：反位制动软管对接过程中，由于力量上的不足会出现连接不实的现象，左手拉起风管轻抵车钩下部，实现一侧制动软管定位，缓慢下放怀中制动软管，找准角度使连接器呈90°角，实现十字对接。

（4）压实到位：将连接好的制动软管压实到位。

（四）软管连接器检修要求

（1）清除制动软管连接器外表面污物；

（2）连接器体不得有裂纹、变形，连接平面无毛刺，连接轮廓符合样板要求，连接部分状态良好，软管垫更换为新品；

（3）接头裂纹、缺损、螺纹磨耗超限时更换；

（4）软管体破损、脱层、老化时更换；

（5）外护簧断裂或锈蚀严重时更换；

（6）制动软管连接器须经风、水压试验合格才能使用；

（7）涂打标记应符合要求。

二、折角塞门

折角塞门安装在制动主管的两端，用于开通或关闭主管与制动软管之间的通路。折角塞门有锥芯式、球芯式、半球芯式和往复式等多种。我国铁路货车制动系统中通常采用球芯式折角塞门，其构造作用分述如下。

（一）A型球芯折角塞门的组成

A型球芯折角塞门包括塞门体、密封座、盖、球芯、拨心轴、套口、手把、弹簧、锁紧螺母、弹性卡套、密封圈等，如图2-11所示。塞门芯为45号钢制成外径为$\phi55$ mm的圆球，表面镀铬并抛光，上面开一个$\phi32.5$ mm的贯通孔，和制动管同为圆形通径，这样便减少了空气的流通阻力。为保证塞门良好的气密性，球形塞门芯的两侧各设一个耐油耐寒并具有自润滑性能的橡胶密封垫圈，与球芯的接触面也为球面，形成两个半球形橡胶密封垫圈包住一个球芯的结构。由于橡胶密封垫圈具有一定的预压量，利用其弹性可补偿因温度变化所造成的球芯塞门与橡胶密封垫圈胀缩不同，故其密封性能良好，不会向任何方向窜风而造成漏泄。此外，为防止塞门向上窜风，在塞门芯轴与塞门芯轴套之间及塞门芯轴套与塞门体之间，分别装有$\phi20$ mm和$\phi35$ mm的O形密封圈。在塞门体与塞门盖之间也装有$\phi75$ mm的O形密封圈。

（二）折角塞门操作方法

球芯折角塞门的手把，也有开通与关闭两个作用位置，当手把置于与塞门体成水平位置时，为开通位置，在该位置球芯塞门芯的圆形通孔完全连通制动主管与制动软管，使压缩空气有较好的通过面积。当手把置于与塞门体成垂直方向的位置时，塞门芯的球面正好堵住了制动主管与制动软管的通路，为关闭位置。

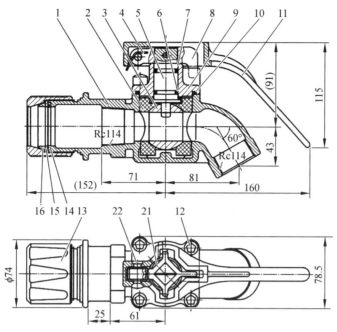

1—塞门体；2—密封座；3—球芯；4—弹簧；5—拨芯轴；6—垫圈；7—密封圈；8—套口；9—盖；
10—密封垫；11—手把；12—内五角螺栓；13—锁紧螺母；14—密封圈 DN32；15—垫片 DN32；
16—弹性卡套 DN32；21—铆钉；22—销轴。

图 2-11　A 型球芯折角塞门结构组成

1. 关闭操作

A 型球芯折角塞门处于打开位置时，适当用力抬起手把直到手把下边缘高度高于盖上筋。逆时针方向转动手把约 90°直至套口下部触及盖上另一条筋，再放下手把即完成关闭塞门操作，如图 2-12 所示。

图 2-12　塞门关闭操纵示意图

2. 打开操作

A 型球芯折角塞门处于关闭位置时，适当用力抬起手把直到手把下边缘高度高于盖上筋。顺时针方向转动手把约 90°直至套口下部触及盖上另一条筋，再放下手把即完成打开塞门操作，如图 2-13 所示。

3. 注意事项

A 型球芯折角塞门盖上的两条筋起限位挡的作用，用来限制正确的打开、关闭位置；套口上的小弹簧用于防止手把在车辆运行过程中因振动跳起而造成误操作。

图 2-13　塞门打开操纵示意图

（三）折角塞门的检修

（1）球芯塞门外表面除锈，分解后将各零件清洗干净，球芯轴沟槽内不得有油污，擦洗塞门体球芯、轴上盖等各装配面。

（2）橡胶密封件和尼龙密封垫更换新品。球芯、拨芯轴表面有划痕、镀层表面脱落影响密封性能时更换。阀体裂损时更换。

（3）组装时，O 形橡胶密封圈、尼龙密封垫、密封座、拨芯轴、球芯及各配合表面，涂适量 GP-9 硅脂或 7075 硅脂。

（4）上盖各螺栓均匀紧固。

（5）气密性试验合格方可装车使用。

（四）折角塞门气密性试验

将塞门置于关闭位，进气端与试验台风源连接，通以压力为 600 kPa 的压缩空气。

（1）开放位：用塞堵住另一端管接口，通风后将手把开闭三次后置于开放位，用防锈检漏剂检查各接合部、阀体，不得漏泄。

（2）关闭位：将塞门手把置于关闭位，卸下塞堵，用防锈检漏剂检查各接合部、阀体及通风口。在锥芯塞门管接口涂防锈检漏剂，10 s 内气泡不得破裂，球芯塞门不得漏泄。

三、制动管

制动管的用途是贯通车辆制动系统的压缩空气通路，通常包括制动主管和制动支管等。贯通全车辆的制动管路称为制动主管。货车制动主管的直径为 $\phi 32$ mm，都是用钢管制成。制动主管的中央部分制成弯曲状，延伸到车辆两端梁的右侧，稍露出于端梁外部。由于使用中制动主管两端腐蚀较多，为了便于修换，在两端各安装 250～300 mm 长的补助管。制动主管必须用卡子和螺栓并加弹簧垫圈固定在车体底架上，以防因振动而磨伤。

在制动主管中部，用 T 形三通接头接出一根制动支管，与三通阀或分配阀等部件连接。制动主、支管由于长期处在阴暗潮湿的部位，容易发生腐蚀；卡子发生松动时，制动主管与支管在列车运动中产生交变振动，振动频率随列车速度的提高而加大，与各梁接触部分发生磨伤，造成折损；因丝扣旋削过深，使连接丝扣处管壁太薄，强度大大降低，在行车中遇到异物击打或线路不平顺等不良情况，易造成折损；此外车辆在检修时，制动主管、制动支管与制动阀组装时会别劲，使其存在内应力，在行车中遇到异物击打或线路不平顺等不良情况，也易造成折损。为了及早发现故障，必须在车辆定期检修时进行认真检查。检查时用手摇动制动主、支管，看有无松动现象；卡子、卡子垫及螺栓有无丢失或松动；各接口丝扣内有无喷出水珠、油沫、锈粉等现象。根据检查的情况判断，若其确有裂纹、磨伤等故障，应及时进行修换。制动主管和制动支管腐蚀深度超过壁厚50%时应及时更换，更换的制动主、支管和补助管须套扣，拧紧后应外露一扣以上的完整螺纹。

另外，对车辆制动主、支管连接最好采用法兰连接，以保证主、支管的强度。在改装时，法兰体焊接位置要端正，两法兰面要平行，防止漏气。法兰密封橡胶垫应防止老化、过薄、避免制动主、支管漏泄压缩空气。法兰体出现变形、裂纹时应更换，密封垫圈须更换新品；组装后各螺栓不得松动。

四、管路连接件

（一）法兰接头

20世纪80年代，我国铁路车辆制动系统开始采用法兰接头连接方式，减小了制动系统漏泄，并方便制造和检修。为了解决制动管系的锈蚀问题，提高制动管系的清洁度，保证制动系统的安全性和可靠性，研制了不锈钢法兰接头。

不锈钢法兰接头主要由法兰体、接头体和密封垫圈组成，接头体与制动管通过焊接连接，法兰接头为不锈钢材质，采用铸造方式成型。

安装时，法兰体在螺栓预紧力的作用下，将两个密封面之间的 E 形密封圈压紧，E 形密封圈受压后橡胶变形，充满在密封沟槽内，通过橡胶的弹性变形将两个密封面上的微小间隙充满，阻止所密封的压力空气泄漏，产生密封作用，如图 2-14 所示。

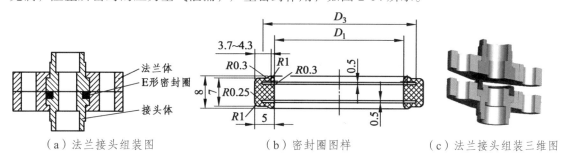

（a）法兰接头组装图　　　（b）密封圈图样　　　（c）法兰接头组装三维图

图 2-14　法兰接头示意图

（二）三通接头

车辆制动系统中，制动主管与制动支管之间连接通常采用 T 形三通接头来实现。三通接头为不锈钢铸造而成，前后两个法兰面可与制动主管的法兰接头通过螺栓进行连接，底部法兰面可与制动支管的法兰面通过螺栓进行连接，其结构如图 2-15 所示。

（三）法兰弯头

法兰弯头原材质为不锈钢，采用铝合金铸造需进行相应结构优化：

（1）弯管部分上下两面增加加强筋，提高弯管和法兰体的抗变形能力。

（2）法兰体紧固螺栓孔侧增加了三角形加强筋，提高法兰体整体抗变形能力，防止法兰体在紧固力矩下出现变形，如图 2-16 所示。

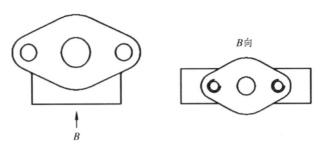

图 2-15　三通接头示意图

图 2-16　法兰弯头三维示意图

五、截断塞门和组合式集尘器

（一）截断塞门

截断塞门安装在制动支管上远心集尘器的前方，用于开通或关闭制动支管到远心集尘器之间的通路。截断塞门结构与球芯折角塞门类似，气密性试验要求相同，其结构如图 2-17 所示。

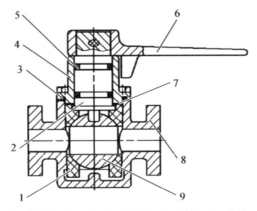

1—密封座；2—拨芯轴；3—密封垫；4—盖；5—密封圈；6—手把；7—垫圈；8—塞门体；9—球芯。

图 2-17　截断塞门结构组成

（二）组合式集尘器

不锈钢组合式集尘器是铁路货车制动系统中的重要部件，由截断塞门与远心集尘器组成，安装在制动主管与分配阀之间，如图 2-18 所示。其中，远心集尘器的作用是净化压缩空气，清除制动主管压缩空气带来的沙土、水分、锈垢等不洁物质，保证清洁的压缩空气送入三通阀，确保三通阀正常工作；截断塞门的作用是切断制动主管与列车中某车辆制动机的通路。

截断塞门关闭的车辆称为"关门车"。不锈钢组合式集尘器采用不锈钢材质和橡胶密封结构，提高了管路的清洁度和密封的可靠性，并延长了使用寿命。

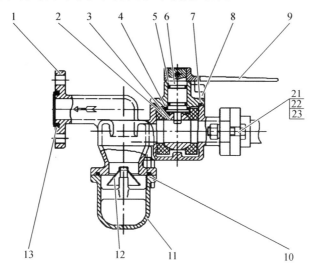

1—组合式集尘器体；2—密封座；3—球芯；4—垫圈；5—密封圈；6—拨芯轴；7—密封垫；
8—盖；9—手把；10—O 形密封圈；11—集尘盒；12—止尘伞；13—密封垫圈 DN25；
21—螺栓 M12×45；22—螺母 M12；23—垫圈 12。

图 2-18　组合式集尘器结构图

（三）气密性试验

组合式集尘器的截断塞门和集尘器部分分别按球芯塞门和集尘器要求检修，按塞门试验方法进行试验。具体试验要求如下：

将集尘器装于试验台上，堵住另一端管接口，通以压力为 600 kPa 的压缩空气。用防锈检漏剂检查集尘器体和接合部，不得漏泄。

（四）检修要求

（1）对集尘器外表面除锈，分解后将各零部件清洗干净，出现裂纹、破损、变形时更换。清除集尘盒内尘垢、积水。止尘伞符合标准要求。

（2）胶垫或 O 形密封圈组装正位，胶垫密封线向上；止尘伞位置正确；上下止口应对正，均匀拧紧螺栓。

（3）组合式集尘器的截断塞门和集尘器部分分别按球芯塞门和集尘器要求检修，按塞门试验方法进行试验。

（4）集尘器气密性试验合格方可装车使用。

六、风　缸

（一）副风缸

副风缸是储存供制动缸用压缩空气的容器。在制动时，通过三通阀或分配阀的动作，将其压缩空气送入制动缸，产生制动作用。

货车 120 型空气制动机中副风缸容积有 40 L 和 60 L 两种，分别对应 $\phi 254$ mm×254 mm 型和 $\phi 356$ mm×254 mm 型制动缸。副风缸由风缸前盖、端盖、缸体、风缸吊、管接头、法兰盘组焊而成。其结构如图 2-19 所示。副风缸中法兰盘连接制动支管并与 120 阀连通，副风缸中央下部安装排水堵的管接头，用来安装排水堵。

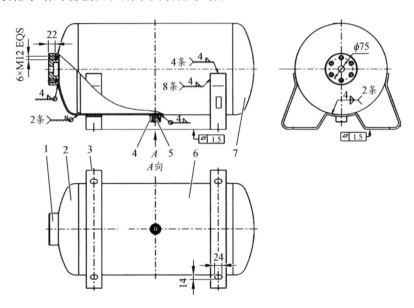

1—法兰盘；2—前盖；3—风缸吊；4—管接头；5—螺堵；6—缸体；7—后盖。

图 2-19　副风缸结构图

（二）降压气室

降压气室是空重车自动调整装置中的部件，根据测重机构测得车辆的质量，自动调整进入制动缸内的压力空气，多余的压力空气进入降压气室内。降压气室的容积为 17 L，其结构由钢板焊接而成，一端设有管接头，底部中央位置设有排水堵，结构与副风缸类似。

（三）加速缓解风缸

加速缓解风缸也用于储存压力空气，在制动后的缓解工况时作为风源将压力空气经 120 阀充入制动管，使制动管产生局部增压作用，以提高缓解波速。加速缓解风缸的容积为 11 L，结构也与副风缸类似。

（四）双室风缸

双室风缸由加速缓解风缸和降压气室组合而成，由风缸前盖、端盖、缸室内端盖、缸体、风缸吊、管接头、法兰盘组焊而成。其结构如图 2-20 所示。双室风缸左端法兰盘通过制动支管与空重车装置管路连通，缸体侧面法兰盘通过制动支管与 120 阀连通。风缸底部的管接头和螺堵用来排除缸内的杂质或水分等。

风缸制造后要进行风、水压试验，要求在水压 900 kPa 时保压 5 min 不得产生永久变形、裂纹及渗水现象；在风压 600 kPa 时保压 5 min 不得有泄漏。

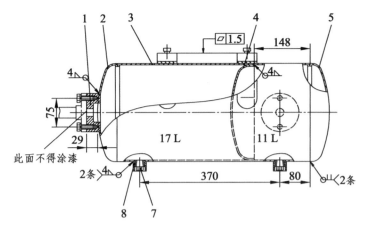

1—法兰盘；2—前盖；3—缸体；4—缸室内端盖；5—端盖；7—螺堵；8—管接头。

图 2-20　双室风缸结构图

（五）风缸检修

（1）采用喷（抛）丸清除储风缸外部锈蚀。

（2）分解螺堵，清除内部积水和污物。

（3）缸体检修。缸体壁厚腐蚀深度大于 2 mm 时更换。储风缸裂纹长度小于 50 mm 及焊缝开焊时焊修，裂纹长度大于 50 mm 时更换。缸体裂纹的焊修须在裂纹端部钻 $\phi 6$ mm 止裂孔，裂纹焊修后堵焊止裂孔，并将焊缝打磨平整。

（4）吊座与吊架检修。焊装于缸体上的固定式吊座变形时调修。嵌入式储风缸吊架与缸体接触未焊接部分须涂缝隙填缝胶。

（5）风、水压试验。储风缸须经 900 ~ 1 000 kPa 压力的水压试验，保压 3 min，不得产生漏泄和永久变形。漏泄时焊修或更换，储风缸焊修后重新进行水压试验。双室风缸各气室分别经 900 ~ 1 000 kPa 水压和 650 ~ 700 kPa 的风压试验，内部串通时更换。水压试验后清除缸体内积水。

（6）涂刷油漆。储风缸外部涂防锈底、面漆或底面合一漆，不锈钢储风缸仅涂面漆，法兰面不得涂漆，油漆干膜厚度不小于 60 μm。

七、制动缸

制动缸是车辆制动系统关键部件之一，是将副风缸中的空气压力转换为机械推力的部件。制动时，通过控制阀的作用，制动缸接受副风缸传来的压缩空气，将制动缸的活塞向外推出，变空气压力为机械推力，从而使基础制动装置动作，最后使闸瓦压紧车轮，产生制动作用。缓解时，制动缸内的压缩空气经控制阀排向大气，制动缸缓解弹簧使制动缸活塞复位，基础制动装置也随之复位，闸瓦离开车轮，实现缓解作用。

（一）旋压密封式制动缸的特点

旋压密封式制动缸与铸铁制动缸相比具有以下优点：

（1）质量轻，旋压缸总重约 76 kg，约为铸铁缸质量的 50%，其中缸体重 23 kg，仅为原铸铁缸体与后盖合重（79 kg）的 29%；

（2）制动缸内表面精度高，铸铁缸内表面粗糙度为 $Ra1.6$，而旋压缸内表面粗糙度为 $Ra0.8$，制造精度提高了一倍，且一次加工成形，不用烦琐的机械加工，这样不仅提高了生产效率，而且延长了皮碗寿命，有利于延长制动缸的检修期。

（3）可保证制动缸整体结构，同时缸体具有可焊性，同种旋压缸体可制造不同安装要求的制动缸，在缸体上焊接附属部件，方便使用。

（4）互换性好，旋压密封式制动缸可与 356×254 型铸铁缸互换安装使用，有利于车辆设计及制动缸更新改造。

（二）旋压密封式制动缸的结构

70 t 级通用铁路货车采用 305×254 型旋压密封式制动缸，该制动缸有四种型号，其中装车最多、应用最广的制动缸型号为 305×254A 型旋压密封式制动缸。下面以 305×254A 型旋压密封式制动缸为例，介绍制动缸的相关知识。

305×254A 型旋压密封式制动缸主要由缸体组成、活塞组成、膜片、缸座组成、前盖组成、缓解弹簧及其他零部件组成，如图 2-21 所示。

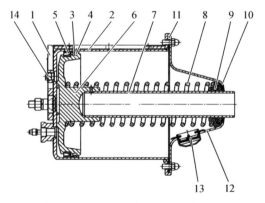

1—缸座组成；2—缸体组成；3—润滑套托组成；4—润滑套；5—Y 形皮碗；6—活塞；7—活塞杆；8—缓解弹簧；
9—弹簧座；10—前盖滤尘套组成；11—前衬垫；12—前盖组成；13—滤尘器组成；14—螺堵。

图 2-21　305×254 A 型旋压密封式制动缸

1. 缸体组成

缸体组成由 305×254 旋压制动缸体、法兰接头、吊耳及管接头等组成。305×254 旋压制动缸体采用 10 号或 Q-235A 钢板旋压制成。法兰接头、吊耳及管接头与现 356、254 密封式制动缸采用的配件相同，焊装在缸体底部外侧。

2. 活塞组成

活塞组成由活塞、皮碗、润滑套支架及活塞杆座组成。该结构满足 TB/T 1335—1996《铁道车辆强度设计及试验鉴定规范》的要求。

（1）活塞。活塞由 HT-200 铸造而成，活塞外圆由机械加工而成的凹槽，用于安装皮碗、润滑套等；活塞中部凹孔用于安装活塞杆，采用铆钉进行紧固。活塞机械加工后需进行打压试验，检查活塞是否有漏泄问题。

（2）皮碗。皮碗由橡胶制成，其剖面为 Y 形结构，皮碗嵌入活塞外圆的凹槽中，当制动缸内充入压缩空气时，皮碗受气压而胀开，两侧分别与缸体内壁和活塞密贴，起到密封的作用。

（3）润滑套。润滑套材质为工业用毛毡，浸油后与润滑套托组成一体安装在活塞外圆另一凹槽内。

（4）润滑套托组成。润滑套托组成由钢带和内簧带组成，安装于润滑套底部，使润滑套外胀，润滑缸体内壁，确保皮碗密封性能良好的同时，减小皮碗的磨耗。

（5）活塞杆。活塞杆由无缝钢管机械加工而成，活塞杆与活塞采用铆钉紧固。

3. 缸座组成

缸座组成包括前法兰盘、座板和吊板，均为 Q-235A 钢板制成。

4. 前盖组成

前盖组成包括钢板旋压或冲压前盖和滤尘器组成。前盖由钢板旋压或冲压制成。

5. 缓解弹簧和其他配件

缓解弹簧既要保证缓解时活塞的平稳复位，又要尽量减小阻抗力，以提高制动缸的效率。缓解弹簧与弹簧座将前盖滤尘套压在前盖凹槽内，前盖滤尘套可防止活塞伸出和缩回时，外界灰尘进入制动缸内部，避免润滑油脂污染后造成制动缸漏泄。

紧固件均采用符合国家标准的螺栓螺母等。

（三）主动润滑制动缸

为解决制动缸缸体内壁上部缺油导致制动缸的漏泄故障，国铁集团组织相关单位进行技术攻关，提出了制动缸主动润滑技术方案。其核心内容是活塞的转动，通过增加旋转机构，将自然流坠到制动缸下部的油脂通过活塞本身的转动带到制动缸上部，从根本上解决制动缸上部缺油导致的制动缸漏泄问题。

主动润滑制动缸结构如图 2-22 所示，其中旋转机构由两部分组成：一是在现有制动缸活塞基础上，通过加工活塞底部，安装弹簧片；二是在缸体底部焊接齿圈。其工作原理是：制动缸缓解时，安装在活塞组成上的弹簧片自由端接触到齿圈，在缓解弹簧的作用下，弹簧片逐渐展平，由于其自由端被齿圈限制，另一端则驱动活塞转动，直到弹簧片展平。制动时，活塞组成在空气压力作用下离开缸体底部，弹簧片恢复到自由状态，完成一次转动，如此循环往复，制动、缓解 50 ~ 100 次，活塞能够转动一周。通过活塞的转动，使缸体内壁润滑脂均匀，起到润滑、密封的作用。

（四）旋压制动缸的性能试验

为了检测制动缸的各项性能，保证其运用安全、可靠，装车之前对制动缸进行相应的性能试验来检查制动缸的性能是否符合要求。具体要求如下：

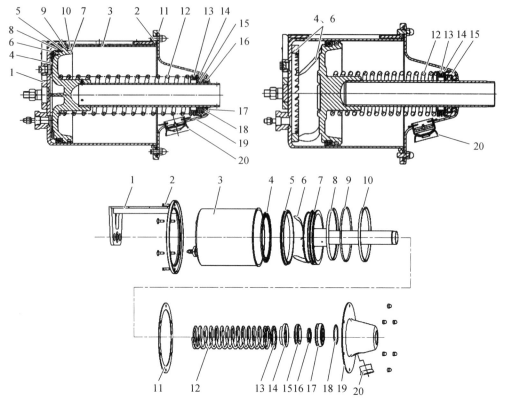

1—缸座组成；2—T 形螺栓；3—缸体组成；4—齿圈；5—Y 形皮碗；6—弹簧片；7—活塞；8—锁圈；9—导向带；
10—润滑套；11—前衬垫；12—缓解弹簧；13—推力轴承；14—弹簧座组成；15—前盖润滑套；
16—防水圈；17—防水圈座；18—O 形密封圈；19—前盖；20—防尘盖。

图 2-22　主动润滑制动缸

（1）向制动缸内充入 80 kPa 的压缩空气后排气，制动缸活塞推出及退回应无卡滞。

（2）向制动缸内充入 600 kPa 的压缩空气，活塞达到全行程后，保压 1 min，制动缸压力不得下降。

（3）向制动缸内充入 400 kPa 的压缩空气，在活塞行程为 80 mm、120 mm、160 mm、200 mm 时，分别保压 1 min，制动缸压力均不得下降。

若某一项试验不合格，分解检修制动缸，查找不合格原因，按工艺文件要求重新组装后再按上述要求重新进行性能试验。试验合格后方可送入下道工序。

（五）制动缸的油漆和标记

制动缸活塞杆按图 2-23 及表 2-1 在 B、C 部涂打白色油漆标记，密封式、半密封式制动缸活塞 B 部可不涂打。

旋压密封式制动缸组装前，缸体和缸座外表面、前盖内外表面须涂防锈底漆，干膜厚度不小于 20 μm。制动缸表面须涂刷底、面漆，油漆干膜厚度不小于 60 μm。

旋压密封式制动缸缸体上须涂打表示制动缸规格的白色油漆标志，字高 50 mm，如"305×254"。

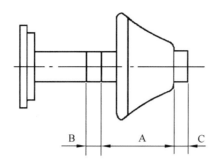

图 2-23　制动缸活塞杆定位

表 2-1　活塞杆标记尺寸　　　　　　　　　　　　　　单位：mm

制动缸规格	装用闸调器		不装闸调器	
	A	B	A	B
356×254	115	20	110	50
305×254	145	20	—	—
254×254	145	20	—	—
203×254	115	20	—	—

主动润滑制动缸缸体上涂打"LBC-1"和制动缸规格白色油漆标志，字高 50 mm，如"LBC-1 305×254"，在前盖上按活塞旋转方向喷涂旋向标识，如图 2-24 所示。

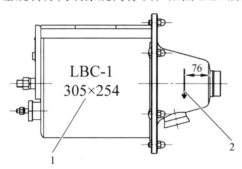

1—缸体上标识；2—前盖上标识。

图 2-24　主动润滑缸标识

（六）制动缸的检修要求

制动缸经单车试验作用良好，不漏泄者可不分解。作用不良、滤尘呼吸网罩丢失或漏泄时，须分解检查前盖垫、缓解弹簧、弹簧座、活塞润滑套、前盖滤尘套、滤尘毡、活塞杆、活塞、皮碗等，不良时加修或更换。

制动缸分解检修具体要求如下：

（1）除锈。制动缸外部进行喷（抛）丸处理，或采用外体清洗机清洗，清除外部锈垢。

（2）分解。拆卸制动缸前盖时，防止前盖弹出。取出活塞时不得损伤缸体内壁。将缸体内壁、活塞及其他零件清洗并擦拭干净。

（3）各零件检修。

①Y 形皮碗、活塞膜片、前衬垫橡胶件及活塞润滑套、前盖滤尘套和滤尘器中的毛毡更

换新品。

②缸体。缸体内壁偏磨、划伤时修理或更换。

③弹簧检测。弹簧在数控弹簧测力机上进行检测，符合制动缸缓解弹簧检修规定。

④活塞组成。活塞杆弯曲、裂损、腐蚀严重时更换。铆钉松动、折损时更换铆钉。活塞出现裂纹、缺损、漏泄时更换。压板出现裂纹、变形时更换。整体压形活塞变形时更换，局部腐蚀深度大于 2 mm 时焊修磨平或更换。推杆复原装置各零件锈蚀严重时更换；复原弹簧出现裂纹或弹簧钢丝直径磨耗大于 0.5 mm 时更换。

⑤前、后盖。密封式压形前盖变形或活塞杆孔偏磨大于 3 mm 时更换。铸造前、后盖出现裂纹、砂眼、缺损严重、漏泄时报废。

⑥旋压密封式制动缸座变形时调修或更换，焊缝开裂时焊修或更换，施焊前清除裂纹。缸座前法兰盘边缘破损不超过两处，破损总长度不超过 50 mm，不影响制动缸性能时可继续使用。

⑦弹簧座、活塞润滑套支架、前盖滤尘套内外环等裂纹、损坏时更换。

（4）组装。组装活塞前，制动缸体内壁、活塞、皮碗涂抹 89D 制动缸脂。活塞装入缸体后，缸体内壁补涂 89D 制动缸脂。密封式制动缸润滑套和前盖滤尘套的毛毡用 89M 脂浸润透。更换的新制 L 形皮碗要符合标准规定，其中夹布应符合标准要求，为成形后三层厚度 1.7 ~ 1.8 mm 的工业棉帆布。制动缸活塞杆在 B、C 部涂打白色油漆标记，密封式、半密封式制动缸活塞 B 部可不涂打。

（5）涂刷油漆。制动缸试验合格后，表面涂刷底、面漆，油漆干膜厚度不小于 60 μm。

任务三　客车空气制动机的种类及组成

 任务目标

【知识目标】

（1）了解客车空气制动机的发展历程；

（2）掌握 104 型空气制动机的组成及特点；

（3）掌握 F8 型电空制动机的组成及特点。

【技能目标】

（1）能够识别空气制动机的种类；

（2）能说明 104 型空气制动机和 F8 型电空制动机的组成及特点。

【素质目标】

培养学生精益求精的工匠精神。

任务描述

空气制动机是车辆制动装置的重要组成部分，能使车辆在规定距离内停车，确保行车安全。课前同学们要完成各型号客车空气制动机结构及特点的学习，课上汇报学习成果，同时老师讲解各型号空气制动机的结构组成及特点；课后同学们要根据所讲知识归纳总结 104 型空气制动机和 F8 型电空制动机的结构组成及特点，以便更好地学习后续相关专业知识。

数字资源

客车空气制动机的种类及组成

配套知识

空气制动机是指车辆制动装置中以压缩空气作为制动动力来源，通过制动主管的空气压力变化来控制分配阀（或三通阀）产生动作，实现制动和缓解作用的装置。它包括从制动软管连接器至制动缸之间的所有制动部件。分配阀（或三通阀）是空气制动机的主要控制部件，它能根据制动管中空气压力的变化来控制车辆制动装置的制动、缓解和保压作用。

一、LN 型空气制动机

LN 型空气制动机是以 L 型或 GL₃ 型三通阀为主的自动式空气自动机，如图 2-25 所示，由 L 型或 GL₃ 型三通阀 13、N 型制动缸 12、副风缸 3、附加风缸 5、缓解阀 1、紧急制动阀 7、压力表 9、远心集尘器 14、截断塞门 15、折角塞门 11、制动软管连接器 10 等组成。LN 型空气制动机的组成特点是：设有一个较大的附加风缸 5，其容积是副风缸容积的 2.5 倍，以备阶段缓解和紧急制动时使用。阶段缓解时副风缸可实现再充气，有利于施行连续制动。紧急制动时可实现制动缸的紧急充风作用，保证旅客列车安全运行。三通阀安装在制动缸后盖上，制动支管与三通阀安装座连接，三通阀拆装较方便。三通阀上设有 E-7 型安全阀。该型空气制动机结构庞大，无自动补风性能，制动阀中的研磨配件较多，随着我国 21 型、22 型客车的淘汰，LN 型空气制动机也不再使用。

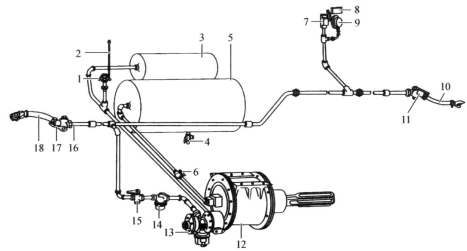

1—缓解阀；2—缓解阀拉杆；3—副风缸；4—附加风缸排水塞门；5—附加风缸；6—附加风缸截断塞门；
7—紧急制动阀；8—"危险请勿动"牌；9—压力表；10、18—制动软管连接器；11、17—折角塞门；
12—制动缸；13—三通阀；14—远心集尘器；15—截断塞门；16—补助管。

图 2-25　LN 型空气制动机

二、104 型空气制动机

104 型空气制动机是由我国自行设计制造的 104 型分配阀而命名的。104 型空气制动机是以 104 型分配阀和压力风缸、制动缸为主的自动式空气制动机，由 104 型分配阀 6、压力风缸 8、副风缸 7、制动缸 1、截断塞门 4、远心集尘器 5、制动缸排气塞门 9 和制动管等零部件组成，如图 2-26 所示。104 型分配阀 6 由中间体、主阀、紧急阀三部分组成，中间体分别与副风缸、制动缸、压力风缸、制动管相连接。104 型分配阀内的活塞采用橡胶膜板结构，消除了阻力，减少了漏泄现象的发生。

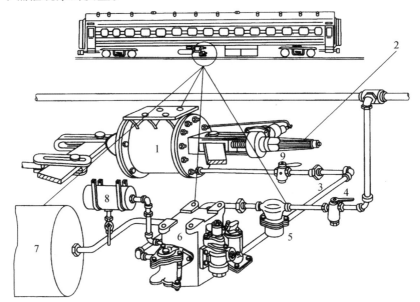

1—制动缸；2—闸瓦间隙自动调整器；3—制动软管；4—制动塞门；5—远心集尘器；
6—104 型分配阀；7—副风缸；8—压力风缸；9—制动缸排气塞门。

图 2-26　104 型空气制动机

104 型空气制动机的组成特点是：取消了 LN 型空气制动机中的附加风缸，增设容积为 11 L 的压力风缸，容积为 120 L（制动缸直径为 356 mm）或 180 L（制动缸直径为 406 mm）的副风缸及制动缸排风塞门。制动缸排气塞门的用途：列车在运行中发生自然制动故障时，可在车厢内关闭此塞门，切断制动缸的连通管，并排除制动缸内的压缩空气而使之缓解；其余均与 LN 型空气制动机基本相同。

104 型空气制动机的优点如下：

（1）能使编组中每辆车的制动、缓解、保压等过程同步进行，减小列车的纵向冲击，缩短制动距离，提高旅客列车运行的舒适性；

（2）可获得比其他空气制动机更快的制动波速和缓解波速；

（3）采用自动作用方式，具有良好的电转空和混编性能；

（4）提高了列车操纵的灵活性；

（5）结构简单、安装及维修方便。

目前，104 型空气制动机是我国普速客车的主型制动机。

三、F8 型空气制动机

为了满足旅客列车扩编的需要、提高制动性能、减少旅客列车纵向动力作用，我国在 20 世纪 80 年代研制出新一代用于客车的 F8 型空气制动机。

F8 型空气制动机如图 2-27 所示，由 F8 型空气分配阀、副风缸、压力风缸、制动缸（单元制动缸）、制动缸排气塞门（缓解阀）、截断塞门、远心集尘器、列车管等组成。

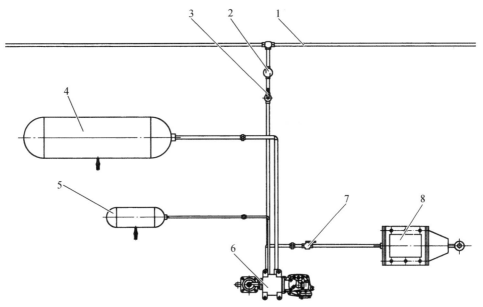

1—列车管；2—远心集尘器；3—截断塞门；4—副风缸；5—压力风缸；6—F8 型分配阀；
7—制动缸排气塞门（缓解阀）；8—制动缸。

图 2-27　F8 型空气制动机

F8 型空气制动机的特点如下：

（1）主阀是三压力结构阀，具有良好的阶段缓解性能，并有阶段缓解和一次缓解的转换功能，能与二压力结构阀车辆混编。

（2）辅助阀既是单独设置的紧急制动控制机构（二压力结构），又具有加快主阀缓解的作用；紧急制动作用可靠，且紧急制动波速较高。

（3）具有自动补风性能。当列车制动后保压时，制动缸漏泄可以自动得到补风，使制动缸压力保持不衰减，并且制动缸压力与制动缸活塞行程无关。

（4）具有局部减压作用，制动波速快，首车与末车的制动一致性好，大大减少了列车的纵向冲动，适用于列车的扩编。

（5）制动缸压力由限压阀控制，不易产生滑行。

四、104 型电空制动机

随着旅客列车运行速度的不断提高，对铁路运营的安全以及旅客在列车运行中的舒适度也有了更高的要求，旅客列车电空制动机的使用，使列车的制动和缓解性能得以提高，减少了旅客列车在运行中的纵向冲动，提高了旅客列车运行的平稳性，满足旅客乘车时的舒适度。

（一）104 型电空制动机

104 型电空制动机是在 104 型自动空气制动机的基础上增设一个电磁阀安装座（在主阀和中间体之间）、三个电磁阀、一个缓解风缸及相应的管路、导线、连接器和分线盒等，构成"104+电空"型自动电空制动机（简称 104 型电空制动机），如图 2-28 所示。

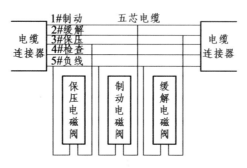

图 2-28　104 型电空制动机示意图

增设电磁阀安装座后，原中间体与主阀的空气通路不变，只是在安装座上另设一个止回阀，为副风缸向缓解风缸充气之用。电磁阀安装座上装有三个相同的电磁阀（均为二位三通电磁阀），分别为保压电磁阀、制动电磁阀、缓解电磁阀。电磁阀座另有一根外接管路与缓解风缸相通，还有一个外接管路与主阀上容积室排气孔相连。

缓解风缸内的压力空气由副风缸通过充气止回阀充至与副风缸相近的压力。在制动过程中，副风缸压力降低，缓解风缸保持压力不变。

制动电磁阀的常闭阀口遮断列车管到大气的通路，得电时常闭阀口打开，开通列车管到大气的通路，形成局部减压；失电时复位，停止排气。缓解电磁阀控制缓解风缸与列车管之间的通路（也是常闭的），得电时开通，形成局部增压。保压电磁阀控制容积室与大气的通路，失电时此路畅通，得电时关闭该通路。

104 型电空制动机的控制线用五芯电缆线。每辆车的端部左右各装有一个五芯电缆插座。五根线分别为制动导线、缓解导线、保压导线、检查线和回线（零线）。车辆中部的分线盒将主导线与每个车辆上的电磁阀连接。相邻车辆（或机车）的插座之间再用独立的电缆连接线插头相连接，如图 2-29 所示。

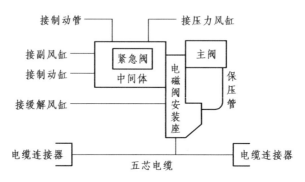

图 2-29　104 型电空制动配线示意图

（二）104 型集成电空制动机

104 型集成电空制动机是在原 104 型电空制动机的基础上进行集成化优化设计而成的。它将电空制动所有部件集中安装在一块集成安装板（简称集成板）上，取消了原 104 型电空制动机中 104 型分配阀的中间体。

在 104 型电空制动集成安装板上，正面装有 104 主阀、紧急阀、充气阀、电磁阀、电磁阀安装座等；背面有容积组合，包括容积室（3.8 L）、紧急室（1.5 L）、局减室（0.6 L），有列车管、副风缸、压力风缸、制动缸、缓解风缸的法兰接口，以及电气制动电缆线连接器。所有阀类等零部件在集成安装板的正面，容积组合和管路连接法兰在集成安装板的背面，如图 2-30 和图 2-31 所示。

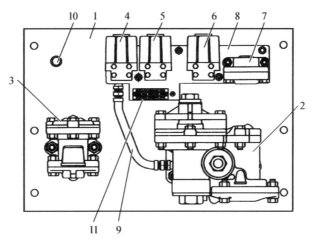

1—集成安装板；2—104 型分配阀主阀；3—104 型分配阀紧急阀；4—保压电磁阀；5—制动电磁阀；
6—缓解电磁阀；7—充气阀；8—电磁阀安装座；9—保压管；10—连接器；11—接线端子。

图 2-30　104 型电空制动机集成板的正面安装示意图

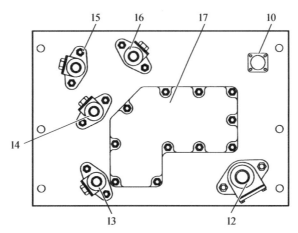

10—连接器接头；12—紧急阀法兰接头；13—主阀法兰接头；14—充气阀法兰接头；
15—缓解风缸法兰接头；16—压力风缸法兰接头；17—容积组合法兰接头。

图 2-31　104 型电空制动机集成板的背面安装示意图

五、F8 型电空制动机

F8 型电空制动机是为了适应铁路客车提速和扩大列车编组的需要而设计的新型客车制动机。

（一）F8 型电空制动机

F8 型自动空气制动机增设一个电空阀箱及相应的管路、导线、连接器和分线盒等就构成了"F8+电空"型自动电空制动机，简称 F8 型电空制动机。

电空阀箱是单独设置和安装的，用 4 个 M16 安装螺栓吊装在车下。它与原 F8 阀之间只有管路连接。箱体背面有一个穿电线口，便于连接车下电空制动电路。电线穿入后需包扎好，防止受潮。

电空阀箱内有 RS 电空阀、紧急电空阀、过渡板及连接电路，引入线须连接在固定的接线排上。

1. RS 电空阀

RS 电空阀（见图 2-32）包括 RS 电空阀体、常用制动限制堵、缓解限制堵、常用制动电磁阀、缓解电磁阀等。RS 电空阀和过渡板一起通过 3 个连接螺栓安装在电空阀箱内。

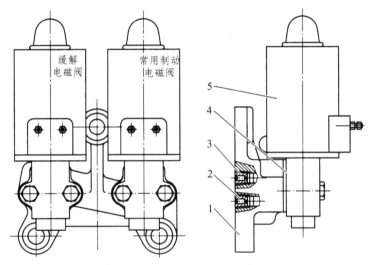

1—RS 电空阀体；2—常用制动限制堵；3—缓解限制堵；4—胶垫；5—电磁阀。

图 2-32　RS 电空阀

常用制动电磁阀的常闭阀口遮断列车管到大气的通路。常用制动或紧急制动时均得电动作，排出列车管中的压力空气，形成局部减压。其排气速率控制在不"起紧急"的限度之内，即该电磁阀的排气孔径有严格的要求。

缓解电磁阀的常闭阀口遮断压力风缸与列车管间的通路，缓解时得电动作，压力风缸中的压力空气经缩孔堵和缓解电磁阀流向列车管，起到局部增压、加速缓解的作用。

2. 紧急电空阀

紧急电空阀由放大阀、限压阀、紧急电空阀体、紧急限制堵、紧急制动电磁阀等组成。放大阀在紧急制动时开放副风缸到制动缸的通路，叠加放大副风缸至制动缸的空气通路截面；

同时还连通列车管与大气的通路，产生电空制动附加排气。电磁阀的作用是在电空紧急制动时，控制放大阀起作用。

常用制动、缓解和紧急制动电磁阀均为二位三通电磁阀，可无条件互换使用。F8 型电空制动机的控制线也是采用五芯电缆线，但实际只用四根线：制动、缓解、紧急和零线。为保证与 104 型电空制动机混编，制动保压线仍应保持贯通。

（二）F8 型集成电空制动机

F8 型集成电空制动机是在原 F8 型电空制动机的基础上进行集成优化设计而成的。它取消了原 F8 型电空制动机中的 F8 阀中间体、电空阀箱、电空 RS 阀体，采用由不锈铝合金制成的集成化气路板。

集成化气路板（简称集成板）由不锈铝合金面板、底板黏接而成，将原 F8 阀中间体、RS 电空阀体内气路及连接电空制动部分的管路系统，加工在较厚的底板上，然后与面板黏接，保证各气路间的完全密封；原中间体内的辅助室和局减室用两个与原容积相同的小气室代替，安装在面板上；全部连接管路增设管路滤尘器后连接在面板一侧，形成一个系统的电空制动集成气路板，如图 2-33 所示。集成板底板一侧安装有 F8 阀主阀、辅助阀、电空紧急阀和电磁阀安装座以及接线排等附件，通过 4 个 M16 螺栓吊装在车下。主要阀类用一外罩罩住，以保持清洁，外罩表面经过喷塑处理或使用耐腐蚀性玻璃钢。集成板后面有一个连接器插座，连接车下电空制动电路。

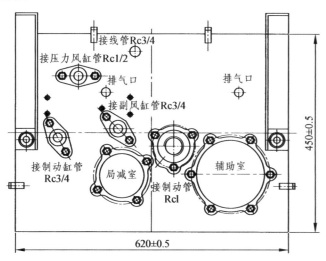

图 2-33 F8 集成气路板

电磁阀安装座组成包括常用排气口、紧急排气口、电磁阀安装座体、空-电切断装置、常用制动限制堵、常用制动电磁阀、缓解电磁阀、紧急电磁阀等。

电磁阀安装座用 4 个螺栓安装在集成板上。电磁阀安装座中设有 3 个空-电切断装置，用以分别切断 3 个电磁阀的空气通路，也就是切断空气部分与电空部分的通路。当电空部分出现故障时，通过这 3 个切断装置切断电空部分，使其不再发生作用，而 F8 阀空气制动部分仍可正常使用，不必进行关门处理。

电空紧急阀由放大阀、限压阀等组成。放大阀在电空紧急制动时，放大副风缸至制动缸的通路截面，同时使列车管通大气，产生电空紧急制动附加排气作用，诱发各 F8 阀起紧急。限压阀用以控制紧急制动时制动缸的最高压力。

F8 型集成电空制动机各风缸、制动支管、五芯主电缆和电空连接器与原 F8 电空制动机一致。二者的空气制动、电空制动功能及作用原理相同，可装车混编运用。

任务四　客车制动机主要配件及检修

 **任务目标**

【知识目标】

（1）掌握客车制动机主要零部件的结构及作用；

（2）掌握客车制动机主要零部件的检修要求。

【技能目标】

（1）能够对客车空气制动机的故障原因进行分析及判断；

（2）具备客车空气制动机各零部件检修的能力。

【素质目标】

树立标准化作业意识及安全责任意识。

 任务描述

制动系统是车辆的重要组成部分，各部件性能的稳定性直接影响车辆制动系统是否可靠，从而影响行车安全。课前同学们要完成对客车制动机构造的学习，课上汇报学习成果，同时老师讲解制动机主要零部件的作用原理以及检修要求；课后同学们要根据所讲知识结合实训设备进行更深入的研究。

 数字资源

客车制动机主要配件及检修

 配套知识

以 25 型客车为例，制动系统由主管路、支管路、紧急制动装置、空气制动设备和手制动机系统组成，如图 2-34 所示。

主管路主要包括制动主管（列车管）、总风管、折角塞门、制动软管连接器总成、总风软管连接器总成及各种不锈钢管接件等。

支管路主要包括生活用风管、制动管、截断塞门、管路滤尘器、各种不锈钢管接件等。

紧急制动装置主要包括紧急制动阀、风表、风表塞门、管路及各种不锈钢管接件等。

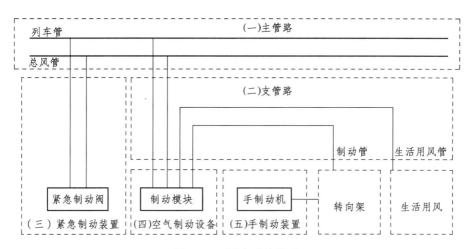

图 2-34　制动系统组成

104 分配阀、副风缸、压力风缸、生活风缸、组合式集尘器、缓解指示器、球芯截断塞门、缓解阀都集成安装于制动模块上，制动模块整体吊装于车下横向中心线附近。

手制动机系统由手制动机、拉杆、钢丝绳、滑轮等组成。顺时针转动摇把，手制动力通过上述部件的放大和传递，使 1 位转向架 1 位轮盘上的一个 SP2 制动单元抱紧制动盘，可使车辆停在坡道上。

一、制动与总风软管连接器总成

（一）制动软管连接器

制动软管连接器用于车端连接车厢之间列车制动管路的连接，其结构、作用、试验及检修要求与货车用制动软管连接器相同。

（二）总风软管连接器

总风软管连接器用于车端连接车厢之间总风管路的连接。总风软管连接器由螺纹接头、套箍、钢编橡胶软管、连接器体及垫圈等组成。其组成结构如图 2-35 所示。

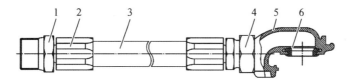

1—螺纹接头；2—套箍；3—钢编橡胶软管；4—过渡接头；5—连接器体；6—垫圈。

图 2-35　总风软管连接器结构

（三）金属橡胶软管

金属橡胶软管用于制动管与转向架上（盘形制动）制动缸之间的连接，由活接头、接头螺母、芯管、接头套、衬套、胶管、护套、固定接头等组成。其组成结构如图 2-36 所示。

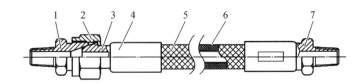

1—活接头；2—接头螺母；3—芯管；4—套筒；5—护套；6—胶管；7—固定接头。

图 2-36　金属橡胶软管结构

二、空气管路系统

（一）空气管路的组成

空气管路系统主要由列车管、风管、制动管、生活用风管、紧急制动阀管路、中间管排等组成。

（1）列车管是贯通全列车并把压力空气输送到各个车辆的分配阀的管路。列车管通常包括制动主管、制动支管、制动软管连接器、折角塞门。

（2）总风管是贯通全列车并把压力空气输送到各个车辆的气路控制箱的管路。总风管通常包括总风主管、总风支管、总风软管连接器、折角塞门。

（3）生活用风管路用于对厕所供风，通过活弯头与车上管路相接。

（4）制动管是 104 分配阀与转向架之间的连接管路，车辆发生制动时，分配阀产生压力空气，通过制动管传递至转向架气路接口，最终传递至单元制动缸，产生制动作用。制动管组成由管路与金属橡胶软管组成。

（5）中间管排是管路的重要组成部分，由列车管、总风管、制动管、生活用风管、四联管吊组成。先用管接件将两部分管路连在一起，再用管吊把几根管路连在一起，组成一个管排。利用管吊两边的螺栓把管排固定在车体上。

制动供风管系布置如图 2-37 所示。

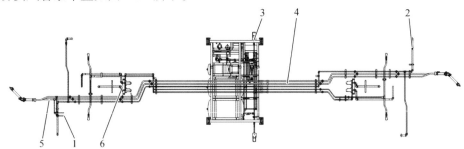

1—紧急制动及风表管路；2—塞拉门及集便器供风管路；3—制动模块管路；4—制动管排；
5—两端主管路；6—制动缸供风管路。

图 2-37　制动供风管系布置图

管路由钢管和管接件组成，钢管使用不锈钢管材质制作、两端带有管螺纹，制动管直径为 $\phi 25$ mm，其结构如图 2-38 所示。

1—管螺纹；2—管壁。

图 2-38　制动钢管结构

管接件用于钢管之间或钢管与用风设备之间保证密封性的连接。根据用途不同，管接件分为活接头、直通管接头、弯头、三通、方头螺堵等。其结构如图 2-39 所示。

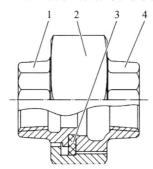

1—内螺纹带肩套管；2—活接头螺母；3—接头垫；4—套管。

图 2-39　活接头结构图

（二）检修要求

管系配件螺纹检查。损坏时更换，关闭磨耗或缺损超限时更换。不锈钢管变形时进行冷调修。管接件出现裂纹、砂眼、损坏时更换。管系配件内部不得有杂物堵塞。非不锈钢材质管系配件更换为不锈钢材质管系配件。新制制动钢管时，量取合适长度不锈钢管材进行切割，管材端口切割平整，然后在钢管两端加工 55°圆锥密封管螺纹（外螺纹）。如制作弯管，则在管螺纹加工后进行冷弯曲。最后进行吹扫、过球检查，管口使用外套式防护件封堵防护。

检查管卡锈蚀超过原形厚度 20%、裂损或折损时更换，尼龙管卡变形或裂损时更换，木垫非不锈钢材质的金属管卡外表面带有防腐处理。U 形管卡更换，管卡垫更换。

客车空气制动装置各配件装车完成后须对管系整体进行气密性试验，应无漏泄。

三、气路控制箱

当双管供风车辆与单管供风车辆或单管供风机车连挂时，需要将双管供风转换为单管供风。这个转换可以通过操作止回阀、截断塞门来完成。为了便于操作和维修，后来就将这些阀类集成安装在一个气路控制板上，气路控制板用外罩罩住，通过吊架与车体连接，整个集成装置被称为气路控制箱。

目前，客车使用气路控制箱有 QD-G、QD-K 两个型号，两种气路控制箱原理基本相同，只是 QD-K 比 QD-G 多了一个空气弹簧出气口，QD-G 型用于 25G 型车，QD-K 用于 25K、25T 型车。下面以 QD-K 为例介绍气路控制箱原理及组成。

1. 结构组成

QD-K 型气路控制箱由球阀、止回阀、滤尘器、气路板、箱盖、安装支架等组成。气路控制箱外形及组成如图 2-40 所示，其气路原理图如图 2-41 所示。

2. 工作原理

正常情况下，即双管供风时，空气弹簧及生活风缸由总风管供风，由副风缸和列车管供风的通路是常闭的。气路控制箱的具体操作是球阀 1、球阀 2 打开，球阀 3、球阀 4、球阀 5、球阀 6 关闭。

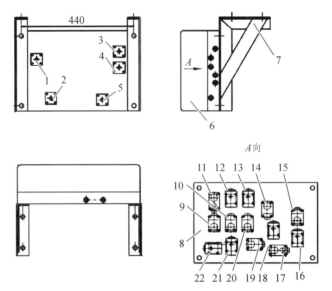

1—空气弹簧风缸接头 R1/2；2—列车管接头 R3/4；3—总风管接头 R3/4；4—生活风缸接头；5—副风缸接头 R3/4；
6—箱盖；7—安装支架；8—气路板；9—止回阀3；10—止回阀1；11—滤尘器1；12—球阀1；13—球阀2；
14—止回阀2；15—止回阀5；16—球阀5；17—滤尘器2；18—球阀6；19—止回阀4；
20—止回阀6；21—球阀4；22—球阀3。

图 2-40　QD-K 气路控制箱结构图

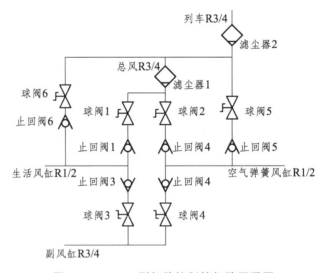

图 2-41　QD-K 型气路控制箱气路原理图

当与单管制车辆连挂时，总风管和列车管的通路关闭，将副风缸给空气弹簧及生活风缸的供风通路打开，由副风缸直接供风。气路控制箱的具体操作是球阀3、球阀4打开，球阀1、球阀2、球阀5、球阀6关闭。

当与单管制车辆连挂且本车又为关门车时，总风管和副风缸的管路关闭，将列车管给空气弹簧及生活风缸的供风通路打开，由列车管直接供风。气路控制箱的具体操作是球阀5、球阀6打开，球阀1、球阀2、球阀3、球阀4关闭。

3. 检修要求

（1）使用风枪配合毛刷和钢丝刷清除箱体及箱体附件、球阀、止回阀、滤尘器、气路板表面尘垢。

（2）检查箱体及箱体附件，要求安装牢固，无变形、腐蚀裂损；结构原理图正确且清晰完好、粘贴牢固。

（3）检查安装支架，要求变形时调修；裂损时焊修或更新；腐蚀深度超过原设计厚度20%或局部腐蚀超过总面积的25%时更新。

（4）检查搭扣与搭扣钩，要求安装牢固，配合良好。搭扣断裂时更新，搭扣钩、折页变形、裂损或腐蚀深度大于1 mm时更新。

（5）检查安全链，要求安装牢固，变形时调修，腐蚀深度大于1 mm或裂损时更新。

（6）检查气路板，无裂损、变形；腐蚀深度不得超过原设计厚度的20%，局部腐蚀不得超过总面积的25%。

（7）检查各球阀、止回阀、滤尘器表面无划痕，标识和序号清晰完整，安装螺栓无松动。

（8）检查各球阀开、关位状态良好。

（9）气路板漏风、窜风、裂损或腐蚀深度大于2 mm时更新。各接头体及气室裂损时更新。分解的密封件更新。因分解可见的钢丝螺套损坏时更新。紧固件螺纹状态不良时更新。

（10）如检查发现作用不良时，按照《QD-K型气路控制箱修作业指导书》中要求下车分解检修、试验。

（11）气路控制板泄漏试验。检查各球阀开闭作用良好，关闭球阀，连接风源，风压达到（600±10）kPa后进行漏泄试验，涂抹肥皂水检查无漏泄，试验合格后，及时擦干表面肥皂水。

（12）制动主管（制动管）供风试验。将风源接在制动软管上，将气路控制箱的球阀1、2、3、4置于关闭位，打开球阀5、6。此时打开风源总阀，制动主管能正常向生活风缸和空气弹簧风缸充风。当两风缸压力稳定时，空气弹簧、塞拉门、集便器均须正常工作。试验完毕后关闭球阀5、6。

（13）副风缸供风试验。在制动机处于正常状态，副风缸充至压力稳定时，确认气路控制箱的球阀1、2、5、6置于关闭位，打开球阀3、4。此时，副风缸须能正常向生活风缸和空气弹簧风缸充风。当两风缸压力稳定时，空气弹簧、塞拉门、集便器均须正常工作。试验完毕后关闭球阀3、4。

（14）总风管供风试验。将试验风源接到车辆的总风管上，确认气路控制箱的球阀3、4、5、6置于关闭位，打开球阀1、2。此时，打开总风源，总风管须能正常向生活风缸和空气弹簧风缸充风。当两风缸压力稳定时，空气弹簧、塞拉门、集便器均须正常工作。

四、折角塞门

折角塞门安装在客车的两端，用于开通或关闭连接车辆之间的风路，其结构如图2-42所示。客车用折角塞门和截断塞门与货车用结构相似，气密性试验要求及检修要求相同。

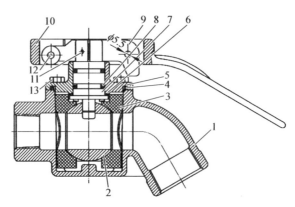

1—塞门体；2—球芯；3—密封座；4—密封垫；5—盖；6—密封圈；7—拨芯轴；8—O 形圈；
9—套口；10—手把；11，12—铆钉；13—六角头螺栓。

图 2-42　折角塞门结构图

五、截断塞门和组合式集尘器

截断塞门安装在单车管路中间，用于开通或关闭管路通风，其结构如图 2-43 所示。

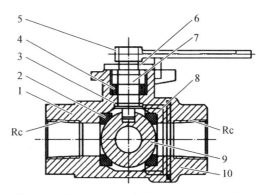

1—塞门体；2—密封座；3—轴下垫；4—轴上垫；5—手把；6—压紧螺母；7—拨芯轴；
8—密封圈；9—球芯；10—盖。

图 2-43　截断塞门结构图

集尘器安装在制动支管路上，在主管路与支管路各阀之间，用来收集主管路压缩空气带来的砂土、水分、锈垢等杂质，将清洁的压缩空气送入各阀，保证各阀的正常作用。集尘器通常与截断塞门组合在一起使用，即组合式集尘器，其结构如图 2-44 所示。

客车用组合式集尘器与货车用结构相似，气密性试验要求及检修要求相同。客车用集尘器与管路连接为 Rc 螺纹，而货车用集尘器与管路连接为法兰连接。

六、风　缸

1. 副风缸

副风缸是储存供制动缸使用的压缩空气的容器。在制动时，通过三通阀（分配阀或控制阀）将其压缩空气送入制动缸，产生制动作用。

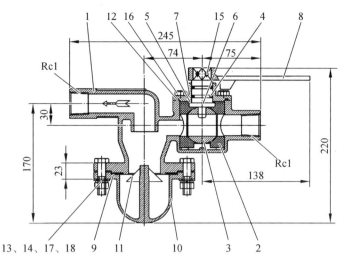

1—集尘器体；2—密封座；3—球芯；4—O 形圈；5—垫圈；6—拨芯轴；7—盖；8—手把；
9，12—密封垫；10—集尘盒；11—止尘伞；13，16—六角头螺栓；14—六角螺母；
15—半圆头铆钉；17—平垫圈；18—弹簧垫圈。

图 2-44　组合式集尘器结构图

客车用副风缸容积较大，也是用钢板焊接而成，如图 2-45 所示。两端各设有一螺孔，以备能够从任意一端和三通阀或分配阀连通。底部中央也设有一个螺孔，用来安装排水塞门。使用排水塞门可排除副风缸内的凝结水，也可兼作缓解阀用。排水塞门与截断塞门的组成基本相同，仅外形较小，其手把的开闭位置与截断塞门相反，即手把与管路平行时为关闭位，垂直时为开通位。

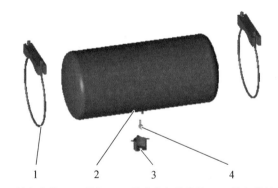

1—风缸吊带；2—风缸；3—排水塞门保护罩；4—排水塞门。

图 2-45　风缸三维结构图

104 型制动机所使用的副风缸，其容积有 120 L 和 180 L 两种，分别与直径 ϕ356 mm 和直径 ϕ406 mm 的制动缸配合使用。

2. 压力风缸

压力风缸是 104 型空气制动机平时储存压缩空气作为容积室制动时的压力源，并在充气时通过充气部控制副风缸的充气速度。它由钢板焊制而成，端部设有安装连通管的接头，中部有安装缓解阀的管接头，其容积为 11 L。

3. 生活风缸

生活风缸是给客车用风设备提供压力空气的容器，其结构与副风缸相似，仅容积大小不同。

4. 试验要求

各风缸须进行 900 kPa 的水压试验，出现裂纹时焊修，腐蚀深度超限时更换；各螺堵须分解，清除内部积水和尘沙；焊修后，各风缸须重新进行 900 kPa 的水压试验，保压 3 min 不得漏泄。

七、制动缸

制动缸是将压缩空气的压力转换为机械推力的部件。制动时，通过三通阀或分配阀的作用，制动缸接受副风缸送来的压缩空气，将制动缸活塞向外推出，变空气压力为机械推力，从而使基础制动装置动作，最后使闸瓦压紧车轮，产生制动作用。

缓解时，制动缸内的压缩空气经三通阀或分配阀排向大气，制动缸缓解弹簧使制动缸活塞复位，基础制动装置也随之复位，于是闸瓦离开车轮，实现缓解作用。

（一）客车制动缸的构造

客车用制动缸常见的有 N 型和 104 型，N 型制动缸的构造如图 2-46 所示，104 型制动缸的构造除后盖外，其余部分与 N 型制动缸相同。

不论哪种型号的制动缸，都是由前盖、后盖、缸体、活塞、活塞杆及缓解弹簧等组成。现就一般制动缸的构造作进一步说明。

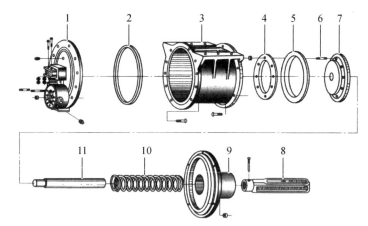

1—后盖；2—后盖垫；3—缸体；4—皮碗压板；5—皮碗；6—双头螺栓；7—活塞；
8—十字头导框；9—前盖；10—缓解弹簧；11—活塞杆。

图 2-46 N 型制动缸结构图

1. 制动缸前盖和后盖

上述各种制动缸的前盖，形式都很相似，结构也比较简单，但后盖有所不同。

N 型制动缸后盖上设有闸瓦间隙自动调整器的杠杆托，下部铸有三通阀安装座。N 型制动缸后盖有两种：一种是阀座两侧各设有 4 个孔，从上至下依次为排气孔、附加风缸孔、副风缸孔和制动支管孔；另一侧设有两个孔，上方为排气孔，下方为制动支管孔，不用的管孔可用螺堵堵住。

2. 缸　体

制动缸缸体由铸铁制成，两端有凸缘用螺栓将前后盖连接。缸体外表面铸有制动缸尺寸标记，在内壁靠后盖端上部设有一条漏风沟，以防止因三通阀的故障轻微漏泄而引起自然制动。漏风沟的长度应比制动缸活塞厚度稍大一些，过长将浪费压缩空气并影响制动效果；过短则不起漏风作用，不能防止自然制动的发生。

3. 活塞及活塞杆

制动缸活塞由铸铁制成，装于缸体内。为防止制动过程中压缩空气的漏泄，保证制动缸的密封性能，在活塞上装有皮碗，并用压板和螺栓与活塞紧固在一起。活塞杆铆装于活塞中央的座上。客车因空重车质量相差不大，一般采用锻制实心活塞杆。

4. 缓解弹簧

在缓解时，为了使制动缸迅速恢复原位并加速排出压缩空气，在制动缸活塞与前盖之间装有缓解弹簧。

（二）检修要求

密封式制动缸经单车试验作用良好，不漏泄者可不分解。作用不良、滤尘呼吸网罩丢失或漏泄时，须分解检查前盖垫、缓解弹簧、弹簧座、活塞润滑套、前盖滤尘套、滤尘毡、活塞杆、活塞、皮碗胀力环等，不良时加修或更换。

制动缸分解检修时，要求具体如下：

清除外部锈垢，分解螺栓组件，内壁及零部件须擦洗干净，皮碗须更换新品；制动缸体及前、后盖出现裂纹或砂眼漏泄时更换，缸体内径偏磨、拉伤时修理或更换；缓解弹簧（活塞杆前端铆死的除外）须分解、清洗、给油；活塞杆弯曲时调修，折裂、腐蚀严重时更换；活塞和压板出现裂纹时更换；铆钉松动、折损时修理或更换；皮碗裂损、老化、变形，缓解弹簧折断或自由高度低于限度时更换，漏风沟不得堵塞。

八、缓解阀

缓解阀为带侧排的球芯截断塞门，阀手柄上设有圆孔，用于连接缓解阀拉把组成，如图2-47所示。

缓解阀拉把组成由拉把、罩盖、连接法兰、拉条、半光圆销、开口销、螺栓、垫圈、弹簧垫圈、螺母组成，如图2-48所示。

缓解阀拉把组成有3个安装点，A处通过螺栓安装于车体上，B处通过螺母安装在模块支架上，C处与缓解阀相连接。检修人员可通过车内的缓解阀拉把排出副风缸或压力风缸内的压缩空气，使车辆制动机产生缓解作用。

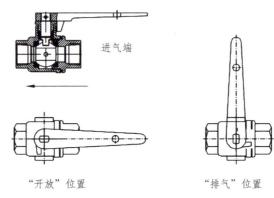

"开放"位置   "排气"位置

图 2-47　缓解阀示意图

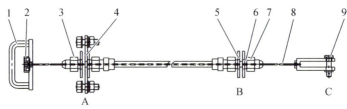

1—拉把；2—罩盖；3—螺栓；4—连接法兰；5—垫圈；6—弹簧垫圈；7—螺母；8—拉条；9—半光圆销。

图 2-48　缓解阀拉把组成示意图

九、制动缓解显示器

　　车体两侧设有缓解显示器，缓解显示器与制动缸管路连接，可以将车辆制动机所处的状态清楚地显示给站检及列检人员。在与缓解显示器连接的管路上设有球芯截断塞门，用以在需要对制动/缓解显示器检修时截断气路。其工作状态显示示意图如图 2-49 所示。

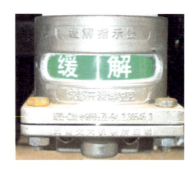

图 2-49　缓解显示器工作状态图

十、紧急制动阀

　　紧急制动阀又称"车长阀"，安装在客车车厢内，用红线绳铅封。紧急制动阀排风口须与墙板平行，在其附近的墙上须涂打或安装"危险请勿动"警示牌。它的用途是当列车在运行中遇有危及行车安全等紧急情况时，由运转车长或有关乘务人员拉动此阀，使列车产生紧急制动作用，迅速停车，以保证行车安全。

（一）紧急制动阀的构造及作用

紧急制动阀由阀体 1、手把 2、偏心轴 3、阀杆 4、阀 5、阀垫 6、阀座 7 等组成，如图 2-50 所示。

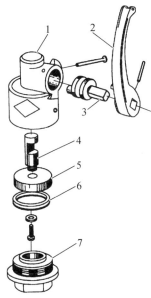

1—阀体；2—手把；3—偏心轴；4—阀杆；5—阀；6—阀垫；7—阀座。

图 2-50　紧急制动阀的构造

其手把有直形和弯形两种。阀体上有排气孔，阀座下端与制动支管连接。平时手把处于上方位置，偏心轴在下方位置，阀与阀座密贴，遮断排气通路。使用时拉动手把，偏心轴向上移动，带动阀上移，使之离开阀座，制动管内的压缩空气便经过阀与阀座间隙排向大气，使列车制动机发生紧急制动作用。如将手把向上推移恢复原位，则偏心轴向下方移动，恢复关闭位置，停止排气。紧急制动阀的作用如图 2-51 所示。

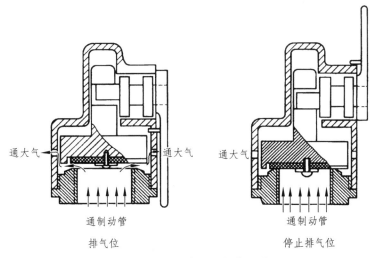

图 2-51　紧急制动阀工作位示意图

（二）紧急制动阀的使用时机

《技规》规定，在列车运行中，发现下列危及行车和人身安全情形时，运转车长应使用紧急制动阀停车。

（1）车辆燃轴或重要部件损坏时；

（2）列车发生火灾时；

（3）有人从列车上坠落或线路上有人死伤时（快速旅客列车不危及本列车运行安全时除外）；

（4）能判明司机不顾停车信号，列车继续运行时；

（5）列车无任何信号指示，进入不应进入地段或车站时；

（6）其他危及行车和人身安全情况必须紧急停车时。

使用车辆紧急制动阀时，不必先行破封，立即将阀手把向全开位置拉动，直到全开为止，不得停顿或关闭。若为弹簧手把时，列车停车前不得松手。在长大下坡道上，必须先看压力表，如压力表指针已由定压下降至 100 kPa，不得再使用紧急制动阀。

其他列车乘务人员遇有危及行车和人身安全的紧急情况时，也可按上述方法使用紧急制动阀。

紧急制动阀使用后，运转车长应将使用紧急制动阀的情况报告列车调度员和有关单位，并向最近的列检所请求对列车进行检查并对紧急制动阀施封。

十一、压力表

压力表简称"风表"，安装在客车车厢内紧急制动阀支管上，供列车乘务人员观察制动管内空气的压力。压力表分为单针和双针两种，车辆制动装置使用的是单针压力表。双针压力表可以指示两个不同部位的空气压力，一般用在机车和制动机试验设备上。

紧急制动阀管路设有两个单针压力表，等级为 1.6 级，表盘直径为 $\phi100$ mm，量程为 0 ~ 1 000 kPa，下部留有接口，用于与管路连接。制动用压力表表盘为白色，如图 2-52 所示；总风用压力表表盘为绿色，如图 2-53 所示。

图 2-52　制动管压力表

图 2-53　总风管压力表

压力表应按规定时间进行校验检查，与标准表的公差不得超过 10 kPa，表盘须有高 12 mm 的压印路徽标记，经校对合格的压力表须铅封，并在玻璃面内贴合格证（时间填写到期年、月、日）。

精选习题

一、选择题（选自职业技能鉴定题库）

1. 风缸焊修后须重新进行（　　　）的水压试验，保压 3 min 不得漏泄。

    A. 600 kPa   B. 800 kPa   C. 900 kPa   D. 1 000 kPa

2. SP2 型盘形制动单元耐压试验充入压缩空气压力为（　　　）。

    A. 400 kPa   B. 500 kPa   C. 600 kPa   D. 900 kPa

3. SP4 型踏面清扫器检查时，闸瓦与车轮踏面之间的间隙值，正常间隙应为（　　　）。

    A. 3 ~ 5 mm   B. 5 ~ 8 mm   C. 8 ~ 10 mm   D. 10 ~ 15 mm

4. 客车制动管直径为（　　　）。

    A. ϕ 25 mm   B. ϕ 30 mm   C. ϕ 35 mm   D. ϕ 40 mm

5. 车辆制动时，缓解显示器显示颜色为（　　　）。

    A. 红色   B. 绿色   C. 白色   D. 黄色

6. 利用压缩空气作为动力来源的装置是（　　　）。

    A. 空气制动机   B. 手制动机   C. 电空制动机   D. 以上都是

7. 120 型空气制动机中核心部件是（　　　）。

    A. 集尘器   B. 副风缸   C. 120 阀   D. 闸调器

8. 副风缸的压力空气进入（　　　），产生制动力。

    A. 制动缸   B. 加速缓解风缸   C. 降压气室   D. 120 阀

9. 空重车自动调整装置是根据车辆载重的变化自动调整（　　　）的压力，以减小车辆制动率的差别，改善车辆的制动性能。

    A. 制动缸   B. 加速缓解风缸   C. 降压气室   D. 120 阀

10. 连接相邻各车辆的制动主管装置是（　　　）。

    A. 塞门   B. 软管连接器   C. 法兰   D. 集尘器

11. 软管连接器风压试验要求保压时间是（　　　）。

    A. 2 min   B. 3 min   C. 4 min   D. 5 min

12. 货车制动主管直径为（　　　）。

    A. ϕ 25 mm   B. ϕ 30 mm   C. ϕ 32 mm   D. ϕ 35 mm

13. 编入列车的关门车数不超过现车总辆数的（　　　）。

    A. 5%   B. 6%   C. 7%   D. 8%

14. 双室风缸由降压气室和（　　　）组合而成。

    A. 副风缸   B. 加速缓解风缸   C. 压力风缸   D. 生活风缸

15. 车辆制动系统中将空气压力转换成机械推力输出的装置是（　　　）。

    A. 副风缸   B. 制动缸   C. 120 阀   D. 闸调器

16. 305×254 旋压密封式制动缸主要有（　　　）种。

    A. 4   B. 5   C. 6   D. 7

17. 向制动缸内充入 600 kPa 的压缩空气，活塞达到全行程后，保压（　　　），制动缸压力不得下降。

  A. 0. 5 min   B. 1 min   C. 2 min   D. 3 min

18. ϕ305 mm×254 mm A 型制动缸与 ϕ305 mm×254 mm B 型制动缸的主要区别是（ ）。

  A. 缸体不同   B. 活塞组成不同   C. 前盖组成不同   D. 缸座组成不同

19. 主动润滑制动缸，制动、缓解（ ）次，活塞可以旋转一周。

  A. 50 ~ 100   B. 100 ~ 200   C. 200 ~ 300   D. 300 ~ 400

20. 空气制动机是以（ ）的空气压力变化来控制分配阀产生动作，实现制动和缓解作用的装置。

  A. 制动主管   B. 制动支管   C. 副风缸   D. 制动缸

21. 104 型空气制动机与 LN 型空气制动机相比较，增设了（ ）。

  A. 生活风缸   B. 压力风缸   C. 副风缸   D. 制动缸

22. 为了适应铁路客车提速和扩大列车编组的需要而设计的新型客车制动机是（ ）。

  A. 104 型制动机   B. F8 型电空制动机

  C. 104 型电空制动机   D. 120 型制动机

23. 104 型空气制动机中排气塞门安装在（ ）。

  A. 制动缸   B. 副风缸   C. 压力风缸   D. 制动主管

二、判断题（选自技能竞赛题库）

1. 103 型空气制动机副风缸容积大，列车初充气的时间较长。   （ ）

2. F8 型电空制动机包括空气制动和电空制动两部分。   （ ）

3. F8 型电空制动机中电空制动部分发生故障时，可成为独立的空气制动作用系统。

                          （ ）

4. 104 型空气制动机的缓解阀装在压力风缸上，用来排出压力风缸内的压缩空气，从而使制动机缓解。   （ ）

5. F8 型电空制动机在电空阀箱内装有缓解电磁阀、常用制动电磁阀和紧急制动电磁阀。

                          （ ）

6. 主管路主要包括制动主管（列车管）、总风管、折角塞门、制动软管连接器总成、总风软管连接器总成及各种不锈钢管接件等。   （ ）

7. 总风管是贯通全列车并把压力空气输送到各个车辆的气路控制箱去的管路。 （ ）

8. 压力风缸是 104 型分配阀平时储存压缩空气作为容积室制动时的压力源，并在充气时通过充气部控制副风缸的充气速度。   （ ）

9. 更换新闸片后，SP2 型盘形制动单元螺杆可自动缩回。   （ ）

10. 客车常用的折角塞门和截断塞门与货车的相同。   （ ）

11. 103 型空气制动机副风缸容积大，列车初充气的时间较长。   （ ）

12. 120 型控制阀根据制动管中空气压力的变化，来操纵本车制动装置的制动和缓解作用。   （ ）

13. 组合式集尘器是对压力空气进行过滤，以保证 120 型控制阀正常工作的部件。

                          （ ）

14. 转向架集成制动装置具有结构紧凑、质量轻、传动效率低、闸瓦压力均匀等优点。

（　　）

15. 空重车装置可根据车辆实际装载重量自动调整制动缸的压力,保持与载重相适应的车辆制动力。（　　）

16. 软管连接器水压试验要求充入 600 kPa 的水压并保持 2 min。（　　）

17. 折角塞门安装在制动支管上远心集尘器的前方,用于开通或关闭制动支管到远心集尘器之间的通路。（　　）

18. 关门车不得挂于机车后部三辆车之内。（　　）

19. 副风缸是储存供制动缸用的压缩空气的容器。（　　）

20. 风缸焊修后需重新进行风、水压试验。（　　）

21. 旋压密封式制动缸具有质量轻、使用寿命长等优点。（　　）

22. 305×254 A 型旋压密封式制动缸中含有推杆复原装置。（　　）

23. 主动润滑制动缸多次的制动缓解可使活塞转动。（　　）

24. 制动缸经单车试验作用良好,不漏泄者可不分解。（　　）

25. 制动缸组装后需进行风压和水压试验。（　　）

三、简答题

1. 客车制动机的主要零部件有哪些?

2. 简述紧急制动阀使用的时机。

3. 120 型空气制动机由哪几部分组成?

4. 如何操作半自动缓解阀缓解 120 型空气制动机?

5. 简述软管连接器的摘挂过程。

6. 简述软管连接器的检修要求、常见故障及处理方法。

7. 什么是制动关门车?

8. 简述风缸的检修要求。

9. 简述球芯折角塞门的使用方法。

10. 简述旋压密封式制动缸的特点。

11. 简述主动润滑制动缸的工作原理。

12. 简述制动缸的性能试验要求。

13. 简述制动缸的检修要求。

14. 104 型空气制动机由哪几部分组成?

15. 104 型电空制动机由哪几部分组成?

16. F8 型电空制动机由哪几部分组成?

项目三　人力制动机检修

 项目描述

人力制动机是以人力为原动力，靠人力操纵并产生制动原力的机械制动机。其构造简单、费用低廉，是铁路上历史最悠久、生命力最顽强的制动机。在调车作业、车站停放或主要制动机突然失灵时，人力制动机仍然是一个简单有效的救急制动手段。本项目将重点学习人力制动机的组成、使用方法及检修要求，为今后从事检车员及制动钳工岗位工作打下基础。

 **对应岗赛证**

对应岗位：铁路客货车检车员岗位、铁路客货车制动钳工岗位。

对应大赛：职业技能大赛、创新创业大赛。

对应证书：铁路职业技能鉴定系列证书、1+X 轨道交通装备系列证书。

 学习目标

【知识目标】

（1）了解人力制动机的种类；

（2）掌握人力制动机的组成和操作方法；

（3）掌握人力制动机的检修要求。

【技能目标】

（1）能够正确使用人力制动机；

（2）具备人力制动机检修的能力。

【素质目标】

（1）培养学生精益求精的工匠精神；

（2）树立标准化作业意识及安全责任意识。

思政案例

顺应时代发展，当好制动的"配角"

铁路发展初期，机车车辆上都只有人力制动机，每车或几个配备一名制动员，按司机的笛声号令协同操纵。由于人力制动机制动力弱、动作缓慢、不便于司机直接操纵，所以很快就被非人力的制动机所代替。非人力的制动机成为主要的制动机，人力制动机退居次要地位，成为辅助的备用的制动机，但是这个"配角"的地位很牢固，在调车作业、车站停放或者主要制动机突然失灵时，人力制动机仍然是一个简单有效的救急制动手段。

早期我国采用的货车人力制动机主要为链条式人力制动机，该型人力制动机的主要特点是结构简单，但是制动力比较小，制动、缓解作用不灵活，安装于车上时，手轮往往高于车地板面或端墙，装卸车时易损坏。

1996 年，我国研制开发了第一代齿轮啮合式人力制动机——FSW 型人力制动机，2000 年在 FSW 型人力制动机的基础上研制了 NSW 型人力制动机，该型人力制动机具有制动、缓解、调力等功能，操作方便、制动力大、可靠性高。同时，该型人力制动机更加适合平车及集装箱车装用，目前 NSW 型人力制动机已成为国内货车主型人力制动机。然而研发的脚步从未停止，2013 年为了解决货车与客车连挂时，人力制动机与风挡的干涉问题，我国又研制了 NSW-I/NSW-A 型人力制动机。NSW-A 型人力制动机链条卷入量可达到 1 000 mm 以上而链条仍不重叠，输出力稳定，适用性更好。另外，为满足出口货车的需要，研制了 MSW 型人力制动机，该型人力制动机符合 AARS475《HAND BRAKES》标准，能够满足出口车的需要。

任务一　货车链条式人力制动机检修

任务目标

【知识目标】

（1）了解链条式人力制动机的发展历程；

（2）掌握链条式人力制动机的组成和操作方法；

（3）掌握链条式人力制动机的检修要求。

【技能目标】

（1）能够正确使用链条式人力制动机；

（2）具备链条式人力制动机检修的能力。

【素质目标】

培养学生精益求精的工匠精神。

任务描述

链条式人力制动机是我国早期采用的货车人力制动机，课前同学们要完成链条式人力制动机发展历程的学习，课上汇报学习成果，同时老师讲解操作方法及检修要求；课后同学们要根据所讲知识自主对链条式人力制动机的操作方法和检修要求进行更深入的探究。

数字资源

货车链条式人力制动机检修

配套知识

一、链条式人力制动机的组成和操作方法

链条式人力制动机主要分为固定轴链条式、折叠轴链条式和旋转轴链条式三种，主要安装在 60 t 级铁路货车上。

（一）固定轴链条式人力制动机

1. 结构和组成

如图 3-1 所示，固定轴链条式人力制动机的手制动轴 3 上部装有一个手制动手轮 1，在手制动轴中部下方设有手制动踏板 8，上方设有防止手制动轴逆转的手制动棘轮 7、棘子 5、棘子锤 4，棘子和棘子锤安装在棘子托 6 上。手制动轴导架 2 能保持手制动轴正位，使其不致倾斜摇摆。手制动轴下方设有手制动轴托架 9，以支撑手制动轴。手制动轴的下端钻有一个通孔，用螺栓将其和手制动轴链 10 连接在一起。

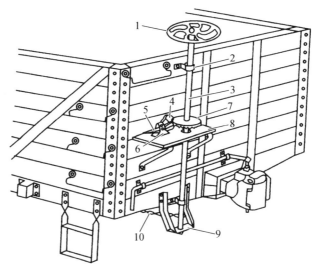

1—手制动手轮；2—手制动轴导架；3—手制动轴；4—棘子锤；5—棘子；6—棘子托；7—手制动棘轮；
8—手制动踏板；9—手制动轴托架；10—手制动轴链。

图 3-1 固定轴链条式人力制动机

止轮组成结构：为保持手制动力，链条式人力制动机设置了止轮组成结构。抬起棘子锤，棘子落下，棘轮可自由转动；放下棘子锤，棘轮只能单向旋转，可实现制动力的保持功能。

2. 作用和操作方法

制动：先将棘子锤压在棘子的外端，使棘子的内端卡在棘轮上，以防止手制动轴逆转。然后顺时针方向转动手轮，随着手制动轴转动，手制动轴链便卷在手制动轴上，拉动手制动拉杆，从而带动基础制动装置移动，使闸瓦压紧车轮产生制动作用。图 3-2 所示为棘轮装置。

缓解：将棘子锤提起，使棘子内端离开棘轮，则手制动轴依靠其反拨力逆转，恢复到缓解位置。基础制动装置也在制动梁自重的作用下，使闸瓦离开车轮，制动装置处于缓解状态。

图 3-2 棘轮装置

3. 安全注意事项

为了保证人身安全，在接触网带电的情况下使用人力制动机时，身体各部位及所持信号旗和其他物品，必须与接触网带电部分保持 2 m 以上距离。

（二）折叠轴链条式人力制动机

1. 结构和组成

折叠轴链条式人力制动机广泛应用在平车上，其主要结构和作用原理与固定轴链条式人力制动机基本相同，只是将手制动轴分为上、下两节，用销和轴套连接，如图 3-3 所示。车辆不使用人力制动机时，须将手制动轴放在手制动轴托上，避免装卸作业时发生刮碰。

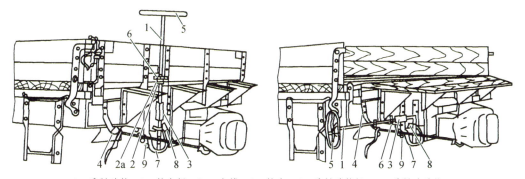

1—手制动轴；2—轴卡板；2a—止销；3—轴套；4—手制动轴托；5—手制动手轮；
6—手制动棘轮；7—手制动轴托架；8—手制动轴导架；9—手制动链。

图 3-3 折叠轴链条式人力制动机

2. 作用和操作方法

制动：将手制动轴竖起，轴套落下，手制动轴直立并固定，合上轴卡板（俗称月牙板），安入止销，将棘子锤压在棘子的外端，使棘子的内端卡在棘轮上，以防止手制动轴逆转。然后顺时针方向转动手轮，随着手制动轴转动，手制动轴链便卷在手制动轴上，拉动手制动拉杆，从而带动基础制动装置移动，使闸瓦压紧车轮产生制动作用。图 3-4 所示为折叠轴链条式人力制动机折叠状态。

缓解：抓牢手轮，将棘子锤提起，使棘子离开棘轮，则手制动轴依其反拨力逆转；再逆时针转动手轮，确认全部松开人力制动机轴链，拔出止销，打开轴卡板，提起轴套，然后缓慢将手制动轴放倒在轴托上。

图 3-4　折叠轴链条式人力制动机折叠状态

（三）旋转轴链条式人力制动机

1. 结构和组成

旋转轴链条式人力制动机主要装用在 X_{6K} 型集装箱平车上，其主要结构和作用原理与固定轴链条式人力制动机基本相同，仅在不使用时把旋转轴链条式人力制动机整体一起放倒。

2. 作用和操作方法

制动：在使用旋转轴链条式人力制动机之前，如人力制动机在直立位置时，要检查确认转动支架与转动支架座的孔内插有圆销固定，方可使用。如人力制动机在倾斜位置时，要将其固定圆销拨出，然后旋转人力制动机使其直立，将其固定圆销插入转动支架及转动支架座的孔内并加以固定，方可使用。制动时，顺时针方向转动手轮，随着手制动轴转动，手制动轴链便卷在手制动轴上，拉手制动拉杆，从而带动基础制动装置移动，使闸瓦压紧车轮产生制动作用，之后用棘子止住棘轮。

缓解：抓牢手轮，使棘子离开棘轮，则手制动轴依其反拨力逆转，再逆时针转动手轮，确认全部松开人力制动机轴链，将固定圆销由转动支架及转动支架座的孔内拔出；然后将人力制动机整体沿转动支架座向车辆中梁方向旋转倾斜约 75°，并使手制动轴放置在轴托上；最后将固定圆销插入转动支架及转动支架座的孔内，加以固定。

二、链条式人力制动机的检修要求

1. 通用要求

各型人力制动机检修前须进行表面除锈，零件裂损时更换，丢失时补装。

手制动轴磨耗大于 2 mm 时焊修后加工。制动轴链及各拉链链环直径磨耗大于 2 mm 时更换。链环出现裂纹时须熔接焊修，焊后须进行拉力试验。

制动轴链、制动拉杆链须分别进行拉力试验，手制动轴链拉力为 14.70 kN，拉杆链拉力为 26.47 kN，不得裂损或产生永久变形。

2. 固定轴链条式人力制动机

手轮、棘轮、棘子、棘子托、棘子锤、轴键、链、链导板、转动支架、转动支架座、销链及滑轮等配件，裂损时更换；轴导架、轴托弯曲、裂损时修理或更换。

手制动轴弯曲时调修，无法调修时截换，截换接口处须开 X 形坡口焊接，并须刻打焊工钢印。

手轮组装螺栓须安装弹簧垫圈或背母及开口销，轴下部须安装垫圈及开口销，开口销须劈开卷起。

棘子锤不得反装。

各转动接触部位须涂润滑油。

3. 折叠轴链条式人力制动机

手制动轴折叠处铆钉须平整牢固，叉口处出现裂纹时须在轴上截换，截换接口处须开 X 形坡口焊接，并须刻打焊工钢印。

轴套出现裂纹、变形时更换；轴卡板及销、链须齐全。

手制动机在车辆上组装后须放下检查，不得超过车辆限界。

4. 旋转轴链条式人力制动机

止轮座组成出现裂纹、弯曲或磨耗大于 2 mm 时焊修或更换，腐蚀大于 30%时更换。

转动支架与转动支架座间隙大于 3 mm 时焊修后加工或更换；转动支架孔与手制动轴间隙大于 4 mm 时焊修后加工或更换。

转动支架沟槽磨耗大于 2 mm 时堆焊后加工或更换。

定位螺钉须更换新品，组装后须与转动支架点焊固。

任务二　货车 NSW 型人力制动机检修

 **任务目标**

【知识目标】

（1）了解 NSW 型人力制动机的发展历程；

（2）掌握 NSW 型人力制动机的组成和操作方法；

（3）掌握 NSW 型人力制动机的检修要求。

【技能目标】

（1）能够正确使用 NSW 型人力制动机；

（2）具备 NSW 型人力制动机检修的能力。

【素质目标】

树立标准化作业意识。

 任务描述

NSW 型人力制动机是目前国内货车主型人力制动机，课前同学们要完成 NSW 型人力制动机发展历程的学习，课上汇报学习成果，同时老师讲解操作方法及检修要求；课后同学们要根据所讲知识自主对 NSW 型人力制动机的操作方法和检修要求进行更深入的探究。

数字资源

货车 NSW 型人力制动机检修

配套知识

一、NSW 型人力制动机的组成和操作方法

1. 结构和组成

NSW 型人力制动机由箱壳、底座、手轮、功能手柄、主动轴、卷链轴、锁闭机构等组成，能够方便地实现制动、缓解、调力等功能，如图 3-5 和图 3-6 所示。

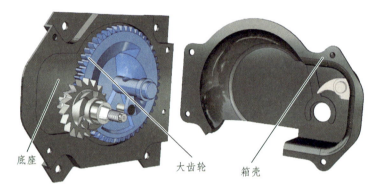

底座　　　　大齿轮　　箱壳

图 3-5　NSW 型人力制动机

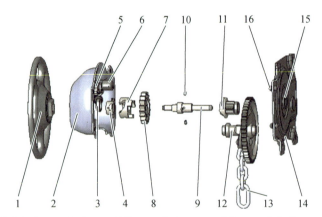

1—手轮组成；2—箱壳组成；3—轴承；4—键轮；5—棘舌；6—配重块；7—离合器；8—棘轮；9—主动轴；
10—圆柱销；11—小齿轮；12—卷链轴组成；13—链条；14—底座；15—轴承座；16—铆钉。

图 3-6　NSW 型人力制动机结构

主动轴组成包括主动轴、键轮、离合器、棘轮、小齿轮、端轴等零件，如图 3-7 所示。

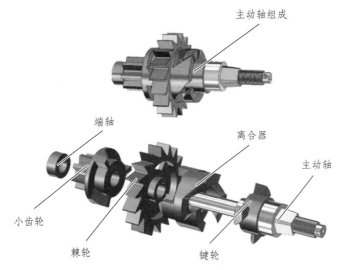

图 3-7　主动轴组成

2. 功能和操作方法

1）制　动

制动时，功能手柄指向标识"常用"位（箱壳上对应功能手柄的位置涂有"常用"和"调力"标识），顺时针方向转动手轮，可使链条产生制动力并保持。

功能手柄置于常用位，棘舌放下，棘轮只能单向旋转。顺时针转动手轮，主动轴离合器闭合，主动轴组成整体随手轮转动，由小齿轮带动大齿轮卷入链条产生制动力，随着缠绕量增加，手制动力增大，通过棘轮保持制动力。

2）缓　解

缓解时，功能手柄指向标识"常用"位，逆时针方向转动手轮约 40°，带动键轮使离合器与小齿轮脱开，小齿轮可以自由转动，在链条拉力和重力作用下快速放出链条实现缓解。

3）调　力

调力时，功能手柄指向标识"常用"位，顺时针方向转动手轮使链条产生一定的拉力，用手固定住手轮，将功能手柄拨向标识"调力"位。此时，棘舌抬起，棘轮旋转不受限制，离合器始终闭合，顺时针转动手轮，缠绕链条增大制动力，逆时针转动手轮，放出链条减小制动力。

注意：手不要离开手轮，否则会造成人力制动机的彻底缓解。

4）锁闭（此功能现已取消）

锁闭时，采用三角钥匙操作。如果需要锁闭，制动后用三角钥匙顺时针方向转动位于箱壳左下方的三角锁，直到钥匙转不动为止，此位置可将缓解功能锁闭。逆时针方向转动钥匙，锁闭功能解除，可实施缓解操作。

二、NSW 型人力制动机的检修要求

1. 检修要求

NSW 型人力制动机检修前须进行表面除锈，零件裂损时更换，丢失时补装。链环直径磨耗大于 2 mm 时更换。

NSW 型人力制动机锁闭机构的锁臂、锁闭弹簧、轴、轴架和锁闭凸轮须拆除，壳体上的锁闭机构钥匙孔须堵焊良好。

NSW 型人力制动机箱内转动件铆接者状态良好时可不分解，状态不良的须分解进行修理或更换。

手轮组成或箱壳组成零部件出现裂纹或焊缝开裂时焊修后磨平。

箱壳组成中的注油孔塞须更换新品。

棘轮、离合器、小齿轮损坏时更换；键轮损坏时，主动轴和键轮须同时更换。

卷链轴凹槽深度大于 14 mm 或链环直径磨耗后小于 $\phi 9$ mm 时更换。链环裂纹时须熔接焊修，并进行 14.70 kN 的拉力试验。

键轮与离合器之间、离合器与棘轮和小齿轮之间、小齿轮与主动轴之间及卷链轴组成的大齿轮须涂 89D 制动缸脂。

2. 性能试验

制动试验：在功能手柄置于常用位时，顺时针方向转动手轮，须产生制动力并保持。

缓解试验：快速逆时针方向转动手轮约 40° 时须缓解。

调力试验：功能手柄置于常用位置，顺时针转动手轮，当链条产生一定拉力时，给手轮施加顺时针方向扭矩的同时，将功能手柄拨向调力位置，此时，链条拉力可随手轮的旋转增大或减小。

3. 油漆与标记

检修合格的 NSW 型人力制动机外表面须喷涂底、面漆，油漆干膜厚度不小于 120 μm。

NSW 型人力制动机壳体和手轮须喷涂面漆。手轮上用白油漆涂打"制动"和"缓解"方向指示标记，在箱壳上涂打"调力"和"常用"方向指示标记，字号为 20 号，如图 3-8 所示。

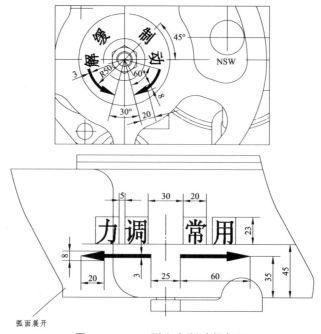

图 3-8　NSW 型人力制动机标记

任务三 客车蜗轮蜗杆式人力制动机检修

 **任务目标**

【知识目标】

（1）掌握蜗轮蜗杆式人力制动机的种类及组成；

（2）掌握蜗轮蜗杆式人力制动机的工作原理；

（3）掌握蜗轮蜗杆式人力制动机的检修工艺流程。

【技能目标】

（1）能够正确使用蜗轮蜗杆式人力制动机；

（2）具备蜗轮蜗杆式人力制动机检修的能力。

【素质目标】

树立车辆钳工及客车检车员岗位认真负责的职业素养。

 任务描述

蜗轮蜗杆式人力制动机是目前国内客车主型人力制动机，课前同学们要完成蜗轮蜗杆式人力制动机发展历程的学习，课上汇报学习成果，同时老师讲解操作方法以及检修要求，课后同学们要根据所讲知识自主对蜗轮蜗杆式人力制动机的操作方法和检修要求进行更深入的探究。

 数字资源

客车蜗轮蜗杆式人力制动机检修

 配套知识

一、蜗轮蜗杆式人力制动机的组成和操作方法

涡轮蜗杆式人力制动机具有结构简单、使用轻便灵活、制动力较大等特点。其结构如图3-9所示。

摇把的转轴是一根蜗杆，顺时针方向转动摇把即带动蜗轮主轴上的锥形链轮转动，将制动链卷绕在锥形链轮上，拉动手制动拉杆，带动基础制动装置动作，产生制动作用。停止转动摇把时，依靠蜗轮蜗杆的自锁作用，使手制动机保持制动而不会自然缓解。反向转动摇把时，锥形链轮也反向转动，松开制动链，并在转向架缓解弹簧的作用下，达到缓解状态。

主轴底下的链轮做成"上宽下窄"的锥形，目的是在开始制动时，链条绕较大的圆周转动，缩短制动时间；制动后期，链条绕较小圆周转动，可以调高制动力。

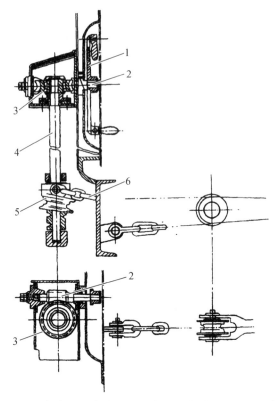

1—摇把；2—蜗杆；3—蜗轮；4—主轴；5—锥形链轮；6—制动链。

图 3-9　蜗轮蜗杆式手制机

二、蜗轮蜗杆式人力制动机检修

1. 检修要求

车辆施行定期检修时以及在日常保养中应加强对手制动机的检修，使之保持良好的技术状态。

（1）摇把、手柄、滑轮等配件须齐全，有裂纹或破损时更换，丢失时补添。轴导架和轴托产生弯曲、裂损时换修。

（2）螺旋式手制动机螺纹处须清洁并涂润滑油，配件出现裂纹、弯曲时换修，丢失时补添。

（3）手制动轴弯曲时调修，有裂纹或折损时须卸下锻接或焊接。

（4）手制动轴链、手制动拉杆链的链环出现裂纹时须卸下焊修，焊后须进行拉力试验。

（5）手制动机拧紧后，螺旋式手制动机的螺杆丝扣须有 75 mm 以上的余量。

（6）手制动机的作用必须良好，不良时须检查判明发生故障的原因，并及时进行修理或更换出现故障的部件。发车前必须确认手制动机在缓解状态。

2. 客车手制动机检修作业

1）安全要求

（1）班前班中严禁饮酒，班前要充分休息。

（2）工作前必须检查所使用的工具良好。

（3）工作中劳保用品穿戴整齐。

（4）段修库内交叉作业时，应做到呼唤应答，注意瞭望。

（5）登高作业时应佩戴安全带。

2）工作前的准备

必须将工作服、手套等劳保用品穿戴整齐，检查电焊设备、乙炔切割设备、拉力试验器等状态良好。

3）作业内容

（1）作业准备：

① 确认使用的检测量具在检定周期内，且状态良好。

② 准备好扳手、手锤等工具。

（2）手制动机各部件检修技术要求：

① 摇把、手柄、轴键、链、转动支架、转动支架座、销链及滑轮等配件须齐全，各转动部位须注油。

② 配件出现裂纹或破损时更换，丢失时补添。

③ 轴导架、轴托弯曲、破损、裂损时修理或更换。

④ 手把组装螺栓须安装弹簧垫圈或背母，轴下部须安装垫圈和开口销，开口销须劈开卷起。

⑤ 手制动机轴磨耗大于 2 mm 时焊修后加工，手制动机轴弯曲时调修。截换时须卸下修理，接口处须开 X 形坡口焊接，并须刻打焊工钢印。

⑥ 螺杆式手制动机螺纹处须清扫给油，螺杆托、螺杆罩螺母、连杆、杠杆、导板座裂损、弯曲时调修、焊修或更换，丢失时补添。手制动机的轴和螺母丝扣磨耗、旷动量大于 3 mm 时截换丝扣部分或更换螺母。螺杆式手制动机手制动轴弯曲时须加热调直，出现裂纹或折损时须卸下截换，截换时须卸下施修。

⑦ 旋转式手制动机止轮座组成出现裂纹、弯曲或磨耗大于 2 mm 时焊修或更换，腐蚀大于 30%时更换。转动支架与转动支架座间隙大于 3 mm 时焊修后加工或更换。转动支架孔与手制动轴间隙大于 4 mm 时焊修后加工或更换。螺钉须更换新品，组装后与转动支架点焊固。转动支架沟槽磨耗大于 2 mm 时堆焊后加工或更换。

（3）检查各型人力制动机轴链及制动拉杆链、制动拉杆。技术要求：

制动轴链、制动拉杆链环出现裂纹时须拆下熔接焊修，链环直径磨耗超限时更换。经焊修或更换新环的轴链或拉杆链须施行拉力试验。拉力：制动轴链 14.70 kN，拉杆链 26.47 kN，试验后不得产生裂纹和变形。

制动拉杆出现裂纹、折断时焊接或锻接，然后施行 11.76 kN 拉力试验须无永久变形。

（4）检修后试验及易失配件焊固，技术要求：

在单车试验时，应进行手制动机作用试验，拧紧手制动机后，止铁须起作用，各闸瓦须抱紧车轮。制动状态时，螺杆式手制动机拧紧后，须有 75 mm 以上的紧余量。

（5）完工整理：

作业完工后收起工具，按指定位置摆放整齐。

清扫工作场地，做到无尘土、垃圾、油迹，物料摆放整齐，工具备品定置定位。

精选习题

一、单选题（选自职业技能鉴定题库）

1. 链条式人力制动机主要分为固定轴链条式、（　　　）链条式和旋转轴链条式三种。

    A. 折叠轴　　　　　　　B. NSW　　　　　　　　C. FSW　　　　　　　　D. 脚踏式

2. 链条式人力制动机主要安装在（　　　）t 级铁路货车上。

    A. 50　　　　　　　　　B. 60　　　　　　　　　C. 70　　　　　　　　　D. 80

3. 为了保证人身安全，在接触网带电的情况下使用人力制动机时，身体各部位及所持信号旗和其他物品，必须与接触网带电部分保持（　　　）m 以上距离。

    A. 5　　　　　　　　　　B. 1　　　　　　　　　　C. 2　　　　　　　　　　D. 4

4. 制动轴链及各拉链链环直径磨耗大于（　　　）mm 时更换。链环出现裂纹时须熔接焊修，焊后须进行拉力试验。

    A. 5　　　　　　　　　　B. 1　　　　　　　　　　C. 2　　　　　　　　　　D. 4

5. 制动轴链、制动拉杆链须分别进行拉力试验，手制动轴链拉力为（　　　）kN，拉杆链拉力为 26.47 kN，不得裂损或产生永久变形。

    A. 14.70　　　　　　　　B. 15　　　　　　　　　C. 15.47　　　　　　　　D. 15.70

二、判断题（选自职业技能鉴定题库）

1. 链条式人力制动机的主要特点是结构简单，但是制动力比较小，制动、缓解作用不灵活。　　　　　　　　　　　　　　　　　　　　　　　　　　　　　　　　　　（　　　）

2. 旋转轴链条式人力制动机主要装用在 X_{6K} 型集装箱平车上。　　　　　　　（　　　）

3. 折叠轴链条式人力制动机广泛应用在平车上，其主要结构和作用原理与固定轴链条式人力制动机基本相同。　　　　　　　　　　　　　　　　　　　　　　　　　　（　　　）

4. 折叠轴链条式人力制动机，将手制动轴分为上、下两节，用销和轴套连接。　（　　　）

5. 检修时，棘子锤不得反装。　　　　　　　　　　　　　　　　　　　　　　（　　　）

三、简答题

1. 简述固定轴链条式人力制动机的组成和结构。

2. 简述折叠轴链条式人力制动机的作用和操作方法。

3. 简述 NSW 型人力制动机的使用操作方法。

4. 简述蜗轮蜗杆式人力制动机的使用操作方法。

项目四 基础制动装置检修

 项目描述

基础制动装置是传送制动原动力并产生制动力的装置，传送的任务一般是通过杠杆传动机构来完成的，传送的同时，通常还要将力加以扩大。本项目将重点介绍客货车基础制动装置的种类和组成，掌握客货车基础制动装置的作用原理和检修标准。

 对应岗赛证

对应岗位：铁路客货车检车员岗位、铁路客货车制动钳工岗位。

对应大赛：职业技能大赛、创新创业大赛。

对应证书：铁路职业技能鉴定系列证书、1+X 轨道交通装备系列证书。

 学习目标

【知识目标】

（1）掌握客货车基础制动装置的种类和组成；

（2）掌握客货车基础制动装置的作用原理；

（3）掌握客货车基础制动装置的检修标准。

【技能目标】

（1）能够组装客货车基础制动装置；

（2）具备客货车基础制动装置检修的能力。

【素质目标】

（1）培养学生精益求精的工匠精神；

（2）树立标准化作业意识及安全责任意识。

 思政案例

2021 年 9 月 6 日，某局某段 5T 运用车间 TF 检车员发现 T28001 次直通列车机后 3 位 JSQ6 车辆 8 位闸瓦及闸瓦插销丢失的情况，由下一列检补装，有效防止了由于闸瓦丢失可能造成磨托、冒火星、热轮被拦停的不良影响。

2021 年 8 月 3 日，某局某段 5T 运用车间 TF 检车员发现 87172 次机后 53 位 C_{70E} 车辆闸调器破损的故障（前盖脱出），有效防止了闸调器作用失效、制动缓解不良等问题的发生，确保了运输效率，杜绝了不良影响。

可见，作为一名检修人员，掌握基础制动装置的组成和检修要求，保证基础制动装置作用良好，对保证列车安全运行至关重要。

任务一　货车单侧闸瓦基础制动装置检修

 **任务目标**

【知识目标】
掌握货车基础制动装置的种类和组成。

【技能目标】
能够计算制动倍率。

【素质目标】
培养学生精益求精的工匠精神。

 任务描述

闸瓦制动的基础制动装置被广泛应用在铁路货车上，课前同学们要完成对基础制动装置种类的学习，课上汇报学习成果，同时老师讲解基础制动装置的组成以及计算制动倍率；课后同学们要根据所讲知识掌握基础制动装置的组成，能够计算制动倍率。

 数字资源

货车单侧闸瓦基础制动装置检修

 配套知识

一、货车基础制动装置的种类

货车基础制动装置可以分为单侧闸瓦制动、双侧闸瓦制动和集成式制动三种。

1. 单侧闸瓦制动

单侧闸瓦基础制动装置只在车轮一侧配置闸瓦，单侧制动具有结构简单、自重较轻、成本较低、检修与制造方便的优点，普通货车多采用这种形式，如图 4-1 所示。但是，在制动时单侧制动使轮对一侧受力，容易使轴承偏磨以及因发热过度而燃轴，而且制动力受闸瓦面积和闸瓦压力的限制，只适用于载重不是很大或速度不是很高的车辆。

2. 双侧闸瓦制动

双侧闸瓦基础制动装置，轮对两侧受力且互相平衡，没有轴承偏磨的缺点，而且，每个车轮的闸瓦数目增加 1 倍，等于闸瓦面积增大 1 倍，在同样的闸瓦压力下，每个车轮的闸瓦摩擦力可增加 1 倍，特种货车（如长大货车、机械冷藏车等）采用双侧制动，如图 4-2 所示。但是双侧制动需要较多的杆件，结构比较复杂，一般侧架式货车转向架不易实现，而且，双侧制动的自重较大、成本较高、检修和制造也比较麻烦。

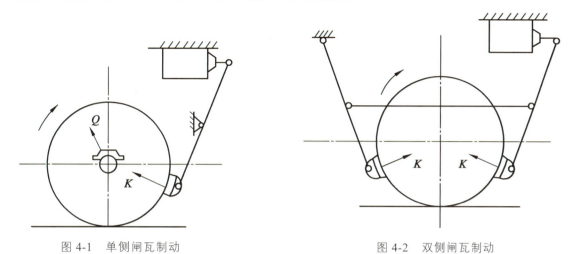

图 4-1　单侧闸瓦制动　　　　　　　　　　图 4-2　双侧闸瓦制动

3. 集成式制动

集成式制动的特点是制动缸较小而且数量较多，各个制动缸分别设置在各转向架附近，制动缸和闸瓦之间杠杆很少，甚至没有杠杆，从制动缸到闸瓦组成一个集成的制动单元，如 DAB、BAB 型集成制动装置，如图 4-3 所示。

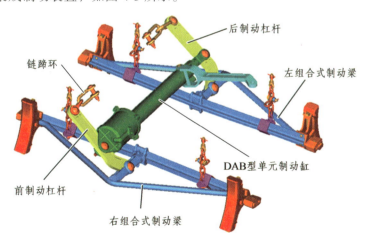

图 4-3　DAB 集成制动装置

二、货车单侧闸瓦基础制动装置的组成

货车基础制动装置一般由闸调器、制动梁、杠杆、拉杆以及圆销等组成。如图 4-4 所示为四轴散开式单侧闸瓦制动。

7 为连接拉杆，现绝大多数货车使用闸调器替代它；16 为制动梁，现使用组合式制动梁，如 L-A、L-B、L-C 型。

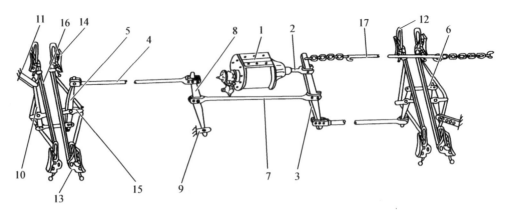

1—制动缸；2—制动缸活塞推杆；3—制动缸前杠杆；4—上拉杆；5—制动杠杆；6—下拉杆；7—连接拉杆；
8—制动缸后杠杆；9—制动缸后杠杆托；10—固定杠杆；11—固定杠杆支点；12—闸瓦托吊；
13—闸瓦托；14—闸瓦；15—制动梁支柱；16—制动梁；17—手制动拉杆。

图 4-4　四轴散开式单侧闸瓦制动

三、货车单侧闸瓦基础制动装置主要配件

（一）制动梁

1. 制动梁的种类和型号

随着铁路货车向提速重载方向的发展，我国研制了许多新型车辆，相应地研制了与之匹配的新型制动梁，由早期的槽钢制动梁，到组合式制动梁，制动梁的种类和型号不断丰富，产品质量和可靠性不断提高。比较常见的制动梁型号有：L-A、L-C、L-B、L-B1、L-B3，现在车辆大多使用 L-B 系列制动梁，而 BLB 系列（如 BLB-1、BLB-2）和 TMX 系列（如 TMX-840、TMX-915）配套使用在 BAB 型集成制动装置的特定车型上。

L-A（B）型制动梁的主要特点：

（1）采用模块化的组合式结构，整个制动梁由特定部件组合装配构成。

（2）制动梁架截面为特殊形状，由异型钢材经切分、拉制而成。

（3）支柱前端的 U 形接口支撑在制动梁架的前杆部分（即弓形杆），支柱后端的 U 形接口与夹扣的 U 形接口共同夹持在制动梁架的后杆部分（即梁体）。

（4）闸瓦托内有止孔，制动梁架采用压力装配方式装入止孔内。

（5）闸瓦托上铸出滑块，此类制动梁为滑块结构，并且滑块上装有非金属滑块磨耗板，具有耐磨、润滑性质。

（6）锻造工艺制成的制动梁为 L-A 型，轧制工艺制成的制动梁为 L-B 型。

2. 制动梁的组成

以 L-B 系列制动梁为例，制动梁主要由梁架、弓形杆、支柱、夹扣、闸瓦托、安全链、卡子等组成，如图 4-5 所示。

我国货车制动梁，除少数车型外，同一转向架的两根制动梁分左右两种形式，不能换位使用，并且制动梁支柱都制成 45° 角。其区别的方法是，面向制动梁背侧顺手插入斜口，左手

能顺插者为左制动梁，右手能顺插者为右制动梁，此方法便于区分左右两种形式的制动梁。

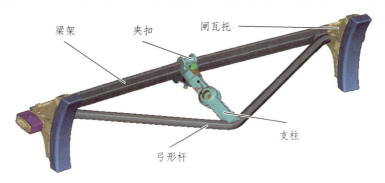

图 4-5　制动梁组成

　　闸瓦托是闸瓦的支承件，货车的闸瓦托直接安装在制动梁端部，例如 L-B 系列制动梁梁架采用压力装配方式装入闸瓦托，所以闸瓦托可视为制动梁的附件之一。闸瓦托用铸钢制成，闸瓦托与闸瓦的接触面的弧度为 $R451\ \text{mm}$，并且中部两支承面必须与闸瓦接触，如图 4-6 所示。当闸瓦向闸瓦托上安装时，将闸瓦的鼻部嵌入闸瓦托的两支承面中间，闸瓦插销由上向下插入，穿过闸瓦与闸瓦托的插销座，将闸瓦固定在闸瓦托上。当闸瓦磨耗到限时，拔出闸瓦插销，即可将闸瓦取下，再换装新闸瓦，因此闸瓦的装拆都比较方便。

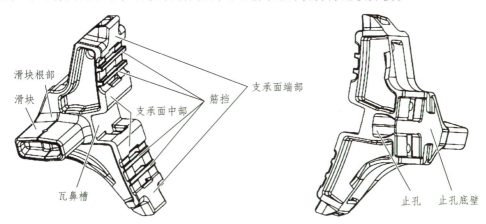

图 4-6　闸瓦托

　　基础制动装置中的制动梁，如果发生脱落，很容易造成列车脱轨和颠覆的严重事故，所以必须设置安全装置。

　　货车制动梁的安全装置：货车制动梁上左右各安装一条安全链，可防止制动梁脱落。安全链上端分别用螺栓紧固在摇枕的两侧，安全链下端通过铆接固定在制动梁上，安全链留有一定的松余量，不得影响制动梁正常的制动与缓解作用。

（二）杠杆和拉杆

　　杠杆用于传递和扩大制动原动力，如制动缸前、后杠杆，转向架固定杠杆，移动杠杆，转换杠杆，附加杠杆等。拉杆用于传递制动原动力，如上拉杆、中拉杆、下拉杆、手制动拉杆等。圆销用于连接杠杆与拉杆，传递制动原动力。

　　杠杆是基础制动装置中用于传递和扩大制动缸活塞推力的主要配件，货车采用的各种杠杆，根据安装位置和作用的不同，其名称也不同，但从形状上来看大体相同。杠杆中部因受力较大，故其断面尺寸较大，两端稍窄，构成鱼腹形。

　　货车杠杆的种类从形式上主要有下列两种：

　　（1）有4个圆销孔的四孔杠杆，多用于制动缸前杠杆。

　　（2）有3个圆销孔，但孔距不相等的三孔杠杆，多用于固定杠杆、移动杠杆、制动缸后杠杆等。

（三）制动缸活塞杆和推杆

　　制动缸活塞杆和推杆是介于空气制动机和基础制动装置之间的两种配件。货车用制动缸活塞杆是由钢管制成的中空筒形圆杆，用铆钉铆固在制动缸活塞座上。活塞推杆安装在活塞杆筒内，两者没有固定结合。制动时，制动缸活塞杆和活塞推杆随着活塞向外移动，推动制动缸杠杆产生制动作用。缓解时，在缓解弹簧的作用下，制动缸活塞杆连同制动活塞回归到原位，此时活塞推杆失去推力，在制动梁的自重作用下，闸瓦离开车轮，并带动活塞推杆缩回到活塞杆内。当使用人力制动机时，活塞推杆从活塞杆内拉出，并不会带动制动缸活塞杆和活塞一起移动，可以减少阻力。由于活塞推杆和活塞杆没有固定结合，并且两者之间存在间隙，故当制动缸活塞杆与制动缸活塞推杆移动方向不一致时，也不会产生别劲。另外，在列检、站修清洗制动缸或处理制动缸故障时，拆卸制动缸前盖、取出活塞推杆和活塞杆等都很方便。

（四）货车高摩合成闸瓦

　　闸瓦是指制动时压紧在车轮踏面上以产生制动作用的物块。闸瓦可分为铸铁闸瓦和合成闸瓦。在合成闸瓦中，按其基本成分，可分为合成树脂闸瓦和石棉橡胶闸瓦；按其摩擦系数高低，又可分为高摩擦系数合成闸瓦和低摩擦系数合成闸瓦（简称高摩合成闸瓦和低摩合成闸瓦）。目前，我国货车主要使用高摩合成闸瓦。

1. 合成闸瓦的优点

　　合成闸瓦的摩擦性能可按需要进行调整，其摩擦系数比较平稳。在高速时，摩擦系数值变化较小，能产生足够的制动力；在速度降低时，摩擦系数值增加不大，能使停车平稳，减少纵向冲击。合成闸瓦摩擦系数值可以相对提高，使用合成闸瓦的车辆可使用小直径的制动缸，可节约压缩空气，同时降低每块闸瓦的实际压力，使基础制动装置各件受力减小，减少对闸瓦托的磨耗。合成闸瓦耐磨性能好，使用寿命长，对车轮踏面的磨耗小，可延长车轮的使用寿命。合成闸瓦可有效避免制动时出现火星，避免火灾事故的发生。合成闸瓦质量轻，更换时更为方便。

2. 合成闸瓦的结构

　　合成闸瓦主要由钢背和摩擦体两部分组成，如图4-7所示。合成闸瓦由于其材料本身强度小，必须在其背部衬压一块钢板（钢背）来增加它的强度，从而防止摩擦体破损或脱落。钢背内侧开有槽或孔，如图4-7中冲孔，用以提高摩擦体与钢背的结合强度。低摩合成闸瓦严禁混用，为了防止混用，将高摩合成闸瓦钢背两端的中部制成低平，两侧凸起，正好与低摩合成闸瓦相反，从外观上就可明显区分。由于制动时会产生高温，为了增加散热面积，在合成闸瓦摩擦体的中部制有散热槽。

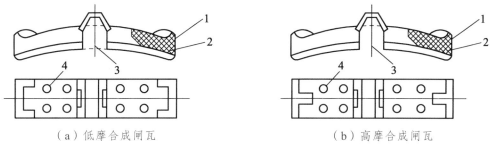

（a）低摩合成闸瓦　　　　　　　　（b）高摩合成闸瓦

1—钢背；2—摩擦体；3—散热槽；4—冲孔。

图 4-7　合成闸瓦

3. 合成闸瓦的使用

（1）使用合成闸瓦的车辆，制动缸活塞行程尽可能调至上限，特别注意不可调得太短，以免因制动力过大而擦伤车轮。

（2）在技术检查时，当发现闸瓦磨耗过限时，应立即更换；当发现有金属镶嵌物时，应注意检查车轮踏面状态，并更换闸瓦。更换闸瓦时，须检查闸瓦插销穿过闸瓦鼻部与闸瓦托的插销座，并确认将闸瓦固定在闸瓦托上。更换闸瓦时严禁将手放在闸瓦与车轮之间。

（3）合成闸瓦材料较脆，严禁用锤猛敲或抛扔，运输过程时注意保护好闸瓦。

四、货车基础制动装置检修

1. 制动梁检修

以《铁路货车制动装置检修规则》为参照，介绍制动梁检修标准。制动梁检修的主要工序包括制动梁检查、自动检测、扭曲调修、滚子轴挡圈切除、湿法磁粉探伤、滚子轴定位焊修、磨耗套更换、闸瓦托焊修及更换、闸瓦托铣修、制动梁焊修、支柱和支柱衬套更换、焊装滚子轴挡圈、制动梁拉力或挠度载荷试验、检修标记涂打。

1）除锈与探伤

（1）须探伤的部位除锈后表面清洁度须达到 GB/T 8923 规定的 Sa2 级，局部不低于 Sa1 级。

（2）以下部位须进行湿法磁粉探伤。

① L-A 型、L-B 型组合式制动梁闸瓦托滑块根部和 L-C 型制动梁端头须探伤，裂纹深度不大于 1 mm、长度不大于 30 mm 时，磨修并圆滑过渡；裂纹超限时，L-A 型、L-B 型制动梁更换闸瓦托，L-C 型组合式制动梁更换梁架。

② 槽钢制动梁滚子轴外露部位须探伤。焊缝开裂时焊修，弯曲或裂损时更换新品，新品材质为 30 号、35 号或 Q275 钢。滚子轴组焊前须探伤无裂纹，组焊后滚子轴根部及焊缝须探伤无裂纹。

③ 转 K3 型制动梁端头、连接焊缝及制动梁吊须探伤。端头出现裂纹时更换，与撑杆两端的焊缝开裂时清除原焊缝、重焊后磨修；制动梁吊出现横裂纹时更换，出现纵裂纹时焊修或更换。

2）制动梁组成检查及修理

制动梁检查项目如图 4-8 所示。

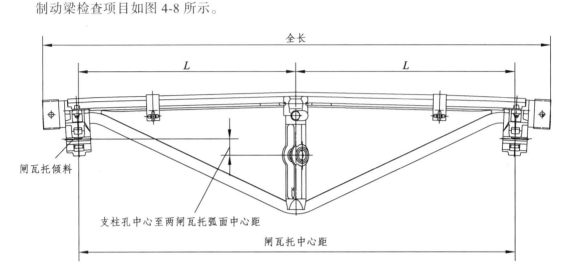

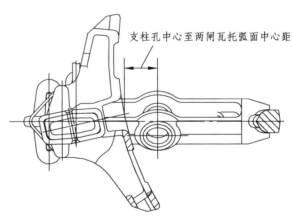

图 4-8 制动梁检查项目

（1）制动梁全长。

① 组合式制动梁全长超限时，修理恢复原形或更换。超上限时，L-A 型、L-B 型制动梁对称磨修闸瓦托滑块端面，L-C 型制动梁对称磨修制动梁端头端面；超下限时，L-A 型、L-B 型制动梁堆焊闸瓦托滑块端面后，对称磨修并圆滑过渡，或更换闸瓦托；L-C 型制动梁堆焊制动梁端头端面后对称磨平。

② 转 K3 型制动梁全长超上限时，对称磨修制动梁端头端面，修至限度内；超下限且影响装配时，更换梁架。

③ 槽钢制动梁全长超限时报废。

（2）两闸瓦托中心距。

组合式制动梁两闸瓦托中心距离超限时，更换梁架或调整闸瓦托位置。槽钢制动梁两闸瓦托中心距超限时报废。

（3）两闸瓦托中心至支柱中心距离差（$L_差$）。

$L_差$超限时，槽钢制动梁报废；组合式制动梁可调整支柱位置、更换闸瓦托或更换制动梁架；转 K3 型制动梁调整闸瓦托位置或更换制动梁架，恢复原形。

（4）支柱孔中心至闸瓦托弧面中心距。

组合式制动梁支柱孔中心至闸瓦托弧面中心距因闸瓦托磨耗造成超限时，可修复闸瓦托。无法修复时，更换闸瓦托或支柱。

（5）两闸瓦托扭曲。

两闸瓦托扭曲超限时，调修恢复原形或更换。

（6）闸瓦托倾斜度。

闸瓦托倾斜度超限时，调修恢复原形或更换。

3）零部件检修

（1）制动梁架。

① 制动梁架与安全链吊座连接处出现裂纹或制动梁架与下拉杆安全吊座连接处出现裂纹时更换。

② L-A 型、L-B 型组合式制动梁梁架 $R6 \sim 8$ mm 圆弧处（见图 4-9）出现裂纹时，须周向磨修并圆滑过渡，磨修深度大于 0.5 mm 而裂纹仍无法消除时，梁架报废；梁架出现横向裂纹时报废，纵向裂纹深度不大于 1 mm 时，可纵向磨修并圆滑过渡，磨修长度不小于 50 mm。

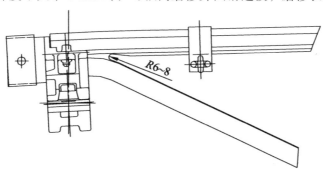

图 4-9 组合式制动梁梁架 $R6 \sim 8$ mm 圆弧处

③ L-C 型组合式制动梁梁架各部位有横向裂纹时报废。弓形杆出现裂纹时，梁架报废。撑杆端部露出端头 30 mm 范围内出现裂纹时，梁架报废；其他部位出现纵向裂纹时，可纵向磨修并圆滑过渡，磨修深度不得超过 1 mm，超过时梁架报废。

④ 槽钢制动梁横梁、弓形梁出现横向裂纹时报废，纵向裂纹小于 100 mm 时焊修后磨平，超限时报废；腐蚀深度超限时报废。

⑤ 转 K3 型制动梁撑杆、弓形杆出现横向裂纹时，更换制动梁架；撑杆出现纵向裂纹时焊修后磨平。

⑥ 组合式制动梁梁架不得焊修。

（2）支柱和夹扣。

① L-A 型、L-B 型制动梁支柱和夹扣的 U 形槽内出现裂纹时更换。L-C 型制动梁支柱出现裂纹时更换。

② L-A 型、L-B 型制动梁支柱其他部位裂纹长度大于 30 mm 或裂至支柱孔边缘时更换，

未超限时开坡口焊修后打磨，焊波须高于施焊表面 2 mm。

③ 支柱与杠杆配合长槽宽度磨耗大于 3 mm 时，焊修后磨平或更换。

④ 槽钢制动梁支柱出现裂纹时报废。

（3）闸瓦托。

① 闸瓦托（见图 4-10）出现裂纹时更换，磨耗超限时焊修或更换。

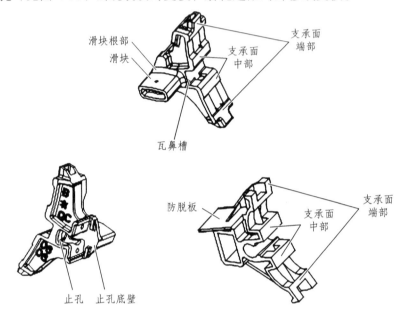

图 4-10　闸瓦托各部名称

高磷闸瓦托支承面端部、中部厚度小于 6 mm，其他部位磨耗深度大于 2 mm 时焊修。支承面端部厚度均小于 6 mm 时更换。

高摩合成闸瓦托支承面端部厚度小于 8 mm 或中部厚度小于 6 mm，其余部位磨耗深度大于 2 mm 时焊修；支承面端部厚度均小于 6 mm 时更换。

支承面堆焊后机械加工。加工后，支承面端部厚度不小于 8 mm，与量具 R451 mm 弧面相互贴靠，支承面中部与量具须四点接触，局部间隙符合要求，端部间隙须不大于 2 mm。

L-A、L-B 型制动梁闸瓦托滑块上下面磨耗超过 1 mm 时更换，不得焊修。

② 转 K3 型制动梁闸瓦托耐磨衬套须更换为含油尼龙新品。

（4）安全装置。

① 制动梁安全链吊座腐蚀超限或链孔上边缘宽度小于 8 mm 时更换。

槽钢制动梁割除安全链吊座后磨平，焊装新品。

组合式制动梁装用的焊接结构安全链吊座磨耗、腐蚀超限时，改装卡子结构的制动梁安全链。若 L-A 型、L-B 型制动梁梁架上有交叉杆安全链吊座影响组装时，须用冷加工方式去除影响部分，不得伤及梁架母材。组装后两安全链卡子距离为（1 000±5）mm。

同一制动梁安全链结构须一致。

组合式制动梁须去除与交叉杆安全链相连接的链环。

② 组合式制动梁的安全链卡子状态良好时可不分解，出现裂纹或局部磨耗大于 2 mm 时

更换。安全链卡子组装螺栓须点焊焊固。

③安全链环出现裂纹或直径磨耗大于 3 mm 时更换。螺栓磨耗深度大于 2 mm 或螺纹滑扣、破损时更换。

④下拉杆安全吊座剩余厚度小于 4 mm 时，转 K3 型制动梁、槽钢制动梁割除安全吊座，磨平梁架后焊装新品；L-A 型、L-B 型制动梁拆除下拉杆安全吊环，改装安全索；L-C 型制动梁割除下拉杆安全吊座，磨平梁架后改装卡子式下拉杆安全吊。

⑤下拉杆安全吊环直径磨耗大于 2 mm 时更换。

（5）滑块磨耗套。

同一 L-A 型、L-B 型组合式制动梁两端滑块磨耗套形式须一致。

（6）滚子轴。

防脱制动梁滚子轴直径为 ϕ40 mm、长度 155^{+2}_{0} mm，非防脱制动梁滚子轴直径为 ϕ36 mm、长度 160^{+3}_{-5} mm。在距滚子轴端面 25 mm 处测量，直径磨耗大于 3 mm 时更换。滚子轴组装须采用专用卡具定位，滚子轴内侧端面须缩入闸瓦托内 5 mm，并将滚子轴紧靠闸瓦托一侧（制动梁装车时的上方），间隙大于 1 mm 时须用金属塞严，点焊定位后焊固。

（7）滚子。

防脱制动梁滚子壁厚小于 3 mm，非防脱制动梁滚子壁厚小于 5 mm 时，更换新品。

（8）滚子轴挡圈。

槽钢制动梁滚子轴挡圈更换新品。组装时挡圈与闸瓦托须密贴，滚子轴挡圈与闸瓦托三等分点焊定位后焊固，滚子轴挡圈与闸瓦托段焊长度不小于 12 mm。

（9）组合式制动梁螺栓与螺母、拉铆钉等紧固件状态良好时可不分解，松动或锈蚀严重时更换。L-C 型组合式制动梁连接闸瓦托与制动梁端头的折头螺栓和其他部位紧固件更换时，均须更换为同型紧固件。

4）组合式制动梁组装

组合式制动梁分解后组装或更换紧固件时，须符合以下规定。

（1）支柱组装。

①更换支柱时须选配，L-A 型、L-B 型组合式制动梁架张开量为 1～4 mm，L-C 型制动梁架挠度为 1～4 mm。

②用专用划针在制动梁架横梁或撑杆中部对称划出支柱定位线，定位线间距为 80 mm。

③用液压卡钳将左支柱或右支柱向制动梁架上压装，支柱 U 形槽头部须位于两支柱定位线之间，对称度不超过 2 mm。支柱 U 形槽两平面与制动梁架翼面配合无间隙。

④支柱与梁架弓形梁或弓形杆圆弧须贴合，使用检查锤锤击检查，不得松动。松动时更换支柱，更换后 L-A 型、L-B 型制动梁支柱与弓形杆至少三点接触，未接触处间隙不大于 0.5 mm；L-C 型制动梁支柱与弓形杆圆弧须贴合。

⑤将 L-A 型、L-B 型组合式制动梁夹扣与支柱中心对正，用液压卡钳将夹扣与已压装的支柱夹紧，夹扣 U 形槽两平面与制动梁架翼面配合无间隙。

⑥组装紧固件。

L-A 型、L-B 型组合式制动梁原采用螺栓与螺母连接的，更换螺栓、螺母，拧紧后将螺栓与螺母点焊焊固；采用拉铆钉连接的，更换拉铆钉或将支柱和夹扣铆钉孔扩孔至 $\phi 16.5$ mm 后，更换为符合 GB/T 5780 M16×110 的 4.8 级螺栓及配套螺母，并点焊焊固。将螺栓或拉铆钉穿上垫圈，从支柱一侧穿入支柱和夹扣，在夹扣一侧的螺栓头部穿上平垫圈、弹簧垫圈，拧上螺母，紧固后点焊焊固；或在拉铆钉头部套上套环并紧固。

L-C 型组合式制动梁压板与支柱采用 GB/T 5782 M16×80 的 8.8 级螺栓及配套螺母连接，紧固力矩为 80~120 N·m。紧固后将螺栓与螺母点焊焊固。

（2）闸瓦托组装。

① 同一制动梁两端闸瓦托形式须一致。

② 组装紧固件。

L-A 型、L-B 型组合式制动梁闸瓦托与制动梁架连接紧固件松动时更换。原采用拉铆钉的，可更换为直径为 $\phi 13$ mm、杆长为 58 mm、材料为 BL3 的小半圆头铆钉，其头部形状及其他要求须符合 GB/T 863.2；原采用小半圆头铆钉的，仍采用同型铆钉。将制动梁架放置在闸瓦托压装工装上，分别压装左、右闸瓦托。用手锤锤击检查闸瓦托，不得松动。用拉铆钉或小半圆头铆钉将闸瓦托与制动梁架紧固连接。

L-C 型组合式制动梁压板闸瓦托与端头采用专用折头螺栓连接。

③ 更换 L-A 型、L-B 型组合式制动梁闸瓦托时，不得将制动梁架上的铆钉孔堵焊后重钻。止孔底壁厚为 7.5 mm 的闸瓦托须与长度为（1 606±2）mm 的制动梁架配套使用；止孔底壁厚为 10.5 mm 的闸瓦托须与长度为（1 600±2）mm 的制动梁架配套使用，如图 4-11 所示。长度为（1 606±2）mm 的制动梁架可对称机械加工至（1 600±2）mm。

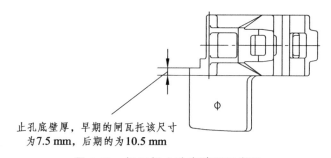

止孔底壁厚，早期的闸瓦托该尺寸
为7.5 mm，后期的为10.5 mm

图 4-11　闸瓦托止孔底壁厚示意图

④ L-A 型、L-B 型组合式制动梁更换支柱、夹扣或闸瓦托时，闸瓦托、支柱及夹扣须配套。瓦鼻槽底至止孔边距为 28 mm 的闸瓦托，配套的支柱孔中心至 U 形槽中心距为（183±1）mm，夹扣与支柱配合面至 U 形槽中心距为 $64_{-1}^{\ 0}$ mm；瓦鼻槽底至止孔边距为 18 mm 的闸瓦托，配套的支柱孔中心至 U 形槽中心距为（175±1）mm，夹扣与支柱配合面至 U 形槽中心距为 $58_{-1}^{\ 0}$ mm，如图 4-12 所示。

（3）制动梁安全链组装。

① 将两制动梁安全链卡子套装到制动梁架上，制动梁架组装安全链卡子的位置须涂防锈底漆。

② 用专用工具将两制动梁安全链卡子压装在制动梁架上，检查两制动梁安全链卡子的中心距为（1 000±5）mm。

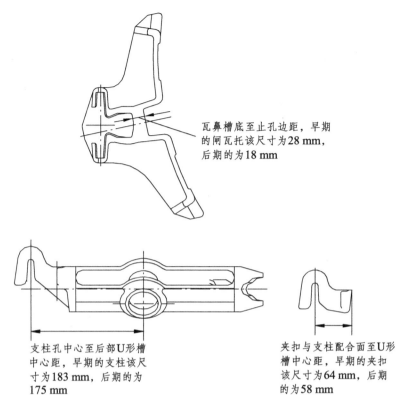

图 4-12　L-A 型、L-B 型组合式制动梁支柱与夹扣的配合尺寸

③将制动梁安全链上的长孔眼环螺栓穿入安全链卡子孔，组装垫圈和螺母，紧固后点焊焊固。制动梁安全链上的 M16×65 螺栓由支柱侧向闸瓦托穿入。制动梁安全链卡子不得松动。

（4）滑块磨耗套组装。

采用工装铆接滑块磨耗套铝铆钉，铆接后滑块磨耗套不得有裂纹。铆钉高出滑块磨耗套表面部分须磨除。

5）试　验

（1）组合式制动梁分解组装后（不含更换闸瓦托）须进行挠度载荷试验，预加载 69 kN，保持 2 min，连续三次后，再加载至 103.5 kN，挠度须不大于 2.5 mm。超限时更换支柱。

（2）槽钢制动梁调修后须进行 88.26 kN 的拉力试验，保持 1 min，产生裂纹或永久变形时报废。

6）油漆与标记

（1）表面经除锈处理的制动梁须涂漆。闸瓦托及槽钢制动梁支柱涂清漆，其余各部件表面均涂防锈底漆和黑色面漆各一遍，可用底面合一油漆代替。衬套、滑块磨耗套、制造标记牌、支柱衬套内部不涂漆。

（2）制动梁检修后，在横梁或撑杆上距支柱中心 200 mm 处，用白色油漆涂打检修单位简称和检修年月标记，字号为 20 号。各型制动梁标记涂打位置如图 4-13 所示。

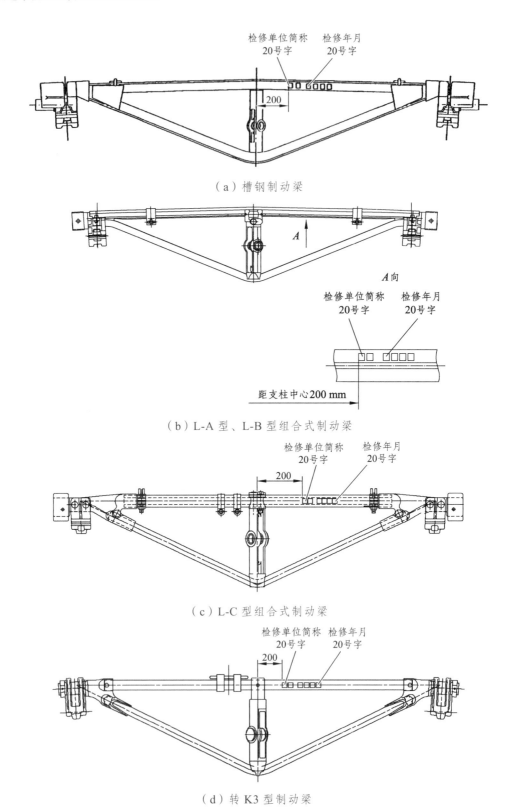

（a）槽钢制动梁

（b）L-A 型、L-B 型组合式制动梁

（c）L-C 型组合式制动梁

（d）转 K3 型制动梁

图 4-13　制动梁标记涂打位置示意图

7）制动梁检修限度

制动梁检修限度如表 4-1 所示。

表 4-1　制动梁检修限度表（《制规》）　　　　　　　单位：mm

序号	项　目		原形	检修后限度要求		检测方法及检具
				厂修	段修	
1	全长	组合式制动梁	$1770_{-5}^{\ 0}$	1770_{-8}^{+1}	1770_{-8}^{+1}	制动梁全长及托距测量尺
		转 K3 型制动梁	1646	1646 ± 6	1646 ± 6	制动梁全长及托距测量尺
		槽钢制动梁	1770 ± 3	1770_{-3}^{+6}	1770_{-3}^{+6}	制动梁全长及托距测量尺
2	两闸瓦托中心距	组合式制动梁	1524 ± 3	1524_{-4}^{+6}	1524_{-4}^{+6}	制动梁全长及托距测量尺
		转 K3 型制动梁		1524_{-4}^{+10}	1524_{-4}^{+10}	
		槽钢制动梁		1524_{-4}^{+10}	1524_{-4}^{+10}	
3	$L_{差}$ 不大于		3	10	15	$L_{差}$ 测量尺
4	支柱孔中心至闸瓦托弧面中心距		53_{0}^{+5}	53_{-2}^{+7}	53_{-2}^{+7}	组合式制动梁支柱孔中心至闸瓦托弧面中心距检修量具
5	两闸瓦托扭曲不大于		3	5	10	制动梁两闸瓦托扭曲量具、塞尺
6	两闸瓦托倾斜度不大于		1∶20	1∶40，或闸瓦托内侧低于外侧 2 mm		制动梁闸瓦托倾斜度量具、塞尺
7	闸瓦托 （1）支承面厚度： 高磷：端、中部不小于 高摩：端部不小于 　　　中部不小于 （2）其余各部磨耗深度不大于			6 8 6 2		目测 组合式制动梁检修样板 组合式制动梁闸瓦托弧面量具、塞尺
8	支柱 （1）裂纹长度不大于 （2）槽宽度磨耗不大于		29_{-1}^{+3}	30 3		—
9	滚子轴磨耗不大于 （1）防脱制动梁直径 （2）非防脱制动梁直径		$\phi40$ $\phi36$	3 3		槽钢制动梁检修样板
10	滚子壁厚不小于 （1）防脱制动梁 （2）非防脱制动梁		6 $7\sim8$	3 5		槽钢制动梁检修样板
11	制动梁安全链环直径不小于		$\phi12$	$\phi9$	$\phi9$	组合式制动梁检修样板

续表

序号	项目	原形	检修后限度要求		检测方法及检具
			厂修	段修	
12	制动梁安全链吊座 （1）厚度不小于 （2）孔边宽度不小于	8 17	5 8	4 8	组合式制动梁检修样板
13	制动梁安全链松余量 （1）槽钢制动梁 （2）组合式制动梁		20～50 40～70		卷尺，须在基础制动装置处于制动状态时测量
14	下拉杆安全吊环直径磨耗不大于	ϕ12	3		组合式制动梁检修样板
15	下拉杆安全吊座厚度不小于	6	4	3	组合式制动梁检修样板
16	安全链卡子厚度不小于	4	2		目测、样板
17	组合式制动梁挠度载荷试验		预加载 69 kN，保持 2 min，连续三次后，再加载至 103.5 kN，挠度不大于 2.5 mm		数控制动梁拉力试验机
	槽钢制动梁拉力试验		88.26 kN 拉力试验，保持 1 min，无裂纹或永久变形		数控制动梁拉力试验机

2. 杠杆、拉杆、圆销、制动缸活塞杆和推杆检修

1）检修要求

（1）制动杠杆、拉杆、圆销应集中检测、加修。各零部件须检查，对有限度要求的零部件须逐件逐项测量。制动圆销、衬套材质、型号须符合规定。

（2）不在转向架上的基础制动装置状态良好时可不分解。

（3）转向架固定杠杆与固定杠杆支点座间链蹄环、支点出现裂纹时更换；链蹄环杆腐蚀、径向磨耗大于 3 mm 时更换；链蹄环及支点圆销孔径向磨耗大于 2 mm 时更换。

（4）除另有规定者外，基础制动装置中杠杆、拉杆等配件销孔转动和托架滑动部位须涂适量的 89D 制动缸脂。杠杆、拉杆等部件的销孔内部不涂漆。杠杆、拉杆、圆销段修检修限度如表 4-2 所示。

表 4-2　杠杆、拉杆、圆销检修限度表　　　　　　　　单位：mm

序号	名称	限度		备注
		原形	段修	
1	各杠杆腐蚀、磨耗深度不大于		3	
2	链式连接结构链蹄环腐蚀、径向磨耗不大于 链蹄环及支点圆销孔径磨耗不大于		3 2	

续表

序号	名　称	限　度		备注
		原形	段修	
3	新焊装上拉杆头搭接量不小于 新焊装下拉杆头搭接量不小于		50 85	
4	制动杠杆、拉杆圆销孔或衬套孔磨耗不大于		2	
5	制动圆销磨耗不大于		2	
6	制动圆销或拉铆销，与圆销孔或衬套间隙不大于		3	
7	扁孔圆销、拉铆销窜动量	2～10	2～10	

（5）制动缸推杆应取出检查，杆体异常磨损时更换。

（6）制动缸推杆复原装置检修须符合下列要求：

①人力制动机实施制动，拉出推杆长度大于 50 mm 时缓解，推杆能自动复位的可不分解；不能自动复位时拆除推杆与前制动杠杆的连接圆销，推杆能自动复位的可不分解。

②制动缸推杆复原装置发生故障时，拆除弹簧托、复原弹簧、弹簧挡圈等推杆复原装置相关零件。

③检修后须进行复位试验。人力制动机实施制动拉出推杆，活塞不能被带出。推杆拉出长度须符合表 4-3 的规定。在制动缸内充入（360±20）kPa 的压力空气，使制动缸的活塞杆伸出，活塞杆伸出长度符合表 4-3 的规定。排尽制动缸内压力空气，缓解人力制动机活塞及推杆能回到原位。

表 4-3　活塞杆伸出长度　　　　　　　　　　　　　单位：mm

制动缸型号	推杆拉出长度	活塞杆伸出长度
305×254C 型旋压密封式制动缸	195±10	195±10
356×254F（G）制动缸	165±10	165±10
254×254F（G）制动缸	195±10	195±10

2）检修方法

（1）杠杆。

①制动杠杆出现裂纹时更换，腐蚀或磨耗超限时堆焊后加工或更换。

②制动杠杆孔距须符合现车车型制动倍率的要求。制动缸前后杠杆尺寸须符合图样要求，转向架固定杠杆和游动杠杆尺寸如图 4-14 和表 4-4 所示。孔距偏差大于 3 mm 时，拆除原衬套，堵焊并加工圆销孔后镶套。堵孔重钻者，两孔距偏差±1 mm。

（2）拉杆。

①拉杆的孔距须符合产品图样，下拉杆两内孔距偏差大于 10 mm 时堵焊后加工圆销孔或更换。圆销孔径向磨耗超限时扩孔镶套。

②拉杆腐蚀、磨耗深度超限时更换。

③新焊装上拉杆头的搭接量不小于 50 mm，并须进行拉力试验（拉力值见表 4-5），保持 1 min，不得有裂纹。新焊装下拉杆头的搭接量不小于 85 mm。

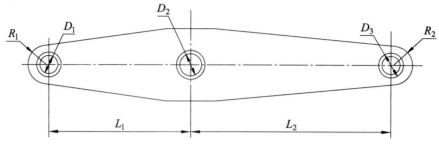

图 4-14　杠杆示意图

表 4-4　转向架固定杠杆和游动杠杆尺寸　　　　　　　　　　　　单位：mm

转向架类型		D_1	D_2	D_3	L_1	L_2	R_1	R_2
转 8A、转 8AG、转 8G、转 8AB、转 8B、转 K3 型		$\phi32$	$\phi36$	$\phi28$	182	408	$R45$	$R40$
转 K2 型	固定杠杆	$\phi36$	$\phi36$	$\phi28$	145	290	$R50$	$R40$
	游动杠杆	$\phi36$	$\phi36$	$\phi28$	180	360	$R50$	$R40$
转 K4 型		$\phi32$	$\phi50$	$\phi28$	145	290	$R45$	$R40$
转 K5 型	固定杠杆	$\phi36$	$\phi36$	$\phi28$	148	296	$R50$	$R40$
	游动杠杆	$\phi36$	$\phi36$	$\phi28$	196	392	$R50$	$R40$
转 K6 型	固定杠杆	$\phi36$	$\phi36$	$\phi28$	150	300	$R50$	$R40$
	游动杠杆	$\phi36$	$\phi36$	$\phi28$	190	380	$R50$	$R40$
控制型		$\phi32$	$\phi36$	$\phi28$	190	380	$R45$	$R40$

表 4-5　拉杆拉力试验拉力值

序号	拉杆直径 d/mm	拉力值 F/kN
1	16	23.5
2	20	36.8
3	25	57.4
4	30	82.7

注：表中未列入的拉杆进行拉力试验时，拉力值按拉杆截面积与 117 MPa 的乘积取值，即

$$F=\frac{\pi\times d^2}{4\times10^3}\times117 。$$

（3）圆销。

① 装用转 8AG、转 8G、转 8AB、转 8B、转 K1、转 K2、转 K3、转 K4、转 K5、转 K6 型转向架车辆的各制动衬套材质为奥-贝球铁，硬度为 38~48 HRC；制动圆销材质为 45 号钢，热处理后表面硬度为 50~55 HRC。控制型转向架车辆的制动衬套材质为 27SiMn，硬度为 45~59 HRC，制动圆销材质为 20CrMnMo，热处理后表面硬度为 58~62 HRC。

② 转 K4、K5 型转向架杠杆与支柱相配的外球套、内球套更换新品时，外球套材质须为 45 号钢，内球套材质为奥-贝球铁。

（4）制动缸活塞杆和推杆。

① 活塞杆弯曲、裂损、腐蚀严重时更换。铆钉松动、折损时更换。

② 制动缸推杆出现裂纹时更换，弯曲时调修，尾部端面形状须为 $SR50$ mm 球面。推杆长

度小于设计尺寸时修理或更换，修理时可堆焊推杆尾部或截换，推杆尾部堆焊后须加工，截换时接口处须开 X 形坡口焊接，焊后表面磨平。

五、货车基础制动装置的制动倍率

制动缸活塞杆作用力经过杠杆机构传到闸瓦时，由于杠杆作用扩大的理想倍数，称为"制动倍率"，以 n 表示，即

$$n = \frac{\sum K_{理}}{p_r}$$

式中　$\sum K_{理}$——按杠杆比算得的闸瓦理想压力总和；

　　　P_r——活塞杆作用力。

如图 4-15 所示，制动缸活塞杆作用力 P_r 通过制动缸杠杆作用，在上拉杆引起拉力 P_1：

$$P_1 = P_r \cdot \frac{l_1}{l_2}$$

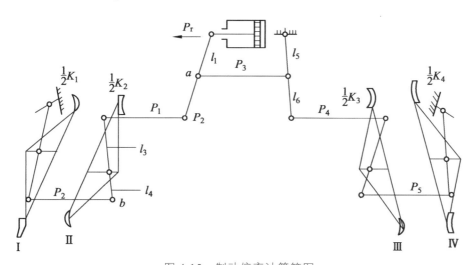

图 4-15　制动倍率计算简图

P_1 通过转向架制动杠杆的作用，产生对二位制动梁和装于其上的两个闸瓦的推力 P：

$$P = P_1 \cdot \frac{l_3 + l_4}{l_4} = P_r \cdot \frac{l_1}{l_2} \cdot \frac{l_3 + l_4}{l_4}$$

按同样的方法，可分别算得另外 3 个制动梁的推力也如上式所示。所以，闸瓦的理想总压力为

$$\sum K_{理} = m \cdot P_r \cdot \frac{l_1}{l_2} \cdot \frac{l_3 + l_4}{l_4}$$

式中　m——制动梁数，对四轴车来说，单侧制动为 4。

可推得：

$$n = \frac{\sum K_{理}}{p_r} = m \cdot \frac{l_1}{l_2} \cdot \frac{l_3 + l_4}{l_4}$$

以上各式中的 $\dfrac{l_1}{l_2}$ 称为制动缸杠杆倍率，$\dfrac{l_3 + l_4}{l_4}$ 称为转向架杠杆倍率。

制动倍率是基础制动的重要特性。制动倍率太大时，闸瓦磨耗对制动缸活塞行程和制动缸空气压力的影响太大；制动倍率太小则制动力又不足。所以制动倍率必须适中，一般为 6 ~ 9。

六、货车基础制动装置的传动效率

制动时由于制动缸活塞与缸壁的摩擦、制动缸缓解弹簧的反拨力、传动机构各杆件连接销处的机械摩擦等的影响，使闸瓦实际总压力小于单纯按制动倍率算得的理想值。两者的比值称为基础制动装置的传动效率，以 η 表示，即

$$\eta = \frac{\sum K_{实}}{\sum K_{理}}$$

$$\sum K_{实} = \sum K_{理} \cdot \eta = P_r \cdot n \cdot \eta$$

$$\sum K_{实} = \left(\frac{\pi \cdot d^2}{4} \cdot p_z \right) \cdot n \cdot \eta$$

式中　　$\sum K_{实}$ ——闸瓦实际总压力（kN）；

　　　　d ——制动缸活塞直径（m）；

　　　　p_z ——制动缸空气压力（kPa）；

　　　　n ——制动倍率；

　　　　η ——基础制动装置的传动效率。

传动效率 η 值与基础制动装置的形式、结构以及机车车辆保养状态有关，静止时的 η 值（静效率）和运行中的 η 值（动效率）也不相等。

任务二　ST 型闸瓦间隙自动调整器

◎ 任务目标

【知识目标】

（1）了解 ST 型闸瓦间隙自动调整器（简称闸调器）的构造；

（2）掌握闸调器的基本作用原理和检修标准。

【技能目标】

（1）能够组装和拆卸闸调器；

（2）具备检修闸调器的能力。

【素质目标】

树立严谨认真的工作态度。

任务描述

　　闸调器是基础制动装置的主要配件。闸调器内部配件较多，设计精巧，原理复杂，可以根据闸瓦与车轮间隙，自动调整闸调器的工作长度，从而保持制动缸活塞行程在规定的范围内，极大地减轻了现场作业人员的劳动强度。课前同学们要完成对闸调器内部配件的学习，课上由学生介绍闸调器内部配件的组成，同时老师重点讲解闸调器的基本作用原理和检修标准；课后同学们要根据所讲知识分组完成拆卸和组装闸调器，并掌握其检修标准。

 数字资源

ST 型闸瓦间隙自动调整器

 配套知识

一、闸调器的功能

　　在制动过程中，闸瓦与车轮踏面将不断磨耗，同时在制动缸和闸瓦间的各杠杆的连接销和销孔等也在不断磨耗。每次制动和缓解后，闸瓦间隙都要增大，再次制动时制动缸活塞行程都要相应增大，才能使闸瓦贴靠车轮踏面。对于空气制动机，副风缸向制动缸供风的多少只取决于列车管减压量，而与制动缸活塞行程无关。活塞行程增大将导致制动缸容积增大，制动缸空气压力相应降低，即导致制动力衰减，甚至失去制动效果。但是换上新闸瓦以后，随着制动缸活塞行程的缩短，又会导致制动力过大，容易造成车轮滑行擦伤。所以，在运用中必须及时调整制动缸活塞行程，使之保持在规定限度内。早期通过调整基础制动装置各销孔之间的距离来调整制动缸活塞行程，但这种人工调整的方式，既费时又费力，不能适应铁路快速发展的实际情况。所以，我国研制了闸瓦间隙自动调整器，它可以在制动缸活塞行程超出规定的最大允许值时自动调整闸瓦间隙，保持闸瓦与车轮的间隙正常，使活塞行程调整到规定范围内，确保车辆制动力不衰减；同时使列车中的各车辆制动效果保持一致，减少列车的纵向冲动，有效地保证行车安全，而且可以大大减轻列检人员的工作强度，缩短列检技术检查作业时间，提高运输效率。

二、ST 型闸调器的特点

　　ST 型闸调器是我国自行设计生产的双向调整闸调器，分为 ST_1-600 型双向闸瓦间隙自动调整器与 ST_2-250 型双向闸瓦间隙自动调整器两种。

　　ST_1-600 型双向闸瓦间隙自动调整器，ST 为"双调"拼音首字母大写，1 为设计编号，600 为最大调整长度（螺杆工作长度）600 mm。

　　ST_2-250 型双向闸瓦间隙自动调整器，ST 为"双调"拼音首字母大写，2 为设计编号，250 为最大调整长度（螺杆工作长度）250 mm。

　　两种闸调器的构造、作用、原理都一样，大部分零件可以互换，其区别是安装的位置不同和螺杆的工作长度不同。ST_1-600 型闸调器安装在基础制动装置的一位上拉杆处，ST_2-250 型闸调器安装在基础制动装置的连接拉杆处；ST_1-600 型闸调器的螺杆工作长度为 600 mm，ST_2-250 型闸调器的螺杆工作长度为 250 mm。两者相比，ST_2-250 型闸调器体积小、质量轻、调整性能更好。

三、ST 型闸调器的主要技术参数

　　ST 型闸调器的主要技术参数如表 4-6 所示。

表 4-6　ST 型闸调器的主要技术参数

序号	技术参数项目	ST_1-600	ST_2-250
1	螺杆工作长度/mm	600	250
2	螺杆一次最大伸长量/mm	30	30
3	螺杆一次最大缩短量/mm	135	＞50
4	最大允许拉力/kN	78.4	78.4
5	安装后最大长度/mm	2 566	1 420
6	安装后最小长度/mm	1 966	1 170
7	外筒体直径/mm	100	100
8	本体质量/kg	33	28
9	安装位置	上拉杆处	连接拉杆处
10	手动调整功能	有	有

四、ST 型闸调器的构造

　　ST 型闸调器由本体部分、控制部分和连接部分三部分组成，如图 4-16 所示。

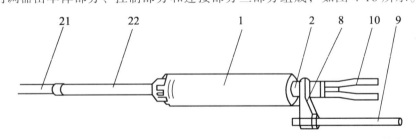

1—闸调器体；2—拉杆；8—控制杆头；9—控制杆；10—拉杆头；21—螺杆；22—护管。

图 4-16　ST 型闸调器简图

　　本体部分由闸调器体、拉杆、护管和螺杆等组成；控制部分由控制杆和控制杆头组成；连接部分由前、后拉杆头等组成。

　　ST 型闸调器的控制机构分为推杆式和杠杆式，ST_1-600 型闸调器和 ST_2-250 型闸调器普遍使用杠杆式控制机构。

　　以 ST_2-250 型闸调器为例，介绍 ST 型闸调器本体部分结构，如图 4-17 和图 4-18 所示。

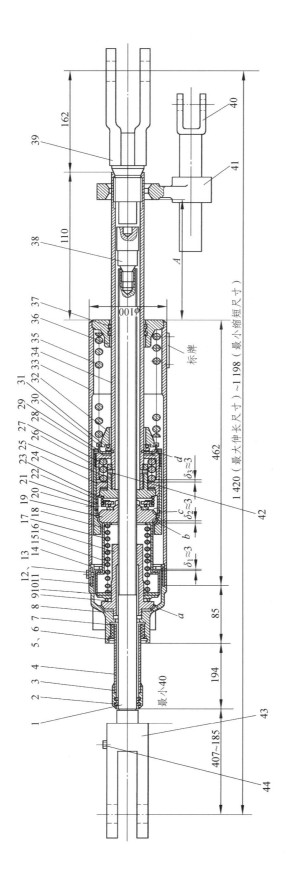

图 4-17　ST₂-250 型闸调器本体部分结构

1—螺杆；2,37—密封圈；3—护管头；4—护管；5—孔用弹性挡圈；6—垫圈；7—橡胶密封圈；8—前盖；9,22,31—轴承；10,15—弹簧盒盖；11—弹簧中节；12—固定螺钉；13—弹性垫圈；14—孔用弹性挡圈；16—引导螺母；17—引导弹簧；18—套筒体；19—调整螺钉；20—导向螺钉；21—小弹簧座；23—小弹簧；24—活动套；25—拉杆端头；26—压紧弹簧；27—套筒盖；28—弹性挡圈；29—离合片；30—抽用弹性挡圈；32—主弹簧座；33—外筒体；34—拉杆；35—主弹簧；36—后盖；38—防脱螺钉；39—拉杆端头；40—控制杆；41—控制杆头；42—弹性圆柱销；43—后拉杆头；44—螺钉。

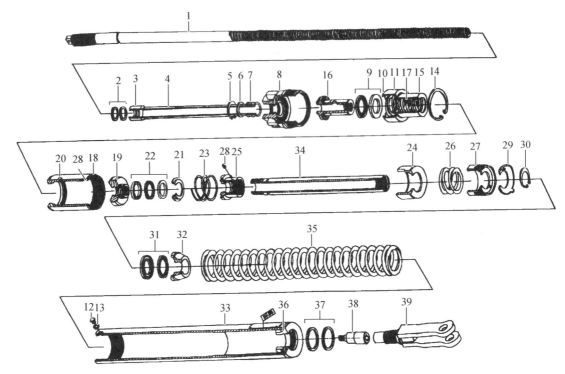

1—螺杆；2，37—密封圈；3—护管头；4—护管；5—孔用弹性挡圈；6—垫圈；7—橡胶密封圈；8—前盖；9，22，31—轴承；
10，15—弹簧盒盖；11—弹簧中节；12—固定螺钉；13—弹性垫圈；14—孔用弹性挡圈；16—引导螺母；
17—引导弹簧；18—套筒体；19—调整螺母；20—导向螺钉；21—小弹簧座；23—小弹簧；24—活动套；
25—拉杆端头；26—压紧弹簧；27—套筒盖；28—弹性圆柱销；29—离合片；30—轴用弹性挡圈；
32—主弹簧座；33—外筒体；34—拉杆；35—主弹簧；36—后盖；38—防脱螺钉；39—拉杆头。

图 4-18　ST$_2$-250 型闸调器零件图

1. 外体及主弹簧部分

该部分主要由外体、后盖、密封圈、主弹簧、主弹簧座、轴承等组成。后盖压装在外体右端，其孔内装有两个尼龙密封圈。主弹簧座圆周上开有两个槽，与离合片上的两个凸耳配合，使离合片与主弹簧座之间不能相对转动，只有 2 mm 左右的轴向滑动间隙。

2. 套筒组成部分

套筒组成由套筒体、套筒盖、活动套、调整螺母、压紧弹簧、小弹簧、小弹簧座、离合片、轴用弹性挡圈、弹性圆柱销、轴承、导向螺钉、拉杆、拉杆端头等组成。活动套装在套筒体内，侧壁有一条轴向槽，使固定于套筒上的导向螺钉连同套筒体只能沿着活动套的轴向左右移动。活动套内装有拉杆端头，套筒盖内装有压紧弹簧，压紧弹簧使活动套内锥面与拉杆端头右角边缘始终保持锁紧状态。调整螺母两侧均加工有锥面，左侧锥面与套筒体内锥面配合，形成离合器 E；右侧锥面与活动套左端面形成离合器 D，套筒盖的右侧锥面与离合片耦合，形成离合器 C。套筒体与调整螺母之间的间隙为 δ_2，活动套与套筒盖之间的间隙为 δ_3。

3. 前盖部分

前盖部分由前盖、螺钉、外齿弹性垫圈、护管头、密封圈、护管、孔用弹性挡圈、垫圈、橡胶密封圈、引导螺母、引导螺母弹簧盒、轴承等组成。引导螺母弹簧安装在弹簧盒内，处于压缩状态，弹簧盒中节与弹簧盒座通过翻边连接在一起。当引导螺母弹簧被压缩时，两个翻边分离，并形成一段距离。引导螺母上铸有 60 个均布的外锥齿，与前盖内侧的 60 个均布内锥齿啮合，组成离合器 B。弹簧盒中节与孔用挡圈之间的间隙为 δ_1。

4. 拉杆头及螺杆部分

拉杆头及螺杆部分主要由前拉杆头、后拉杆头、螺杆、防脱螺钉及紧固螺钉组成。前后拉杆头能通过圆销与基础制动装置的前、后制动杠杆相连；螺杆攻有四头非自锁梯形螺纹，螺距 7 mm，导程 28 mm，螺杆左端圆柱形光杆端在圆周上加工一环槽，作为螺杆工作长度的标志。当螺杆全部缩入护管时，刻线恰好与护管头端重合，此时紧固在螺杆上的防脱螺钉与前拉杆头接触。螺杆的最大伸出长度为 250 mm，即为闸调器的调整能力。

五、ST 型闸调器的基本作用原理

ST 型闸调器的基本作用原理简单地说就是一个拉杆做成两截套在一起，一截做成螺杆，另一截做成一端带框架的空心拉杆，中间用调整螺母连接。如果转动调整螺母，空心拉杆就会因旋转方向不同而伸长或缩短。为了能使其自动调整，而将调整螺母前后都装上预压缩的弹簧，并把螺杆和调整螺母的螺纹做成多头的非自锁螺纹，这样弹簧便会推动螺母向前或向后转动，使拉杆伸长或缩短，即闸调器的总长伸长或缩短。

调整螺母在螺杆上的位置决定了闸调器的长度。调整螺母在螺杆上向左移动，则闸调器的总长缩短；反之，调整螺母在螺杆上向右移动，则闸调器的总长伸长，从而达到调整闸瓦间隙的目的。引导螺母的作用是引导调整螺母移动的方向和距离。引导螺母和调整螺母都由它们的离合器来控制，当它们中有一个旋转时，另一个必定锁在螺杆上不动。

1. 闸瓦与车轮间隙正常时闸调器的动作

当闸瓦与车轮的间隙正常时，闸调器处于间隙正常状态，闸瓦与车轮接触时，控制杆头和外筒体移动距离之和等于控制距离 A 值。即两者正好相接触，螺杆工作长度不变化。

2. 闸瓦与车轮间隙大于正常间隙时闸调器的动作

当闸瓦与车轮间隙大于正常间隙时，闸瓦与车轮接触时，控制杆头和外筒体移动距离之和大于控制距离 A 值。控制杆头与闸调器外筒体相接触后，继续推动外筒体使螺杆缩进护管内，螺杆工作长度变短，闸调器的总长缩短。

3. 闸瓦与车轮间隙小于正常间隙时闸调器的动作

当更换新闸瓦，闸瓦与车轮的间隙小于正常间隙时，闸瓦与车轮相接触时，闸调器外筒体和控制杆头移动的距离之和小于控制距离 A 值。控制杆头与闸调器外筒体开始时接触不上，后来闸调器外筒体在主弹簧的作用下，旋转移动与控制杆头接触，螺杆从护管中伸出，螺杆工作长度变长，闸调器的总长增长。

六、闸调器的检修

闸调器的分解检修周期为 6 年，分解检修时须执行以下标准：

1. 分 解

（1）前拉杆头和控制挡铁。虎钳夹紧筒体靠前拉杆头的一端 150 mm 范围，再用管钳夹住拉杆，用圆棒插入拉杆头孔内，轻轻击打，拧开拉杆头，从拉杆中取出控制挡铁。虎钳及管钳钳口须垫铜垫等进行防护。

（2）防脱螺钉及螺杆。在虎钳上把螺杆拧进筒体内，缩至最短，再用圆棒插入拉杆头内固定住，将专用的内六角扳手伸入拉杆孔内，旋下防脱螺钉，从护管端旋出螺杆。

（3）护管及前盖组成。用孔用弹性挡圈钳取出挡圈，从前盖中抽出护管、垫圈和橡胶密封圈。将顶镐拧入拉杆的螺纹孔内后，将拉杆拉出筒体延长距离 30 mm 以上，卸下螺钉和垫圈，转动前盖并连同弹簧盒一起取下。

（4）前盖内部零件。用孔用弹性挡圈钳卸下前盖内的挡圈，分别取出弹簧盒、引导螺母及轴承。弹簧盒不分解。

（5）套筒体组成。使用工装将拉杆缩入筒体内，使主弹簧松开，从筒体内取出套筒体组成。取下套在拉杆上的主弹簧、主弹簧座、轴承。套筒体组成卡在筒体内时，须将前盖旋上，以防止零件弹出伤人，再用木锤敲动筒体，使主弹簧放松。

（6）拆卸离合片。在虎钳上夹紧顶镐，端部接上压帽，转动顶镐手把，压缩压紧弹簧，解除挡圈所受弹力，用专用钳取下挡圈并卸下离合片。反向转动顶镐手柄后，取出套筒组成。

（7）分解套筒内部零件：将套筒体组成垂直夹在虎钳上，先用冲子将套筒体上的弹性圆柱销取出，再用套筒盖专用扳手拧出套筒盖，提起拉杆，将活动套、压紧弹簧、套筒盖等零件一起取出，再从套筒体内取出小弹簧、小弹簧座、轴承、调整螺母。分解套筒体上的导向螺钉，拉杆端头状态良好时可不分解。

2. 清洗、除锈

闸调器整体清洗与配件清洗须分开进行。零件须除锈并用软刷、带滤网的油盘和清洗剂（可使用煤油、汽油等）清洗或用清洗机冲洗，清洗或冲洗后干燥，表面不得有明显污迹。

3. 零件检修

（1）闸调器零件各部尺寸的检修限度须符合表 4-7 的规定。

表 4-7　闸调器零件检修限度　　　　　　　　　　　　单位：mm

序号	名称	项目	限度要求	其他更换条件	备注
1	螺杆	（1）螺纹齿侧面磨损不大于 （2）弯曲不大于 （3）螺杆光杆处腐蚀深度不大于 （4）螺杆光杆处磨耗不大于	0.3 1 0.5 1	（1）目视裂纹或其他影响使用的故障 （2）外圈 ϕ30 处严重锈蚀	螺杆两端用 V 形铁架好，转动螺杆，用百分表测量，大于时调修或更换螺杆
2	调整螺母	螺纹齿侧面磨损不大于	0.3	—	—
3	引导螺母	（1）螺纹齿侧面磨损不大于 （2）非螺纹内径不大于 （3）非螺纹外径不小于 （4）锥齿磨耗不大于	0.3 ϕ32.5 ϕ38 齿高的 1/3	—	使用专用量具检测螺杆、调整螺母、引导螺母螺纹（梯形）齿侧面磨损

序号	名称	项目		限度要求	其他更换条件	备注
4	螺杆与引导螺母、调整螺母配合	配合情况		—	—	螺杆与地面垂直，螺母进行正反向试验，须自由转动，沿螺杆灵活、均匀稳定滑下
5	拉杆	外径不小于		$\phi\,43$	裂纹或其他影响使用的故障	—
6	拉杆组成	拉杆端头配合		不得松动	—	松动时，须冲去圆销，并配钻销孔（相错 120°），组装后必须符合（56.7±0.5）mm
7	拉杆端头	内径不大于		$\phi\,31.5$	—	—
8	后盖	内径不大于		$\phi\,46.5$	—	—
9	前盖	（1）与引导螺母对应尺寸 $\phi\,39^{+0.2}_{\;0}$ 不大于		$\phi\,39.3$	裂纹及其他影响使用的故障	闸调器筒体与前盖的固定螺钉必须更换新品
		（2）伞齿磨耗不大于		1/3		
10	套筒体组成	导向螺钉的宽度不小于		7.5	裂纹及其他影响使用的故障	—
11	活动套	槽口宽度不大于		12	裂纹及其他影响使用的故障	—
12	引导螺母弹簧盒	将引导螺母弹簧盒由 113.5 mm 压至 83.5 mm 的压力不小于		750 N	活动件活动不灵活或出现裂纹、折断	—
13	主弹簧	自由高	ST$_1$-600	$595^{+10}_{\;-3}$	裂纹、折断	全压缩 5 次，第 4、5 次不得有永久性变形
			ST$_2$-250	$350^{+4}_{\;-3}$		
14	小弹簧	自由高		50±2	裂纹、折断	全压缩 5 次，第 4、5 次不得有永久性变形
15	压紧弹簧	自由高		$45^{+2.5}_{-1.5}$	裂纹、折断	全压缩 5 次，第 4、5 次不得有永久性变形

（2）螺杆无螺纹部分和拉杆须进行表面重新镀锌处理。ST$_2$-250 型闸调器螺杆与后拉杆头连接状态良好时可不分解。

（3）筒体变形时调修或更换。筒体腐蚀深度大于 1 mm 时更换。

（4）闸调器前盖出现裂纹、破损或磨耗超限时更换。

（5）轴承滚珠表面锈蚀、镀层脱落、变色或保持架变形时更换。

（6）小弹簧座、主弹簧座、筒体、护管组成、拉杆头缺损、裂损、有毛刺、严重变形、锈蚀时更换新品。

（7）密封圈、离合片、垫圈、弹性圆柱销须更换新品。

（8）零件表面须光滑，有毛刺、锈斑时用细锉或砂布清除。

（9）各弹簧须按表 4-8 检查并进行载荷试验。

表 4-8 闸调器弹簧参数

序号	弹簧名称	弹簧直径/mm	自由高/mm	装配高/mm	装配载荷/N	极限高/mm	极限载荷/N
1	主弹簧（ST_1-600 型）	10.5	595^{+10}_{-3}	445	1 637±196	270	3 538±424
2	主弹簧（ST_2-250 型）	10	350^{+4}_{-3}	239	1 788.5±214	150	3 234±388
3	压紧弹簧	10	$45^{+2.5}_{-1.5}$	36	2 363±236	—	—
4	引导螺母弹簧	6	152	102	539±64	60	990±118
5	小弹簧	4.5	50±2	20	239±28	15	279±33

4. 组 装

（1）组装前各零件须清洁、干燥，不得有油垢、水迹、灰尘、纤维物等。

（2）筒体内的各零件应涂Ⅱ号低温润滑脂，总量约 0.4 kg。

（3）防脱螺钉的组装、前拉杆头的组装拧紧力矩均不小于 100 N·m。

5. 性能试验

组装后的闸调器须在试验台上按以下要求进行性能试验。

（1）ST_1-600 型闸调器。

① 试验准备。

将制动缸压力调整为 300 kPa，调整制动缸活塞行程 S 为 95 ~ 125 mm，调整垫片的厚度使螺杆工作长度 l_0 为 0 ~ 50 mm。

② 按表 4-9 的规定进行试验。

表 4-9 ST_1-600 型闸调器性能试验内容及要求

序号	试验项目	试验方法	制动或缓解次数	技术指标
1	正常间隙试验		2 次	（1）制动缸活塞行程为 S； （2）螺杆工作长度不变
2	螺杆全行程伸长试验	（1）移除控制杆； （2）每次加厚度 120 mm 垫片，共加 5 次	每加一次垫片，制动、缓解 4 次，共 20 次	（1）每次制动时闸调器筒体均旋转； （2）每次螺杆伸长 30^{+3}_{-2} mm，伸至全行程为止
3	螺杆全行程缩短试验	（1）装上控制杆； （2）撤去全部垫片	5 次	（1）前三次制动缓解时，每次螺杆工作长度缩短量不小于 135 mm； （2）第五次制动缓解后，螺杆工作长度应恢复到 l_0±3 mm
4	间隙减少试验	加厚度 40 mm 垫片	3 次	（1）第一次制动时，制动缸活塞行程均缩短，并且闸调器筒体旋转，缓解后测量螺杆工作长度伸长（30±2）mm； （2）第三次制动时制动缸活塞行程恢复到 S±5 mm，缓解后螺杆工作长度伸长（40±2）mm

序号	试验项目	试验方法	制动或缓解次数	技术指标
5	间隙增大试验	减厚度 40 mm 垫片	2 次	（1）第一次制动时，制动缸活塞行程伸长，缓解后螺杆工作长度恢复到 $l_0 \pm 3$ mm； （2）第二次制动时，制动缸活塞行程恢复到 $S \pm 5$ mm，螺杆长度保持不变
6	灵敏度试验	（1）加垫片 2 次，每次厚度 10 mm； （2）减垫片 2 次，每次厚度 10 mm	2 次 2 次	（1）螺杆每次相应伸长（10 ± 1）mm； （2）螺杆每次相应缩短（10 ± 1）mm
7	手动调整试验	手动左右旋转闸调器筒体	1～2 圈	（1）双向旋转螺杆伸长、缩短； （2）旋转扭矩不大于 30 N·m

（2）ST_2-250 型闸调器。

① 试验准备。

将制动缸压力调整为 400 kPa，调整制动缸活塞行程 S 为 150～180 mm，调整垫片的厚度，使螺杆工作长度 l_0 为 25～35 mm。

② 按表 4-10 的规定进行试验。

表 4-10　ST_2-250 型闸调器性能试验内容及要求

序号	试验项目	试验方法	制动及缓解次数	技术指标
1	正常间隙试验		2 次	（1）制动缸活塞行程为 $S \pm 5$ mm； （2）螺杆工作长度不变
2	螺杆全行程伸长试验	（1）移除控制杆； （2）每次加厚度 60 mm 垫片，共加 4 次	每加一次垫片，制动、缓解 2 次，共 8 次	（1）每次制动时闸调器体均旋转； （2）每次螺杆伸长（30 ± 3）mm，伸至全行程为止
3	螺杆全行程缩短试验	（1）装上控制杆； （2）撤去全部垫片	5 次	（1）前三次制动缓解时，每次螺杆工作长度缩短量不小于 50 mm； （2）第五次制动缓解后，螺杆工作长度应恢复到 $l_0 \pm 3$ mm
4	间隙减小试验	加厚度 40 mm 垫片	3 次	（1）第一次制动时，制动缸活塞行程缩短并且闸调器筒体旋转，缓解后测量螺杆工作长度伸长（30 ± 2）mm； （2）第二次制动及缓解均不测量； （3）第三次制动时，制动缸活塞行程恢复到 $S \pm 5$ mm，缓解后螺杆工作长度伸长（40 ± 2）mm

序号	试验项目	试验方法	制动及缓解次数	技术指标
5	间隙增大试验	减厚度 40 mm 垫片	2 次	（1）第一次制动时，制动缸活塞行程伸长，缓解后螺杆工作长度应缩短（40±2）mm； （2）第二次制动时，制动缸活塞行程恢复到 $S\pm5$ mm，螺杆工作长度保持不变。
6	灵敏度试验	（1）加垫 2 次，每次厚度 10 mm； （2）减垫 2 次，每次厚度 10 mm	2 次 2 次	（1）螺杆每次相应伸长（10±1）mm； （2）螺杆每次相应缩短（10±1）mm
7	手动调整试验	手动左右旋转闸调器筒体	1～2 圈	（1）双向旋转螺杆伸长、缩短； （2）旋转扭矩不大于 30 N·m

6. 油漆与标记

（1）闸调器性能试验合格后，护管组成、前盖、筒体等零件外表面须均匀涂刷防锈底漆和黑色油漆，或涂刷黑色底面合一漆，油漆干膜厚度不小于 60 μm。

（2）用 1 mm 厚的铝板作标志牌（见图 4-19），刻打大修标记并铆装在闸调器筒体铭牌左侧。A 栏、B 栏、C 栏按大修顺序刻打检修编号，字号为 8 号。检修标记无空余栏刻打时，更换检修铭牌。

（3）ST_1-600 型闸调器螺杆在无螺纹端的刻线外 20 mm、上次大修标记下方 5 mm 处；ST_2-250 型闸调器在后拉杆头上刻打大修标记，内容包括大修时间（年、月）和检修单位代号，数字之间间隔 2 mm，年、月与单位代号间隔 20 mm，采用 5 号字。

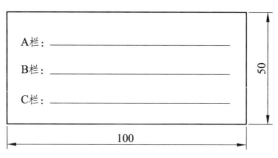

图 4-19　闸调器大修标志牌

7. 装用 ST 型闸调器的车辆段修时执行的标准

（1）入检修库前须对闸调器外观进行预检，也可分解闸调器在试验台上进行性能试验。

（2）外观检查、试验台或单车试验有下列情况之一时，闸调器送大修。

①闸调器制造或大修时间满 6 年。

②外观破损或主要零部件丢失。

③作用不良。

（3）各附属配件检修须无松动、弯曲、变形、损坏，控制杠杆、控制杆、调整螺杆、连接杆等磨耗大于 3 mm 时，卸下修理或更换，出现裂纹时更换。托管及套管磨耗严重、破损时更换。

（4）检修试验合格的闸调器须涂打检修标记，ST 型闸调器螺杆及拉杆外露部分不得有油漆等异物，须均匀涂抹适量的 89D 制动缸脂。

8. 单车试验

车辆在进行厂修、段修、临修时须进行单车试验。

（1）试验准备。

装用 ST 型闸调器的车辆须准备规格为 340 mm×60 mm×16 mm、$R420$ mm（适用 $\phi 840$ mm车轮）或 340 mm×60 mm×15 mm、$R460$ mm（适用 $\phi 915$ mm 车轮）的弧形钢垫板。将闸调器的螺杆伸出长度（螺杆上刻线至护管端部的距离）调整至以下尺寸：

① ST_1-600 型 L 值为 500～570 mm。

② ST_2-250 型 L 值为 200～240 mm。

（2）闸调器性能试验

① 闸瓦间隙减小试验。单车试验器置"1"位，待制动机缓解完毕后，将垫板放入任一闸瓦与车轮之间（装有两套闸调器的车辆须在 1、2 位转向架上各放入 1 块垫板），副风缸充至定压后，单车试验器置"5"位减压 140 kPa，反复制动、缓解三次后，闸调器螺杆伸出长度须变长。制动后制动缸活塞行程与初始行程（即未安装垫板时的行程）之差须不大于 10 mm。

② 闸瓦间隙增大试验。制动机缓解后，撤去闸瓦与车轮之间的垫板，反复制动、缓解三次后，闸调器螺杆伸出长度须变短。制动后制动缸活塞行程与初始行程（即未安装垫板时的行程）之差须不大于 10 mm。

任务三　货车转向架集成制动装置

🎯 任务目标

【知识目标】

（1）掌握集成制动装置的组成；

（2）掌握集成制动装置的工作原理；

（3）掌握集成制动装置中主要配件的结构及作用。

【技能目标】

（1）能够识别集成制动装置的型号及各部件的名称；

（2）能说明集成制动装置制动力的传递过程。

【素质目标】

（1）培养学生精益求精的工匠精神；

（2）树立标准化作业意识及安全责任意识。

任务描述

转向架集成制动装置具有结构紧凑、质量轻、传动效率高、闸瓦压力均匀等优点，是铁路货车制动系统发展方向之一。课前同学们要完成转向架集成制动装置构造的学习，课上汇报学习成果，同时老师讲解其作用原理及检修要求；课后同学们要根据所讲知识自主对此装置的工作原理和检修要求进行更深入的探究。

 数字资源

货车转向架集成制动装置

 配套知识

转向架集成制动装置，英文全称为 Truck Mounted Brake（TMB），即将制动缸、闸调器及杠杆等集成安装在转向架制动梁上，车体上不再安装基础制动装置。转向架集成制动装置具有结构紧凑、质量轻、传动效率高、闸瓦压力均匀等优点，是铁路货车制动系统发展方向之一。自 2010 年开始试装车运用以来，转向架集成制动装置分别在 C_{80B} 型运煤专用敞车、C_{96} 型运煤专用敞车、KM_{98} 型煤炭漏斗车及 SQ_6 型双层小汽车运输专用车等铁路货车上陆续装用。我国铁路货车目前采用的转向架集成制动装置主要有 BAB 型和 DAB 型集成制动装置，其结构如图 4-20 所示。

（a）BAB 型　　　　　　　　　　　　（b）DAB 型

图 4-20　集成制动装置结构

一、BAB 型集成制动装置

BAB 型集成制动装置分为带手制动和不带手制动两种形式（见图 4-21），依据制动缸规格、制动倍率、闸调器规格以及适用车轮直径的不同，采用不同的配置。BAB-1 型适用于 ϕ915 mm 车轮，而 BAB-2 型适用于 ϕ840 mm 车轮。

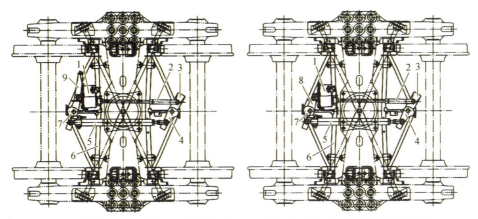

1—JBC 型制动缸；2—推杆；3—后制动杠杆；4—J 型杠杆（2）；5—YST 型压缩式闸调器；
6—BLB-2 型制动梁；7—J 型杠杆（1）；8—前制动杠杆；9—手制动杠杆。

图 4-21　BAB 型集成制动装置安装示意图

1. 技术参数

空车位制动缸活塞行程	（57±6）mm
制动缸最大活塞行程	100 mm
闸调器调整能力	≥200 mm
重车传动效率	≥80%

2. 标　记

当 BAB-2 型集成制动装置采用的制动缸直径为 203 mm，制动倍率为 4.6，闸调器行程为 280 mm，适用轮径为 840 mm 时，标记为 BAB-2 型集成制动装置 203×4.6×280×840。

3. 工作原理

BAB 型集成制动装置结构可简化为四连杆机构，如图 4-22 所示。制动时，控制阀提供的压缩空气进入制动缸内，制动缸活塞杆推出，通过前制动杠杆依次传递到闸调器、后制动杠杆、推杆，再作用到制动缸后部。由于活塞杆伸出，使两个制动梁分别向两侧移动，使闸瓦与车轮踏面接触，产生制动力。缓解时作用正好相反，制动梁向内移动，闸瓦与车轮踏面分离。

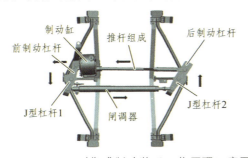

图 4-22　BAB 型集成制动装置工作原理示意图

4. 主要配件

1）JBC 型制动缸

制动缸由缸体、活塞膜片、支撑环、活塞、缓解弹簧、前盖、活塞杆、行程指示牌及密封件等组成，如图 4-23 所示。

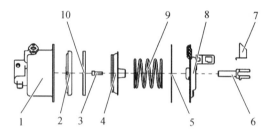

1—缸体；2—活塞膜片；3—固定螺栓；4—活塞；5—前盖垫；6—活塞杆；
7—行程指示器；8—前盖；9—缓解弹簧；10—支撑环。

图 4-23　JBC 型制动缸结构

缸体采用一体冲压成型技术，缸体内壁通过机械加工保证其表面粗糙度为 $Ra0.8\ \mu m$。活塞为铸铝活塞，活塞膜片安装在活塞上，活塞与活塞杆通过固定螺栓连接在一起。前盖为冲压成型，前盖上装有行程指示牌。制动缸组装时，缸体内壁需清理干净，并涂适量润滑脂。组装后，需进行气密性试验，试验要求同旋压密封式制动缸。

JBC 型制动缸有 3 种型号，具体如表 4-11 所示。

表 4-11　JBC 型制动缸型号

序号	型号	规格	缸体内径/mm	最大行程/mm	最大允许压力/kPa
1		254×100	254		
2	JBC 型	235×100	235	100	600
3		203×100	203		

2）YST 型闸调器

YST 型闸调器主要由前拉杆头、后拉杆头、调整螺母、筒体、连接套、主弹簧、控制弹簧、控制杆、螺杆等组成，如图 4-24 所示。

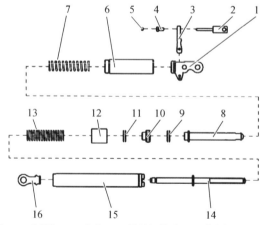

1—前拉杆头；2—控制杆；3—挡铁；4—控制杆螺母；5—锁紧螺母；6—筒体（1）；
7—控制弹簧；8—拉杆；9—轴承；10—调整螺母；11—轴承；12—连接套；
13—主弹簧；14—螺杆；15—筒体（2）；16—后拉杆头。

图 4-24　YST 型闸调器结构

YST 型闸调器与 ST 型闸调器结构不同，工作原理也不同。在车辆制动时，控制杆与闸调器产生相对位移，控制闸调器的伸长或缩短，可以保证正常的闸瓦间隙和制动缸行程。YST 型闸调器有两种型号，如表 4-12 所示。

表 4-12　YST 型闸调器型号

序号	型号规格	最短尺寸/mm	调整能力（全行程）/mm
1	YST-280	1 160	280
3	YST-245	1 005	245

3）制动梁

集成制动装置制动梁型号为 BLB-2 型。制动梁由制动梁架、支柱、左右闸瓦托、滑块磨耗套、卡子、安全链、制造标记牌等组成，如图 4-25 所示。

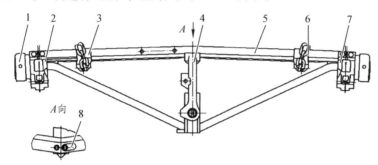

1—滑块磨耗套；2—右闸瓦托；3—卡子；4—支柱；5—制动梁架；6—安全链；7—左闸瓦托；8—制造标记牌。

图 4-25　BLB-2 型制动梁

制动梁架采用整体热轧工艺制造，梁架整体为 V 形空间结构，支柱为铸造成型，闸瓦托与梁架通过铆钉安装固定。制动梁主要尺寸如表 4-13 所示。

表 4-13　制动梁主要尺寸

序号	型号	制动梁全长/mm	闸瓦托中心距/mm	闸瓦托滑块角度
1	BLB-2 型	$1\ 770\ ^{0}_{-5}$	1 524±3	12°

4）杠杆及推杆组成

BAB 型集成制动装置中杠杆由手制动杠杆、前（后）制动杠杆、J 型杠杆（1）（2）及推杆组成，如图 4-26 所示。

制动杠杆和 J 型杠杆为整体锻造而成，孔内镶嵌衬套，推杆组成可通过螺母调整其长度，用于 BAB 型集成制动装置调试时，调整制动缸活塞行程。

二、DAB 型集成制动装置

DAB 型集成制动装置分为带手制动和不带手制动两种形式，如图 4-27 所示。DAB 型集成制动装置由 DAB 型单元制动缸、前制动杠杆、后制动杠杆、右组合式制动梁、左组合式制动梁、链蹄环等组成。单元制动缸布置在中拉杆位置，闸调器采用内置式控制装置。DAB 型集成制动装置包括 DAB-1 型和 DAB-2 型两种，车轮直径为 ϕ840 mm；采用 L-B 系列制动梁的 DAB 型集成制动装置型号为 DAB-1 型。

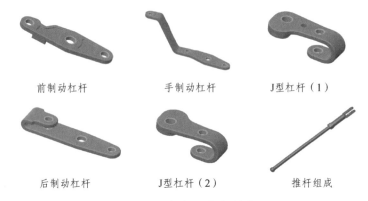

前制动杠杆　　　　　手制动杠杆　　　　　J 型杠杆（1）

后制动杠杆　　　　　J 型杠杆（2）　　　　推杆组成

图 4-26　杠杆及推杆结构

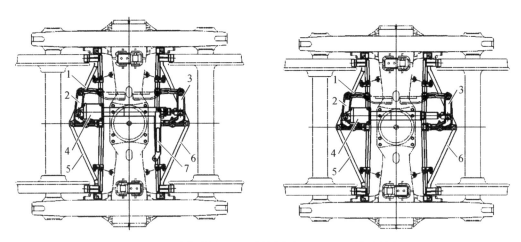

1—链蹄环；2—前制动杠杆；3—后制动杠杆；4—DAB 型单元制动缸；
5—右组合式制动梁；6—左组合式制动梁；7—手制动杠杆。

图 4-27　DAB 型集成制动装置安装示意图

1. 技术参数

自重　　　　　　　　　≤215 kg

压力比　　　　　　　　5.4/6.3

重车传动效率　　　　　≥75%

制动缸直径　　　　　　178 mm

闸调器调整能力　　　　≥120 mm

最大允许压缩力　　　　130 kN

2. 工作原理

制动时，控制阀提供的压缩空气进入 DAB 型单元制动缸中，制动缸活塞杆推出，制动力通过胶泥传递到增力活塞，推动闸调器将推杆推出，单元制动缸伸长，推动前、后制动杠杆，带动制动梁使闸瓦与车轮踏面接触产生制动力，如图 4-28 所示。缓解时，单元制动缸缩短，闸瓦与车轮踏面分离。

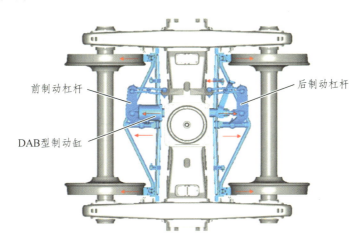

图 4-28　DAB 型集成制动装置工作原理

3．主要配件

1）DAB 型制动缸

DAB 型制动缸由制动缸和闸调器两部分组成，分带手制动部分和不带手制动部分两种，具体结构如图 4-29 所示。DAB 型单元制动缸主要由增力型制动缸及压缩式闸调器等组成，单元制动缸布置在中拉杆位置处，闸调器采用内置式控制装置，具备产生、放大制动力及自动双向调整轮瓦间隙功能。

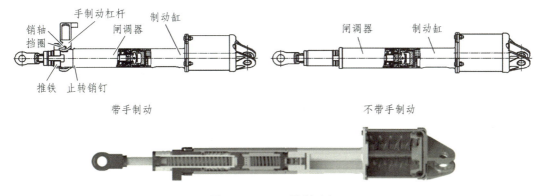

图 4-29　DAB 型制动缸

制动缸主要由安装座、缸体、膜片、制动缸活塞、支撑环、缓解弹簧、胶泥、活塞杆、增力缸活塞、密封圈等组成，如图 4-30 所示。

闸调器由螺杆头、螺杆、作用弹簧、主弹簧、拉杆、控制杆、限位筒、调整螺母等组成，如图 4-31 所示。

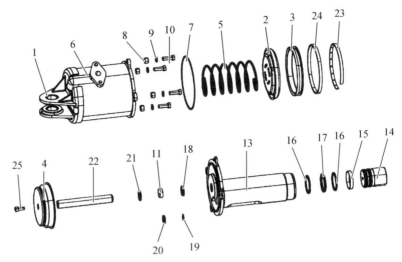

1—安装座；2—膜片；3、11、15—支撑环；4—制动缸活塞；5—缓解弹簧；6—缸体；7—密封垫；8—螺母M12；
9—弹性垫圈12；10—螺栓M12；12—胶泥；13—缸盖；14—增力缸活塞；16—方形同轴密封件；
17、18—密封圈；19—滤尘网；20—定位套；21—阶梯形同轴密封件；
22—活塞杆；23—毡托；24—润滑套；25—螺钉。

图 4-30　制动缸结构

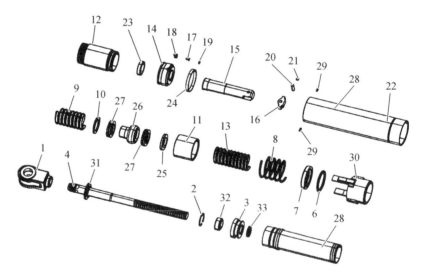

1—螺杆头；2、10、25、31—挡圈；3—端盖；4—螺杆；5—伸缩杆；6、33—密封圈；
7、23、24、32—支撑环；8—复位弹簧；9—作用弹簧；11—中套筒；12—前套筒；
13—主弹簧；14—挡盖；15—拉杆；16—控制杆；17—螺钉；18—挡键；
19—挡圈14；20—销；21—挡圈10；22—限位筒；26—调整螺母；
27—轴承；28—外套筒；29—止转销；30—行程指示器。

图 4-31　闸调器结构

2）制动杠杆

DAB 型集成制动装置中杠杆有前制动杠杆和后制动杠杆两种，如图4-32所示。

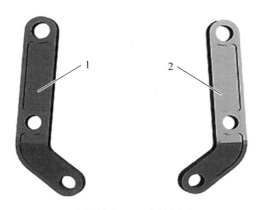

1—前制动杠杆；2—后制动杠杆。

图 4-32　制动杠杆结构

前（后）制动杠杆为整体锻造成型，孔内镶嵌球形衬套，前（后）制动杠杆底部孔与制动通过拉铆制动圆销连接在一起，中部孔与 DAB 型制动缸连接在一起，上部孔通过链蹄环与摇枕上的固定支点连接。

任务四　客车双侧闸瓦制动装置

 **任务目标**

【知识目标】

（1）掌握双侧闸瓦制动的形式及特点；

（2）掌握客车双侧闸瓦制动装置制动力的传递过程；

（3）掌握双侧闸瓦制动装置中主要部件的作用及检修要求。

【技能目标】

（1）能够对客车双侧闸瓦制动装置进行故障原因分析及判断；

（2）具备客车双侧闸瓦制动装置检修的能力。

【素质目标】

（1）培养学生精益求精的工匠精神；

（2）树立标准化作业意识及安全责任意识。

 **任务描述**

我国早期普速客车通常采用双闸瓦式基础制动装置，课前同学们要完成对双侧闸瓦制动装置构造的学习，课上汇报学习成果，同时老师讲解其作用原理及检修要求；课后同学们要根据所讲知识自主对此装置的工作原理和检修要求进行更深入的探究。

数字资源

客车双侧闸瓦制动装置

配套知识

一、双侧闸瓦制动的形式及特点

双闸瓦式基础制动装置，简称双闸瓦式，即在车轮两侧均有闸瓦的制动方式，如图 4-33 所示。双侧制动装置，在车轮的两侧都安装有闸瓦，所以闸瓦的摩擦面积比单闸瓦式增加一倍，闸瓦单位面积承受的压力较小，不但能提高闸瓦的摩擦系数，而且散热面积大，可降低闸瓦与车轮踏面的温度，延长车轮的使用寿命，减少闸瓦的磨耗量，并可得到较大的制动力（指同一尺寸的制动缸与同一闸瓦压力的情况下）。同时，由于每轴的车轮两侧都有闸瓦，制动时两侧的闸瓦同时压紧车轮，可以克服单闸瓦式车轮一侧受力而引起的各种弊病，故目前一般客车和特种货车（机械保温车、长大货物车等）大多采用这种形式的基础制动装置。

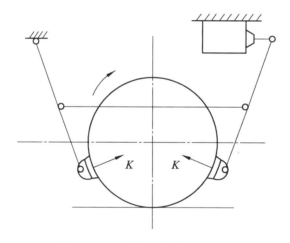

图 4-33 双侧闸瓦式制动示意图

近年来，我国铁路客车构造速度不断提升，双侧闸瓦制动装置已经不能满足我国铁路客车发展的需要。一方面，由于闸瓦摩擦系数会随着列车运行速度的增加而下降，导致制动力不足，制动距离过大，影响列车运行安全；另一方面，双侧闸瓦制动装置结构过于复杂，维修时间长，维修成本高。构造速度 140 km/h 以上的客车一般需要采用盘形制动装置。

二、客车基础制动装置的构造和作用

客车双闸瓦式基础制动装置的作用如图 4-34 所示（图中箭头表示制动时各杆件的移动方向）。

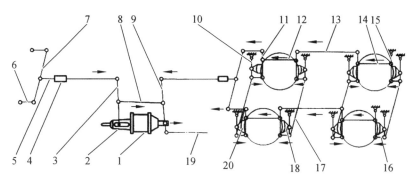

1—制动缸；2—闸瓦间隙自动调整器；3—制动缸后杠杆；4—调整丝套；5—均衡杠杆拉杆；6—均衡杠杆；7—均衡杠杆；
8—连接拉杆；9—制动缸前杠杆；10—闸瓦托吊；11—移动杠杆；12—移动杠杆拉杆；13—移动杠杆上拉杆；
14—固定杠杆拉杆；15—固定杠杆；16—拉环；17—制动梁；18—闸瓦托；19—手制动拉杆；20—闸瓦。

图 4-34　客车双闸瓦式基础制动装置作用示意图

制动时，制动缸前杠杆在制动缸活塞推力的作用下先绕连接杠杆拉杆圆销转动，另一端拉动一位均衡梁杠杆拉杆向内侧移动。同时，制动缸前杠杆绕一位均衡梁拉杆圆销为支点发生转动，带动连接拉杆向右侧移动，使制动缸后杠杆中部向右移动。制动缸后杠杆绕闸调器十字头圆销为支点发生转动，拉动二位均衡梁杠杆拉杆向内侧移动。以转向架一位侧为例分析，均衡梁杠杆拉杆通过均衡杠杆把拉力平均传递给左右均衡拉杆，均衡拉杆向左的拉力使第一根移动杠杆绕其中部圆销转动。第一根移动杠杆拉动四位制动梁移向车轮。制动梁同时带动闸瓦托吊、闸瓦托，使闸瓦压紧车轮踏面。第一根移动杠杆绕下端圆销转动，拉动移动杠杆拉杆向左移动。移动杠杆拉杆拉力使第二根移动杠杆绕其顶部圆销转动。第二根移动杠杆下部通过拉环拉动三位制动梁，带动闸瓦托吊、闸瓦托，使闸瓦压紧车轮踏面。第二根移动杠杆以下端圆销为支点转动，带动移动杠杆上拉杆向左运动。移动杠杆上拉杆将力传递给第三根移动杠杆、移动杠杆拉杆、固定杠杆。移动杠杆、固定杠杆分别带动制动梁，使转向架外侧轮对两侧闸瓦压紧车轮踏面。当 8 块闸瓦全部压紧车轮踏面时，基础制动装置将制动缸活塞推力传递给车轮，转向架发生制动作用。二位的动作相同，不再重复。

车辆缓解时，制动缸内压缩空气排空，活塞在缓解弹簧的作用下回到初始位置。此时，各杠杆、拉杆失去外力作用。在制动梁缓解弹簧的弹力和制动梁重力的共同作用下，闸瓦离开车轮，实现缓解作用。

三、客车双侧闸瓦基础制动装置主要配件

（一）制动缸活塞杆

制动缸活塞杆是介于空气制动机和基础制动之间的配件。

客车用制动缸活塞杆是实心的，一端固定在制动缸活塞座上，另一端铆接一个十字头导框。当使用空气制动时，活塞杆顶着安装制动缸杠杆的圆销向外伸，从而推动制动缸杠杆起制动作用。当使用手制动时，由于手制动拉杆链直接拉动制动缸杠杆，使制动缸杠杆圆销在十字头导框内滑动，所以虽然没有推杆，使用手制动机时也不会带动活塞一起移动，同样起到减小阻力的作用。客车用制动缸活塞杆的结构如图 4-35 所示。

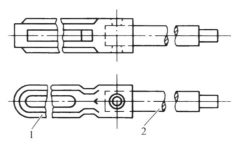

1—十字头导框；2—活塞杆。

图 4-35　客车制动缸活塞杆

（二）杠　杆

杠杆是基础制动装置中用于传递和扩大制动缸活塞推力的主要配件。客车所采用的各种杠杆，根据安装位置和作用的不同，其名称也不同。但从形状上来看大体相同，如图 4-36 所示。杠杆中部因受力较大，故其断面尺寸较大，两端稍窄，构成鱼腹形。

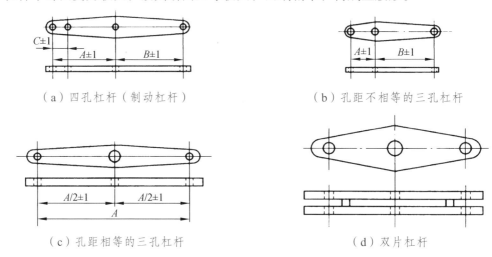

（a）四孔杠杆（制动杠杆）　　　　　（b）孔距不相等的三孔杠杆

（c）孔距相等的三孔杠杆　　　　　（d）双片杠杆

图 4-36　各型杠杆图

杠杆的种类从形式上主要有下列四种：

（1）有四个圆销孔的四孔杠杆，多用于制动缸前杠杆，如图 4-36（a）所示。

（2）有三个圆销孔，但孔距不相等的三孔杠杆，多用于固定杠杆、制动杠杆、移动杠杆、制动缸后杠杆等，如图 4-36（b）所示。

（3）有三个圆销孔，其两端孔距相等的三孔杠杆，多用于均衡杠杆等，如图 4-36（c）所示。

（4）双片杠杆，为焊接成一体的双片结构，用于 206 型及 209 型转向架基础制动装置的移动杠杆和固定杠杆，如图 4-36（d）所示。

各杠杆的孔眼均镶以 4 ~ 5 mm 厚的磨耗衬套（衬套须经渗碳处理），以便孔眼磨耗时仅更换衬套即可，这样可以减少修理的工作量并延长杠杆的使用寿命。

（三）制动梁

我国主型客车转向架（202 型、206 型及 209 型）所采用的制动梁如图 4-37 所示。它是由制动梁体（20 mm×100 mm 的扁钢）、制动梁轴及拉环等组焊而成。

1—制动梁体；2—制动梁轴；3—卡子；4—拉环。

图 4-37　制动梁

（四）闸瓦托和闸瓦托吊

在基础制动装置中，除合理确定各杠杆的尺寸外，还要合理布置闸瓦的悬挂位置，这直接影响制动效果和列车的运行安全。闸瓦悬挂应当保证以下两点：

（1）在同一个车轮上，前后两块闸瓦的闸瓦压力应尽量相等；而且同一块闸瓦在车轮回转方向不同时，其闸瓦压力（径向）应尽量保持不变。

（2）施加缓解作用时，闸瓦能以自身的重量而自动离开车轮；在运行中遇有振动时，闸瓦也不会碰靠车轮。

闸瓦托为安装闸瓦的支承件。客车的闸瓦托，一般不直接安装在制动梁上，而是另安装在闸瓦托吊上。

闸瓦托吊有两种形式：一种为三孔结构，多用于 101 型、102 型、103 型及 202 型等形式的转向架，如图 4-38 所示；一种为两孔结构，多用于 201 型、206 型、209 型等形式的转向架，如图 4-39 所示。三孔结构的闸瓦托吊设有闸瓦托弹簧和调整板，能调整闸瓦的上下间隙，保证闸瓦托与闸瓦始终居于正位。两孔结构的闸瓦托吊只起悬挂制动梁的作用，不起杠杆作用。

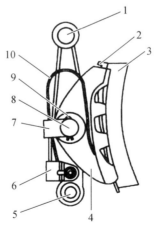

1—闸瓦托吊；2—闸瓦插销；3—闸瓦；4—闸瓦托；5—制动梁端轴；6—调整板；
7—卡板；8—圆销；9—开口销；10—闸瓦托弹簧。

图 4-38　三孔式闸瓦托吊组装图

（五）安全装置

基础制动装置中的制动梁与下拉杆，如果发生脱落，易造成列车脱轨和颠覆的重大事故，所以必须设置安全装置，客车制动梁缓解弹簧可起到防止制动梁脱落的作用。

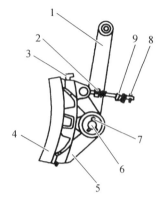

1—闸瓦托吊；2—弹簧座；3—闸瓦插销；4—闸瓦；5—闸瓦托；6—制动梁端轴；
7，8—开口销；9—弹簧。

图 4-39　两孔式闸瓦托吊组装图

（六）闸　瓦

客车主要使用铸铁闸瓦，可分为中磷铸铁闸瓦和高磷铸铁闸瓦。

高磷铸铁闸瓦与中磷铸铁闸瓦相比较，主要是提高了含磷量。中磷铸铁闸瓦的含磷量为 0.7% ~ 1.0%，高磷铸铁闸瓦的含量为 10%以上。高磷铸铁闸瓦的耐磨性比中磷铸铁闸瓦高一倍左右。

运用实践表明，高磷闸瓦的使用寿命，约为中磷闸瓦的 2.5 倍以上。高磷闸瓦还有一个优点，制动时火花少。铸铁闸瓦的摩擦系数随含磷量的增加而增大，故高磷闸瓦的摩擦系数大于中磷闸瓦。但含磷量过高，将增加闸瓦的脆性。试验证明，当含磷量超过 1.0%时，闸瓦如不加钢背，便有裂损的可能，所以高磷闸瓦需采用钢背补强。

中磷闸瓦和高磷闸瓦的基本形式如图 4-40 所示。

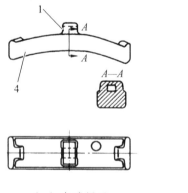

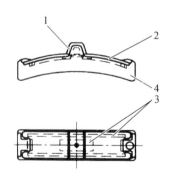

（a）中磷闸瓦　　　　　　　　　　　（b）高磷闸瓦

1—瓦鼻；2—钢背；3—加强筋；4—瓦体。

图 4-40　铸铁闸瓦

闸瓦的厚度为 45 mm，内圆弧半径为 $R440$ mm，适用于车轮直径为 $\phi 840$ mm 的货车车轮及 $\phi 915$ mm 的客车车轮。

四、客车双侧闸瓦基础制动装置检修

（一）客车制动梁的检修

1. 修前检查鉴定

制动梁两侧磨耗超过 3 mm 时进行焊修，梁身弯曲时调修；端轴有横向裂纹时更换，磨耗超过 2 mm 时焊修；制动梁拉杆、拉环出现裂纹时更换；焊接制动梁的原焊缝出现裂纹时，可以割去重焊；衬套磨耗超过 2 mm 时更换；铆钉松动或出现裂纹时，切去铆钉重铆。

2. 施 修

施行磨耗焊修前须彻底清除施焊面的氧化物及油污。焊制动梁端轴时，以磨耗凹处起始堆焊，焊平后再沿圆轴纵向堆焊一层。端轴焊后须镟削至原形尺寸；梁身焊修后须磨平至原形尺寸。

制动梁拉杆（拉环）孔径磨耗大于套的外径时先堆焊，然后按图纸要求铣孔、镶套。

施修中切割更换铆钉时，须将旧铆钉钉头全部切割掉，不得留有余量，不得切伤基本金属；铆件的接触面须涂防锈油；铆钉铆合要严密，不得松动、偏斜，不得有毛边；铆钉加热不得有过烧或烧不透现象。

3. 拉力试验

经调修、挖补、补强、裂纹焊修后的制动梁应进行拉力为 70 kN 的拉力试验，不得产生永久变形。

4. 质量检验

制动梁施修后，端轴及各部尺寸应符合图纸要求；各部不得有裂纹，不得有漏修；铆钉帽扣合严密，钉头端正；衬套无松动。

（二）闸瓦托及闸瓦托吊的检修

1. 检 查

闸瓦托吊槽出现裂纹时更换，闸瓦在吊槽磨耗剩余厚度不足 9 mm 时焊修后加工平整；闸瓦托插销座支撑面磨耗剩余厚度不足 6 mm 时焊修，闸瓦托四爪磨耗剩余厚度不足 6 mm，其余各部磨耗超过 2 mm 时焊修，焊修后四爪厚度不小于 8 mm，闸瓦托吊磨耗部分磨耗超过 2 mm 时焊修，其余非磨耗部分直径小于原形 3 mm 时报废；吊销孔磨耗超过 2 mm 时铣孔镶套，原套松动、裂损时重新镶套；闸瓦托吊弯曲时加热调修；闸瓦托吊有横向裂纹时报废。

2. 焊 修

（1）闸瓦托插销座内孔磨耗过限或出现裂纹时可截换，将原座部分切除，制成 30°±5° 斜角，再用厚 10 ~ 11 mm 的钢板（Q235A）两边制成 30°±5° 的斜角与闸瓦托成 V 形坡口，点焊对正后施焊，焊波应高出挡铁 1 ~ 2 mm，所焊挡板与孔底距离为（21±1）mm。

（2）闸瓦托吊施焊时不得在弯角处引弧或灭弧；焊后平直部分应有 1 ~ 2 mm 的加工余量；压筋及扭曲整形的加热温度为 850 ~ 950 ℃，压筋整形后应缓慢冷却。

3. 检　验

（1）圆钢制的闸瓦托吊平直磨耗部分和弯角处须进行电磁探伤检查，不得有裂纹；未经加工的闸瓦托吊，磨耗部分不得超过 2 mm，非磨耗部分直径不得小于原形 3 mm；吊销孔磨耗不得超过 2 mm，衬套不得松动。

（2）用 R451 mm 弧面样板检查加工后的闸瓦托弧面，两插座销支撑面中心线两侧四爪须接触，局部缝隙不得超过 1.5 mm，四爪的每处间隙不得超过 2 mm。

（三）杠杆、拉杆的检修

（1）检查鉴定。

杠杆销孔或衬套直径磨耗超过 2 mm 时，镶套或更换衬套，原套有裂纹、松动时更换；各杠杆、拉杆腐蚀、磨耗超过 3 mm 时焊修或更换，弯曲变形时加热调修，各杠杆、拉杆、支点有裂纹时焊修，支点上下相对孔中心差不得超过 0.5 mm。

（2）焊修或锻修。

锻修时将拉杆接头加热到 850～950 ℃，分别锻成圆弧形，锻接余量为 10～15 mm；在结合面上撒上硼砂，将接头加热至 1 250～1 450 ℃，一次锻成；锻造后在空气中缓冷，不得存在夹渣、裂纹、错偏、未熔透等现象。

（3）拉杆拉力试验。

拉杆经焊接后或锻接后须进行拉力试验，不得有裂纹或变形。拉力试验的拉力为 120 MPa。

任务五　客车盘形制动装置

 任务目标

【知识目标】

（1）掌握盘形制动的形式和特点；

（2）掌握盘形制动的结构组成及工作原理；

（3）掌握闸片和制动盘的检修要求。

【技能目标】

（1）能够对盘形制动装置的故障原因进行分析及判断；

（2）具备盘形制动装置中闸片更换的能力。

【素质目标】

树立标准化作业意识及安全责任意识。

 任务描述

盘形制动是随着高速列车而产生并发展起来的，采用闸片和制动盘摩擦消耗动能，从而达到制动或减速的目的。课前同学们要完成对盘形制动调整装置构造的学习，课上汇报学习

成果，同时老师讲解构造、工作原理及检修要求；课后同学们要根据所讲知识自主对此装置的工作原理和检修要求进行更深入的探究。

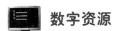 **数字资源**

客车盘形制动装置

 配套知识

铁道车辆的各种制动方式中，使用最广泛、历史最悠久的是踏面制动（闸瓦制动）。但踏面制动在运行速度达到 160 km/h 时，其散热能力明显不足，会造成车轮踏面热力损伤，制动能力下降。

盘形制动（摩擦圆盘制动）装置的使用有 70 多年的历史。随着列车速度的提高，盘形制动装置得到相应发展，尤其是在高速列车上，盘形制动装置更是被普遍采用。目前，我国新造铁道客车均采用盘形制动装置。

一、盘形制动的形式及特点

盘形制动和踏面制动都属于黏着制动，它们都依靠"热逸散"来转移列车的动能。盘形制动与踏面制动相比较，其主要优点是它的动能转移能力优于踏面制动。这种优点表现在：

（1）盘形制动可以根据制动的要求来选择最佳的摩擦副。但对于踏面制动来说，由于作为摩擦副的一方车轮的材质是不能选择的，则在选择另一方材料时相对约束条件要多。

摩擦副材质应具有的主要特性是：摩擦系数随速度变化和在潮湿、雨雪、结冰、露水条件下，具有好的稳定性；耐热、导热性好；耐磨性较佳，耐热裂倾向性（又称耐热龟裂性）好等。

（2）随着列车运行速度的提高，要求制动能充分地利用黏着，以获得尽可能短的制动距离。由于踏面制动铸铁闸瓦的摩擦系数受速度影响较大，特别是在高速时摩擦系数显著降低，故从高速到低速的整个制动过程中，不容易做到充分利用黏着。而盘形制动，摩擦副的摩擦系数较稳定，所以在整个制动过程中可以较充分地利用黏着。

（3）盘形制动通过摩擦副摩擦把列车的动能转变为热能，并经制动盘和闸片逸散于大气中。制动盘运转中具有半强迫风冷作用，加之制动盘往往设有散热结构，可实现良好的导热与散热。

（4）盘形制动装置结构简单，悬挂零部件少，机械效率较高，有利于转向架构架简化，并可减轻车轮的踏面磨损。

（5）可根据需要在每根轴上增加制动盘的数量以保证制动效果。

另外，盘形制动的缺点如下：

（1）制动盘增加了转向架的簧下质量，因而增加了轮轨间的作用力，不利于高速运行。

（2）制动盘在运行时要消耗一定的功率，速度越高，功率损失越大。

二、盘形制动的种类及构造

制动盘可分成单面盘（一个摩擦面）和双面盘（两个摩擦面）两种。它们可以是整体式，也可以是对半分开式。

盘形制动装置按制动盘在轮对上的安装方式不同分为轴盘式和轮盘式两种。轴盘式是把制动盘安装在车轴上；轮盘式是把制动盘安装在车轮上。

如图 4-41 所示为"轴盘式"双面作用的盘形制动装置。制动盘是一个受力又受热的零件，由于铸铁盘不宜用过盈装配直接装在车轴上，故采用锻钢或铸钢盘毂作为车辆与铸铁盘的过渡零件，并在铸铁盘螺栓连接处加装弹性套。这样，不但解决了铸铁盘的安装问题，而且可使大量热量为摩擦盘所吸收并散发，而不影响盘毂在车辆上的安装。

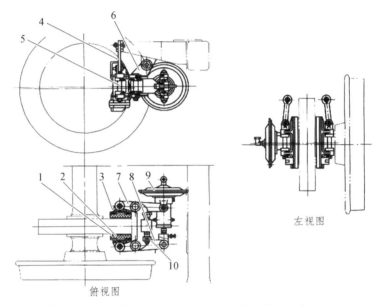

1—闸片；2—右闸片托；3—左闸片托；4—闸片托吊；5—闸片吊销；6—杠杆吊座；7—内侧杠杆；
8—外侧杠杆；9—膜板制动缸；10—螺杆。

图 4-41　轴盘式盘形制动结构

轮装制动盘安装在车轮的两侧或一侧。动车和机车动轴上挂有电机或齿轮箱，采用"轴盘式"或"轮盘式"的双面盘有困难，可采用"轮盘式"单面盘，如图 4-42 所示。先把带有散热箱的铸铁单面盘与过渡钢环连接（二者保持一定间隙，以允许盘受热膨胀），然后再装到轮辐上。它与车轮的组装方法可以是热嵌、压嵌，也可以是螺栓连接。热嵌和压嵌适用于整体车轮，螺栓连接适用于带箍车轮。

目前，206KP 型、209PK 型、209HS 型和 CW-2 型等转向架安装的制动盘都是 H300 型轴盘式制动盘，每条轮对对称装有两个制动盘。

轴盘式盘形制动装置由 H300 型制动盘、SP2 型盘形制动单元、高摩擦系数合成闸片、杠杆夹钳等构成。闸片托上设有锁铁，闸片托为铸钢制成，分为左右件。闸片托装上闸片后将锁铁锁紧，即可防止闸片脱落。制动装置中使用的圆销为用 Q275 材质制成的光圆销，圆销衬套采用自润滑的氟塑料金属耐磨材料，在运用中不需另加润滑油。

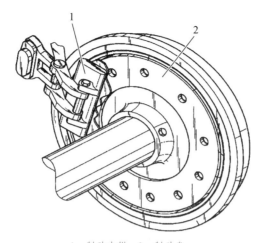

1—制动夹钳；2—制动盘。

图 4-42　轮盘式盘形制动结构

（一）H300 型轴盘式制动盘

H300 型轴盘式制动盘由摩擦环、盘毂和连接装置组成，如图 4-43 所示。摩擦环是由低合金特种铸铁制成的，由两个半环组成，组装时用两个螺栓紧固在一起。这两个螺栓的作用是连接两个半环形摩擦环，并将其定位，使两个半环部分不会错动。

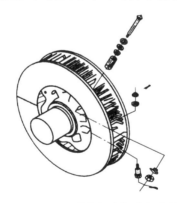

图 4-43　H300 型轴盘式制动盘的结构

盘毂用铸铁制成。摩擦环与盘毂之间通过 8 个径向排列的弹性销套相连接。弹性销套中间穿有螺栓，两端装有锥形垫圈，并用弹簧垫圈和槽形螺母锁紧螺栓。弹性销套中的螺栓只承受较小的紧固力，而不承受剪切力。摩擦环和盘毂间的力是靠弹性销套来传递的。弹性销套的另一个作用是使摩擦环与盘毂之间既连接良好又不固定死，当摩擦环受热产生膨胀时，能沿着 8 个径向弹性销套自由膨胀，这样就可以减小摩擦环的热应力以避免热裂。此外，这种弹性销套连接方式的热阻大，能够防止摩擦环的热量向盘毂传递，以避免盘毂在车轴上产生松弛现象。

摩擦环制成对半分开式，是为了在摩擦环磨耗到限时可以方便地更换，而不需要退轮（因为无须更换盘毂，仅仅是更换摩擦环）。

（二）合成闸片

与 H300 型制动盘匹配的合成闸片是以复合改性酚醛树脂和丁苯橡胶掺合型作为黏结剂的高摩擦系数有机合成闸片。合成闸片有两种型号：HZ480 型合成闸片用于普通双层空调客车，HZ5445 型合成闸片用于快速双层客车和快速客车。HZ5445 型合成闸片选用了钢纤维作为填充材料，提高了合成闸片的耐热强度、热稳定性和散热性能。

合成闸片的外形如图 4-44 所示。在闸片的摩擦面上有 5 条凹槽，这样既可以很好地与摩擦环接触，又能使磨耗下来的粉末通过凹槽排出，同时还防止热膨胀后的变形，使闸片与摩擦环这对摩擦副保持良好的接触。

图 4-44　合成闸片

在合成闸片的背面有 1.2 mm 用钢板冲压成型并带有燕尾槽的钢背。使用钢背的目的是增加合成闸片的强度，同时钢背又是闸片与闸片托的连接件。经特殊处理后，通过钢背上的孔能使合成闸片与钢背牢靠地黏结在一起。

三、制动盘和合成闸片检修

H300 型制动盘和合成闸片的运用及检修非常简单，合成闸片在平直线上正常运用，可以在一个段修期内不用更换；如果运用条件较好，也可以使用两个段修期。

在制动盘和合成闸片的运用维护时应按下列要求进行：

（1）制动盘在使用中应检查盘毂是否有松弛现象，摩擦环表面有无热裂纹。如果有细小热裂纹但在限度范围内可以继续使用；若超过限度，必须更换新的摩擦环。

（2）检查对开式摩擦环的连接螺栓是否松动和开口销是否丢失或折损。对 8 个弹性销套的连接螺栓也应及时检查，注意螺栓是否松动，开口销有无丢失或折损。

（3）摩擦环的原形厚度为 110 mm，在摩擦环外径端部两侧有两条刻线，该线是允许磨耗的限度。该刻度为 7 mm，磨耗超过限度时，应及时更换摩擦环。

（4）新合成闸片原形厚度为 28 mm，合成闸片允许磨耗到 5～7 mm。合成闸片在运用中不允许有较大的掉块及裂纹。合成闸片的中间是可以分开的，运用时可以分成两个半块使用，也可以整块使用。

（5）检查杠杆夹钳机构是否有损伤和缺件现象，杠杆悬吊装置是否有断裂迹象，检查各开口销是否丢失或损伤，各圆销及销套磨耗是否到限。

（6）缓解状态时，合成闸片不应对制动盘有作用力，并与制动盘应保持正常的间隙（见表 4-14 ）。

表 4-14　合成闸片和摩擦环的运用限度

名　称	原形/mm	运用限度/mm
合成闸片	28	5～7
摩擦环	110	96
合成闸片与制动盘间隙（两侧间隙之和）	3～5	自动调整

（7）合成闸片的更换及安装。

在更换合成闸片时，松开闸片锁铁销，转动锁铁，将合成闸片从燕尾槽中取出。

安装新合成闸片时，用扳手顺时针方向转动 SP 型制动单元丝杠前部回程铁上的四翼筋，使合成闸片与制动盘的间隙增大，然后将新的合成闸片装入闸片托的燕尾槽，锁紧锁铁，装好锁铁销。合成闸片与制动盘的间隙无须人工调整，经过几次制动和缓解作用后，就会自动调整到标准值。

（8）更换摩擦环的方法。

拆去连接摩擦环与盘毂的 8 个弹性销套上的开口销、螺母、螺栓和锥形垫圈，然后用专用工具（见图 4-45）冲击并抽出弹性销套，松开两个摩擦环的连接螺栓，拆下两半摩擦环。按上述相反的顺序将新的摩擦环安装上。

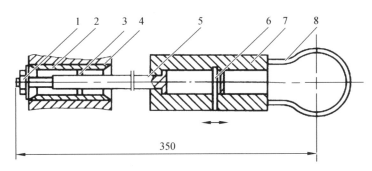

1—特殊螺母；2—弹性套；3—导向套；4—制动盘组成；5—螺栓；6—导向销；7—冲击块；8—手柄环。

图 4-45　取弹性销套的专用工具

车辆段段修时，可不必拆卸制动盘，但必须仔细检查摩擦环有无损伤，各连接螺栓有无松动及开口销有无丢失，应对零部件以下几个方面的问题进行处理和维修。

① 当制动盘摩擦面有损伤、裂纹超过规定或磨耗到限时，应及时更换新的摩擦环。

② 当摩擦环磨耗出现台阶（往往在摩擦环内侧，即合成闸片没有接触的部分会出现台阶），台阶超过 3 mm 时，允许卸下摩擦环，将整个摩擦环在机床上加工平整；有条件时，可以不拆卸摩擦环，对整条轮对进行加工。

③ 检查合成闸片有无偏磨现象。偏磨有两种情况：一种是制动盘两侧合成闸片磨耗不一致，一侧闸片磨耗较多，另一侧闸片磨耗较少，这可能是闸片托的安装位置偏移，可以调整闸片吊杆的位置；另一种偏磨是闸片内侧和外侧磨耗相差悬殊，这是由于杠杆夹钳不灵活造成的，可以适当修正杠杆。

精选习题

一、单选题（选自国铁集团制动钳工竞赛题库）

1. 闸调器筒体变形时调修或更换，筒体腐蚀深度大于（　　　）mm 时更换。（选自职业技能鉴定题库）

  A. 1   B. 2   C. 3   D. 5

2. ST$_1$-600 和 ST$_2$-250 型闸调器普遍使用（　　　）控制机构。（选自行业竞赛题库）

  A. 杠杆式   B. 推杆式   C. 集成式   D. 散开式

3. 高摩合成闸瓦托支承面端部厚度小于 8 mm 或中部厚度小于 6 mm，其余部位磨耗深度大于（　　　）mm 时焊修。（选自行业竞赛题库）

  A. 1   B. 2   C. 3   D. 5

4. 段修时链蹄环及支点圆销孔径向磨耗大于（　　　）mm 时更换。（选自行业竞赛题库）

  A. 1   B. 2   C. 3   D. 5

5. 新焊装上拉杆头的搭接量不小于（　　　）mm。（选自职业技能鉴定题库）

  A. 50   B. 75   C. 85   D. 100

6. 货车基础制动装置一般由闸调器、（　　　）、杠杆、拉杆以及圆销等组成。（选自职业技能鉴定题库）

  A. 制动梁   B. 闸瓦   C. 制动缸   D. 法兰

7. 制动倍率必须适中，一般为（　　　）。（选自行业竞赛题库）

  A. 2 ~ 5   B. 4 ~ 7   C. 6 ~ 9   D. 8 ~ 11

8. $\sum K_{理} = m \cdot P_r \cdot \dfrac{l_1}{l_2} \cdot \dfrac{l_3 + l_4}{l_4}$ 式中，对四轴车来说，单侧制动的 m 为（　　　）。（选自行业竞赛题库）

  A. 2   B. 4   C. 6   D. 8

9. $n = \dfrac{\sum K_{理}}{p_r} = m \cdot \dfrac{l_1}{l_2} \cdot \dfrac{l_3 + l_4}{l_4}$ 式中的 $\dfrac{l_1}{l_2}$ 称为（　　　）杠杆倍率。（选自行业竞赛题库）

  A. 移动   B. 固定   C. 转向架   D. 制动缸

10. 传动效率 η 值与基础制动装置的（　　　）、结构以及机车车辆保养状态有关。（选自职业技能鉴定题库）

  A. 大小   B. 形式   C. 长度   D. 杠杆

11. 下列哪个不是双侧闸瓦制动的优点？（　　　）

  A. 闸瓦磨耗量小   B. 踏面温度低   C. 闸瓦压力小   D. 轮瓦偏磨

12. ST$_1$-600 型闸调器螺杆有效调节量是（　　　）。

  A. 300 mm   B. 400 mm   C. 500 mm   D. 600 mm

13. ST$_1$-600 型闸调器螺杆一次最大伸长量是（　　　）。

  A. 30 mm   B. 40 mm   C. 50 mm   D. 60 mm

14. 制动梁端轴磨耗超过（　　　）时需要焊修。（选自职业技能鉴定题库）

　　A. 1 mm　　　　　　　B. 2 mm　　　　　　　C. 3 mm　　　　　　　D. 4 mm

15. 拉杆经焊接或锻接后须进行拉力试验，其拉力大小为（　　　　）。

　　A. 100 MPa　　　　　B. 120 MPa　　　　　　C. 150 MPa　　　　　D. 200 MPa

16. 构造速度在 160 km/h 以下的客车每条轮对装有（　　　　）个制动盘。

　　A. 2　　　　　　　　B. 3　　　　　　　　　C. 4　　　　　　　　D. 5

17. 合成闸片运用限度是（　　　　）。

　　A. 3～5 mm　　　　　B. 5～7 mm　　　　　　C. 7～10 mm　　　　　D. 10～15 mm

18. 摩擦环的运用限度是（　　　　）。

　　A. 80 mm　　　　　　B. 90 mm　　　　　　　C. 96 mm　　　　　　D. 100 mm

19. 合成闸片与制动盘的间隙，原形是（　　　　）。

　　A. 2～3 mm　　　　　B. 3～5 mm　　　　　　C. 5～7 mm　　　　　　D. 7～9 mm

20. 新合成闸片原形厚度为（　　　　）。

　　A. 25 mm　　　　　　B. 28 mm　　　　　　　C. 30 mm　　　　　　D. 32 mm

二、判断题（选自职业技能鉴定题库）

1. ST_1-600 型闸调器安装在二位上拉杆处。　　　　　　　　　　　　　　　　（　　　）

2. 当闸瓦与车轮的间隙正常时，闸调器处于间隙正常状态，闸瓦与车轮接触时，控制杆头和外筒体移动距离之和等于控制距离 A 值，即两者正好相接触，螺杆工作长度不变化。（　　　）

3. 同一 L-A 型、L-B 型组合式制动梁两端滑块磨耗套形式须一致。　　　　　　（　　　）

4. L-B 系列制动梁主要由梁架、弓形杆、支柱、夹扣、闸瓦托、安全链、卡子组成。

　　　　　　　　　　　　　　　　　　　　　　　　　　　　　　　　　　　　　（　　　）

5. 段修时，不在转向架上的基础制动装置状态良好时可不分解。　　　　　　　　（　　　）

6. 按闸瓦的配置，基础制动装置可以分为"单侧制动"和"双侧制动"两种。　　（　　　）

7. 单侧制动具有结构简单、自重较轻、成本较低、检修与制造方便的优点，普通货车多用这种形式。　　　　　　　　　　　　　　　　　　　　　　　　　　　　　　　　　（　　　）

8. 目前绝大多数货车采用双侧制动。　　　　　　　　　　　　　　　　　　　　（　　　）

9. 按传动机构的配置，基础制动装置还可分为"散开式"和"集成式"两种。　　（　　　）

10. 制动倍率太大时，闸瓦磨耗对制动缸活塞行程和制动缸空气压力的影响太大；制动倍率太小则制动力又不足。　　　　　　　　　　　　　　　　　　　　　　　　　　　　（　　　）

11. 双侧闸瓦制动闸瓦承受压力较小，可延长车轮的使用寿命。　　　　　　　　（　　　）

12. 杠杆是基础制动装置中用于传递和扩大制动缸活塞推力的主要配件。　　　　（　　　）

13. 制动缸活塞行程越长，闸调器 A 值越大。　　　　　　　　　　　　　　　　（　　　）

14. ST_1-600 型闸调器安装在车体上拉杆处。　　　　　　　　　　　　　　　　（　　　）

15. 在同一个车轮上，前后两块闸瓦的闸瓦压力应尽量相等。　　　　　　　　　（　　　）

16. 盘形制动装置结构紧凑，能够承受较大的制动力，新型客车广泛应用。　　　（　　　）

17. 盘形制动装置的结构比较简单，制动性能稳定，可提高制动效率。　　　　　（　　　）

18. 构造速度高于 160 km/h 的客车每条轴安装 3 个或 4 个制动盘。　　　　　　（　　　）

19. 合成闸片磨耗至 5 mm 时，左、右两块闸片应同时更换。　　　　　　　　　（　　　）

20. 车辆缓解状态时，合成闸片不应对制动盘有作用力。　　　　　　　　　　　（　　　）

三、简答题

1. 简述 ST 型闸调器的构造。

2. 简述制动梁的组成。

3. 简述货车基础制动装置的组成部件。

4. 简述客车双侧闸瓦制动装置的结构组成。

5. 简述客车双侧闸瓦制动装置制动力的传递过程。

6. 简述铸铁闸瓦的优缺点。

7. 简述合成闸瓦的优缺点。

8. 简述 ST_1-600 型闸调器在车辆上的安装方式。

9. 简述盘形制动装置的结构组成。

10. 简述盘形制动装置的工作原理。

11. 简述制动盘的检修要求。

12. 简述闸片的更换方法。

项目五 货车 120 型控制阀检修

 项目描述

制动阀作为车辆的"心脏"部件，是制动的技术核心，其结构、原理复杂，对保证行车安全、提高运输效率、降低运输成本、提高社会效益和经济效益起着至关重要的作用。本项目将重点学习货车 120 型控制阀的构造、作用原理，并通过检修工艺流程的学习，掌握企业作业标准。

 对应岗赛证

对应岗位：铁路货车检车员岗位、铁路货车制动钳工岗位。

对应大赛：职业技能大赛、创新创业大赛。

对应证书：铁路职业技能鉴定系列证书、1+X 轨道交通装备系列证书。

 **学习目标**

【知识目标】

（1）掌握 120 型控制阀的特点及构造；

（2）掌握 120 型控制阀的作用原理；

（3）掌握 120 型控制阀的检修工艺流程。

【技能目标】

（1）能够对 120 型控制阀进行故障原因分析及判断；

（2）具备 120 型控制阀检修的能力。

【素质目标】

（1）培养学生精益求精的工匠精神；

（2）树立标准化作业意识及安全责任意识。

 思政案例

2019 年 7 月 2 日，中国铁路某局集团公司某车辆段报告 X8408 次列车机后 7 位 X6BK5251650 车辆抱闸，喊停于上行线 K423+298 处，经列检检查无异常。16 时 14 分起车时，外勤又发现机后 13 位 X6BK5253230 车辆抱闸，再次喊停，定列检应急处置不当责任。后经过仔细排查，是 120 型控制阀紧急阀橡胶膜板穿孔故障导致本次事故。

2020 年 12 月 9 日 0 时 25 分，中国铁路某局集团公司某车辆段某站始发 47431 次列车司机反馈不保压，经车站人员检查发现机后 41 位车辆 120 型控制阀排风口处漏风，发现此情况后，检车员快速处置，更换了 120 型控制阀，保证了列车整点运行。

可见，120 型控制阀作为车辆最重要的部件，其结构、原理复杂，是检修工作的重点，对保障列车安全和正点运行至关重要。

任务一　120 型控制阀的特点及构造

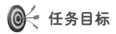 **任务目标**

【知识目标】

（1）了解 120 型控制阀的发展历程；

（2）掌握 120 型控制阀的特点及构造；

（3）掌握 120 型控制阀各部分的作用。

【技能目标】

（1）能够分解与组装 120 型控制阀；

（2）具备 120 型控制阀故障判断的能力。

【素质目标】

树立标准化作业意识及安全责任意识。

 任务描述

120 型控制阀是我国绝大多数货车使用的制动阀，虽结构复杂，但优势明显。课前同学们要完成对 120 型控制阀发展历程及构造的学习，课上汇报学习成果，同时老师讲解各组成部分的作用；课后同学们要根据所讲知识自主对 120 型控制阀（简称 120 阀）进行更深入的探究。

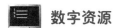 **数字资源**

120 型控制阀的特点及构造

 配套知识

一、120 型控制阀的特点

120 型控制阀是 120 型空气制动机的核心部件，控制着空气制动机的各个作用，保证了铁道车辆的正常运行，同时也吸取了国外货车空气控制阀在结构性能方面的优点。120 阀的特点如下：

（1）采用二压力机构，即活塞只受到上下两个压力。

（2）120 阀采用直接作用方式，取消了 103 阀采用的压力风缸、容积室、作用部、充气止回阀部等部件，既简化了结构，又缩短了初充气时间。120 阀采用直接作用方式的几个原因：

① 103 阀由于采用间接作用方式，不仅增设了作为间接控制的压力源（压力风缸、容积室）和中继部（作用部、充气部），使结构复杂，而且在一定程度上影响到制动波速和缓解波速。同时，副风缸容积大也影响充气时间，特别是在间接作用方式中作为两压力机构阀的一个控制压力的压力风缸，其容积较小，在制动保压时若压力风缸漏泄，容易产生自然缓解，危及行车安全；而原来的直接作用方式存在的一些问题，由于近年来制动新技术的应用和使用条件的变化，已部分得到解决。

② 货车制动缸直径已基本定型，与通用闸瓦配套时为 $\phi 356$ mm，与高摩合成闸瓦配套时为 $\phi 254$ mm，制动缸尺寸不会有更多。因此，120 阀在气路设计时，在适应 $\phi 356$ mm 直径制动缸使用的基础上，当配套的是 $\phi 254$ mm 直径制动缸时，在充气、缓解、紧急二段气路上加装适当的缩孔堵即可。

③ 闸瓦间隙自动调整器的推广使用，解决了由于闸瓦磨耗导致制动缸活塞行程增大而带来的制动力衰减问题。

④ 密封式制动缸的采用，密封技术的提高，使制动缸及其管系的漏泄所造成的制动力衰减问题得到了解决。

⑤ 货车中，以运送煤、矿砂、木材、建筑材料和各种油料的敞车、罐车占多数，而大部分运输去程是重车，回程是空车，因此，空重调整位设计成二级即可，完全可以在直接作用方式的控制阀外设空重车调整装置来解决，而不需要在具有间接作用方式的阀内固定设置。

综合考虑上述因素，120 阀采用了直接作用方式。

（3）主控机构仍采用 103 阀行之有效的橡胶膜板和金属滑阀结构，多年实践证明，橡胶件低温性能已经过关。其优点是连续性好、寿命较长、自动防异物等；缺点是制造、检修难度大，不易推广。

（4）采用常用制动与紧急制动分部作用的方式以及完善的两阶段局减作用和紧急制动时制动缸压力呈先快后慢的两段上升方式。

① 120 阀也设有紧急阀，在紧急制动时使列车管压力空气更快地直接排入大气（提高紧急制动灵敏度），而在常用制动时又不发生紧急制动（确保常用制动安定性）。

② 设有局减室和局减阀，使 120 阀在一开始产生制动作用时，将有限的列车管压力空气先后引入局减室和通过局减阀引入制动缸，从而具有完善的两阶段局减作用，以提高制动波速。

③ 设有紧急二段阀，使 120 阀在紧急制动时制动缸压力呈先跃升后缓升的两段上升的方式，以减轻列车的纵向冲击作用。

（5）设置加速缓解阀，与增加的一个 11 L 的加速缓解风缸相配合，使 120 阀的缓解波速大大提高。

在 120 阀的主阀中增设加速缓解阀，用缓解时即将排入大气的制动缸压力空气作为推动加速缓解阀动作的信息压力源，促发加速缓解阀动作，开通加速缓解风缸压力空气向列车管逆流的通路，从而达到加快列车管充气和提高缓解波速的目的，减轻低速缓解时的纵向冲动。

（6）在紧急阀中增设先导阀结构，提高了紧急制动波速。

120 阀的紧急阀中设有一个小尺寸的先导阀，当实施紧急制动，列车管一开始急速减压时，可以很容易地打开先导阀，消除大尺寸的放风阀的背压，紧接着再顶开放风阀。这样，紧急放风作用虽设计成两步，但却可以提早打开放风阀，从而使紧急制动波速大大提高。

（7）适应压力保持操纵。

120 阀在主阀作用部的滑阀上增设一个孔径为 0.2 mm 的小孔（眼泪孔或呼吸孔），使控制阀在常用制动以后的保压位时，连通列车管和副风缸，这样可配合机车采用一把闸操纵以及在制动保压时机车对列车管漏泄有自动补风（压力保持）功能，从而使列车在长大下坡道上基本保持匀速运行。

（8）加装了半自动缓解阀。

这是为了方便调车作业，节省人力和减少耗风量而设的。该阀不是排副风缸的风，而是直接排制动缸的风，并具有自锁功能。

二、120 型控制阀的构造

120 阀由中间体、主阀、半自动缓解阀和紧急阀组成，如图 5-1 所示。

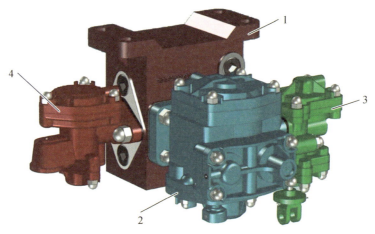

1—中间体；2—主阀；3—半自动缓解阀；4—紧急阀。

图 5-1　120 型控制阀

1. 中间体

中间体的用途是安装主阀和紧急阀，起到连通制动主管、副风缸、制动缸、加速缓解风缸与主阀和紧急阀的各个气路的作用。

中间体由灰铸铁铸造而成，其四个垂直面有两个分别是主阀和紧急阀的安装面，另两个垂直面为风管安装面，如图 5-2 所示。与紧急阀安装面相邻的管孔为加速缓解风缸孔和列车制动管孔，与主阀安装面相邻的管孔为副风缸孔和制动缸孔。中间体内部铸有两个空腔，在紧急阀安装面一侧上部为 1.5 L 的紧急室，下部为 0.6 L 的局减室，如图 5-3 所示。

2. 主　阀

主阀控制着充气、缓解、制动、保压等作用，是控制阀中最主要的部分，由作用部、减速部、局减阀、加速缓解阀和紧急二段阀五个部件组成，如图 5-4 和图 5-5 所示。

图 5-2　中间体

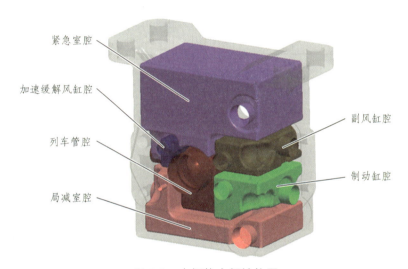

图 5-3　中间体内部结构图

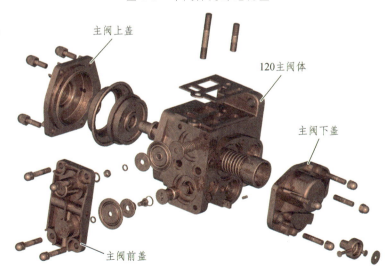

图 5-4　120 阀主阀爆炸图

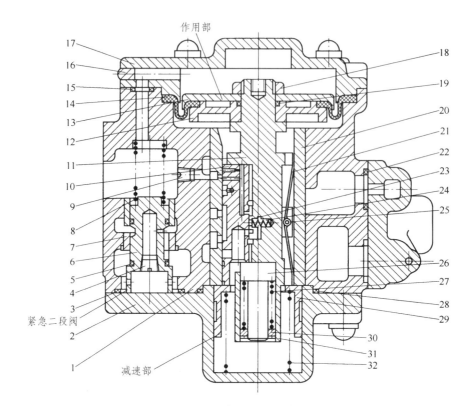

（a）作用部、减速部和紧急二段阀

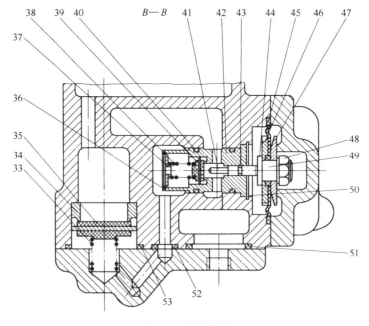

（b）加速缓解阀

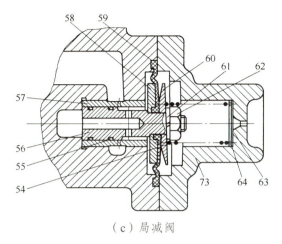

（c）局减阀

1—主阀体；2—主阀下盖；3、5、15、19、22、28、40、43、51、52、53、55、66—O 形密封圈；4—缩孔堵（与直径 ϕ 254 mm 制动缸配套的 120 阀设此缩孔堵）；6—紧急二段阀杆；7—紧急二段阀套（上、下两个）；8—紧急二段阀弹簧；9—缩孔堵Ⅲ（与直径 ϕ 254 mm 制动缸配套设此缩孔堵）；10—滑阀；11—主活塞杆；12—主活塞；13—主活塞压板；14—主活塞膜板；16—塞堵；17—主阀上盖；18—主活塞压板螺母；20—主阀套；21—滑阀弹簧；23—节制阀；24—节制阀弹簧；25—滑阀销；26—稳定杆；27—稳定弹簧；29—减速弹簧套；30—稳定弹簧座；31、36、50—挡圈；32—减速弹簧；33—止回阀弹簧；34—止回阀座；35—止回阀（638 mm）；37—加速缓解弹簧座；38—加速缓解弹簧；39—夹心阀；41—顶杆；42—加速缓解阀套；44—活塞紧固螺钉；45—加速活塞膜板；46—加速活塞；47—加速活塞压板；48、62、70—螺母；49、61—垫圈；54—局减阀弹簧；56—局减阀杆；57—局减阀套；58—局减活塞；59—局减膜板；60—局减活塞压板；63—毛毡垫；64—压垫；65—缩孔堵（与直径 ϕ 254 mm 制动缸配套设此缩孔堵）；67—缩孔堵Ⅰ；68—缓解阀垫；69—螺钉；71、72—螺柱；73—主阀前盖。

图 5-5　主阀结构

1）作用部

作用部的作用是利用列车管与副风缸的空气压力差来产生充气、局减、制动、保压、缓解等作用。

作用部仍采用与 103 阀相同的 S 形橡胶膜板及滑阀结构，它由主活塞压板、橡胶膜板、O 形密封圈、主活塞体、滑阀弹簧、节制阀弹簧、节制阀、滑阀、滑阀座、稳定杆、稳定弹簧、稳定弹簧座、挡圈等零件组成，如图 5-6 所示。节制阀、滑阀和滑阀座的孔路布置如图 5-7 所示。

图 5-6　120 阀作用部

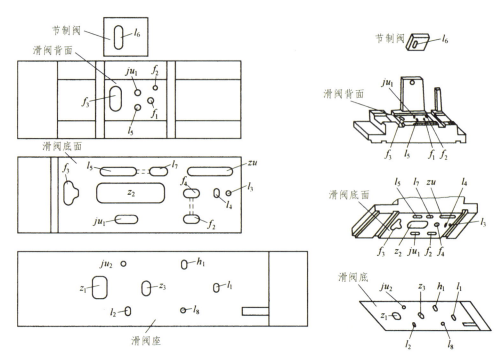

图 5-7　节制阀、滑阀和滑阀座的孔路布置

主活塞压板、主活塞体和橡胶膜板等零件套装在主活塞杆的上端，拧上螺母，组成"主活塞"。节制阀装在主活塞杆中部，滑阀装在主活塞杆上，轴向有 6 mm 间隙，滑阀弹簧用销子与滑阀固定在一起。橡胶膜板周边压装在主阀上盖和主阀体之间，膜板上通列车管，下通副风缸。主活塞杆的尾部安装稳定杆、稳定弹簧、稳定弹簧座和挡圈等零件。

2）减速部

减速部的作用是在制动管充气增压时，根据列车前后部车辆的增压速度的不同，控制主活塞带动滑阀下移一定距离，形成不同的充气速度，使列车前后部车辆的充气速度趋于一致。

减速部在作用部下面，位于主阀下盖内，由减速弹簧、减速弹簧座组成，如图 5-8 所示。主阀下盖的螺纹根部套有 O 形密封圈，以防止副风缸压力空气漏入大气。

图 5-8　120 阀减速部结构

　　列车管充气增压时，长大列车前部车辆先充入压力空气，增压迅速，使主活塞上、下侧形成较大的压力差，主活塞带动滑阀向下移动，滑阀尾部端面接触减速弹簧座后，继续下移，压缩减速弹簧而移到最下面的位置（主活塞下移到它的主阀下活塞的下端面碰到主阀体），即为减速充气（缓解）位。而列车后部车辆，因列车管增压较慢，主活塞两侧形成的压力差较小，主活塞带动滑阀下移至滑阀尾部端面接触减速弹簧座的位置即停止。这时，主活塞连同滑阀所处的位置为充气（缓解）位。

　　在减速充气时，由于滑阀随同主活塞移到最下面的位置，所以滑阀底面中排最上方的通孔对准滑阀座中排最上方的孔，从而使列车前部车辆副风缸的充气减慢。

　　3）局减阀

　　局减阀的作用是控制列车制动时列车管第二阶段局部减压量。

　　局减阀由局减阀套、局减阀杆、局减膜板、局减活塞压板、局减活塞体、局减阀弹簧、毛毡、压垫等零件组成，如图 5-9 所示。螺母将局减活塞体、膜板和压板紧固在局减阀杆螺纹端，局减膜板的周边嵌装在主阀体和主阀前盖的接合凹槽中，主阀前盖内设有用压垫压紧的毛毡。

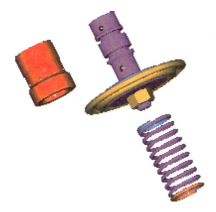

图 5-9　120 阀局减阀结构

　　局减膜板的右侧（外侧）经阀盖上的 $\phi 3$ mm 小孔通大气，其左侧经局减阀杆轴向圆周凹槽及两个 $\phi 3$ mm 径向孔与轴向中心孔通制动缸。

　　局减阀套中部沿圆周均布 8 个 $\phi 1$ mm 径向小孔，这些小孔的外围通滑阀座 l_8 孔（见图 5-7）。

　　在平时，局减活塞受到其右侧局减阀弹簧弹力的作用，所以它连同局减阀杆处于左侧的位置。这时，局减阀杆右侧边缘正好开放局减阀套上的 8 个小孔，因而滑阀座 l_8 孔经主阀体内暗道引至局减阀套，然后再通过这些小孔以及局减阀杆的径向孔、轴向中心孔最后通到制动缸的局减通路。这个位置称为局减阀开放位。

　　制动一开始，当主活塞杆下肩带动滑阀上移使列车管压力空气由滑阀座孔 l_2 经滑阀底面孔 l_5、流入滑阀座孔 l_8 时，列车管压力空气便经此局减通路流入制动缸，这就是第二阶段局减作用。

　　当制动缸压力升到 50 ~ 70 kPa 时，由于局减活塞左侧的压力增大，它便带着局减阀杆克服局减阀弹簧的弹力而右移，局减阀杆到达右侧位置，局减阀杆左侧杆身遮住了局减阀套上的 8 个小孔，局减阀处于关闭位，切断了列车管至制动缸的局减通路。换句话说，列车管压力空气只能到达局减阀套小孔的外围空腔及小孔内，而不能进入局减阀杆的中心孔，于是第二阶段局减作用结束。

第二阶段局减作用可使制动缸获得跃升的初压力，从而提高全列车的制动波速。而局减阀的作用是控制制动时第二阶段局部减压的量。这样，在列车管少量减压时，尾部车辆的制动缸至少也能有 50 ~ 70 kPa 的压力。

局减阀杆上套有两个 O 形密封圈，使局减阀处于关闭位时，列车管与制动缸之间不发生压力空气的窜流（渗漏）。

主阀前盖（局减阀处）外端具有向内凹入的窄窝，这样可使 $\phi 3$ mm 通气小孔不露出在外表面，以防止小孔冰冻堵塞，而使局减活塞外腔可能产生背压。

4）加速缓解阀

长大货物列车在运行中制动以及缓解时，列车管压力空气由机车供给，列车管增压作用沿列车由前向后顺序地进行。某一辆车的列车管获得增压后，主活塞动作，随即产生列车管向副风缸等容器的充气作用，以及制动缸的缓解作用。由于每一车辆上的某些缸（室）均需列车管压力空气的充入，造成列车后部车辆列车管增压作用延迟，这样也就延迟了后部车辆的缓解作用。

加速缓解阀是 120 阀主阀中新增加的一个部件（与 103 阀相比），它与新增加的加速缓解风缸一起，使得在本车列车管获得增压，当主活塞动作（下移），本车制动缸缓解时，让准备排入大气的制动缸压力空气作为压力信号先引到加速缓解阀处，使加速缓解阀产生动作，让本车上加速缓解风缸的压力空气通过加速缓解阀中被顶开的夹心阀充入列车管（因为在上一次制动时，列车管减压了，它的压力低于定压，但加速缓解风缸压力仍为定压）。

因此，列车管除了有来自机车供风系统的压力空气充入以外，还有来自本车加速缓解风缸的压力空气的充入，这就是列车管的"局部增压"作用。由于列车中前后列车管的压力梯度增大，使列车管增压作用沿列车由前向后的传播速度加快，这就大大地提高了缓解波速，有利于减小列车低速缓解时的纵向冲动。

加速缓解阀由加速缓解阀套、加速缓解阀弹簧、夹心阀、加速缓解弹簧座、挡圈、加速缓解膜板、加速上活塞、加速下活塞、活塞紧固螺钉、顶杆等组成，如图 5-10 所示。

图 5-10　120 阀加速缓解阀结构

加速缓解阀套的左部呈套筒形状，套筒内装入夹心阀、加速缓解阀弹簧、弹簧座，然后用挡圈卡入套筒左侧内圆面的凹槽内，夹心阀被左侧的弹簧压紧在套筒内侧的阀座上；加速缓解膜板、加速上活塞与下活塞用活塞紧固螺钉及螺母（M8）紧固成一个"加速活塞"，这个部件装在主阀体与主阀前盖之间的空腔内，加速缓解膜板的周边被压紧在上阀体的凹槽内。

主阀排气口也称制动缸排气口，旋有螺纹，可在此处装排气管。

加速缓解阀还附有一个止回阀部件，止回阀被它下面的止回阀弹簧压紧在阀座上。止回阀的上方经主阀体内的通路直接与加速缓解风缸相通；下方（止回阀弹簧室）经主阀下盖及主阀体内的暗道与加速缓解阀夹心阀左侧空腔（加速缓解阀弹簧室）相通，所以加速缓解阀弹簧室充满着加速缓解风缸的压力空气；顶杆左侧，也即夹心阀右侧空腔，经加速缓解阀套上的两个 $\phi 5\ mm$ 径向孔及主阀体内通路与列车管相通。

列车管增压时，由于主活塞带动滑阀下移，制动缸压力空气经滑阀底面缓解联络槽 z_2 的连通，进入滑阀座 z_3 孔，并由此充入加速活塞的右腔，同时经缩孔堵（或限孔）Ⅱ排入大气，实现缓解作用。

由于制动缸压力空气经过缩孔堵（或限孔）Ⅱ排入大气的节流作用，涌入加速活塞右腔的制动缸压力空气将加速活塞推向左位，通过顶杆顶开夹心阀。于是，夹心阀左侧空腔内的加速缓解风缸压力空气通过开启的夹心阀口充入右腔，继而充入列车管。这样，就实现了列车管局部增压，从而达到提高缓解波速的目的。

包括加速活塞右腔在内的制动缸压力空气，最后将全部经缩孔堵（或限孔）Ⅱ排入大气，制动缸完全缓解。

止回阀的作用：当列车管压力增高到接近加速缓解风缸压力时，止回阀弹簧将止回阀关闭，"局部增压"作用停止。同时防止列车管压力大于加速缓解风缸压力时，列车管压力空气经由加速缓解阀流向加速缓解风缸。在这种情况下，只允许列车管压力空气通过作用部滑阀与滑阀座的通路，并经滑阀室向加速缓解风缸充气。

加速活塞只是在上述工况（制动缸缓解排气）时处于左位。而在其他工况下，由于加速活塞两侧均通大气，活塞两侧不产生压力差。于是，在加速缓解阀弹簧弹力的作用下，夹心阀与阀座密贴，呈关闭状态，加速活塞处于右位，加速缓解阀不发生作用。

5）紧急二段阀

紧急二段阀位于主阀安装面旁，它是为了减轻长大货物列车在紧急制动时的纵向冲动而设置的，由紧急二段阀杆、紧急二段阀弹簧、紧急二段阀套等零件组成，如图 5-11 所示。

紧急二段阀杆的上腔通列车管。紧急二段阀套由上套和下套组成，上、下套之间沿轴向有 $3 \sim 5\ mm$ 的间隙，与此环形间隙相对的是主阀体的铸造环槽。环形间隙与铸造环槽形成环形空腔，该空腔经主阀体和中间体内的通路与制动缸相通；紧急二段阀杆的下部外围空腔经主阀体与缓解阀体内的通路通向缓解阀。紧急二段阀杆有轴向中心孔，此中心孔的上方通一个 $\phi 3\ mm$ 径向孔，下方通两个 $\phi 3\ mm$ 径向孔，中心孔的下部有内螺纹，以便与 $\phi 254\ mm$ 直径制动缸配套的 120 阀使用，在此螺孔处拧上一个孔径为 $\phi 2.2\ mm$ 的缩孔堵。

在平时，紧急二段阀弹簧及弹簧室内的列车管空气压力使紧急二段阀杆处于下部开放位置。当控制阀处于制动位时，来自局减阀的列车管压力空气（局减）或来自滑阀、滑阀座的副风缸压力空气，经由缓解阀内的通路来到紧急二段阀杆下部的外围空腔，再经过紧急二段阀杆中部三角形截面与阀套圆孔之间的三条通路、两阀套中部环形空腔等比较通畅地通路流向制动缸，所以制动缸压力快速上升。

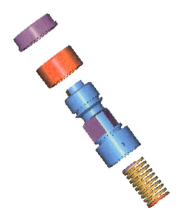

图 5-11　紧急二段阀结构

　　紧急制动时，列车管压力空气迅速排入大气，通过作用部动作，制动缸充气。当制动缸压力跃升到 120～160 kPa 时，紧急二段阀杆下腔的制动缸压力便能克服紧急二段阀杆上方紧急二段阀弹簧的弹力和列车管剩余压力之和，使紧急二段阀杆上移至关闭位。

　　所谓关闭位，是指紧急二段阀杆中部三角形截面处的三条畅通通路被切断。于是，经缓解阀流过来的副风缸压力空气只能经由紧急二段阀杆下腔、轴向中心孔（使用 ϕ254 mm 直径制动缸的还要通过一个孔径 ϕ2.2 mm 的缩孔堵Ⅷ）、上部 ϕ3 mm 径向孔等流向制动缸，由于流通通路大大变窄，使制动缸压力缓慢上升。因此，制动缸压力分成两个阶段呈先快后慢地上升，故称为"紧急二段阀"。

　　紧急二段阀杆上套有两个 O 形密封圈。平时，上面的密封圈用来防止列车管压力空气漏入制动缸；在紧急制动后，防止制动缸压力空气经此密封圈漏出。下面的密封圈用来确保紧急制动时，当紧急二段阀杆上移以后，切断制动缸充气的"畅通通路"。主阀下盖在紧急二段阀处与主阀体接合处设有 O 形密封圈，防止制动缸压力空气漏泄入大气。

　　3. 半自动缓解阀

　　缓解阀的功能是手动排出制动缸的压力空气，使制动机缓解。之所以称为半自动缓解阀，是指拉动位于车体两侧的任一侧缓解阀拉手后，便可带动缓解阀手柄向一侧倾斜，此时，只要制动缸压力空气一开始排出，就可松开拉手，制动缸压力空气会自动排完，也可一直拉着缓解阀拉手，使整个制动系统（包括制动缸、副风缸、加速缓解风缸、列车管等）的压力空气全部排出。

　　半自动缓解阀由手柄部和活塞部两部分组成，如图 5-12 所示。

　　活塞部主要由缓解阀套、缓解阀活塞、缓解阀膜板、缓解阀簧、缓解阀活塞杆、排风阀等组成。

　　缓解阀活塞体、模板及压板用螺母紧固在活塞杆上，组成缓解活塞，活塞杆装在缓解阀套内，可在套内上下移动，活塞杆的下端通过销轴与排风阀销接。

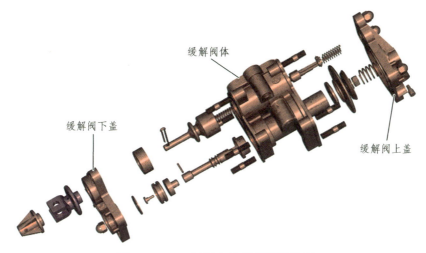

缓解阀体

缓解阀下盖

缓解阀上盖

图 5-12　120 阀半自动缓解阀爆炸图

平时，缓解活塞在缓解阀弹簧弹力及其自重的作用下处于下位，排风阀与下阀座密贴。缓解阀套压装在缓解阀体内。它的中部左侧有一个径向小孔，该孔的外面与缓解阀套外围空腔连通；缓解阀套沿圆周方向有两个径向孔，这两个孔通过各自的轴向小孔与缓解活塞下腔相通。手柄部主要由缓解阀手柄、缓解阀顶杆座、缓解阀顶杆、缓解阀手柄簧、夹心阀及弹簧等组成，如图 5-13 所示。

顶杆、阀座、止回阀、止回阀弹簧为两套，一套为副风缸排气止回阀，另一套为加速缓解风缸排气止回阀。副风缸排气止回阀的位置比加速缓解风缸排气止回阀的位置略低，所以拉动手柄后，副风缸排气止回阀先被顶开。

顶杆两端头部较细，中部较粗，两端及中部的横截面均呈十字形或 Y 形。这样，沿顶杆轴向便形成四条（Y 形截面为三条）空气流动通路。

顶杆座不仅是顶杆的下支座，也是手柄弹簧的下支座，顶杆座下部设有一个孔径 $\phi 5$ mm 的中心孔，它的两侧各有一个孔径 $\phi 2$ mm 的斜向通孔，手柄座的下部呈杆状，用销与手柄连接。

手柄弹簧室（A 腔）经缓解阀体内的通路与活塞部的 B 腔相通，平时两个止回阀弹簧及止回阀上方的空气压力将两个止回阀紧压在各自的阀座上。

4. 紧急阀

紧急阀的用途是在紧急制动时加快制动管的排气，产生强烈的局部减压作用，使紧急制动作用可靠，提高紧急制动灵敏度和紧急制动波速，改善紧急制动性能。

紧急阀的结构与 103、104 阀所用的紧急阀结构相类似，但它采用了先导阀。在紧急制动时紧急阀杆首先打开先导阀，卸掉紧急放风阀的背压，更快地打开放风阀，将列车制动管的压力空气排向大气。紧急阀的结构及零件外形和组装图如图 5-14 和图 5-15 所示。

紧急阀由上部的紧急活塞、安定弹簧 28、下部的放风阀部以及紧急阀上盖 1、紧急阀下盖 18 和紧急阀体 10 等零部件组成。

紧急活塞压板 7、O 形密封圈 5、紧急活塞膜板 8 和紧急活塞 6 套装在紧急活塞杆 4 上，用压板螺母 12 拧紧，螺母与活塞体之间有防松垫圈 11，再在紧急活塞杆上部的孔中装一个铜基粉末冶金滤尘套 3，在顶面的环形槽内装 $\phi 16$ mm 异形密封圈 2，组成"紧急活塞"。

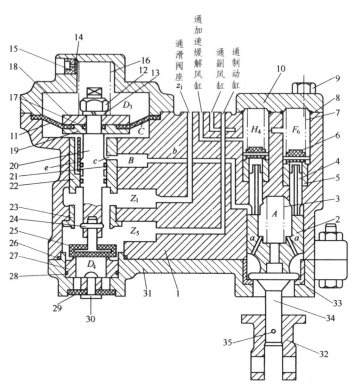

1—缓解阀体；2—顶杆座；3—手柄弹簧；4—顶杆；5—止回阀座；6—止回阀；7—止回阀弹簧；8—O形密封圈（$\phi 22 \times 2.25$）；
9—螺钉（M10×25）；10—缓解阀上盖；11—缓解活塞膜板；12—螺母（M10）；13—垫圈；14—滤尘网；15—缩孔堵（f_2）；
16—缓解阀弹簧；17—O形密封圈（$\phi 14 \times 2.25$）；18—缓解活塞压板；19—缓解活塞；20—缓解活塞杆；
21—O形密封圈（$\phi 16 \times 2.4$）；22—缓解活塞杆套；23—上阀座；24—销轴；25—排气阀；
26—O形密封圈（$\phi 45 \times 3.1$）；27—下阀座；28—O形密封圈（$\phi 35 \times 3.1$）；
29—排气口垫；30—排气口销；31—缓解阀下盖；32—手柄；
33—手柄座套；34—手柄座；35—销。

图 5-13　120 阀半自动缓解阀结构

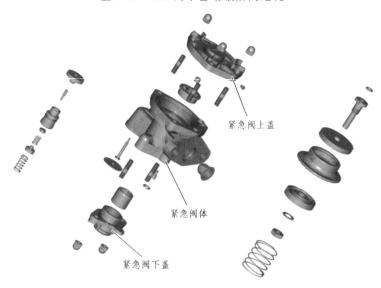

图 5-14　120 阀紧急阀爆炸图

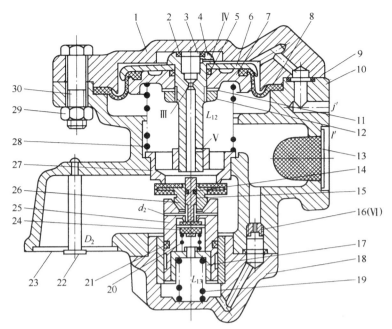

1—紧急阀上盖；2—密封圈；3—滤尘套；4—紧急活塞杆；5, 9, 14, 21—O 形密封圈；6—紧急活塞；7—紧急活塞压板；
8—紧急活塞膜板；10—紧急阀体；11—防松垫圈；12—压板螺母（M16）；13—滤尘网；15—先导阀顶杆；
16—缩孔堵（1.0 mm）；17—先导阀弹簧座；18—紧急阀下盖；19—放风阀弹簧；20—先导阀弹簧；
22—排气垫铆钉；23—排风口罩垫；24—先导阀（夹心阀）；25—放风阀导向杆；26—放风阀组成；
27—放风阀座；28—安定弹簧；29—螺母（M10）；30—螺栓（M10×40）。

图 5-15　120 阀紧急阀结构

放风阀部由放风阀组成 26、放风阀座 27、放风阀导向杆 25、放风阀弹簧 19、先导阀 24、O 形密封圈 21 和 14 等零件组成。

放风阀杆 25 是一个中空的铜质套管，下部外圆柱面作为上下移动的导向杆；内部中空部分形成上下两个空腔，上腔呈圆锥形内孔形状。放风阀组成 26 由橡胶阀面、心板和心轴三个零件组成，心轴下部具有球形外圆面，与放风阀杆 25 上腔的圆锥形内孔呈铰式连接，保证放风阀橡胶阀面能可靠地紧贴在放风阀座 27 上。

先导阀顶杆 15 嵌装在放风阀中心孔内，放风阀杆 25 的中部均布四个 $\phi 2$ mm 的径向小孔，当先导阀被其顶杆顶开时，放风阀杆 25 下腔内的列车管压力空气可经这些小孔并经过放风阀杆 25 外侧空间经紧急阀排气口向大气排出。

紧急活塞的上腔经紧急阀盖 1 和紧急阀体内的暗道及安装面上的通孔与中间体内的紧急室相通，紧急活塞的下腔经安装面上大的通孔及中间体内的通路与列车管相通，放风阀杆的下腔（包括先导阀弹簧室和放风阀弹簧室）经放风阀盖 18 和紧急阀体内的暗道也与列车管相通。

在紧急阀体与放风阀盖接合处的暗道中装设缩孔堵 16（编号为Ⅵ，孔径为 $\phi 1$ mm），此堵的作用是：在紧急制动开始时，紧急活塞杆通过顶杆顶开先导阀，使放风阀杆下腔的列车管压力空气经四个径向小孔排入大气，从而消除放风阀的背压。这个缩孔堵可限制紧急活塞下腔的列车管压力空气由于压力差而充入放风阀杆下腔的速度，使放风阀杆下腔不形成新的背压，从而使紧急活塞能比较容易地继续下移顶开放风阀，实现紧急局减作用，这样便提高了紧急制动的灵敏度。

紧急活塞杆 4 顶面环形凹槽中的异形密封圈，稍稍高出于顶面。平时在安定弹簧弹力的作用下，紧急活塞处于上极端位，此密封圈与紧急阀盖密贴，因而紧急活塞杆的轴向中心孔与紧急活塞上腔的通路是被切断的。只有在列车管减压，紧急活塞两侧产生压力差，克服了安定弹簧的弹力而下移时，紧急活塞杆顶端的轴向中心孔才开放。

在紧急活塞杆的轴向中心孔内，有一个 $\phi 2.3\ mm$ 的限制孔Ⅲ，用于控制紧急室压力空气向列车管逆流的速度，以保证紧急制动时在紧急活塞两侧形成足够的压力差来推动紧急活塞下移，通过顶杆先顶开先导阀，继而顶开放风阀，达到产生紧急局减作用的目的；同时，在常用制动时，要保证紧急室压力空气能较多地向列车管逆流，以保证在紧急活塞两侧形成不了足以使紧急活塞下移到能够顶开先导阀的压力差，限制孔Ⅲ的孔径应设计得合适，过大会降低紧急制动灵敏度，过小会影响常用制动的安定性。

紧急活塞杆上部有 $\phi 0.5\ mm$ 的径向限制孔Ⅳ，用以控制列车管向紧急室充气的速度，以保证紧急活塞上下两侧压力平衡，避免紧急室充气过快而引起意外紧急制动。

在紧急活塞杆的下部，距离下端 13 mm 处，钻有 $\phi 1.1\ mm$ 的径向小孔Ⅴ，用以在紧急制动后，控制紧急室压力空气排入大气的速度，使处于下位的紧急活塞能间隔一定的时间后才向上回移，保证在实施紧急制动后，必须让列车停车后再向列车管充气，使列车缓解，然后再起动加速。

紧急活塞在上部极端位置时，紧急活塞杆的底面距离先导阀顶杆顶端有 3 mm 的间隙，当紧急活塞下移 3 mm 时，紧急活塞杆碰到先导阀顶杆，再下移就打开先导阀；如顶杆被紧急活塞杆所压，其继续下移量超过 1 mm 时，放风阀便被顶开。

任务二　120 型控制阀的作用原理

🎯 任务目标

【知识目标】

（1）掌握 120 型控制阀的基本作用原理；

（2）掌握 120 型控制阀的作用气路。

【技能目标】

（1）能够根据原理图描述 120 型控制阀的作用原理；

（2）具备 120 型控制阀故障判断的能力。

【素质目标】

培养学生的识图能力，强化独立分析问题、解决问题能力。

任务描述

120 型控制阀作用原理复杂，掌握其作用原理对故障的分析判断至关重要。课前同学们要完成对 120 型控制阀基本作用原理的学习，课上汇报学习成果，同时老师讲解其作用气路；课后同学们要根据所讲知识自主对 120 型控制阀作用原理进行更深入的探究。

数字资源

120 型控制阀的作用原理

配套知识

一、120 型控制阀的基本作用原理

120 型空气控制阀有三个基本作用，分别是充气缓解、减压制动和制动保压。

1. 充气缓解

如图 5-16 所示，制动管增压，主活塞上腔压力上升，当主活塞两侧的压力差与主活塞重力之和克服滑阀与滑阀座间的摩擦阻力时，主活塞带动节制阀、滑阀下移，到达充气缓解位。滑阀连通了副风缸和加速缓解风缸的充气通路，同时连通了制动缸与大气的缓解通路。制动管压缩空气经滑阀上的充气孔进入滑阀室向副风缸充气，滑阀室经节流孔与加速缓解风缸连通；制动缸内压缩空气通过滑阀上的缓解孔槽到加速活塞外侧室经缩孔排向大气。

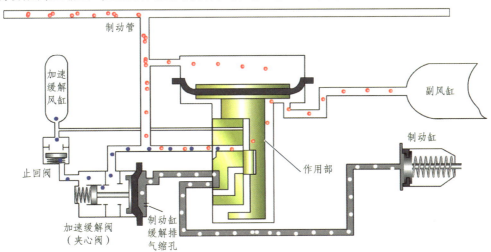

图 5-16 充气缓解位

制动缸压缩空气由于受到缩孔的限制，来不及排出而在加速活塞外侧形成压力，推动加速活塞内移，加速缓解阀被推离阀座，加速缓解风缸压缩空气经打开的加速缓解阀口进入制动管，加快了制动管的充气速度，使后部车辆制动机的充气缓解作用加快实现，提高了列车的缓解波速。当加速缓解风缸压力与制动管压力平衡后，止回阀切断加速缓解风缸与制动管的通路，加速缓解作用结束。

制动缸压缩空气最终全部经加速活塞外侧室再经缩孔排向大气，实现缓解作用。

制动管压缩空气经滑阀向副风缸、加速缓解风缸充气，直至均达到定压。副风缸充至定压，为下次制动作用储备压缩空气源，加速缓解风缸充至定压，为下次制动后加速缓解作用储备压缩空气源。

2. 减压制动

如图 5-17 所示，制动时制动管减压，主活塞上方压力减小，副风缸压力推动主活塞带动节制阀、滑阀上移，到达制动位。副风缸压缩空气通过滑阀进入制动缸，产生制动作用。此时，加速缓解风缸的压力保持不变。

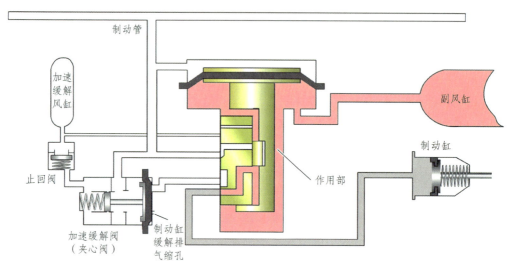

图 5-17　减压制动位

3. 制动保压

当制动缸的压力达到所需要的压力值时，制动管停止减压，此时副风缸继续向制动缸充气，导致其压力下降，当副风缸压力接近制动管压力时，在主活塞自重及稳定弹簧弹力的作用下，主活塞带动节制阀下移（滑阀不动）至活塞杆上肩接触滑阀为止，节制阀遮盖住了滑阀背面向制动缸充气的孔路，副风缸停止向制动缸充气，副风缸压力停止下降，制动缸压力停止上升，滑阀仍处于制动位，制动缸压力不下降，即实现了制动保压作用，如图 5-18 所示。

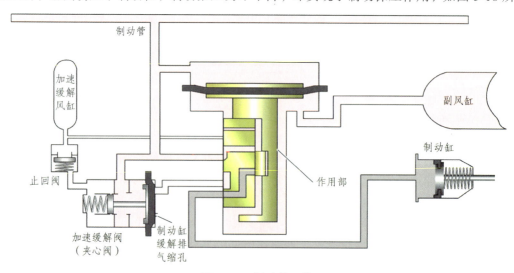

图 5-18　制动保压位

同时，节制阀露出了滑阀背面的眼泪孔，滑阀连通制动管与副风缸，平衡主活塞两侧压力差以适应机车的压力保持操纵的需要。无论是制动管漏泄或是副风缸漏泄，均可避免主活塞两侧产生压力差引起再制动或自然缓解。

二、120 型控制阀的作用气路

（一）充气及缓解位置（见图 5-19 和附图 1）

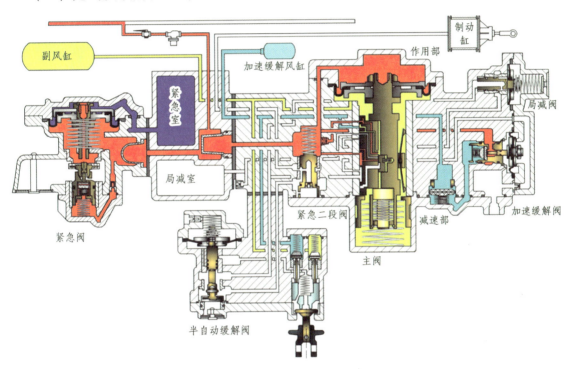

图 5-19　充气缓解位 I

1. 初充气

列车制动管压力空气进入中间体后分为两路：一路进入主阀，另一路进入紧急阀。

进入主阀的列车制动管压力空气，经主阀体紧急二段阀的上方，有一路到主活塞的上方，将主活塞、主活塞杆和滑阀推动一起下移。列车制动管压力空气分别充入副风缸、加速缓解风缸。

进入紧急阀的列车管压力空气最终充入紧急室、紧急活塞上下腔、放风阀导杆下腔等处。

（1）副风缸充气。

列车制动管压力空气进入主阀体，到紧急二段阀的上方，然后经缩孔堵Ⅶ（与 $\phi 254$ mm 直径制动缸配套的 120 阀加装这个缩孔堵，孔径为 $\phi 1.8$ mm）到滑阀座 l_1 孔。此时 l_1 孔与滑阀底面上的 l_4 孔（孔径 $\phi 2.0$ mm）对齐，而节制阀在滑阀背面处于下位，因而滑阀背面的 f_1 孔开启。

列车管压力空气→滑阀座 l_1 孔→滑阀底面 l_4 孔→滑阀背面 f_1 孔→滑阀室。

主活塞下方的滑阀室经主阀体内和中间体的通路，永远与副风缸相通，故副风缸获得充气。向副风缸充气的同时，经过通路 f_6（中间体内）也充入半自动缓解阀的副风缸止回阀上方 F_6。

（2）加速缓解风缸充气。

滑阀 f_2 孔与滑阀座 h_1 孔开通，副风缸压力空气→f_2 孔→h_1 孔→主阀安装面孔→中间体内通路→加速缓解风缸。同时，经另一通路 h_4（中间体内）充入加速缓解阀弹簧室 H_3 和缓解阀的止回阀上方 H_4。

（3）紧急室充气。

列车制动管压力空气经紧急活塞下方→紧急活塞杆下端面孔口→中心限制孔Ⅲ→紧急活塞杆上部径向孔Ⅳ→紧急活塞上方→阀体内通路→中间体内紧急室。

（4）列车制动管压力空气进入紧急阀后，经缩孔堵Ⅳ到放风阀杆下侧，即放风阀弹簧室和先导阀弹簧室。

（5）紧急二段阀上方的压力空气经主阀体内通路通到加速缓解阀。

（6）列车制动管压力空气经滑阀座 l_2 孔，进入滑阀的 l_5 孔，为制动时的局减作用做好准备。

2. 再充气和缓解

（1）同"初充气"时的所有通路。

（2）加速缓解风缸的压力空气→中间体内通路→主阀安装面 h 孔→主阀体内通路→加速缓解阀处被吹开的止回阀→加速缓解阀弹簧室→被加速缓解阀顶杆顶开的夹心阀阀口→加速缓解阀夹心阀座右侧→主阀体内通路→紧急二段阀上隔腔→列车制动管。

（二）减速充气及缓解位（见图 5-20 和附图 2）

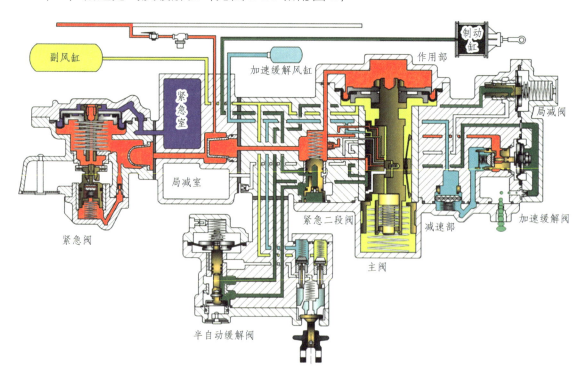

图 5-20　充气缓解位Ⅱ

列车管充风时前部车辆的压力上升较快，在主活塞两侧产生的压力差较大，主活塞带动滑阀下移到下极端位置并压缩减速弹簧，即为减速充气及缓解位。

与充气缓解位不同的是，此时副风缸减速充气，滑阀上与滑阀座 l_1 孔对准的不再是 l_4，而是截面面积较小的减速充气孔 l_3，故列车管压力空气→滑阀座 l_1 孔和滑阀 l_3 孔→滑阀 f_1 孔→滑阀室。然后与上述充气缓解位一样，经主阀体和中间体通路充入副风缸。由于经孔径 $\phi 1.9\ \text{mm}$ 的减速充气孔 l_3 充气，所以副风缸压力上升得稍慢一些。

（三）制动机的稳定性

制动机的稳定性指制动主管发生轻微漏泄或缓慢减压时，制动机不发生制动作用。

1. 副风缸压力向制动管逆流

列车制动管缓慢减压（轻微漏泄）时，因滑阀室内的副风缸压力空气经滑阀 f_1 孔、滑阀底面的 l_4 孔（或 l_3 孔）和滑阀座的 l_1 孔逆流到列车制动管，故副风缸压力伴随着列车制动管的漏泄也缓慢下降。

2. 稳定装置及主活塞、滑阀和节制阀阻力的作用

由于主活塞（主活塞杆）尾部设有稳定弹簧以及主活塞、滑阀和节制阀阻力的作用，使主活塞不会轻易上移，制动机能保持稳定性。

（四）常用制动位（见图 5-21 ~ 图 5-23 和附图 3）

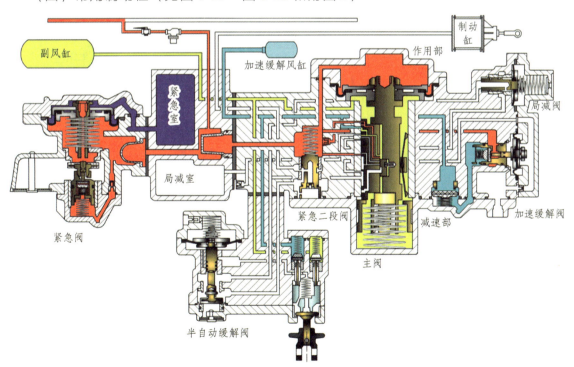

图 5-21　常用制动位 I

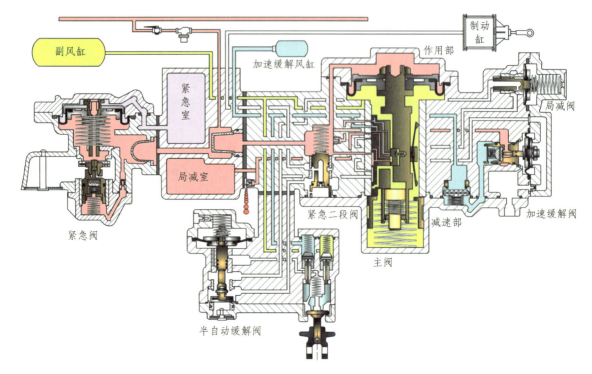

图 5-22　常用制动位 II

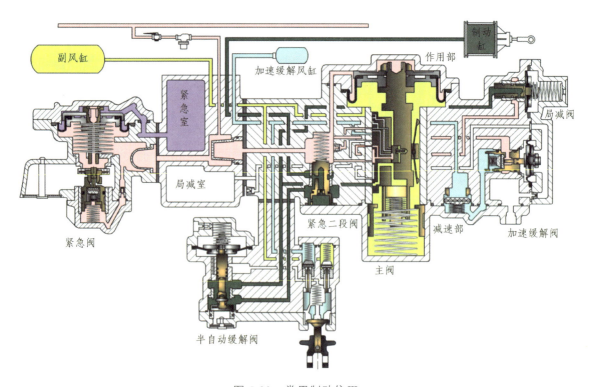

图 5-23　常用制动位 III

1. 第一阶段局部减压

司机施加常用制动减压（减压速度远远大于副风缸压缩空气向制动管的逆流速度），副风缸压缩空气来不及向制动管逆流，主活塞两侧形成了一定的压力差（此压力差能克服主活塞的自重及移动阻力、节制阀的自重及移动阻力、稳定弹簧的阻力）；主活塞首先压缩稳定弹簧，带动节制阀向上移动 6 mm（滑阀游间），至主活塞杆下肩与滑阀接触时止，形成第一阶段局部减压作用。

节制阀底面的局减联络槽 l_6 连通了滑阀背面的 l_5 和 ju_1 孔，使在充气位已经局部连通的滑阀座 l_2 孔→滑阀 l_5 孔和滑阀 ju_1 孔→滑阀座 ju_2 孔两条通路经局减联络槽 l_6 连通起来。于是有下述通路：

列车管→滑阀座 l_2 孔→滑阀上的 l_5 上下贯通孔→节制阀局减联络槽 l_6→滑阀上的 ju_1 上下贯通孔→滑阀座 ju_2 孔。

然后经主阀体内通路，一路通过主阀安装面的 ju 孔→中间体内通路→局减室；另一路经主阀安装面处拧入的缩孔堵 I（孔径 $\phi 0.8$ mm），再沿着主阀橡胶垫上的槽路排向大气，形成第一阶段局减。

2. 第二阶段局部减压

第一阶段局部减压后，加大主活塞两侧压力差，主活塞克服滑阀与滑阀座之间的摩擦阻力，进一步上移至制动位。滑阀底面的 ju_1 与滑阀座 ju_2 错开，切断了列车制动管与局减室的通路，第一阶段局减作用结束。同时，滑阀底面的 l_5 孔、l_7 槽和 f_3 孔分别与滑阀座的 l_2、l_8 和 z_1 孔对准，形成了下列通路：

列车管压力空气→滑阀座 l_2 孔→滑阀底面 l_5 孔→滑阀体内纵向暗道→滑阀底面的 l_7 槽→滑阀座 l_8 孔→主阀体内通路 l_8→局减阀套外围→局减阀套上的 8 个径向小孔→局减阀杆上的两个径向孔→局减阀杆轴向中心孔→主阀体和缓解阀体→缓解阀活塞部上阀座上方→缓解阀的上阀口→缓解阀活塞部下阀座上方→缓解阀体和主阀体→紧急二段阀下方→紧急二段阀套外围→制动缸。

当制动缸充气时，局减活塞左侧也充气。由于局减活塞右侧通大气，当制动缸压力增大到 50 ~ 70 kPa 时，局减活塞克服了其右侧局减弹簧的弹力而右移。于是，列车管压力空气不能通过局减阀流向制动缸，第二阶段局减作用停止。

3. 制动缸充气

副风缸压力空气→滑阀室→滑阀 f_3 孔→主阀体和缓解阀体内通路 z_1→制动缸。

第 2 阶段局部减压作用与副风缸向制动缸的充气作用基本上是同时开始的，列车制动管压力空气和副风缸压力空气基本上是同时进入制动缸，所以制动缸的压力达到 50 ~ 70 kPa 时，局减阀关闭，列车制动管停止向制动缸充气，但副风缸还向制动缸充气。

（五）制动机的安定性

制动机的安定性指常用制动时不发生紧急制动作用的性能。

常用制动时，紧急活塞下方的列车制动管压力不断下降，紧急活塞上方的紧急室压力空气经紧急活塞上部限制孔Ⅳ、中部限制孔Ⅲ和紧急活塞杆下端面孔口向紧急活塞下方逆流，故紧急活塞两侧不会形成足以压缩安定弹簧的压力差，加之紧急活塞杆的下端面与先导阀顶杆之间有 3 mm 的距离，故先导阀及放风阀均处于关闭状态，紧急阀不起作用。

（六）制动保压位（见图 5-24 和附图 4）

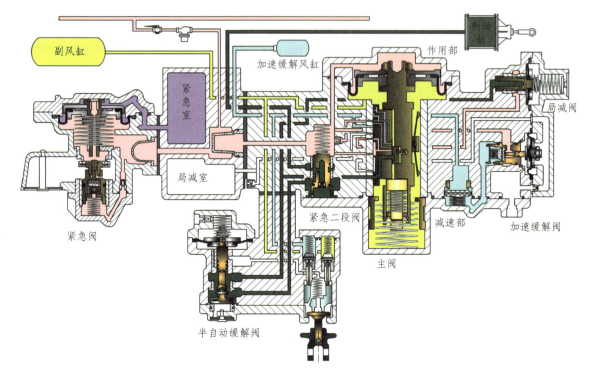

图 5-24　制动保压位

列车制动管停止减压时，由于主活塞和滑阀节制阀都还在制动位，副风缸仍在向制动缸充气，因而副风缸压力仍继续降低，直到主活塞下侧的副风缸压力下降到稍低于列车制动管压力时，主活塞带动节制阀向下移动 6 mm，使节制阀遮盖住滑阀背面的 f_3 孔，切断了副风缸压力空气进入 f_3 孔的通道，副风缸不再向制动缸充气，副风缸压力停止下降，制动缸压力也停止上升，此时，作用部处于保压位。

节制阀随主活塞下移，开启了滑阀背面的 f_1 和 f_2 孔。f_1 孔与滑阀底面的 l_3、l_4 孔是上下贯通的，此时 l_3、l_4 孔在滑阀座上是封住的，但 f_2 孔在滑阀体内与滑阀底面上的眼泪孔 f_4 相通，而滑阀在制动保压位时，眼泪孔 f_4 与滑阀座上的列车制动管孔 l_1 对准，于是形成通路：

副风缸→经滑阀室 F_1→f_2 孔→f_4 孔→l_1 孔→列车管。

列车制动管如有轻微漏泄，其压力低于副风缸压力时，副风缸压力空气可通过 f_4 孔流向列车制动管，从而使主活塞稳定在制动保压位，当机车制动机具有压力保持功能并使用这种功能时，列车制动管的漏泄均可通过机车制动机来补足；另外，副风缸及其管路如有轻微漏泄，导致其压力低于列车制动管压力时，列车制动管压力空气可通过 f_4 孔流向副风缸，从而使主活塞稳定在制动保压位。

（七）紧急制动位（见图 5-25 和附图 5）

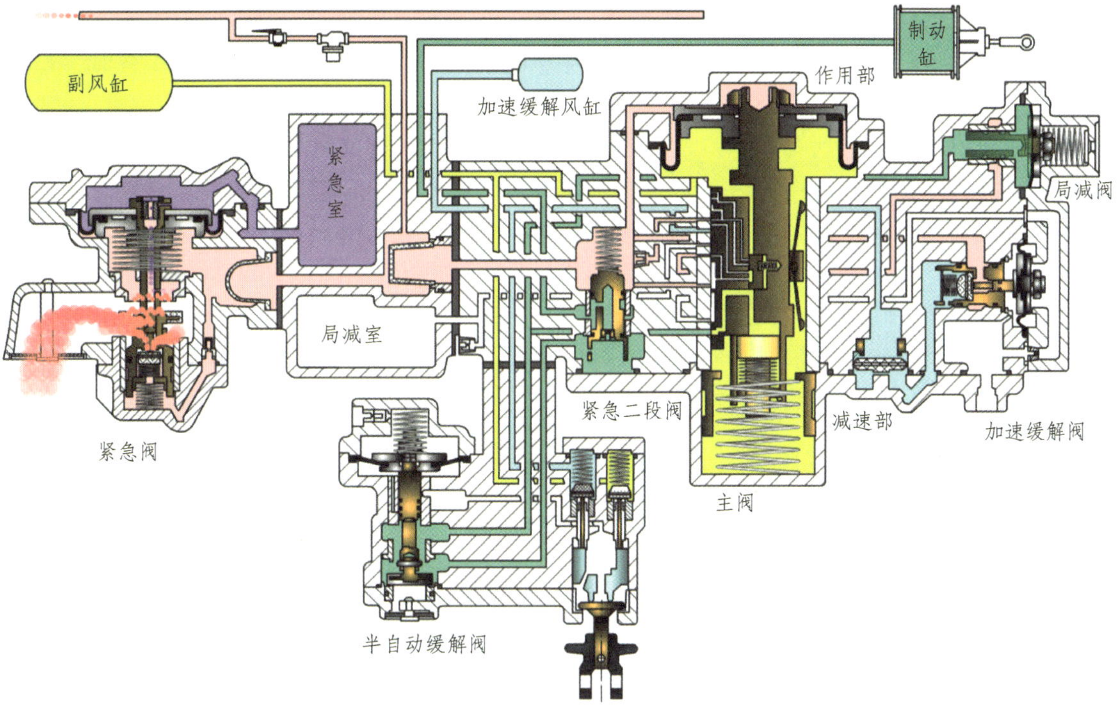

图 5-25　紧急制动位

列车制动管压力空气通过紧急制动阀或自动制动阀大量急速地排入大气（每秒减压量大于 70 kPa），产生紧急制动作用。

1. 紧急阀放风作用

（1）紧急制动时，主阀除紧急二段阀之外，均与常用制动一样，先后发生第一、第二两个阶段的局减作用以及副风缸压力空气充入制动缸的过程，产生制动作用，只是动作更加迅速。

（2）紧急室的紧急活塞上方的紧急室压力空气先经紧急活塞杆的限制孔Ⅳ、Ⅲ向列车制动管逆流，继而紧急活塞两侧形成足以压缩安定弹簧的压力差时，紧急活塞下移。下移量为 3 mm 时，紧急活塞杆的下端面与先导阀顶杆接触并克服先导阀弹簧的阻力，通过先导阀顶杆向下顶开先导阀。于是，列车制动管压力空气经开启的先导阀口放风阀杆的径向孔排入大气。

此时，紧急活塞放风阀上方的列车制动管压力空气因缩孔堵Ⅵ的限制，不能更多地流向放风阀杆的下方，经先导阀口排出的多，经缩孔堵Ⅵ流入的少，因此，放风阀的背压急剧降低。

当紧急活塞再下移 1 mm，总下移量超过 4 mm 时，紧急活塞杆的下端面顶开放风阀，列车制动管压力空气迅速排入大气，形成紧急制动放风（局减）作用。

放风阀被压开后，紧急活塞杆限制孔Ⅴ（孔径 ϕ1.1 mm）的向外孔口开启，紧急室压力空气只能通过这个限制孔流到紧急活塞下方排入大气。

限制孔Ⅴ的孔径设计为 ϕ1.1 mm，其大小就是用来控制紧急室压力空气由开始排出至基本排尽的时间，这个时间约 15 s。这是为了使列车在发生紧急制动时要在列车停车之后，才可进行列车制动管充气，以防止尚未停车就进行列车制动管充气和制动机缓解，造成断钩事故。

2. 紧急二段阀的作用

紧急制动时，在列车制动管迅速向大气排出的同时，副风缸压力空气经滑阀 f_3 孔、滑阀座 z_1 孔，再经缓解阀紧急二段阀等，最后进入制动缸。

当制动缸压力跃升到能克服紧急二段阀弹簧弹力和列车制动管剩余的最小压力以及紧急二段阀重力所产生的向下作用力时，紧急二段阀杆便压缩紧急二段阀弹簧而上升到关闭位，使原来通过紧急二段阀与套之间的通路被切断，来自滑阀座 z_1 孔的副风缸压力空气进入紧急二段阀杆下方，经紧急二段阀杆轴向中心孔及上部径向小孔（孔径 $\phi 3\,mm$）流到紧急二段阀套外围，然后经主阀体和中间体内通路，最后流入制动缸。

缩孔堵Ⅷ及径向小孔限制了制动缸的充气速度，因此使制动缸的压力上升缓慢。制动缸压力先快后慢，分两阶段上升，可减轻长大货物列车的纵向冲动，防止损坏车辆及货物。

（八）缓解阀的作用原理（见附图 6）

缓解阀处在不工作位时，手柄部上方的两个止回阀受其上方的弹簧弹力和空气压力的作用而压紧在阀座上。

缓解活塞上方永远通大气；下方经活塞杆上方颈部通路、缓解阀套上方径向小孔 c、缓解阀体内通路 b、手柄弹簧室 A、顶杆座的侧向通孔 a、手柄座与套之间的间隙而与大气相通。活塞部下阀口处于关闭状态，而上阀口开启，使作用部滑阀座 z_1 孔和局减阀 z_4 气路经缓解阀通路 z_1 引到缓解阀活塞部上阀座的上方空腔 Z_1，经缓解阀中开启的上阀口，到缓解阀活塞部下阀座上方空腔 Z_5，再经缓解阀体和中间体内通路 z_5 到紧急二段阀杆下方，再经紧急二段阀杆的通路到紧急二段阀套外围，然后经主阀体内通路主阀安装面 z 孔中间体内通路，最后到达制动缸。

在制动以后，拉动缓解阀手柄时，有下列两种情况：

1. 列车制动管减压量超过最大有效减压量时

此时主活塞处于制动位，在拉动缓解阀手柄时，手柄座、顶杆座、顶杆上移，顶杆顶开止回阀。止回阀上方 H_4 和 F_6 的压力空气通过止回阀向下流入手柄弹簧室 A，然后少量压力空气经顶杆座上的孔 a 和手柄座四周的间隙向下流入大气，而大部分压力空气经缓解阀体内的通路 b 流到缓解阀套外围 B，然后再经该套上方的径向孔 c 及缓解活塞杆颈部通路流到缓解活塞下方 C。

缓解活塞带动活塞杆上移，活塞杆下端的排风阀也跟着上移，排风阀离开下阀座而压在上阀座上，使上阀口关闭，下阀口打开。由于上阀口关闭，切断了作用部与制动缸之间的通路；由于下阀口开启，制动缸经开启的下阀口及下阀座，通过活塞部下方的排气口通大气，制动缸缓解，达到了手动缓解的目的。

由于活塞杆上移，杆上两个 O 形密封圈也上移，上面的密封圈切断了缓解活塞下方 C 与缓解阀套径向孔 c 的通路，而下面的密封圈却开通了缓解阀套左侧的径向孔 e，使缓解活塞下方 C 可经缓解阀套左侧的轴向孔、下方的径向孔 e，并经活塞杆下面的颈部通至上阀座上方 Z_1，通往 120 阀作用部滑阀座的 z_1 孔。

由于主活塞处于制动位时，滑阀背面 f_3 孔是被节制阀开启的，所以通路为副风缸压力空气→滑阀背面 f_3 孔→滑阀座的 z_1 孔→缓解活塞下方 C。已经上移到缓解位的缓解活塞被副风缸压力空气锁定在缓解位上，使下阀口一直开放，让制动缸压力空气排尽。

列车制动管充气时，由于主活塞下移到充气缓解位，滑阀座 z_1 孔不再经滑阀背面 f_3 孔与副风缸连通，而是经 z_2 槽、z_3 孔缓解通路，经过缩孔 II 与大气相通，缓解活塞下方 C 中的压力空气经此通路排向大气，缓解活塞下移，在缓解阀弹簧力的作用下回到初始位。缓解活塞杆带着排风阀下移，排风阀离开上阀座，重新与下阀座密贴。

2. 列车制动管减压量不超过最大有效减压量时

此时副风缸压力基本上与列车制动管压力相等，主活塞处于制动保压位，在拉动缓解阀手柄时，与前面所叙述的相同，手柄部内的副风缸压力空气经止回阀并经手柄下方排气口排入大气。副风缸压力下降，作用部主活塞由于两侧产生压力差而下移到充气缓解位，制动缸压力空气→缓解阀上阀口→滑阀 z_2 槽→滑阀座 z_3 孔→主阀体内通路 z_3→加速缓解阀→缩孔堵或限孔 II→主阀排气口 D_1→大气。

任务三　120 型控制阀检修

 任务目标

【知识目标】
掌握 120 型控制阀的检修工艺流程。

【技能目标】
（1）能够使用工装设备对 120 型控制阀进行检修和试验；
（2）具备 120 型控制阀故障判断的能力。

【素质目标】
培养学生的标准化作业意识，树立精益求精的工匠精神。

 任务描述

120 阀的检修工艺流程复杂，必须严格执行标准才能保证制动阀的使用。课前同学们要完成对 120 型控制阀检修工艺流程的学习，课上汇报学习成果，同时老师讲解整个检修过程；课后同学们要根据所讲知识自主对 120 型控制阀检修工艺进行更深入的探究。

数字资源

120 型控制阀检修

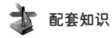 **配套知识**

一、空气制动阀检修的主要工艺装备

使用的装备有：制动阀外体清洗机，单阀配件盛放盒，电（风）扳手及工作台，制动阀零件及腔体清洗机，制动阀零件及腔体烘干机，滑阀及滑阀座自动研磨机，胀圈、活塞筒自动研磨机，校正平台，微机控制 701 试验台，微机控制 705 试验台，微机控制 120 阀试验台，微机控制弹簧自动检测机，压缩空气净化、干燥装置。

二、空气制动阀检修的主要检测量具

使用的测量工具有：内径千分尺，弹簧检测样板，活塞筒检测样板，活塞检测样板，胀圈检测样板，滑阀、节制阀检测样板，制动软管检测样板，邵氏硬度计，秒表。

三、空气制动阀的检修

空气制动阀的检修一般应包括零部件外部清洗、部件分解、零件清洗、零件检修、组装、试验、油漆和标记等。

（一）零部件外部清理

（1）空气制动阀、空重车阀、其他阀类配件、制动缸和储风缸分解前须采用清洗或喷（抛）丸等方式进行外部清理。清理前须在中间体、安装座、各阀的安装面及通路外露口、各排气口等处装橡胶堵、盖板或其他遮盖物，防止安装面损伤或沙尘、水进入部件内部。

（2）有黏油的阀体，须先除掉油垢后再进行冲洗，阀体表面的沙尘及油垢须清洗干净。

（3）清洗介质可加温，但最高温度不得高于 60 ℃，清洗后须用清水冲净并干燥。

（4）使用的洗涤剂应中性、无腐蚀、无不良气味、无污染。

（5）将阀放入通过式外部冲洗机入口处，开启开关对阀体外部进行冲洗，并用压力空气吹干。

（6）喷（抛）丸清理时，钢丸直径不大于 $\phi 1$ mm，根据工件及其表面情况确定喷（抛）丸时间，不得损伤配件外表面。

（7）清洗或喷（抛）丸清理后，阀体表面的沙尘及油垢须清洗干净，配件表面固着良好的油漆可不处理。

（二）部件分解

1. 基本要求

（1）各部件分解过程中须采取保护措施，分解后应将各零件放置在专用筐内，避免磕碰损伤。

（2）拆卸防丢失螺母时，须使用专用拆卸工具，作用在螺母上的压力应小于 2.3 kN。

（3）分解主活塞时，须将 120 阀、103 阀主活塞组成从阀体内取出后，采用两个扳手或借助台虎钳等工装进行分解。扳手须卡在主活塞杆根部的工艺平面处拆卸主活塞螺母，不得在阀体内分解主活塞。

（4）禁止用金属器具取出柱塞上的橡胶密封圈。

（5）取出膜板时不得使用锐利的器具挑出，不得损伤活塞或柱塞等零件。

（6）阀体、塞门体上的橡胶密封圈、密封座等可用辅助工具取下，不得损伤阀体。

（7）螺纹密封堵须分解，涂有厌氧型密封剂的可采用烘烤方式加热至 220 ~ 250 ℃，2 ~ 3 min 后拆卸。

（8）各配件分解后须将配件放在配件盘内。

2. 120 阀分解

1）主　阀

将半自动缓解阀从主阀上拆下。

（1）作用部及紧急二段部。

① 拆下主阀上盖和下盖，用 M10 螺栓拧入主活塞杆顶部螺纹工艺孔，抽出主活塞组成，取出减速簧座、减速弹簧、止回阀弹簧、夹心阀 ϕ38 mm 等配件。

② 取出滑阀销，将滑阀、节制阀、滑阀弹簧、节制阀弹簧从主活塞杆上取下。

③ 拧下主活塞螺母，卸下主阀上活塞、主活塞膜板、O 形橡胶密封圈（ϕ25×2.4）、主阀下活塞。

④ 用孔用弹性挡圈钳取出弹簧挡圈，取下稳定弹簧、稳定弹簧座、稳定杆。

⑤ 取出紧急二段阀杆、紧急二段阀弹簧，取下两个 O 形橡胶密封圈（ϕ25×2.4）。

⑥ 与 ϕ254 mm 直径制动缸相匹配的 120 阀，还须取下紧急二段阀杆内的缩孔堵 ϕ2.4 mm 及主阀安装面内的列车管充气缩孔堵 ϕ1.8 mm。

（2）加速缓解部及局减部。

① 拆下前盖，取出加速活塞组成和局减阀组成。

② 取出局减阀弹簧、压垫及毛毡。与 ϕ254 mm 直径制动缸相匹配的 120 阀，还须从前盖上拧出排气缩孔堵 ϕ2.9 mm。

③ 拧下加速缓解活塞螺母，取下加速上活塞、加速缓解膜板、加速下活塞及活塞紧固螺钉。

④ 用孔用弹性挡圈钳取出主阀体上的挡圈，取出加速缓解阀套等组件时，不得损伤 M3 螺纹。依次拔出顶杆，取下两个 O 形橡胶密封圈（ϕ25×2.4）。用孔用弹性挡圈钳取出加速缓解阀套上的挡圈，取下加速缓解弹簧座、加速缓解弹簧、夹心阀 ϕ16。

⑤ 拧下局减活塞螺母，取下局减上活塞、局减阀膜板及两个 O 形橡胶密封圈（ϕ16×2.4）。

（3）半自动缓解阀。

① 拆下缓解阀上盖，取出缓解阀弹簧，拧出上盖上的滤尘缩堵，取下缓解阀体上的两个 O 形橡胶密封圈（ϕ22×2.25）、两个止回阀弹簧及两个夹心阀 ϕ16。

② 拧下缓解阀活塞上端螺母，取下垫圈、缓解阀上活塞、缓解阀膜板、缓解阀下活塞和两个 O 形橡胶密封圈（ϕ14×2.25）。

③ 取出开口销，拆下手柄。

④ 取下缓解阀体上的两个 O 形橡胶密封圈（ϕ22×2.25）、两个止回阀弹簧及两个夹心阀 ϕ16。

⑤ 卸下缓解阀下盖，取出 O 形橡胶密封圈（$\phi 45 \times 3.1$）、缓解阀手柄座，再从缓解阀体内取出缓解阀顶杆座、缓解阀手柄弹簧和两个缓解阀顶杆。

⑥ 从缓解阀体组成内推出缓解阀活塞杆等组件，取出销轴，拆下排气阀组成和两个 O 形橡胶密封圈（$\phi 16 \times 2.4$）。

⑦ 从缓解阀下盖中取出缓解放风阀座及 O 形橡胶密封圈（$\phi 35 \times 3.1$）。

2）紧急阀

（1）从安装面的列车管孔中取出滤尘网。

（2）拆下紧急阀盖，取出紧急活塞组成及安定簧。

（3）拧下紧急活塞杆上的螺母，取下防松垫圈、紧急下活塞、O 形橡胶密封圈（$\phi 20 \times 2.4$）、紧急活塞膜板、紧急上活塞。

（4）从紧急活塞杆中取出橡胶密封圈及滤尘套。

（5）拆下放风阀盖组成，取出放风阀簧、紧急放风阀导向杆、弹簧座、先导阀簧、夹心阀 $\phi 16$、O 形橡胶密封圈（$\phi 28 \times 3.1$）。从紧急阀体组成中拧下滤尘缩堵 $\phi 1.0$。

（6）取出紧急放风阀组成，拔出顶杆，取出 O 形橡胶密封圈（$\phi 6 \times 1.45$）。

（三）零件清洗

1. 分　解

配件分解后，各膜板、稳定弹簧和附属配件及各套和导向杆上的密封圈均须分解，其他各部均须分解。各配件不得有磕碰。

2. 清　洗

将分解完毕的阀类零件放入超声波清洗机清洗。

（1）货车空气制动阀，除规定更换的零件外，其他零件均须采用超声波或压力清洗方式清洗，清洗介质可加温，但最高温度不得高于 60 ℃。

（2）滑阀、节制阀等精密研磨件应单独清洗，避免与其他配件混放时碰伤。不得用汽油、煤油、香蕉水等腐蚀性介质清洗。

（3）清洗后须用清水漂洗，阀体内腔须采用压力空气吹干净，滑阀等零件的小孔可滴入香蕉水，然后以小于孔径的钢针疏通。各零件须烘干或吹干。

（4）滤尘器、滤尘网、滤尘套、滤尘缩孔堵等滤尘元件须清洗，并用高压风吹净。

3. 质量检查

（1）零件表面不得有目视可见的污垢、灰沙、水分、纤维物和其他污物。

（2）用棉白细布（不得用棉丝、毛巾、白纱布）擦拭零件及摩擦面、滑动工作面，不得有浮灰、浮沙、浮锈及污迹。

（3）阀体内部及零件工作面手感不得存在颗粒。

（四）制动阀配件检测

1. 120 阀配件检测

（1）阀体各阀盖有裂纹或安装平面部分有碰伤时加修或更换。

（2）各阀口、导向杆、导向套的导向面有伤痕时加修或更换。

（3）滑阀、滑阀座、节制阀及座的滑动面有划伤及接触不严时研磨。

（4）滑阀上及其他各缩孔有堵塞时，须用小于各孔直径的钢针疏通。

（5）橡胶件应使用国铁集团定点厂家生产的合格新品。各橡胶膜板应做拉伸检查，不合格者不得使用。膜板必须有明显的制造厂家和时间标记，组装前须彻底擦拭，清除表面滑石粉等杂质。

（6）前盖局减阀通大气孔处毛毡更换新品。

（7）各部螺纹滑扣及磨损严重时加修或更换。螺纹密封堵漏泄时更换。

（8）各橡胶配件须更换新品。

（9）阀座、滑阀、节制阀等各滑动工作面接触不良、划伤时研磨。滑阀剩余厚度小于 16 mm，或缓解槽深小于 2.2 mm 时更换。滑阀座磨耗后高度大于 46.8 mm 时更换。节制阀剩余厚度小于 5 mm 时更换。

（10）各弹簧锈蚀、变形、裂损、折断或在数控弹簧测力机上检测不合格时更换。

2. 记　录

（1）建立检修卡《120 型控制阀检修卡》《紧急阀检修卡》。

（2）按实际收入情况填写收入信息，内容包括收入日期、班次、入线次数台位、收入车型、车号、类型及检修编号。

（3）将检测结果填入相应检测项目中，样板检测结果填写"合格"或"不合格"，量具检测结果须填写检测的具体数值。

（五）制动阀研磨

1. 平台校验

（1）铸铁平台板刮研。采用三块平台互研互刮，通过粗刮、细刮和精刮保证平板的平面度。三块平板中任意两块对研，均须达到 25 mm×25 mm 范围内 20～25 点接触。

（2）铅平台刮研。以铸铁平台为基准，对铅平台进行显点修刮。铅板须达到 25 mm×25 mm 范围内 20～25 点接触。

（3）研磨用平台每天开工前由工作者、工长、质检员共同参加校验，合格后在平台校验记录簿上签字。

（4）油石校对。油石校对用金刚砂，须粒度均匀，粗校对用金刚砂粒度为 80 目，精校对用金刚砂粒度为 180 目。根据油石状态，在平台上进行油石粗校对和精校对。

2. 滑阀座研磨

（1）将阀座两侧油沟内油垢刮净，无油沟或沟深不足 0.2 mm 者须开制。将阀体安装在研磨机上，以油石或铸铁平条进行研磨。

（2）滑阀、滑阀座、节制阀各工作面须用 180～240 目油石粗研，用 320 目以上细油石精研。油石或铸铁平条须事先在铸铁平台上校对，研磨平整。滑阀与滑阀座之间、节制阀与滑阀之间不得对研。

（3）研磨中须经常检查油石及铸铁平条上不得挂有铜沫。

（4）研磨滑阀座须用与滑阀同等宽度的油石或铸铁平条。

（5）滑阀座如已呈现同一光泽，不得再磨。

（6）使用油石粗磨时用 150～180 号，细磨时用 240～320 号，精磨时用 400～600 号油石。

3．滑阀、节制阀研磨

（1）各工作面须用 180～240 目油石粗研，用 320 目以上细油石精研。

（2）滑阀、节制阀在平台上研磨，禁止滑阀与滑阀座对研。

（3）滑阀、节制阀在铅平台上反复交叉调整方向研磨，用力均匀，不得偏磨，至阀面呈现同一光泽为止。

（4）节制阀座在油石往上推动研磨，用力均匀，不得偏磨，至阀面呈现同一光泽为止。

（5）滑阀上下工作面和节制阀工作面粗研后，将滑阀和节制阀的下工作面两侧磨出约 $0.5 \times 45°$ 的倒角。

4．质量检查

（1）滑阀、节制阀、滑阀座、节制阀座呈现光泽一致，无偏磨。

（2）研磨后，在平整的铅板上校对滑阀下工作面的平面度。必要时用粗糙度仪检测，滑阀面的粗糙度 Ra 的上限值为 0.4 μm。

（3）配件研磨后须进行清洗。

（六）制动阀二次清洗

1．清　洗

（1）滑阀、节制阀等零件放入清洗机中用清洗液清洗 5 min 左右，清洗后取出吹扫，在滑阀减速充气缩孔内滴入香蕉水，然后用钢针疏通。

（2）阀体内以洗涤剂清洗后用清水漂洗，用压力空气吹扫干净，然后用新白布擦拭。

（3）各橡胶件全部更换新品，新膜板必须有生产日期，并且超过半年不准使用，使用干净的棉布擦拭，清除表面附着的滑石粉。

（4）滤尘网清洗干净，无破损、变形。

2．质量检查

（1）阀体及各零件表面不得有目视可见的污垢、沙尘、水分、纤维物和其他污物。

（2）用棉白细布（不得用棉丝、毛巾、白纱布）擦拭各零件及阀内的摩擦面、滑动工作面，不得有浮尘、浮沙及污迹。

（3）阀体内部及各零件工作面用手触摸时，手感不得有颗粒物存在。

（七）制动阀组装

新购进的所有橡胶膜板须有生产厂家代号并进行抽样检验，否则不得使用。

1．120 阀检修给油组装

（1）滑阀、节制阀的滑动面和座涂以适量的甲基硅油；各导向杆、密封圈及各滑动部涂少量硅脂，各橡胶件不得接触煤油、汽油、机油等油类及其他酸碱液体，防止橡胶件早期老化变质。

（2）主阀主活塞及滑阀、节制阀装入阀体内拉动时，动作须灵活，阻力适当。

（3）各活塞膜板边缘须完全入槽。

（4）各弹簧不得装错。

（5）组装时不得损伤密封圈。

（6）各盖须有密封圈，不得有损伤。

（7）在装阀盖时，各螺栓应均匀拧紧，防止偏压。

（8）120 阀主阀体安装面防误装销钉孔在上侧的，须在列车管充气孔、紧急二段阀杆上制动缸充气孔和前盖制动缸缓解通路孔上安装相应缩孔堵。

（9）120 阀与 120-1 阀的滑阀、节制阀、主阀上盖不得互换。带有 120-1 阀标识的配件不得装在 120 阀上。

（10）活塞组成螺母紧固力矩须符合规定力矩要求。紧固组装螺栓时，各螺栓须对角均匀拧紧，不得偏压。

（11）原装用防丢失螺母的，须在原位置安装防丢失螺母。每个 M10 和 M12 防丢失螺母的组装拧紧力矩分别达到 20 N·m、40 N·m 后，进行试验台性能试验，试验合格后，将防丢失螺母的六方头拧断。

2. 质量检查

（1）阀体阀盖无碰伤、裂损。

（2）组装螺栓无松动。

（3）120 阀半自动缓解阀手柄扳动自如。

3. 填写记录

组装后的制动阀须将检修部位和故障及修理方法在《120 控制阀检修卡》"检修记录"中填写并签字。

精选习题

一、选择题（选自国铁集团制动钳工竞赛题库）

1. 下列对 120 型控制阀结构特点的描述正确的是（　　）。

　　A. 分部作用形式、直接作用、三压力机构

　　B. 间接作用方式、橡胶膜板金属滑阀结构、二压力机构

　　C. 间接作用方式、分部作用形式、三压力机构

　　D. 直接作用方式、橡胶膜板金属滑阀结构、二压力机构

2. 下列对 120 型控制阀结构的叙述正确的是（　　）。

　　A. 120 型控制阀由主阀、中间体、紧急阀、辅助阀四部分组成

　　B. 120 型控制阀由主阀、中间体、半自动缓解阀、辅助阀四部分组成

C. 120 型控制阀由主阀、加速缓解阀、紧急阀、半自动缓解阀四部分组成

D. 120 型控制阀由主阀、中间体、紧急阀、半自动缓解阀四部分组成

3. 下列对 120 型控制阀主阀结构的叙述正确的是（　　　）。

A. 120 型控制阀主阀由作用部、减速部、局减阀、加速缓解阀、紧急二段阀五部分组成

B. 120 型控制阀主阀由作用部、减速部、局减阀、紧急增压阀、加速缓解阀五部分组成

C. 120 型控制阀主阀由作用部、均衡部、局减阀、紧急二段阀、充气部五部分组成

D. 120 型控制阀主阀由作用部、空重车调整部、局减阀、紧急增压阀、充气部五部分组成

4. 下列对 120 型控制阀加速缓解作用描述正确的是（　　　）。

A. 加速缓解作用即加速缓解风缸的压缩空气顶开止回阀经开启的加速缓解阀口充入制动管，形成制动管的"局部增压"作用

B. 加速缓解作用即加速缓解风缸的压缩空气充入制动缸，形成制动缸"局部增压"作用

C. 加速缓解作用即副风缸的压缩空气充入制动管，形成制动管"局部增压"作用

D. 加速缓解作用即制动管的压缩空气充入制动缸，形成制动缸"局部增压"作用

5. 若拉动缓解阀拉杆，听到排气声后松手，即可将（　　　）的压缩空气全部排出。

A. 制动缸　　　　　　　　　　　　B. 副风缸

C. 制动管　　　　　　　　　　　　D. 加速缓解风缸

6. 120 型控制阀上缩孔 II 的作用是（　　　）。

A. 限制制动管 L 向紧急室 J 的充气速度，防止过充气而引起意外紧急制动

B. 制动缸缓解排气限孔，为使加速缓解阀动作，产生制动管局部增压，实现加速缓解作用而设

C. 消除放风阀背压，从而使紧急活塞较容易地下移推开放风阀，产生紧急局减，提高了紧急制动灵敏度和紧急制动波速

D. 制动缸充气限孔，控制紧急制动制动缸压力第二段上升速度

7. 120 型控制阀上缩孔 VI 的作用是（　　　）。

A. 限制制动管 L 向紧急室 J 的充气速度，防止过充气而引起意外紧急制动

B. 制动缸缓解排气限孔，为使加速缓解阀动作，产生制动管局部增压，实现加速缓解作用而设

C. 消除放风阀背压，从而使紧急活塞较容易地下移推开放风阀，产生紧急局减，提高了紧急制动灵敏度和紧急制动波速

D. 制动缸充气限孔，控制紧急制动制动缸压力第二段上升速度

8. 在制动管增压时，列车的后部车辆上 120 型控制阀处于（　　　）作用位置。

A. 充气缓解位　　　　　　　　　　B. 减速充气缓解位

C. 常用制动位　　　　　　　　　　D. 紧急制动位

9. 在制动保压位时，120 型控制阀上眼泪孔 f_4 的作用是（　　　）。

A. 形成第一阶段局部减压作用

B. 保证制动机常用制动的安定性

C. 当副风缸及其管系轻微漏泄时，制动管向副风缸补充压力空气，防止保压位列车制动机自然缓解

D. 当制动管轻微漏泄时，副风缸压缩空气向制动管逆流，防止保压位列车制动机自然制动

10. 下列对紧急二段阀的作用描述正确的是（　　　　）。

A. 提高制动波速，有效地减轻列车制动时的纵向冲动，并在小减压量时使制动缸得到一个初跃升压力

B. 形成制动管紧急排气（放风），即制动管紧急局减，确保列车制动机紧急制动作用的产生

C. 实现紧急制动增压作用

D. 控制制动缸压力分为先快后慢两阶段上升，缓和长大货物列车在紧急制动时的纵向冲动

二、判断题（选自职业技能鉴定题库）

1. 120 型控制阀设有加速缓解阀，能有效地缓和长大货车施行缓解作用时的纵向冲击作用。
（　　　）

2. 120 型控制阀同 103 型分配阀一样，采用常用制动与紧急制动分部作用的方式。（　　　）

3. 120 型控制阀采用二压力机构、间接作用方式。　　　　　　　　　　　　　（　　　）

4. 120 型控制阀稳定部的作用是防止列车在运行过程中由于制动管压力波动或轻微漏泄而引起自然制动。　　　　　　　　　　　　　　　　　　　　　　　　　　　　（　　　）

5. 若拉动缓解阀拉杆，听到排气声后松手，即可将制动缸、副风缸、加速缓解风缸、制动管的压缩空气全部排出。　　　　　　　　　　　　　　　　　　　　　　　　（　　　）

三、简答题

1. 简述 120 型控制阀的结构特点。

2. 120 型控制阀主阀由哪几部分组成？

3. 分析 120 型控制阀实现加速缓解作用的过程。

4. 简述第二阶段局部减压的产生过程（动作、位置）及气路和用途。

5. 简述制动机的稳定性，控制阀如何保证制动机的稳定性。

6. 简述制动机的安定性，分析控制阀是如何保证制动机的安定性的。

7. 简述半自动缓解阀在当制动管减压量超过最大有效减压量时，如何实现制动机的缓解。

8. 简述 120 型控制阀的检修工序。

项目六　货车空重车调整装置检修

 项目描述

KZW-A 及 TWG-1 型空重车自动调整装置对保证货车行车安全、提高运输效率、降低运输成本、提高社会效益和经济效益起着至关重要的作用。本项目将重点学习其构造、作用原理，并通过检修工艺流程的学习，掌握企业作业标准。

 对应岗赛证

对应岗位：铁路货车检车员岗位、铁路货车制动钳工岗位。

对应大赛：职业技能大赛、创新创业大赛。

对应证书：铁路职业技能鉴定系列证书、1+X 轨道交通装备系列证书。

 学习目标

【知识目标】

（1）了解 KZW-A 及 TWG-1 型空重车自动调整装置的特点；

（2）掌握 KZW-A 及 TWG-1 型空重车自动调整装置的构造及作用原理；

（3）掌握 KZW-A 及 TWG-1 型空重车自动调整装置的检修工艺流程。

【技能目标】

（1）能够对 KZW-A 及 TWG-1 型空重车自动调整装置进行故障原因分析及判断；

（2）具备 KZW-A 及 TWG-1 型空重车自动调整装置检修的能力。

【素质目标】

（1）培养学生精益求精的工匠精神；

（2）树立标准化作业意识及安全责任意识。

 思政案例

铁路人攻坚克难，彰显大国工匠精神，空重车调整技术顺应时代高速发展

随着铁路货运"重载、高速"战略目标的实施，铁路货车自重逐渐减轻，载重量不断增大，自重系数越来越小。为了保证车辆满载状况下列车所要求的制动距离，空车时不至于制动率过大而造成滑行引起车辆故障、延长制动距离、危及列车安全，铁路货车需装设空重车调整装置。

20 世纪 50 年代，GK 型空气制动机采用两级手动空重车调整装置；20 世纪 70 年代，间接作用式 103 型空气制动机采用两级手动空重车调整装置；到 20 世纪 90 年代，直接作用式 120 型空气制动机采用 GK 型空气制动机所采用的两级手动空重车调整装置。手动空重车调整装置在我国已应用几十年，这类两级人工空重车调整装置已不能适应铁路货运的要求。

无论是空车或是不同载重量的重车，列车中各车辆在相同的制动工况下，车辆均应具有相同或相近的制动率，即车辆制动力需随车辆载重量变化自动调整而得到相应的制动力。KZW-4G 系列空重车自动调整装置及 TWG-1 型空重车自动调整装置即是在这种形势下，经过设计、试验、改造的反复过程，于 2002 年通过原铁道部技术鉴定，全面推广。

为实现短时期内货车全部改装为 KZW-4G 系列空重车自动调整装置或 TGW-1 型空重车自动调整装置的目标。铁路工作者攻坚克难，进行了全部货车制动机的改造。通过长期的运行检验，KZW-4G 系列空重车自动调整装置和 TGW-1 型空重车自动调整装置能够准确地根据车辆载重情况自动调整制动缸压力，既节省人力，又能得到及时而准确的调整，防止漏调、错调等情况的发生。

尽管空重车调整装置迎来了大改进，但研发者仍然没有停下研制的脚步，不断对空重车调整技术进行升级。如今，KZW-A 型货车空重车自动调整装置在 KZW-4G 系列的基础上改进定型，成为 KZW-4G 系列和 TWG-1 型货车空重车自动调整装置的升级优化产品。

任务一　KZW-A 型空重车自动调整装置

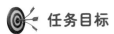 **任务目标**

【知识目标】

（1）了解 KZW-A 型空重车自动调整装置的发展历程；

（2）掌握 KZW-A 型空重车自动调整装置的构造及作用原理；

（3）掌握 KZW-A 型空重车自动调整装置的检修工艺流程。

【技能目标】

（1）能够对 KZW-A 型空重车自动调整装置进行故障原因分析及判断；

（2）具备 KZW-A 型空重车自动调整装置检修的能力。

【素质目标】

树立标准化作业意识及安全责任意识。

 任务描述

KZW-A 型空重车自动调整装置是我国货车使用最广的空重车调整装置，课前同学们要完成对 KZW-A 型空重车自动调整装置发展历程及构造的学习，课上汇报学习成果，同时老师讲解其作用原理及检修工艺流程；课后同学们要根据所讲知识自主对此装置工作原理和分解组装进行更深入的探究。

数字资源

KZW-A 型空重车自动调整装置

配套知识

一、KZW-A 型货车空重车调整装置的特点

空重车自动调整装置，是以随车辆载重同步变化的枕簧（轴箱弹簧）高度作为控制信号，控制设在空气制动机与制动缸之间的控制阀，由控制阀来控制制动缸空气压力的大小，省去人工扳动空重车手柄的繁重劳动；避免因人为错调、漏调空重车调整装置造成重车制动力不足或空车制动力过大，从而减少擦轮事故、减轻车轮磨耗及车辆维修工作量，使车辆在不同载重量的状况下获得相应的制动力。即使在列车速度较高时，处于不同载重状况下的车辆既不会因制动力太大而擦伤车轮，也不会因制动力不足而不能保证在规定的制动距离内停车，尽可能使其制动率趋于一致，减小制动时车辆间的纵向冲动。KZW-A 型空重车自动调整装置能够保证行车安全、提高运输效率、降低运输成本，具有显著的社会效益和经济效益。

二、KZW-A 型空重车自动调整装置的构造

KZW-A 型空重车自动调整装置主要由横跨梁组成、测重机构、限压阀组成、降压气室及相应连接管路等组成，如图 6-1 和图 6-2 所示。

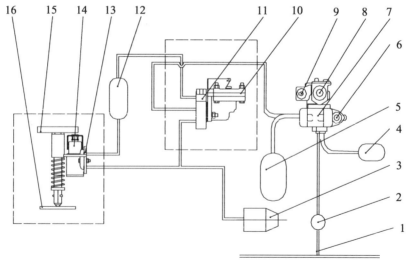

1—列车管；2—集尘器与截断塞门组合体；3—制动缸；4—加速缓解风缸；5—副风缸；
6—缓解阀；7—中间体；8—120 阀；9—紧急阀；10—限压阀；11—阀管座；12—降压气室；
13—支架；14—传感阀；15—抑制盘组成；16—横跨梁基准板。

图 6-1 KZW-A 型空重车调整装置

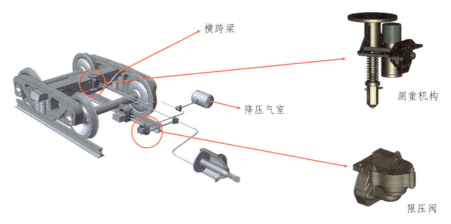

图 6-2　KZW-A 型空重车调整装置安装位置

1. 横跨梁组成

空重车自动调整装置主要依据车辆载重变化来调整车辆制动力，在制动时需要对车辆的载重情况进行测量。车辆在载重发生变化后，其枕簧以上的部分相对于轨面将产生垂向位移，而枕簧以下部分相对于轨面的位置保持不变，因此在簧下部分安装一横跨梁，通过测量车体与横跨梁间的相对位移，即可知道车辆载重情况，如图 6-3 所示。

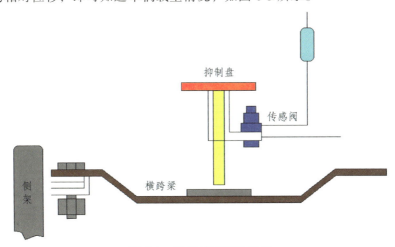

图 6-3　横跨梁安装示意图

横跨梁用方形钢压制而成，如图 6-4 所示，安装在两侧架间与摇枕平行的位置。横跨梁两端支承在转向架侧架上焊接的两个横跨梁托上，并用螺栓、螺母连接在一起。横跨梁与横跨梁托间装有调整垫板和含油尼龙磨耗垫板，便于调整横跨梁高度和减小横跨梁的磨耗。耐磨垫与横跨梁托为长形孔，而横跨梁端头为圆形孔，用螺栓定位，定位螺栓的槽形螺母并不紧固，留有 3~5 mm 的间隙，用开口锁固定，因此横跨梁支承在侧架上可左右移动。在横跨梁与摇枕间装有 2 个安全链，以防止横跨梁损坏后掉落在轨道上，提高了运行安全性。

2. 测重机构

KZW-A 型货车空重车自动调整装置测重机构由 C-A 型传感阀、支架、抑制盘、复位弹簧、触头等组成，如图 6-5 和图 6-6 所示。传感阀安装在支架上，触杆向上，正对抑制盘的下盘面，车辆制动时，用来测量车辆的载重并通过进入降压气室的压力空气去驱动 X-A 型限压阀，从而控制进入制动缸的空气压力。

图 6-4　横跨梁结构

图 6-5　测重机构总体构成

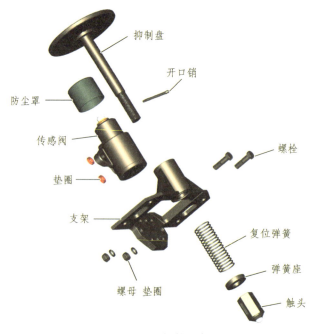

图 6-6　测重机构爆炸图

支架用精密铸钢件加工而成，安装在基准板（横跨梁）上方车体中梁内，用四个螺栓紧固。支架用以安放抑制盘、C-A 型传感阀（与连接管路通过法兰连接）。

复位弹簧安放在抑制盘上，用于抑制盘在支架导管移动时减少或缓解车辆运行振动带来的影响。

抑制盘上部为圆盘，中部为圆柱，下部为螺杆、弹簧座和带螺纹的六方触头。抑制盘安放在支架的圆柱形导管上，并可在其导管内上下移动。复位弹簧套在圆柱上，将弹簧座套入螺杆上，再在螺杆上转动触头并调整其长度，采用开口销固定。车辆空车时，抑制圆盘坐落在支架的导管顶端，作为空车时 C-A 型传感阀称重的基准。当车辆载重抑制盘触头与基准板（横跨梁）接触后，其与基准板（横跨梁）的相对高度不变，又作为载重时 C-A 型传感阀称重的基准。

C-A 型传感阀由阀体、阀盖、活塞、触杆、夹心阀、调压弹簧、复原弹簧、夹心阀弹簧、弹簧挡圈及密封胶圈等组成，如图 6-7～图 6-9 所示。传感阀安装在支架上，触杆向上，正对抑制盘的下盘面，车辆制动时，用来测量车辆的载重，并通过进入降压气室的压力空气去驱动 X-A 型限压阀，从而控制进入制动缸的空气压力。

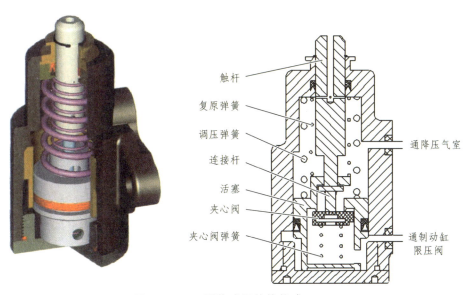

图 6-7　C-A 型传感阀整体构成

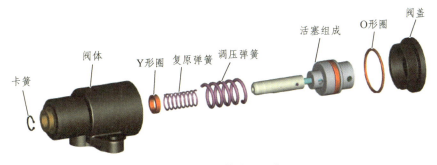

图 6-8　C-A 型传感阀爆炸图

167

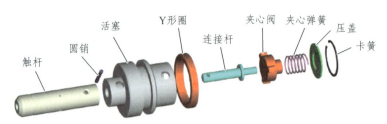

图 6-9   C-A 型传感阀活塞组成爆炸图

3．限压阀组成

X-A 型限压阀由阀体、阀盖、中间体、推杆组成、橡胶膜板、活塞、夹心阀、夹心阀弹簧、压力弹簧、显示牌、显示活塞、显示弹簧、后盖及密封胶圈等组成，如图 6-10 ~ 图 6-12 所示。X-A 型限压阀安装在阀管座上，制动时它受来自 120 阀空气制动机制动孔的压力空气和来自C-A 型传感阀连通降压气室的压力空气及进入制动缸的压力空气共同作用来控制制动缸的空气压力，最终由降压气室的空气压力和制动缸的空气压力叠加共同与制动机制动孔的空气压力相平衡。因而在规定调整范围内，当制动孔压力一定时，使制动缸的空气压力随车辆载重增加而增加。阀的顶盖上的翻转显示牌用以显示制动缸的压力是处于空车位、半重车位还是重车位。

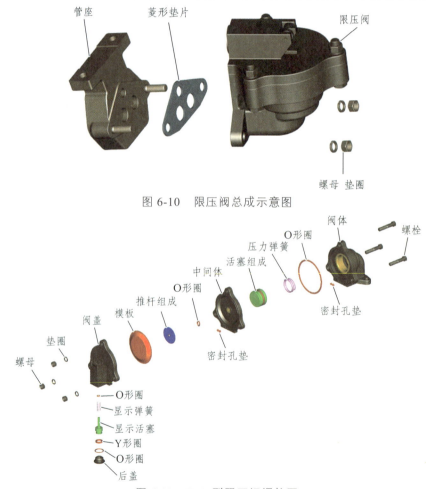

图 6-10   限压阀总成示意图

图 6-11   X-A 型限压阀爆炸图

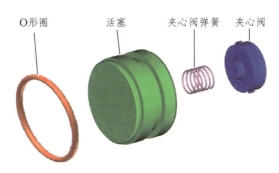

图 6-12　限压阀活塞总成爆炸图

阀管座吊装在车体中部边上侧梁底架上，用来安装 X-A 型限压阀并与管路通过法兰连接。连接管路用来对各部件之间进行连接，所有管路两端均采用法兰连接和橡胶圈密封。

三、KZW-A 型空重车自动调整装置的作用原理

1. 空车初制动位

如图 6-13 所示，由 120 阀通向制动缸出口的压缩空气进入调整阀，经调整阀下方通路分别进入制动缸、传感阀下方，同时推动传感阀内活塞、活塞杆上移，使触头接触抑制盘下平面。

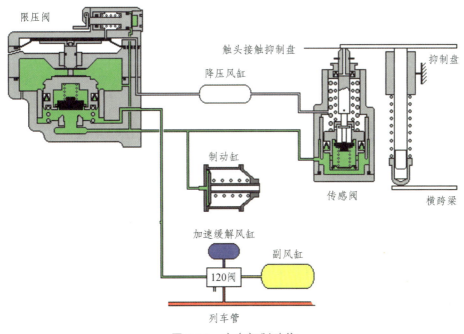

图 6-13　空车初制动位

2. 空车制动位

如图 6-14 所示，空气压力不断升高，传感阀内活塞继续上移，活塞杆接触抑制盘并打开夹心阀通路。使传感阀下方空气经降压气室进入调整阀双层模板上方，压力作用调整阀内活塞下移，夹心阀关闭由 120 阀通向制动缸出口来的压缩空气通路，保证根据车辆载重量所需要的制动缸压力。

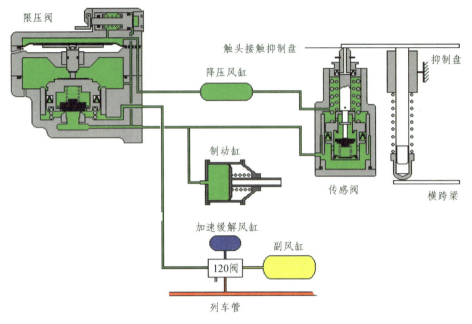

图 6-14　空车制动位

3. 重车初制动位

如图 6-15 所示，随着制动缸空气压力的增加，C-A 型传感阀的活塞在下腔空气压力（即制动缸空气压力）的作用下向上移动，压缩复原弹簧和调压弹簧并推动触杆一起上升，当触杆上移碰到抑制圆盘时停止不动。

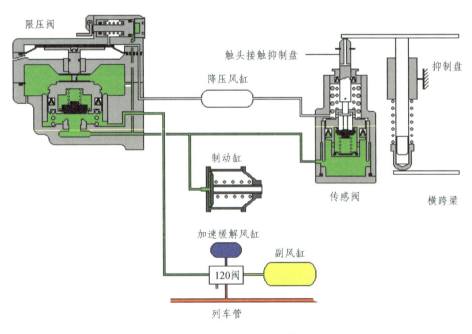

图 6-15　重车初制动位

4. 重车制动位

如图 6-16 所示，活塞随制动缸空气压力的增加继续上移，这时活塞内的夹心阀被触杆顶开，活塞下腔的压力空气立即向上腔及降压气室等充气。当降压气室及 X-A 型限压阀橡胶膜板上方的空气压力上升到一定值时，与 X-A 型限压阀活塞上方通制动缸空气压力共同作用，将 X-A 型限压阀内的活塞下移，夹心阀关闭，副风缸停止向制动缸充气。C-A 型传感阀活塞上下作用力达到平衡后，活塞内的夹心阀自动重新关闭，维持制动缸和降压气室的空气压力不变。X-A 型限压阀盖上的显示牌在制动缸、降压气室的空气压力和显示弹簧的压力共同作用下推动活塞杆伸出去顶起而翻转。制动缸压力达到全重车位时，显示牌翻转 90°，从空车至重车制动缸压力范围显示牌翻转是连续变化的。

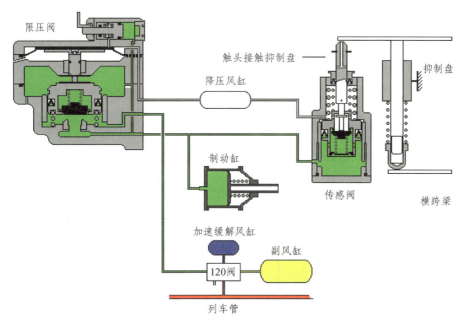

图 6-16　重车制动位

5. 初缓解位

如图 6-17 所示，缓解位时，制动缸一侧压缩空气由 120 阀缓解口排至大气，调整阀、夹心阀下周边和夹心阀上部空气压力降低，被夹心阀下部较高的压力空气推开后也通过 120 阀排至大气，随后传感阀活塞下部空气压力降低，夹心阀也被上部较高的压力空气推开排至大气。

6. 缓解位

缓解位，制动缸一侧的压力空气打开气路排出后，调整阀、传感阀在弹簧的作用下呈自然状态，由于传感阀活塞内夹心阀弹簧的作用，活塞上部少量余风由触头上小孔排出，如图 6-18 所示。

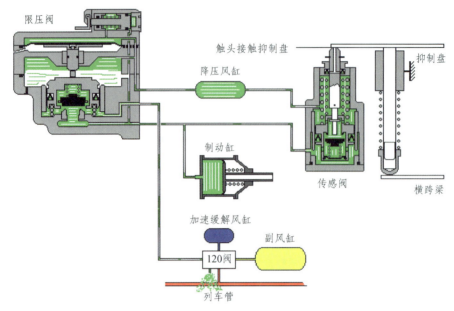

图 6-17　初缓解位

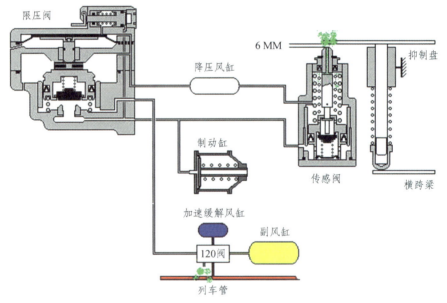

图 6-18　缓解位

四、KZW-A 型空重车自动调整装置的检修

1. 外部清洗作业

传感阀、限压阀需进行外部清洗，表面应洁净、无污泥。

2. 分解作业

1）传感阀分解

（1）按顺序分解阀盖、活塞组成、压力弹簧、复原弹簧、卡簧及密封胶圈。

（2）分解活塞组成：卡簧、活塞、夹心阀、夹心阀弹簧、压盖、卡簧、ϕ46 mm Y 形密封圈；触杆与连接杆状态良好可不分解。

（3）各部件分解过程中须采取保护措施。

（4）橡胶件的拆卸：

① 禁止用金属器具取出柱塞上的橡胶密封圈。

② 取出膜板时不得使用锐利的器具挑出，不得损伤活塞边缘。

③ 阀体上的橡胶密封圈、密封座等可用辅助工具取下，不得损伤阀体。

2）限压阀分解

（1）按顺序分解阀盖螺母、垫圈、阀盖、膜板、推杆组成、中间体、螺母、垫圈、活塞组成、压力弹簧、密封孔垫、阀体、螺栓。

（2）分解活塞组成：夹心阀、夹心阀弹簧、活塞、Y 形密封圈。

（3）分解推杆组成：卡簧、圆片、短轴、O 形密封圈。

（4）各部件分解过程中须采取保护措施。

（5）橡胶件的拆卸：

① 禁止用金属器具取出柱塞上的橡胶密封圈。

② 取出膜板时不得使用锐利的器具挑出，不得损伤活塞边缘。

③ 阀体上的橡胶密封圈、密封座等可用辅助工具取下，不得损伤阀体。

3．零部件清洗

（1）阀及各零件表面不得有目视可见的污垢、沙尘、水分、纤维物和其他污物。

（2）用棉白细布（不得用棉丝、毛巾、白纱布）擦拭各零件及阀内的摩擦面、滑动工作面，不得有浮尘、浮沙及污迹。

（3）阀体内部及各零件工作面用手触摸时，手感不得有颗粒物存在。

（4）阀体内以洗涤剂清洗后用清水漂洗，用压力空气吹扫干净，然后用新白布擦拭。

4．检　查

（1）检查阀体及阀内各零部件，有下列情况之一时更换或修理：

① 各零件出现裂纹及锈蚀时更换。

② 触杆 ϕ18 mm 柱面直径小于 ϕ17.6 mm 时更换，划伤时可用细砂纸或油石打磨修理；触杆 ϕ1.5 mm 孔及 ϕ4 mm 孔须通畅，阻塞时用小于各孔径的钢针疏通。

③ 阀盖组装中的活塞（杆）ϕ8 mm 柱面、推杆组成中的短轴 ϕ14 mm 柱面及中间体组成中的铜套内孔面拉伤时更换；其他部位拉伤时修理或更换。

④ 阀体上的阀口损伤时修理或更换。

⑤ 其他部位拉伤时修理或更换。

⑥ 更新橡胶密封件。

⑦ 各柱塞及铜套表面须光滑。

⑧ C-A 型传感阀防尘罩破损、老化严重或顶部磨耗深度超过 1 mm 时更换，丢失时补装；

⑨ 弹簧在弹簧测力机上进行检测符合规定，橡胶件更换新品。

（2）各弹簧检修时须做压力试验：以 1.3～1.5 倍工作负荷试压三次不得产生永久变形；

更换时各有关参数须符合要求。

5．给油组装

（1）组装前各零件应保持清洁，各导向杆、密封圈及各滑动部涂少量硅脂，各橡胶件不得接触煤油、汽油、机油等油类及其他酸碱液体，防止橡胶件早期老化变质。

（2）活塞、触杆、连接杆各滑动面及各活动密封圈须涂以适量 GP-9 润滑脂（不准用其他油脂代替）。

（3）活塞组成装入阀体内推动时，动作须灵活、阻力适当。

（4）各活塞膜板边缘须完全入槽。

（5）各弹簧不得装错。

（6）组装时不得损伤密封圈。

（7）各盖须有密封圈，不得有损伤。

（8）在装阀盖时，各螺栓应均匀拧紧，防止偏压。

6．质量检查

（1）组装螺栓均匀紧固，无偏压。

（2）阀体无裂损。

五、空重车自动调整装置的常见故障和处理方法

（1）空车时制动缸压力过高。

原因：与降压气室相连接的控制管路漏气。

处理方法：排除漏泄。

（2）空车时制动缸压力过低。

原因：制动缸行程过大。

处理方法：按规定调整制动缸行程。

（3）制动时传感阀触杆中心孔间歇排气。

原因：制动管路漏气。

处理方法：排除漏泄。

（4）制动时传感阀触杆未伸出中心孔排气。

原因：传感阀内部配合阻力增大。

处理方法：传感阀分解清洗。

任务二　TWG-1 系列空重车自动调整装置

任务目标

【知识目标】

（1）了解 TWG-1 型空重车自动调整装置的特点；

（2）掌握 TWG-1 型空重车自动调整装置的构造及作用原理；

（3）掌握 TWG-1 型空重车自动调整装置的检修工艺流程。

【技能目标】

（1）能够对 TWG-1 型空重车自动调整装置进行故障原因分析及判断；

（2）具备 TWG-1 型空重车自动调整装置检修的能力。

【素质目标】

培养学生精益求精的工匠精神。

 任务描述

TWG-1 型空重车自动调整装置是我国货车使用的另一种空重车调整装置，课前同学们要完成对 TWG-1 型空重车自动调整装置构造的学习，课上汇报学习成果，同时老师讲解其作用原理及检修工艺流程；课后同学们要根据所讲知识自主对此装置工作原理和分解组装进行更深入的探究。

 数字资源

TWG-1 系列空重车自动调整装置

 配套知识

一、TWG-1 型空重车自动调整装置的特点

（1）具有简单可靠的新型称重机构。从空车位到重车位，传感阀触头行程变化与车辆载重变化时枕簧挠度变化的方向一致，因而无须采用抑制盘等改变位移方向的机构，同时传感阀活塞质量很小，故对车辆振动的跟随性很好，消除了因振动而引起的误调现象。此外，传感阀仅在制动时才伸出触头，以感知枕簧的挠度情况；在缓解状态时，顶杆缩回，触头完全不与挡铁接触。因而在车辆运行时没有常年接触磨耗的部件，大大延长了传感阀及挡铁的使用寿命。

（2）具有很强的通用性和适应能力。由于采用了独创的双膜板结构原理，因而其重车压力与空车压力均可根据车辆不同配置的需要在较大范围内变化、设定。而且只要改变少量零部件即可改变输出/输入压力比，可适应各种车型及闸瓦种类，而无须改变车辆其他制动部件，具有很强的适应能力。

（3）该装置能与 120 型及 GK 型等货车主型制动机相适配，使之具有无级空重车自动调整功能，原型制动机的基本性能不变。

（4）适应性强。与一般的自调装置不同，该装置的重车位及空车位的制动缸最高压力都可根据车辆不同吨位、速度及配用高摩合成闸瓦的摩擦性能在相当大的范围内设定。

（5）能适应列车管定压 500 kPa 及 600 kPa。

（6）无论在任何空重车位，该装置均具有明显而稳定的制动缸压力初跃升作用。

（7）为提高可靠性、方便使用，在自调装置设计中采用了技术含量较高的新结构、新材料及新工艺。

① "密封圈过槽"结构取代"密封圈过孔"及止阀结构，能加大通量，延长寿命，简化结构，防止密封圈被孔边"咬伤"而失效。

② 传感阀顶杆触头端部镶以特种高分子减摩耐磨材料制成的减摩垫，以减小触头与挡铁的摩擦力及磨损。

③ 顶杆与触头螺纹连接处采用新型国标防松自锁螺母结构，调整方便、可靠。

④ 调整阀安装座与调整室融为一体，取消调整室吊及通往调整室的管路等，可简化结构和管路，并消除了漏泄，安装检修十分方便。

二、TWG-1 型空重车自动调整装置的构造

TWG-1 型空重车自动调整装置由 T-1 型调整阀和 WG-1 型无级传感阀两部分组成。T-1 型调整阀串接在 120 阀通往制动缸的管路中，而 WG-1 型无级传感阀则安装在转向架摇枕上或转向架附近的车体上，其挡铁则设在横跨梁或侧架上，如图 6-19 所示。

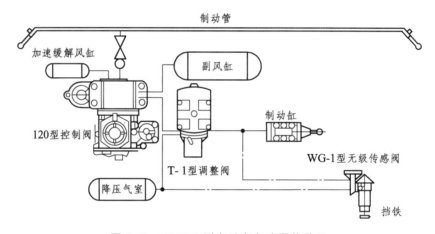

图 6-19　TWG-1 型空重车自动调整装置

1. T-1 型调整阀

调整阀由显示部、比例控制部及跃升部等组成。调整阀采用独创的双膜板控制原理，其下膜板受制动缸压力的作用控制重车位制动缸压力，而上膜板受降压气室压力的作用与下膜板共同控制空车位制动缸压力。调整阀内设有的跃升活塞和显示器，分别用以控制制动缸压力初跃升和空重车状态的显示。图 6-20 ～图 6-22 分别为 T-1 型调整阀及其安装座和爆炸图。

显示部由上盖组成、显示器弹簧、O 形圈、显示器等组成。来自降压气室的压力空气作用在显示器的下方，空气压力不同时，显示器杆向上伸出的长度不同，据此可大致显示出车辆的全空、全重及半空半重等载重状况。当由全重位向全空位变化时，降压气室的压力将由零逐步升高到等同于制动缸压力，显示器在不同的降压气室压力作用下其显示杆露出的长度也不同。

图 6-20　T-1A 型调整阀

图 6-21　T-1A 型调整阀安装座

图 6-22　T-1A 型调整阀爆炸图

全重位时显示杆不露出，半重位时露出较细的一段，全空位时显示杆粗细两段将同时露出。据此使用者可大致判别空重位的情况。显示器的上方设有防护罩，防止搬运及使用过程中显示器被砸伤。

比例控制部由上体组成、上活塞、上下膜板、压杆、O 形圈、下活塞、止回阀、上下衬圈等组成。该部分是 T-1 型调整阀的主控部分，其作用是车辆在不同载重的情况下，根据传感阀反馈到降压气室压力的大小，将来自控制阀的压力调控至适合当前车辆载重的压力并输送给制动缸。

跃升部由跃升活塞、跃升弹簧、O 形圈（$\phi 45 \times 2.1$）、顶杆、下盖等组成。该部分用于控制制动缸的初始跃升压力。无论是空车或重车状态，在缓解状态及制动初期，跃升活塞始终顶开止回阀，允许来自 120 阀的空气直接进入制动缸，直到制动缸压力超过跃升弹簧力时，跃升活塞下移，止回阀关闭，开始按比例控制制动缸压力。因而无论空车位或重车位都能使制动缸获得稳定可靠的初跃升作用，加快了制动进程。

安装座安装调整阀的法兰上对应于调整阀的输入、输出孔处均设有滤尘网。另外，还设有三个用于管路连接的法兰。

2. WG-1 系列传感阀

WG-1 系列传感阀（见图 6-23）主要由活塞、顶杆组成、触头组成及顶杆簧、复原簧、上盖和阀体等组成，如图 6-24 所示。套有 Y 形密封圈的活塞将阀体分隔为上、下两个腔，上腔通制动缸，下腔通降压气室。活塞内设有止回阀及止回阀簧。活塞与顶杆组成由弹性销连接，两者之间设有顶杆簧。活塞杆上有长槽，当活塞上下有一定压力差时，活塞可沿长槽与顶杆组成做相对运动。顶杆上套有两个同样大小的 Y 形密封圈，上面一道密封圈起密封作用，使下腔的降压气室不能与大气相通，下面一道密封圈起防尘防水作用。

图 6-23　WG-1 系列传感阀

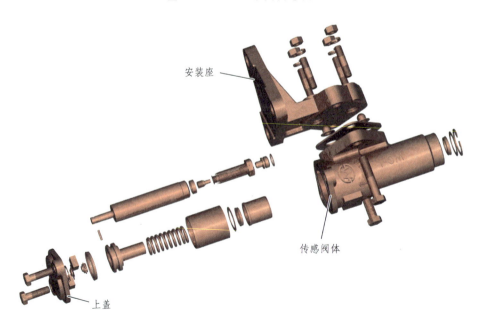

图 6-24　WG-1 系列传感阀爆炸图

触头组成以螺纹拧入顶杆组成内。顶杆下端部封入自锁圈，能防止触头螺纹松动。顶杆中间设有 3 个排气小孔，触头内设有滤尘缩堵。在缓解时，当活塞及顶杆回到最上端时，顶杆中间的排气小孔露出 Y 形圈外，可帮助降压气室排出余风，并能防止尘土及水分侵入传感阀。

触头端部压入以特种高分子材料制成的减摩垫，以提高耐磨性能。制动时，制动缸压力将活塞、顶杆及触头等推出，探测枕簧挠度变化。缓解时，复原簧将活塞及顶杆推到最上位置，顶杆与触头等缩回。

为了感知载重变化时的枕簧挠度变化，需要在侧架上安装挡铁或横跨梁，以提供基准点。若传感阀安装在车体中央，则挡铁采用横跨梁形式。横跨梁支承在侧架上可左右移动，因此不会影响转向架的运行性能。

由于 WG-1 型传感阀触头行程变化方向与车辆载重变化时转向架挠度变化的方向一致，因而无须采用抑制盘等装置进行变向，这样在运行中横跨梁不再常年支承抑制盘，避免由抑制盘带来的对动态称重的不良影响及高频振动对横跨梁零部件的磨耗影响称重精度。另外，传感阀与横跨梁是不常接触的，仅在制动时传感阀触头才伸出，也可以减少横跨梁的磨耗，提高寿命。

三、TWG-1 型空重车自动调整装置的作用原理

当车辆满载时，枕簧挠度加大，挡铁与传感阀顶杆之间的距离缩小，制动时传感阀活塞行程受限，制动缸通向降压气室的通路完全关闭，因而不向降压气室分流，降压气室压力为 0，调整阀上膜板不起作用。从 120 阀来的压力空气直接进入制动缸，因而输出、输入压力相等，处于全重位，如图 6-25 所示。

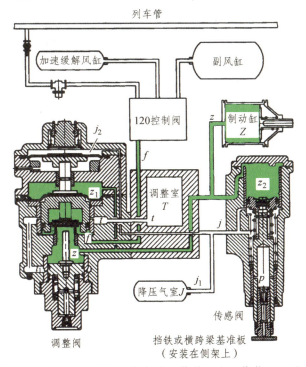

图 6-25　TWG-1 型空重车自动调整装置全重位作用原理图

当车辆载重减少时，枕簧挠度变小，挡铁与传感阀顶杆之间距增大。制动时活塞在克服内弹簧力后能打开阀体侧面的孔，制动缸压力空气部分分流进入降压气室。此时降压气室与制动缸的压力差取决于挡铁的位置，载重越小，挡铁位置越低，与顶杆之间的距离越大，活塞下移到开放位需要克服的内弹簧力就越小，分流进入降压气室的空气就越多。同时，作用在调整阀上膜板上的控制压力也越大，故制动缸压力就随着载重的减少而降低。

当车辆处于空载状态时，挡铁位置更低，传感阀活塞无须克服内弹簧的力便能开放侧面的孔，故降压气室压力与制动缸压力几乎相等。同时，作用在调整阀上膜板的降压气室压力也控制了制动缸压力的增大，制动机处于全空位，制动缸压力为最低值，如图 6-26 所示。

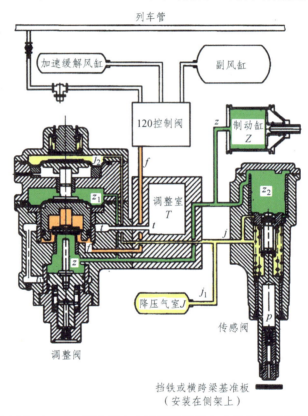

图 6-26　TWG-1 型空重车自动调整装置全空位作用原理图

四、TWG-1 系列空重车自动调整装置的检修

1. 外部清洗

对空重车调整装置需进行外部清洗，表面应洁净、无污泥。

2. 分　解

（1）基本要求。

① 各部件分解过程中须采取保护措施。

② 禁止用金属器具取出柱塞上的橡胶密封圈。

③ 取出膜板时不得使用锐利的器具挑出，不得损伤活塞边缘。

④ 阀体上的橡胶密封圈、密封座等可用辅助工具取下，不得损伤阀体。

（2）T-1A 型调整阀分解。

① 拆下上盖、上体。用孔用弹簧挡圈钳取下挡圈，拆下显示器、显示器弹簧，取下 O 形橡胶密封圈（$\phi 25 \times 2.4$）。

② 从上体中取出膜板、上衬圈。拧下紧固上活塞的螺钉，拆下上活塞，抽出压杆。

③ 从阀体中取出膜板、下衬圈。拔出下活塞等组件时须使用两个 M5 螺钉，不得采用尖嘴钳。从下活塞中取出止回阀、弹簧，取下 O 形橡胶密封圈（$\phi 50 \times 5.3$）。

④ 拧下下盖。拧下下盖上的滤尘缩堵，取出跃升弹簧、调整垫。从阀体中抽出跃升活塞及顶杆，取下两个 O 形橡胶密封圈（$\phi 45 \times 3.1$）。

（3）WG-1A/C 型传感阀分解。

① 拧松上盖的两个螺母，先取下其中的一个，压住上盖向一侧旋转直至活塞等组件露出，在活塞完全露出前须遮挡，防止零件弹出。抽出活塞组件、复原簧，取下上盖，取出弹簧垫及 Y 形橡胶密封圈（$\phi 33 \times 25$）。

② 用专用工具将弹性圆柱销压出，分解活塞与顶杆组成，取下顶杆簧、活塞上的 Y 形橡胶密封圈（$\phi 40 \times 32$）。

③ 用孔用弹簧挡圈钳取下活塞上的孔用弹性挡圈，取下弹簧座、止回阀簧、止回阀（$\phi 16$）。

④ 将触头组成从顶杆上拧下，将滤尘缩堵从触头上拧下。

⑤ 用孔用弹簧挡圈钳取下阀体上的孔用弹性挡圈，取下弹簧垫及 Y 形橡胶密封圈（$\phi 33 \times 25$）。

3. 内部清洗

（1）阀体内孔腔用压缩空气吹扫干净，各零件必须用汽油清洗干净；顶杆、触头上的通气孔和调整阀用排气塞堵塞时，必须用直径小于 $\phi 1$ mm 的钢针疏通；各滤尘缩堵的缩孔堵塞时，必须用直径小于 $\phi 2$ mm 的钢针疏通，并清洗吹干净。

（2）阀及各零件表面不得有目视可见的污垢、沙尘、水分、纤维物和其他污物。

（3）用棉白细布（不得用棉丝、毛巾、白纱布）擦拭各零件或阀内的摩擦面、滑动工作面，不得有浮沙及污迹。

（4）阀体内部及各零件工作面用手触摸时，手感不得有颗粒物存在。

（5）阀体内以洗涤剂清洗后用清水漂洗，用压力空气吹扫干净，然后用新白布擦拭。

（6）各橡胶件全部更换新品，使用干净的棉布擦拭，清除表面附着的滑石粉。

4. 检　查

（1）各阀体、阀盖出现裂纹、安装平面有划伤或各部螺纹不良时更换；各阀体、阀盖内压装铜套松动或内壁工作面划伤时更换；各活塞、压杆、顶杆、阀套和阀口的工作面有伤痕时更换。

（2）触头组成出现裂纹、减摩垫剩余高度最小为 1 mm 时须更换新品。锁圈脱落时须更换顶杆组成或将原有触头组成更换成具有开口的弹性触头组成。

（3）传感阀弹性圆柱销更换新品。

（4）顶杆组成出现下列情况之一时更换新品：

① 锁圈松动或脱落。

② 触头旋进、旋出顶杆组成，有效力矩小于 3 N·m。

③ 顶杆 $\phi 25$ mm 的外圆部分在全长范围内弯曲变形大于 0.5 mm。传感阀活塞杆上的两长槽下边缘距活塞下端部的距离 L 小于 5 mm 时更换。

（5）传感阀活塞内的阀口、调整阀体中的阀口损伤时修理或更换。

（6）各橡胶件（膜板、密封圈及胶垫）须更换新品，组装螺栓出现裂纹、腐蚀时更换。

（7）弹簧有锈蚀、变形、裂损及折断时更换，弹簧须在数控弹簧测力机上进行检测，符合规定，不合格者更换。

5. 给油组装

（1）组装前各零件应清洗，保持清洁。

（2）组装前各橡胶件应擦拭干净，不得用油类（汽油、煤油等）、香蕉水、酸碱液体清洗。

（3）各活塞（轴）滑动面、各活动密封圈须涂以适量 GP-9 润滑脂或 7057 硅脂。

（4）各导向杆装入阀体内拉动时，动作须灵活，阻力适当。

（5）各活塞膜板边缘须完全入槽。

（6）各弹簧不得装错。

（7）组装时不得损伤密封圈。

（8）各盖须有密封圈，不得有损伤。

（9）在装阀盖时，各螺栓应均匀拧紧，防止偏压。

（10）传感阀的弹性圆柱销开口须向上，且弹性圆柱销两端不得露出传感阀活塞杆外壁。

（11）触头旋入顶杆后，触头上面与顶杆下端面须有 5 mm 以上的间隙。

6. 质量检查

（1）各组装螺栓均匀紧固，无偏压。

（2）阀体无裂损。

五、TWG-1 型空重车自动调整装置的常见故障和处理方法

（1）空车位或重车位制动时，制动缸不出闸。

原因：阀体或阀座上制动缸气路的塑料堵未清除。

处理方法：清除阀体或阀座上各气路的塑料堵。

（2）TWG-1A 型或 C 型自动调整装置重车位制动时，制动缸压力只达到 220 kPa 左右。

原因：将 TWG-1A 型或 C 型自动调整装置错装成 TWG-1B 型或 D 型。

处理方法：更换成 TWG-1A 型或 C 型自动调整装置。

（3）空车位制动时降压气室压力过低。

原因：与降压气室相连接的管路漏气。

处理方法：排除漏泄。

（4）空车位制动时制动缸压力过低。

原因：制动缸活塞行程过大。

处理方法：按规定调整制动缸活塞行程。

（5）空车位或重车位制动时制动缸压力过低。

原因：制动缸管路漏泄。

处理方法：排除漏泄。

精选习题

一、单选题（选自职业技能鉴定题库）

1. KZW-A 系列空重车自动调整装置为无级调整装置，能根据（　　）的变化对制动缸压力在空车位到重车位压力范围内自动调整，以获得与载重相匹配的制动力，满足车辆运行的要求。

　　A. 车辆载荷　　　　　　B. 运行速度　　　　　　C. 副风缸压力　　　　D. 压力风缸压力

2. 下列不属于 KZW-A 型空重车制动系统组成的是（　　）。

　　A. 传感阀　　　　　　　B. 支架　　　　　　　　C. 抑制盘　　　　　　D. 复原弹簧

3. KZW-A 型空重车自动调整装置主要由横跨梁、抑制盘、支架、（　　）、连接管路等部件组成。

　　A. 制动缸　　　　　　　B. 降压气室　　　　　　C. 副风缸　　　　　　D. 压力风缸

4. KZW-A 型空重车自动调整装置在空车制动时，具有制动缸压力（　　）功能。

　　A. 不变　　　　　　　　B. 初下降　　　　　　　C. 初跃升　　　　　　D. 急下降

5. 货车用 KZW-A 型空重车调整装置的调整为（　　）。

　　A. 一级　　　　　　　　B. 二级　　　　　　　　C. 三级　　　　　　　D. 无级

二、判断题（选自国铁集团制动钳工竞赛题库）

1. KZW-A 系列空重车自动调整装置抑制盘安放在支架的抑制盘触头上，并可在其导管内上下移动。　（　　）

2. KZW-A 系列空重车自动调整装置转动触头可调整其长度，并采用开口销锁定。（　　）

3. KZW-A 系列空重车自动调整装置车辆为空车时，抑制盘的圆盘坐落在阀座支架的导管顶端，作为空车时传感阀称重的基准。　（　　）

4. KZW-A 系列空重车自动调整装置当车辆载重、抑制盘与横跨梁接触后，圆盘则与横跨梁维持不变的相对高度，又作为载重时传感阀称重的基准。　（　　）

5. KZW-A 系列空重车自动调整装置的主要特点之一是：制动缸压力随车辆载重变化在一定范围内自动二级变化，从空车至全重车任何载重下的车辆制动率均小于车辆黏着允许的制动率。　（　　）

三、简答题

1. 简述传感阀和限压阀的分解组装流程。

2. 简述 KZW-A 型空重车自动调整装置的作用原理。

3. 简述 KZW-A 型空重车自动调整装置的常见故障和处理方法。

4. 简述 TWG-1 型空重车自动调整装置的作用原理。

5. 简述 TWG-1 型空重车自动调整装置的常见故障和处理方法。

项目七　货车脱轨自动制动装置检修

 项目描述

货车脱轨自动制动装置在车辆脱轨时能及时使主风管连通大气，使列车产生紧急制动，从而避免脱轨事故的扩大，有效减少车辆、货物、轨枕、路基及道旁设备损坏。本项目将重点学习其构造、作用原理及检修工艺流程，为今后从事货车检车员及制动钳工岗位工作打下基础。

 对应岗赛证

对应岗位：铁路货车检车员岗位、铁路货车制动钳工岗位。

对应大赛：职业技能大赛、创新创业大赛。

对应证书：铁路职业技能鉴定系列证书、1+X轨道交通装备系列证书。

 学习目标

【知识目标】

（1）了解货车脱轨自动制动装置的特点；

（2）掌握货车脱轨自动制动装置的构造及作用原理；

（3）掌握货车脱轨自动制动装置的检修工艺流程。

【技能目标】

具备货车脱轨自动制动装置检修的能力。

【素质目标】

（1）培养学生精益求精的工匠精神；

（2）树立标准化作业意识及安全责任意识。

 思政案例

减少脱轨事故损失，货车脱轨自动制动装置顺应时代发展

列车脱轨是铁道车辆运行中的严重行车事故。车辆脱轨后由于列车工作人员没能及时发现，车辆仍在机车牵引下继续行驶，引发更多车辆相继脱轨或倾覆，从而使脱轨事故扩大，造成车辆、货物、轨枕、路基及道旁设备严重损坏。

为了有效降低车辆脱轨损失，在借鉴国内外先进脱轨检测技术的基础上，研制开发了适合我国铁路实际情况的铁路货车脱轨自动制动装置。该装置采用机械作用方式，在车辆脱轨时能及时使主风管连通大气，使列车产生紧急制动，从而避免脱轨事故的扩大。

任务一　货车脱轨自动制动装置的构造及作用原理

 **任务目标**

【知识目标】

（1）了解货车脱轨自动制动装置的特点；

（2）掌握货车脱轨自动制动装置的构造及作用原理。

【技能目标】

能够分解和组装货车脱轨自动制动装置。

【素质目标】

培养学生精益求精的工匠精神。

 任务描述

货车脱轨自动制动装置广泛应用在我国主型铁路货车上，课前同学们要完成对货车脱轨自动制动装置的特点及构造的学习，课上汇报学习成果，同时老师讲解其作用原理；课后同学们要根据所讲知识自主对此装置作用原理和分解组装过程进行更深入的探究。

 数字资源

货车脱轨自动制动装置的构造及作用原理

 配套知识

一、货车脱轨自动制动装置的特点

货车脱轨自动制动装置采用机械作用方式，在车辆脱轨时能及时使主风管连通大气，致使列车产生紧急制动，从而避免脱轨事故的扩大，有效减少车辆、货物、轨枕、路基及道旁设备的损坏。

二、货车脱轨自动制动装置的构造

货车脱轨自动制动装置由铁道货车脱轨自动制动阀（简称脱轨制动阀）、球阀、三通和管路等组成，如图 7-1 所示。脱轨制动阀是脱轨自动制动装置的核心部件，每根车轴处安装一套。车辆脱轨时，制动阀杆被打断，制动主风管与大气连通，致使列车发生紧急制动。在主风管与脱轨制动阀的连接管路中安装了一个不锈钢球阀，用于在车辆脱轨或脱轨制动阀发生故障时截断脱轨自动制动装置支路。

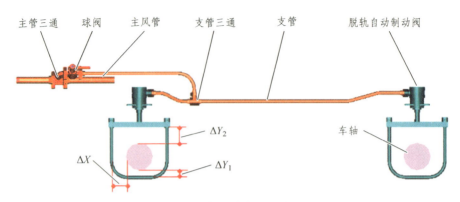

图 7-1　货车脱轨自动制动装置

1. 第一代脱轨制动阀

脱轨制动阀由拉环、顶梁、调节杆、作用杆、锁紧螺母、弹片、制动阀杆和阀体等组成，如图 7-2 所示。拉环与顶梁通过圆销连接，顶梁和调节杆采用焊接，调节杆和作用杆采用销接，制动阀杆端头穿入作用杆孔中，作用杆由上、下对称放置的两个弹片支承在阀体上并通过锁紧螺母预紧，如图 7-3 所示。

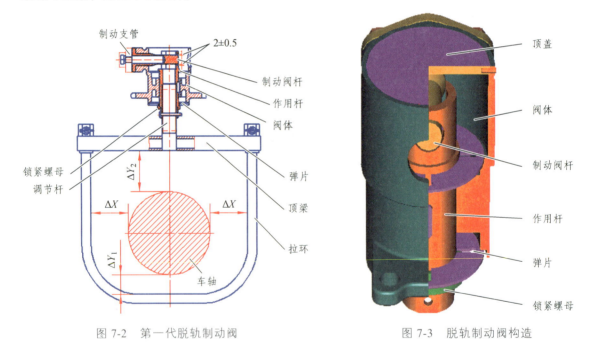

图 7-2　第一代脱轨制动阀　　　　　　　　　图 7-3　脱轨制动阀构造

2. 第二代脱轨制动阀

为解决脱轨自动制动阀拉环与顶梁限位筒、调节杆与作用杆连接圆销上的圆销锁丢失的问题，以及延长脱轨自动制动阀的检修周期和使用寿命，进行了下列改进：脱轨自动制动阀拉环与顶梁限位筒、调节杆与作用杆连接圆销上的圆销锁改用符合 GB/T 12618.4 标准要求的不锈钢抽芯铆钉；制动阀杆、作用杆、弹片、锁紧螺母、调节杆采用浸涂锌铬涂层（达克罗）防腐处理；锁紧螺母与作用杆由点焊改为涂固持胶。

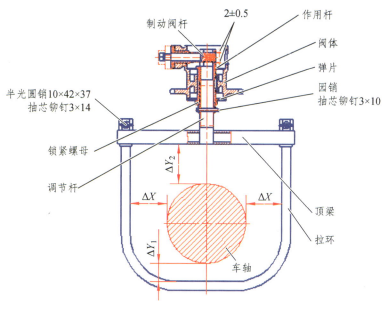

图 7-4　第二代脱轨制动阀

3. 第三代脱轨制动阀

为彻底解决拉环的防盗及误装，并考虑到采用固持胶（厌氧胶）来防止锁紧螺母的松动难以控制，进行了以下改进：

（1）将圆销铆钉孔的两边都加工一个沉孔，将铆钉头部沉入孔内，使扁铲铲不到铆钉根部，从而彻底解决拉环的防盗问题，如图 7-5 所示。

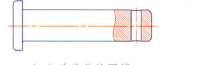
（a）改进前的圆销

（b）改进后的圆销

图 7-5　第三代脱轨制动阀圆销

（2）拉环根据安装车型的不同设计成三种规格，为了防止拉环误装，将顶梁组成和拉环根据销孔方向不同设计成一一对应的三种规格形式，杜绝拉环的误装。第三代脱轨制动阀拉环、顶梁如图 7-6 所示。

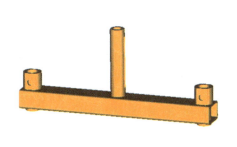

图 7-6　第三代脱轨制动阀拉环、顶梁

（3）锁紧螺母原来采用涂螺纹固持胶来防松，优化方案采用机械式防松，将锁紧螺母改成开槽螺母的形式，并利用扁销将锁紧螺母、作用杆及调节杆一起销接，既防止了调节杆与作用杆的相对转动，又实现了锁紧螺母的防松，如图 7-7 所示。

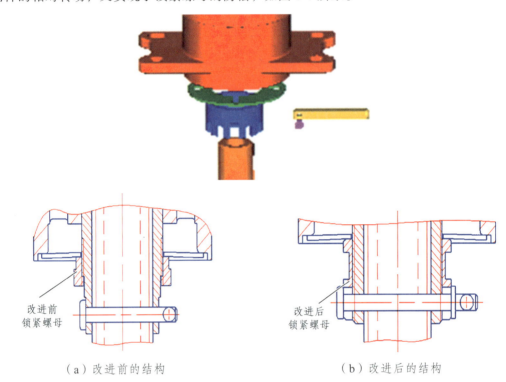

（a）改进前的结构　　　　　　　　　　　　（b）改进后的结构

图 7-7　第三代脱轨制动阀锁紧螺母

三、货车脱轨自动制动装置的作用原理

货车脱轨自动制动装置利用脱轨时车体与轮对的相对位移，在空车脱轨时，脱轨轮对处的车轴拉断制动阀杆；在重车脱轨时，脱轨转向架中未脱轨轮对的车轴顶断制动阀杆。制动阀杆折断后，连通主风管与大气的通路，使列车产生紧急制动作用。货车脱轨自动制动装置脱轨图示如图 7-8 所示。

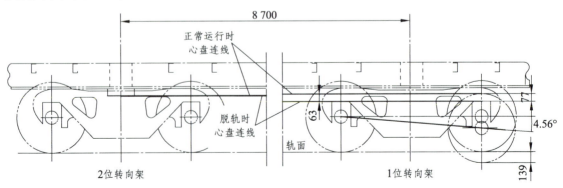

图 7-8　货车脱轨自动制动装置脱轨图示

以 C_{64} 型敞车空车脱轨为例，当 1 位轮对脱轨时，1 位轮对下降 139 mm，1 位转向架在垂直面内转动 4.56°，1 位转向架心盘下降 70 mm，从而引起车体在垂直面内转动 0.46°。此时在 1 位轮对处，车体下降 77 mm；在 2 位轮对处，车体下降 63 mm。因此，在 1 位轮对处，车轴相对于车体多下降 139 mm-77 mm=62 mm；在 2 位轮对处，车体相对于车轴下降 63 mm，如图 7-9 所示。

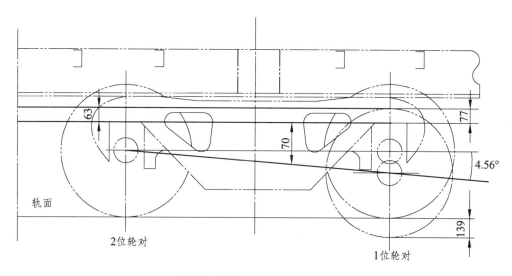

图 7-9　货车脱轨自动制动装置 1 位轮对脱轨

当 2 位轮对脱轨时，2 位轮对处车轴相对于车体多下降 139 mm-63 mm=76 mm；在 1 位轮对处，车体相对于车轴下降 77 mm，如图 7-10 所示。

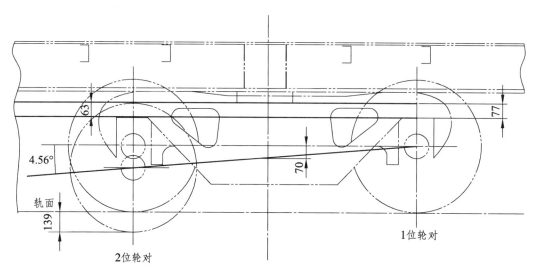

图 7-10　货车脱轨自动制动装置 2 位轮对脱轨

可以看出，空车脱轨时脱轨轮对处的车轴相对于车体下移量为 62 mm 或 77 mm，均已超过 ΔY_1 值（见图 7-4），所以脱轨轮对处的车轴会拉断制动阀杆，产生紧急制动作用。

任务二 货车脱轨自动制动装置的检修工艺流程

 任务目标

【知识目标】

掌握货车脱轨自动制动装置的检修工艺流程。

【技能目标】

具备货车脱轨自动制动装置检修的能力。

【素质目标】

树立标准化作业意识及安全责任意识。

 任务描述

课前同学们要完成对货车脱轨自动制动装置特点及构造的预习，探究其分解组装方法，课上汇报学习成果，同时老师讲解分解组装流程和检修工艺；课后同学们要根据所讲知识自主对此装置检修工艺流程进行更深入的探究。

数字资源

货车脱轨自动制动装置的检修工艺流程

 配套知识

一、货车脱轨自动制动装置的分解程序

（1）拆掉连接拉环与顶梁组成的两个圆销，如图 7-11 所示。

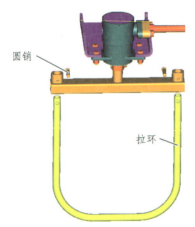

图 7-11 拆掉圆销

（2）拆掉连接脱轨制动阀与制动支管的两个螺栓，并拆掉脱轨制动阀与安装座间 4 个螺栓、螺母及垫圈，取下脱轨制动阀，如图 7-12 所示。

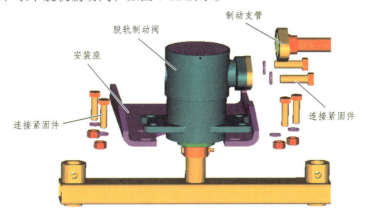

图 7-12　拆掉连接紧固件

（3）取出制动阀杆，如图 7-13 所示。

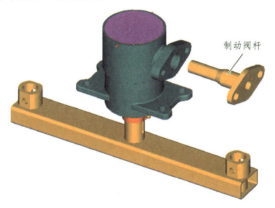

图 7-13　取出制动阀杆

（4）拆掉调节杆与作用杆间的扁销，旋下顶梁组成，如图 7-14 所示。

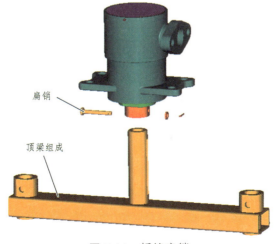

图 7-14　拆掉扁销

（5）取下锁紧螺母，然后取出阀体下承台上的弹片，如图 7-15 所示。

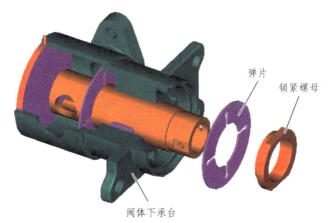

图 7-15　旋下锁紧螺母

（6）取出阀盖和阀体间的两个弹性柱销，沿箭头方向用作用杆顶出阀盖，并顺势取出作用杆，如图 7-16 所示。

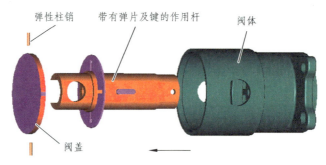

图 7-16　取出作用杆

（7）取下作用杆上的键，然后沿箭头方向将弹片取下，如图 7-17 所示。至此，脱轨制动阀分解作业完成，接下来进行检修作业。

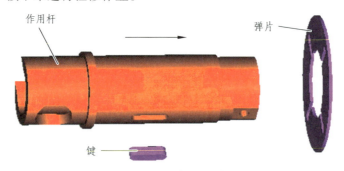

图 7-17　取出键和弹片

二、货车脱轨自动制动装置的检修

1. 零件的检修要求

（1）清除拉环、顶梁及阀体内外锈垢。拉环、顶梁裂损或腐蚀深度大于 1.5 mm 时更换，变形时调修或更换。制动阀阀体出现裂纹时更换。

（2）制动阀杆锌铬涂层剥落或露底时更换为表面采用达克罗工艺处理的新品。制动阀杆锌铬涂层剥落、露底或湿法磁粉探伤有裂纹时更换。在试验台上进行试验，制动阀杆内部通以压力为 650～700 kPa 的压缩空气，保压 1 min，不得漏泄。

（3）弹片锌铬涂层剥落、露底或湿法磁粉探伤有裂纹时，或平面度超过 0.4 mm 时更换。

（4）调节杆与作用杆螺纹腐蚀深度大于 1 mm 时更换，损伤时修理或更换。

（5）作用杆上的键变形、磕碰伤影响组装时更换。

（6）弹性销更换新品。

（7）不锈钢球阀的检修须符合球芯塞门检修的规定，连接管系的检修须符合制动管系检修的规定。

2. 运用始发列车质量标准

脱轨自动制动装置调节杆无折断，拉环无脱落，拉环与车轴无接触，拉环圆销无丢失，拉环无丢失，塞门手把无关闭（始发、中转作业故障时现场可不处理）。

3. 临修全面检查质量标准

脱轨自动制动装置配件齐全，位置正确，无弯曲、变形、漏泄。

4. 临修故障修理标准

脱轨自动制动装置紧固件松动时紧固；配件丢失时补装，损坏时更换；风管路漏泄时须处理；拉环和顶梁遭受意外撞击而变形时调修或更换；调修或更换后调节顶梁下平面与车轴上边缘距离 ΔY_2、车轴下边缘与拉环距离 ΔY_1 至规定值后用扁销锁定。

通用货车安装脱轨制动阀，拉环、顶梁与车轴的位置尺寸，须符合下列要求：

（1）在空车状态补装或重新安装拉环时，拉环与车轴相对位置 ΔX、ΔY_1、ΔY_2 应符合表 7-1 和表 7-2 的要求。

表 7-1　脱轨自动制动装置的规格

脱轨制动装置规格	拉环规格	拉环颜色	拉环销孔距底部钢管内侧高度/mm	适用转向架形式或车辆型号
I	I	黑色	341	转 8 系列、转 K2、转 K2 型（JSQ$_5$ 型车）、转 K6 型（JSQ$_6$ 型车）
II	II	黄色	366	转 K4、转 K5、转 K6
III	III	红色	331	转 K2

表 7-2　ΔX、ΔY_1、ΔY_2 取值范围限度表　　　　单位：mm

安装尺寸	转 K2	转 K4	转 K5、转 K6	转 K6 型（JSQ$_6$ 型车）	转 K2 型（JSQ$_5$ 型车）
ΔX	80±10	80±10	75±10	75±10	80±10
ΔY_2	85±2	105±2	100±2	75±2	80±2
ΔY_1	40$^{+3}_{-5}$	45$^{+3}_{-5}$	40$^{+3}_{-5}$	40$^{+3}_{-5}$	45$^{+3}_{-5}$

（2）重车状态补装或重新安装拉环时，如果该车载重量为标记载重，补装拉环、顶梁后 ΔX 、ΔY_1 、ΔY_2 应符合表 7-3 的要求；如果不能确认该车载重量是否为标记载重，可按同一辆车未损坏拉环、顶梁的实际测量尺寸为参考进行安装。

表 7-3　标记载重下 ΔX 、ΔY_1 、ΔY_2 取值范围限度表　　　　　单位：mm

安装尺寸	转 K2	转 K4	转 K5、转 K6		转 K6 型（JSQ$_6$ 型车）	转 K2 型（JSQ$_5$ 型车）
			70 t 级	80 t 级		
ΔX	80±10	80±10	75±10	75±10	75±10	80±10
ΔY_2	50±2	60±2	60±2	50±2	55±2	60±2
ΔY_1	75^{+3}_{-5}	90^{+3}_{-5}	80^{+3}_{-5}	90^{+3}_{-5}	60^{+3}_{-5}	65^{+3}_{-5}

（3）如 ΔY_1 比规定值大，取下拉环，逆时针方向转动顶梁，将顶梁往上移；如 ΔY_1 比规定值小，则顺时针转动顶梁，将顶梁往下移。顶梁转运一圈，向上（下）移动 3.5 mm。

（4）车辆脱轨后，脱轨制动阀应整套更换，安装座变形时调修，并按规定调整拉环、顶梁与车轴的位置尺寸，然后进行单车试验，最后将安装螺栓点焊焊固。

5．段修检修要求

（1）脱轨自动制动阀型号须为 TZD 或 TZD-1 型，不符时换装。

（2）脱轨自动制动阀现车外观检查不良、单车试验漏泄时须卸下检修。制动阀杆端头与作用杆孔上、下间隙单边小于 1 mm 时，须对脱轨制动阀分解检修。

（3）制动阀杆漏泄时更换为新品。

（4）调节杆与作用杆、拉环与限位筒间应采用连接销和不锈钢抽芯铆钉连接，如图 7-18 所示。抽芯铆钉材质及规格须符合表 7-4 的要求。

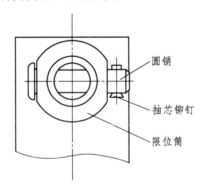

图 7-18　脱轨拉环与限位筒连接

表 7-4　连接销及抽芯铆钉的代号及材料

名称	代号	材料	备注
圆销	CAT313-02-01	45	
扁销	CAT313-01-06	45	
抽芯铆钉 3×10	GB/T 12617.4	51 级	调节杆与作用杆间
抽芯铆钉 3×14	GB/T 12617.4	51 级	拉环与限位筒间

（5）除特殊规定者外，脱轨自动制动装置应根据转向架型别组装，如表7-5所示。调整拉环、顶梁与车轴的位置尺寸须符合表7-6要求。

表7-5 脱轨制动阀、顶梁组成及拉环组装对应的转向架型别表

脱轨制动阀型别	顶梁组成型别	拉环型别	拉环颜色	拉环销孔距底部钢管内侧高度/mm	适用转向架型别	备注
（Ⅰ）	（Ⅰ）	（Ⅰ）	黑色	341	转8系列、转K2、转K6	含JSQ$_6$、TP$_{70B}$
（Ⅱ）	（Ⅱ）	（Ⅱ）	黄色	366	转K4、转K5、转K6	
		（Ⅱ-Ⅰ）	淡绿色	381	转K5、转K6	GQ$_{70(H)}$、GN$_{70}$、GN$_{70A}$、GQ$_{70A}$、GHA$_{70}$
（Ⅲ）	（Ⅲ）	（Ⅲ）	红色	331	转K2	特殊车型
（Ⅳ）	（Ⅳ）	（Ⅳ）	蓝色	392	DZ1、DZ2、DZ3	通用车型

表7-6 ΔX、ΔY_1、ΔY_2 取值范围限度表

转向架型号	转8系列、转K2	转K4	转K5、转K6	转K5、转K6（GQ$_{70(H)}$、GN$_{70}$、GN$_{70A}$、GQ$_{70A}$、GHA$_{70}$）	转K2（JSQ$_5$）	转K6（JSQ$_6$、TP$_{70B}$）	DZ1、DZ2、DZ3
ΔX	80±10	80±10	75±10	75±10	80±10	75±10	67±10
ΔY_2	85±2	105±2	100±2	100±2	80±2	75±2	100±2
ΔY_1	40^{+3}_{-5}	45^{+3}_{-5}	40^{+3}_{-5}	55^{+3}_{-5}	45^{+3}_{-5}	40^{+3}_{-5}	50^{+3}_{-5}

三、货车脱轨自动制动装置的组装程序

（1）确认脱轨制动阀各配件检修完成，状态良好。

（2）沿图7-19所示的箭头方向将一个弹片套在作用杆上，并紧贴作用杆凸肩。

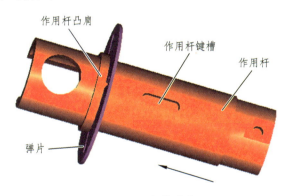

图7-19 安装弹片

（3）将键放入作用杆的键槽中，如图7-20所示。

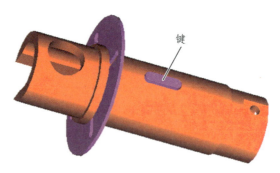

图 7-20　安装键

（4）将以上组装好的作用杆从阀体上方放入阀体内，使弹片紧贴阀体上承台，并确认作用杆在阀体内垂向无卡滞，如图 7-21 所示。

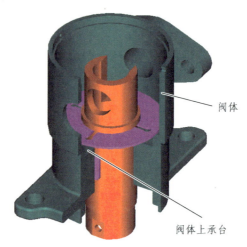

图 7-21　安放作用杆

（5）将另一个弹片沿图 7-22 所示的箭头方向套到作用杆上，并紧贴阀体下承台。

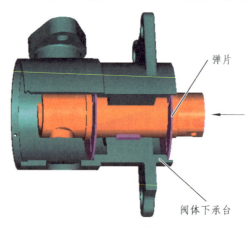

图 7-22　安装弹片

（6）将锁紧螺母沿图 7-23 所示箭头方向紧固在作用杆上。用力矩扳手紧固锁紧螺母，要求紧固力矩为（5±1）N·m。

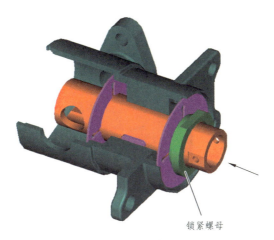

锁紧螺母

图 7-23　安装锁紧螺母

（7）将制动阀杆沿图 7-24 所示箭头方向放入阀体内，制动阀杆紧贴阀体凸台，并用两个 M12×40 的螺栓及弹性垫圈紧固。

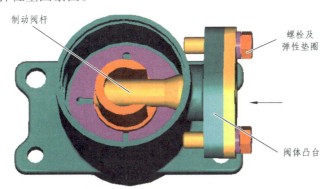

制动阀杆

螺栓及
弹性垫圈

阀体凸台

图 7-24　安装制动阀杆

（8）检查制动阀杆端头与作用杆孔上、下间隙为（2±0.5）mm，如图 7-25 所示。

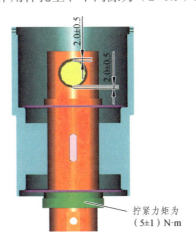

2.0±0.5

2.0±0.5

拧紧力矩为
（5±1）N·m

图 7-25　拧紧锁紧螺母

（9）将阀盖放入阀体上部止口，使阀盖紧贴阀体，根据阀体上已有的两孔在阀盖上钻两个 2×ϕ3 mm 的孔，孔深 6 mm，然后将两个弹性柱销打入两孔中，如图 7-26 所示。

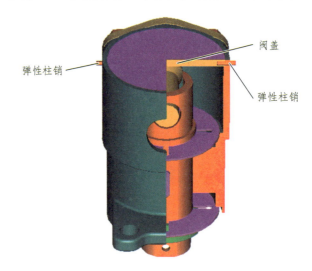

图 7-26　安装阀盖

（10）将组装好的阀体安装到安装座上，并用 4 个螺栓、螺母紧固，如图 7-27 所示。将制动支管与脱轨制动阀通过螺栓连接。

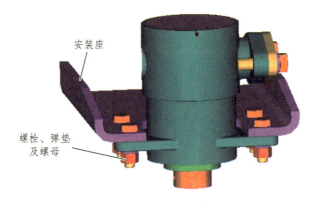

图 7-27　安放阀体

（11）在车辆落成前将顶梁组成旋入作用杆，待调整好旁承间隙、车钩高度后，调整顶梁下平面与车轴上边缘的距离 ΔY_2（见表 7-6），然后用扁销、抽芯铆钉将顶梁组成与作用杆销接，如图 7-28 所示。

（12）将拉环插入顶梁组成限位筒中，再用圆销、抽芯铆钉将拉环与顶梁组成销接。检查车轴下边缘至拉环的垂直距离 ΔY_1、车轴左右边缘与拉环的水平距离 ΔX，ΔY_1、ΔX 值需符合表 7-6 要求，不符合要求时调整。最后，将安装座上的螺栓与螺母点焊牢固。至此，脱轨制动阀组装作业完成，如图 7-29 所示。

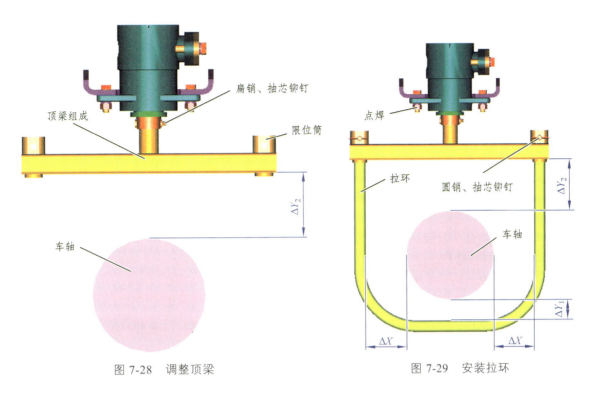

图 7-28　调整顶梁　　　　　　　图 7-29　安装拉环

精选习题

一、单选题（选自国铁集团制动钳工竞赛题库）

1. 车辆脱轨时，制动阀杆被打断，制动主管与大气连通，致使列车产生（　　　）。

　　A. 紧急制动　　　　　　B. 制动　　　　　　C. 缓解　　　　　　D. 常用制动

2. 脱轨制动阀由（　　　）、顶梁、调节杆、作用杆、锁紧螺母、弹片、制动阀杆和阀体等组成。

　　A. 杠杆　　　　　　　　B. 推杆　　　　　　C. 拉环　　　　　　D. 销钉

3. 拉环根据安装车型的不同设计成（　　　）种规格，为了防止拉环误装，将顶梁组成和拉环根据销孔方向不同设计成一一对应的规格形式，杜绝拉环的误装。

　　A. 一　　　　　　　　　B. 两　　　　　　　C. 三　　　　　　　D. 五

4. 作用杆由上、下对称放置的两个（　　　）支承在阀体上并通过锁紧螺母预紧。

　　A. 拉环　　　　　　　　B. 销钉　　　　　　C. 弹片　　　　　　D. 调整杆

5. 货车脱轨自动制动装置采用（　　　）作用方式，在车辆脱轨时能及时使主风管连通大气。

　　A. 电子　　　　　　　　B. 人力　　　　　　C. 空气　　　　　　D. 机械

6. 拉环、顶梁裂损或腐蚀深度大于（　　　）mm 时更换，变形时调修或更换。

　　A. 1　　　　　　　　　　B. 1.5　　　　　　　C. 2　　　　　　　　D. 2.5

7. 制动阀杆锌铬涂层剥落、露底或湿法磁粉探伤有裂纹时更换。在试验台上进行试验，制动阀杆内部通以压力为 650～700 kPa 的压缩空气，保压（　　　）min，不得漏泄。

A. 1   B. 1.5   C. 2   D. 2.5

8. 调节杆与作用杆螺纹腐蚀深度大于（　　　）mm 时更换，损伤时修理或更换。

A. 1   B. 1.5   C. 2   D. 2.5

9. 弹片锌铬涂层剥落、露底或湿法磁粉探伤有裂纹时，或平面度超过（　　　）mm 时更换。

A. 0.4   B. 0.5   C. 1   D. 2

10. Ⅱ型拉环是（　　　）色。

A. 黑   B. 黄   C. 红   D. 蓝

二、判断题（选自职业技能鉴定题库）

1. 在车辆脱轨时脱轨自动制动装置能及时使主风管连通大气，致使列车产生紧急制动，从而避免脱轨事故的扩大，有效减少车辆、货物、轨枕、路基及道旁设备的损坏。（　　　）

2. 货车脱轨自动制动装置利用脱轨时车体与轮对的相对位移，在空车脱轨时，脱轨轮对处的车轴顶断制动阀杆。（　　　）

3. 在重车脱轨时，脱轨转向架中未脱轨轮对的车轴顶断制动阀杆。（　　　）

4. 脱轨制动阀是脱轨制动装置的核心部件，每根车轴处安装一套。（　　　）

5. 货车脱轨自动制动装置由铁道货车脱轨自动制动阀、球阀、三通和管路等组成。（　　　）

6. 顶梁转运一圈，向上（下）移动 3.5 mm。（　　　）

7. Ⅱ型拉环销孔距底部钢管内侧高度 366 mm。（　　　）

8. ΔY_2 表示顶梁下平面与车轴上边缘的距离。（　　　）

9. 将组装好的阀体在组装台位上夹紧，用力矩扳手拧紧锁紧螺母，要求拧紧力矩为（5±1）N·m。（　　　）

10. 制动阀杆端头与作用杆孔上、下间隙为（2±0.5）mm。（　　　）

三、简答题

1. 简述货车脱轨自动制动装置的构造。

2. 简述货车脱轨自动制动装置的作用原理。

3. 简述脱轨制动阀、顶梁组成及拉环组装对应的转向架型别。

4. 简述货车脱轨自动制动装置的分解和组装程序。

项目八　客车 104 型分配阀检修

 项目描述

104 型分配阀是我国于 1965 年开始，针对三通阀的结构和性能不能适应铁路运输的发展需要，由铁道科学研究院与齐齐哈尔车辆工厂研制的新型货车、客车车辆制动分配阀，以其结构性能的较先进性作为三通阀的取代品。104 型分配阀于 1975 年通过铁道部技术鉴定并批准定型生产。自 20 世纪 70 年代中期至 90 年代中期，新造和改造客车的空气制动装置均由分配阀取代了三通阀。104 型分配阀在为适应国民经济飞速发展，提高铁路运输能力以适应日益增长的运输量的需求方面发挥了重要的作用。本项目将重点学习其构造、作用原理，并通过检修工艺流程的学习，掌握企业作业标准。

对应岗赛证

对应岗位：铁路客车检车员岗位、铁路客车制动钳工岗位。

对应大赛：职业技能大赛、创新创业大赛。

对应证书：铁路职业技能鉴定系列证书、1+X 轨道交通装备系列证书。

学习目标

【知识目标】

（1）了解 104 型分配阀的特点；

（2）掌握 104 型分配阀的构造及作用原理；

（3）掌握 104 型分配阀的检修工艺流程。

【技能目标】

（1）能够对 104 型分配阀进行故障原因分析及判断；

（2）具备 104 型分配阀检修的能力。

【素质目标】

（1）培养学生精益求精的工匠精神；

（2）树立标准化作业意识及安全责任意识。

 思政案例

2020 年 5 月 8 日 14 时 20 分，某局集团公司某车辆段报告一列车机后 7 位车辆制动不缓解，经列检检查无异常，司机再次充风后缓解。17 时 20 分该车再次制动不缓解，经检车员检查发现为 104 型分配阀故障，定车辆段应急处置不当责任。后经过仔细排查，是 104 型分配阀主阀橡胶膜板穿孔故障导致的本次事故。

2021 年 7 月 10 日 0 时 25 分，某局集团某车辆段某站一始发列车司机反馈紧急制动后缓解不良，经车站人员检查发现机后 3 位车辆紧急阀排风口处漏风，发现此情况后，检车员快速处置，更换了紧急阀，保证了列车整点运行。

可见 104 型分配阀作为车辆最重要的部件，其结构、原理复杂，是检修工作的重点，对保障列车安全和正点运行至关重要。

任务一　104 型分配阀的特点及构造

 任务目标

【知识目标】

（1）掌握 104 型分配阀的特点；

（2）掌握 104 型分配阀的构造；

（3）掌握 104 型分配阀各组成结构的作用。

【技能目标】

（1）能够对 104 型分配阀进行故障原因分析及判断；

（2）具备 104 型分配阀检修的能力。

【素质目标】

树立标准化作业意识及安全责任意识。

 任务描述

104 型分配阀是客车的主型分配阀，课前同学们要完成 104 型分配阀发展历程、特点的学习，课上汇报学习成果，同时老师讲解其构造及各组成部分的作用；课后同学们要根据所讲知识自主对 104 型分配阀进行更深入的探究。

数字资源

104 型分配阀的特点及构造

 配套知识

一、104 型分配阀的特点

在 104 型分配阀设计制造过程中，对三通阀的结构和性能的优缺点进行了充分的分析研究，同时也吸取了国外客车空气控制阀在结构性能方面的优点。104 型分配阀（简称 104 阀）的特点如下：

1. 采用间接作用方式

旧型空气制动机均采用三通阀控制形式，其性能比较简单，作用不准确，仅能适用于固定尺寸的制动缸，检修也不方便。为了提高并完善制动机的作用性能，使其能够适应各种客货车辆的通用性要求及配合空重车调整、电空制动、防滑器等新技术的需要。103 型及 104 型制动机采用了与三通阀作用原理不同的分配阀控制形式，即由直接作用方式改为间接作用方式，在结构上通过增设压力风缸、容积室与均衡部来达到间接控制制动缸作用的目的；同时设有专门的充气部机构，以协调副风缸与压力风缸的充气作用。

2. 两种压力控制的膜板滑阀结构

为了能够与旧型制动机无条件混编，采用压力风缸及制动管的两种压力控制作用，以相当于三通阀的副风缸及制动管的两种压力控制。即依靠制动管压力变化引起与压力风缸的压力差来产生相应的动作控制制动机的充气缓解、减速充气、减速缓解、常用制动、制动保压和紧急制动等基本作用，便于司机按传统习惯进行列车制动机各作用性能的操纵，并满足长大列车的缓解要求。在考虑提高性能的同时又能使各作用压力、时间参数等方面与三通阀相协调，以保证与旧型制动机的混编。但三通阀为活塞环结构，其作用灵敏度较低，漏泄不稳定而容易产生各种故障，为此在分配阀设计中采用膜板滑阀结构，以消除活塞环阻力大、易磨耗、易漏泄等缺点，提高作用灵敏度，并有利于检修。

3. 分部作用形式

与 120 阀一样，104 型分配阀也采用分部作用方式，即紧急制动与常用制动分开控制，专设一紧急阀控制紧急制动作用。当紧急制动时，紧急阀能使制动管直通大气，以确保全列车迅速、有效地产生紧急制动作用，提高紧急制动波速，改善紧急制动性能。

4. 设有紧急增压阀

为进一步缩短制动距离，更好地适应高速旅客列车的要求，在紧急制动时提高制动缸压力，104 分配阀设置了紧急增压阀。

5. 采用新结构和新材料

分配阀采用了新的结构形式和新材料，便于检修，利于延长检修周期。

（1）客车 104 型分配阀各零部件尽量做到了统一互换，通用件多，减少了零件的规格，使制造和检修均较方便。

（2）除采用 S 形和其他形式的橡胶膜板代替金属活塞环结构以外，大量采用橡胶夹心阀减轻研磨工作量。

（3）设滤尘器，加强防止油垢、尘埃侵入阀内，有利于延长检修周期。

（4）采用新品种的润滑油、润滑脂等润滑材料，可以适应我国不同地区运用条件的要求。

二、104 型分配阀的构造

104 型分配阀均由主阀、紧急阀和中间体三部分组成，如图 8-1 和图 8-2 所示。

图 8-1　104 型分配阀实物

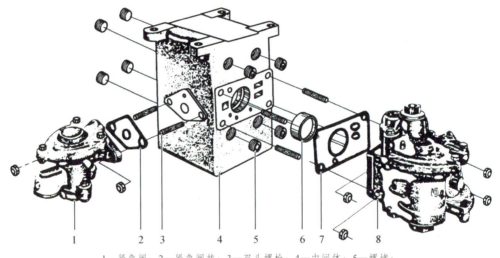

1—紧急阀；2—紧急阀垫；3—双头螺栓；4—中间体；5—螺堵；
6—滤尘器；7—主阀垫；8—主阀。

图 8-2　104 型分配阀结构

1. 中间体

中间体由铸铁铸成，有 4 个垂直面，其中两个相邻的垂直面作为主阀和紧急阀的安装座，另两个垂直面上设有管座，以连接到压力风缸、列车管、副风缸及制动缸。中间体内有 3 个空腔，分别为 1.5 L 的容积室、0.6 L 的紧急室、3.85 L 的容积室，如图 8-3 所示。此外，中间体体内还设有一个滤尘器，用以过滤掉进入阀体内的灰尘。

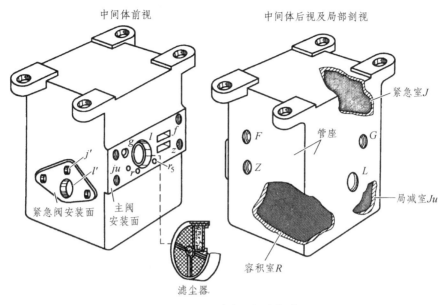

图 8-3　104 型分配阀中间体

2. 主　阀

主阀控制着充气、缓解、制动、保压等作用，是控制阀中最主要的部分，由作用部、充气部、均衡部、局减阀和紧急增压阀五部分组成，如图 8-4 所示。

1）作用部

作用部是二压力平衡机构，受制动管空气压力和压力风缸空气压力的共同作用。二者压力差促使主活塞带动节制阀、滑阀移动到不同位置，进而控制制动机产生充气、缓解、制动、保压等作用。

作用部构造由主活塞压板螺母、主活塞压板、主活塞膜板、密封圈、主活塞、滑阀、滑阀弹簧及滑阀弹簧销、节制阀、节制阀弹簧、主活塞杆、稳定杆、稳定弹簧、稳定弹簧座、挡圈、滑阀座等组成，如图 8-5 所示。

与 120 阀稳定部一样，104 分配阀稳定部也同样有稳定杆、稳定弹簧，稳定弹簧靠稳定弹簧座和挡圈组装于主活塞杆的尾部，使得作用部具有一定的稳定性，防止列车运行时由于制动管的压力波动或轻微漏泄引起主活塞动作而产生自然制动。

2）充气部

充气部会根据压力风缸增压速度控制副风缸的增压速度，即使副风缸的充气与压力风缸的充气协调进行。充气部动作时，压力风缸的压力空气会促使充气活塞上移顶开充气阀，制动管压力空气通过作用部后，会顶开充气止回阀，流过处于开放状态的充气阀，最终进入副风缸。

充气部由充气阀部、充气止回阀部两部分组成，如图 8-6 所示。

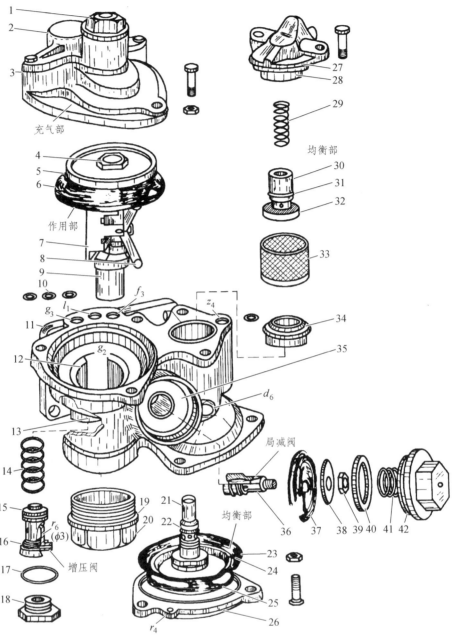

1—止回阀盖；2—充气阀体；3—主阀上盖；4—主活塞压板螺母；5—主活塞压板；6—主活塞膜板；7—滑阀；
8—滑阀弹簧；9—主活塞杆；10—ϕ16 mm密封圈；11—主阀体；12—滑阀套；13—增压阀套；14—增压阀弹簧；
15—增压阀；16—ϕ24 mm密封圈；17—ϕ40 mm密封圈；18—增压阀盖；19—ϕ75 mm密封圈；20—主阀下盖；
21—作用活塞杆；22—ϕ15 mm密封圈；23—作用活塞膜板；24—作用活塞；25—作用活塞压板；
26—作用阀下盖；27—作用阀上盖；28—作用阀杆套；29—作用阀弹簧；30—作用阀杆；
31—ϕ19 mm密封圈；32—作用阀；33—滤尘套；34—作用阀座；35—局减阀套；
36—局减阀；37—局减膜板；38—局减活塞；39—局减活塞螺母；40—压圈；
41—局减阀弹簧；42—局减阀盖。

图 8-4　104 型分配阀主阀结构

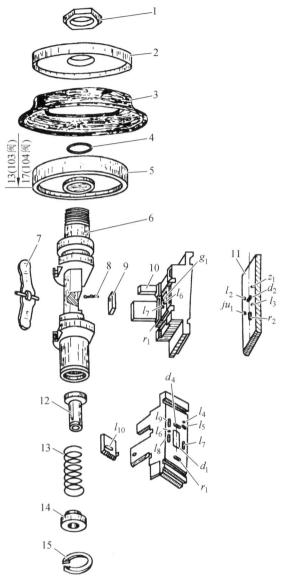

1—主活塞压板螺母；2—主活塞压板；3—主活塞膜板（ϕ126 mm）；4—密封圈（ϕ24 mm）；
5—主活塞；6—主活塞杆；7—滑阀弹簧及弹簧销；8—节制阀弹簧；9—节制阀；
10—滑阀；11—滑阀座；12—稳定杆；13—稳定弹簧；
14—稳定弹簧座；15—挡圈。

图 8-5　作用部零部件外形及组装图

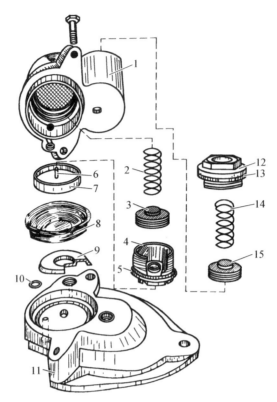

1—充气阀体；2—充气阀弹簧；3—充气阀（φ25 mm 橡胶夹心阀）；4—充气阀座；5—φ35 mm 密封圈；
6—充气活塞顶杆；7—充气活塞；8—充气膜板（φ58 mm）；9—膜板垫；10—φ16 mm 密封圈；
11—主阀上盖；12—充气止回阀盖；13—φ40 mm 密封圈；14—充气止回阀弹簧；
15—充气止回阀（φ25 mm 橡胶夹心阀）；16—充气止回阀座。

图 8-6　104 型分配阀充气部

3）均衡部

均衡部的作用阀和作用活塞会根据容积室的增压、减压或保压而产生不同的动作，进而控制制动缸的增压、减压或保压。所以，均衡部的用途是使制动缸压力随容积室压力变化而变化，即实现制动缸与容积室的压力同步变化。104 型分配阀均衡部如图 8-7 所示。

4）局减阀

局减阀的用途是在常用制动位，将制动管的压力空气充入制动缸，实现第二阶段局部减压作用，确保后部车辆迅速产生制动作用，进而提高制动波速；同时，使制动缸获得跃升的初压力，并控制第二阶段局部减压量。局减阀在缓和列车冲击、缩短制动距离方面发挥着重要作用。104 型分配阀局减阀如图 8-8 所示。

5）紧急增压阀

紧急增压阀将副风缸和压力风缸的压力空气一并送至容积室，使容积室获得比常用制动时更高的压力，通过均衡部间接作用实现了制动缸的迅速增压。104 型分配阀紧急增压阀如图 8-9 所示。

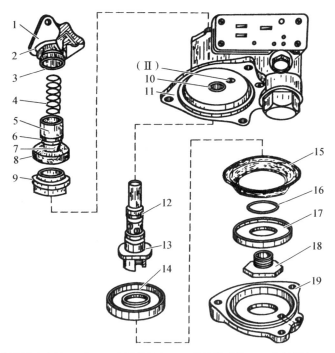

1—作用阀上盖；2—密封圈（ϕ45 mm）；3—作用阀杆套；4—作用阀弹簧；5—作用阀杆；6 密封圈（ϕ19 mm）；
7—销；8—作用阀；9—作用阀座；10—作用活塞杆套；11—主阀体；12—密封圈（ϕ15 mm）；
13—作用活塞杆；14—作用活塞；15—作用活塞膜板（ϕ116 mm）；16—密封圈（ϕ35 mm）；
17—作用活塞压板；18—活塞压板螺栓；19—作用阀下盖。

图 8-7　104 型分配阀均衡部

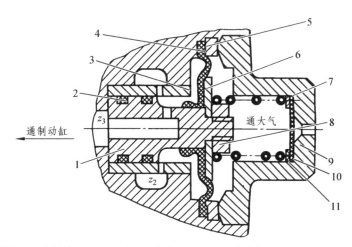

1—局减阀；2—密封圈（ϕ24 mm）；3—局减阀套；4—局减膜板；5—压圈；6—局减活塞；
7—局减弹簧阀；8—局减活塞螺母；9—局减阀盖；10—毛毡；11—局减阀弹簧垫。

图 8-8　104 型分配阀局减阀

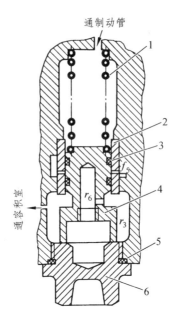

1—增压阀弹簧；2—增压阀套；3—密封圈（ϕ24 mm）；4—增压阀；

5—密封圈（ϕ40 mm）；6—增压阀盖。

图 8-9   104 型分配阀紧急增压阀

3. 紧急阀

设立独立的紧急阀有效避免了主阀动作和作用气路产生的干扰，保证了紧急制动的可靠发生。在紧急制动时，紧急活塞两侧的压力差克服安定弹簧弹力及其他阻力打开放风阀，将制动管的压力空气迅速排向大气，产生强烈的紧急局部减压（即紧急放风作用），进而提高了紧急制动灵敏度和紧急制动波速。

紧急阀由紧急阀上盖、紧急活塞杆、密封圈、紧急活塞、紧急活塞膜板、紧急活塞压板、压板螺母、安定弹簧、放风阀座、紧急阀体、排气保护罩垫、排气垫铆钉、滤尘网、放风阀（橡胶夹心阀）、放风阀弹簧、放风阀导向杆、放风阀套、紧急阀下盖等组成，如图 8-10 所示。

紧急活塞上方通紧急室，下方通列车管。放风阀导向杆下方也通列车管。紧急活塞杆的轴向中心孔中有一 ϕ1.6 mm 的缩孔，用以限制紧急室向列车管的逆流速度，以保证在紧急制动时，紧急活塞两侧有足够的压力差来推动紧急活塞。缩孔如过大，将会降低紧急制动灵敏度；如太小，则会影响安定性。紧急活塞杆上部设有 ϕ0.5 mm 的缩孔，用以控制列车管向紧急室充气的速度，以保持紧急活塞上下两侧压力平衡，避免紧急室充气过快而引起意外的紧急制动。紧急活塞杆下部设有 ϕ1.2 mm 的径向缩孔，用以在紧急制动后，控制紧急室压力空气排入大气的速度。

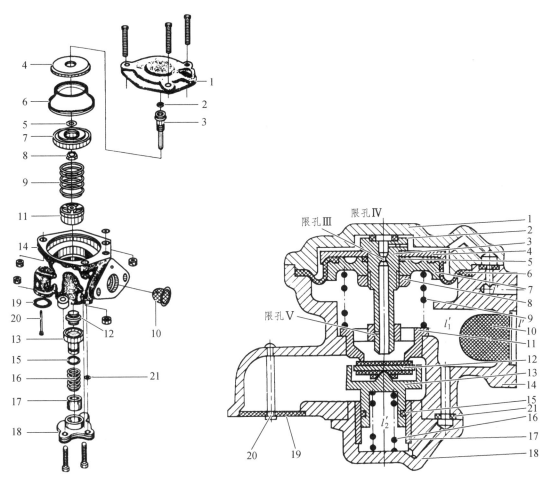

1—紧急阀上盖；2—密封圈（ ϕ 16 mm）；3—紧急活塞杆；4—紧急活塞；5—密封圈（ ϕ 19 mm）；6—紧急活塞膜板（ ϕ 100 mm）；
7—紧急活塞压板；8—压板螺母；9—安定弹簧；10—滤尘网；11—放风阀座；12—放风阀（橡胶夹心阀）；
13—放风阀导向杆；14—紧急阀体；15—密封圈（ ϕ 24 mm）；16—放风阀弹簧；17—放风阀套；
18—紧急阀下盖；19—排气保护罩垫；20—排气垫铆钉；21—密封圈（ ϕ 16 mm）。

图 8-10　104 型分配阀紧急阀

任务二　104 型分配阀的作用原理

🎯 任务目标

【知识目标】

（1）掌握 104 型分配阀的基本作用原理；

（2）掌握 104 型分配阀的作用气路。

【技能目标】

（1）能够对照原理图阐述 104 型分配阀的作用原理；

（2）具备 104 型分配阀检修的能力。

【素质目标】

培养学生对知识的综合运用能力。

 任务描述

104 型分配阀是客车的主型分配阀，课前同学们要完成 104 型分配阀作用原理及作用气路的学习，课上汇报学习成果，同时老师讲解其作用原理及作用气路；课后同学们要根据所讲知识自主对 104 型分配阀作用原理进行更深入的探究。

 数字资源

104 型分配阀的作用原理

 配套知识

一、104 型分配阀的基本作用原理

104 型分配阀有三个基本作用，分别是充气缓解、减压制动和制动保压。

1. 充气缓解位

充气缓解的形成是对制动管施行增压，制动管压力空气流入主活塞上方区域，克服压力风缸的压力和运动阻力，推动主活塞、滑阀及节制阀向下运动，直到下方极限位置，主阀处于充气缓解位；与此同时，制动管压力空气流入紧急阀下方区域，促使紧急活塞组件向上运动至极限位置，紧急阀处于充气缓解位，如图 8-11 所示。在充气缓解位，分配阀会完成压力风缸充气、副风缸充气、紧急室充气、容积室缓解、制动缸缓解等作用。其作用过程如下：

（1）容积室缓解。

容积室→滑阀、滑阀座孔路→大气。

容积室压力空气压力下降后，作用活塞被制动缸压力推动向下移动，露出作用活塞杆上轴向及径向中心孔。

（2）制动缸缓解。

制动缸作用活塞杆上轴向及径向中心孔→大气，制动机缓解。

（3）压力风缸充气。

制动管→滑阀充气孔→压力风缸。

压力风缸空气进入充气膜板下方，推动充气膜板和充气活塞上移打开充气阀。

（4）副风缸充气。

制动管→顶开充气止回阀→充气阀→副风缸。

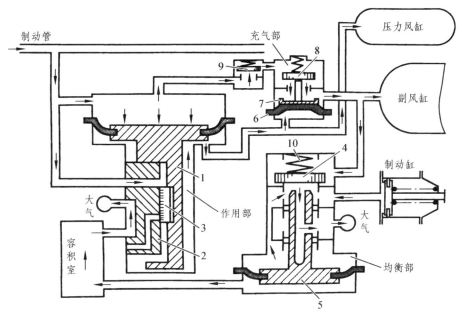

1—主活塞；2—滑阀；3—节制阀；4—作用阀；5—作用活塞；6—充气膜板；
7—充气活塞；8—充气阀；9—充气止回阀；10—作用阀弹簧。

图 8-11　充气缓解位作用原理图

2．减压制动位

当制动管常用制动减压时，主活塞在两侧压力差的作用下分阶段带动节制阀、滑阀上移，最后到达上极限位置，形成制动作用。压力风缸的压缩空气首先进入容积室，然后进入作用活塞下方，使作用活塞上移，打开作用阀，使副风缸压力空气进入制动缸，形成制动作用，如图 8-12 所示。其作用过程如下：

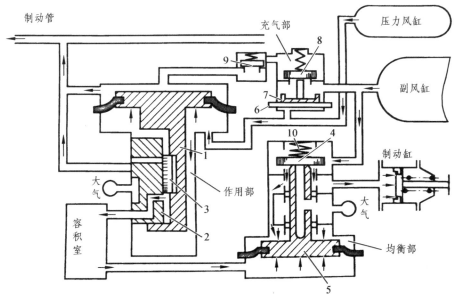

图 8-12　减压制动位作用原理（图注同图 8-11）

（1）容积室充气。

压力风缸→滑阀制动孔、滑阀座容积室孔容积室。

压力风缸的压力空气推动作用活塞上移，推开作用阀。

（2）制动缸充气。

副风缸→作用阀与座的间隙→制动缸，形成制动作用。

3. 制动保压位

在实施常用制动的过程中，制动管在减压量未达最大有效减压量之前，若司机控制制动管停止减压而使之进入保压状态，会引发分配阀一系列动作。压力风缸不断向容积室充风，导致主活塞下侧压力降低，压力差会把主活塞平衡状态打破。

主活塞和节制阀被压力差推动下移 4 mm，直到碰到滑阀上端面停止运动。这时，节制阀堵住滑阀背面的孔，从而关闭压力风缸向容积室充风的通路，如图 8-13 所示。容积室、压力风缸因此进入保压状态。在一定时间内，副风缸的压力空气仍会进入制动缸。因此，反映在作用活塞上方空气压力也会随之上升。

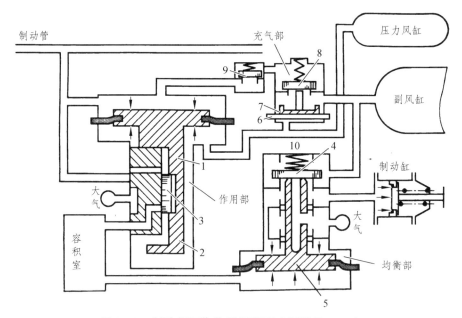

图 8-13　制动保压位作用原理图（图注同 8-11）

作用活塞两侧形成的压力差会使作用活塞下移，作用阀也会关闭，副风缸向制动缸充气通路被切断，副风缸和制动缸会进入保压状态，主阀的其他部位也将进入保压状态。

制动保压作用位置形成后，无空气通路，制动管、容积室、压力风缸、副风缸、制动缸都处于保压位。

二、104 型分配阀的作用气路

104 型分配阀设有充气缓解、常用制动、制动保压和紧急制动四个作用位置。

1. 充气缓解位（见图 8-14～图 8-17 和附图 7）

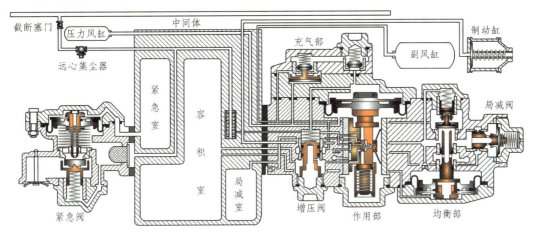

图 8-14　充气缓解位 Ⅰ

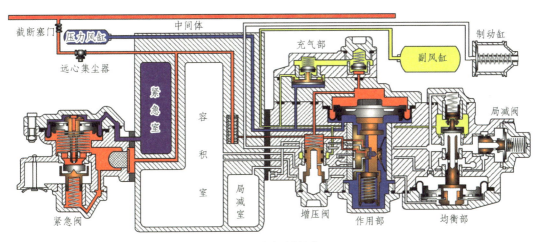

图 8-15　充气缓解位 Ⅱ

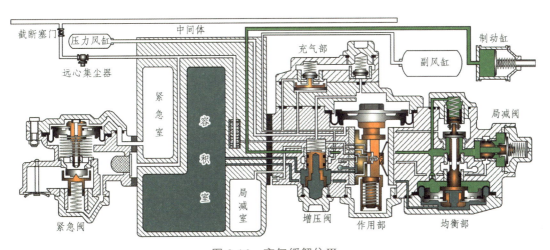

图 8-16　充气缓解位 Ⅲ

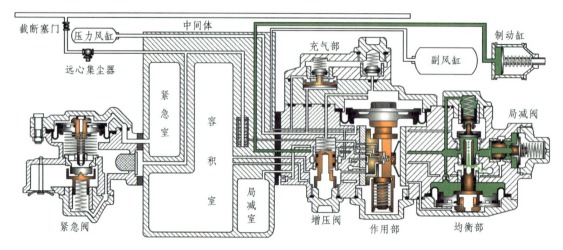

图 8-17　充气缓解位Ⅳ

1）充气缓解通路

制动管压力空气充入主活塞的上腔，主活塞上侧压力增大，主活塞在两侧压力差的作用下带动节制阀、滑阀下移，到达下方的极端位置；另一路经滤尘网进入紧急阀，产生充气缓解作用。通路如下：

（1）容积室缓解。

容积室压力空气经滑阀座容积室孔、滑阀缓解联络槽及滑阀座缓解孔排向大气，容积室压力下降到零。

气路：容积室$\rightarrow R \rightarrow r \rightarrow r_3 \rightarrow r_2 \rightarrow d_1 \rightarrow d_3 \rightarrow$大气。

（2）制动缸缓解。

容积室排气引起均衡活塞下方的压力下降。均衡活塞上下侧压力差推动均衡活塞下移，使均衡活塞杆上端口脱离均衡阀，制动缸压力空气经均衡活塞杆轴向孔、径向孔、均衡部排气口排向大气，制动缸开始缓解。可见，容积室缓解控制制动缸的缓解。

气路：制动缸$\rightarrow Z \rightarrow z \rightarrow z_3 \rightarrow d_5 \rightarrow d_6 \rightarrow$大气。

（3）压力风缸充气。

制动管压力空气经滑阀座上的制动管充气孔、滑阀上的充气孔向压力风缸充气，同时到达充气部充气活塞的下方，顶起充气活塞，通过充气活塞顶杆将充气阀"顶开"。

气路：制动管$\rightarrow L \rightarrow$中间体$\rightarrow l \rightarrow l_{12} \rightarrow l_2 \rightarrow l_5 \rightarrow g_1 \rightarrow g_2 \rightarrow g \rightarrow G$。

（4）副风缸充气。

制动管压力空气经"吹开"的充气止回阀、"顶开"的充气阀向副风缸充气。压力风缸的充气通过充气部间接地控制实现了副风缸的充气。

当副风缸压力与压力风缸压力接近平衡时，在充气阀弹簧的作用下，充气阀下移关闭，也就停止了向副风缸充气。增压阀套径向孔f_5与副风缸相通，做好了紧急增压作用的准备。

气路：制动管$\rightarrow L \rightarrow$中间体$\rightarrow l \rightarrow l_{12} \rightarrow l_1 \rightarrow$主活塞上方$\rightarrow$Ⅲ$\rightarrow f_1 \rightarrow f_2 \rightarrow f_3 \rightarrow f \rightarrow F$。

（5）紧急室充气。

在安定弹簧和制动管压力空气的共同作用下，紧急活塞被压到上方极限位，使活塞杆顶部密封圈与紧急阀上盖密贴，制动管压力空气只能经紧急活塞杆轴向孔缩孔Ⅲ、径向孔缩孔Ⅳ向紧急室充气。缩孔Ⅳ限制了向紧急室的充气速度，防止了紧急室的过充气。制动管的压力空气同时进入放风阀弹簧室，抵消安定弹簧室压力空气作用在放风阀上方的压力，则放风阀依靠放风阀弹簧的作用与放风阀座密贴关闭。

气路：制动管→L→中间体→l′→滤尘器→Ⅴ→Ⅲ→Ⅳ→j'_1→j'→J。

此时，分配阀的增压阀弹簧室的制动管压力使增压阀均处于下方位置，增压阀关闭。此外，滑阀上的局减孔、局减室分别与滑阀座上的制动管局部减压孔、局减室孔相对，做好了产生第一段局部减压作用的准备。

制动管的压缩空气同时进入放风阀弹簧室，抵消安定弹簧室作用在放风阀上部的制动管压力。放风阀依靠放风阀弹簧作用与放风阀座密贴关闭。

2）制动机的稳定性

制动机的稳定性，即指在制动管缓慢减压速度（如制动管漏泄等）下不发生制动作用的性能。

因自动制动机的特点是制动管减压时产生制动作用，当列车分离、制动管管路破裂或拉动紧急制动时，都可使制动管减压而到达自动制动，以实现确保行车安全的目的，但制动管的接头部位很多，不可避免地有压缩空气漏泄现象。制动机的稳定性就是保证列车在这些非正常减压的轻微漏泄速度下，不产生制动作用而正常运行的性能。

104型分配阀是靠下述两项措施来实现其稳定性的：

（1）压力风缸向制动管逆流。

列车正常运行过程，分配阀呈充气缓解作用位。此时，若制动管缓慢减压（如漏泄），则有逆流气路：G→g→g_2→g_1→l_5→l_2→l→L，使得压力风缸与制动管压力同步下降，在主活塞两侧不能形成压力差，主活塞不会上移而产生制动作用。

（2）主活塞杆尾腔内稳定部的作用。

由于组装后，稳定弹簧的预压力通过稳定杆帽作用在滑阀上，滑阀靠滑阀弹簧压紧在滑阀座上，节制阀靠节制阀弹簧压紧在滑阀上。主活塞两侧须具有一定向上的压力差才能克服主活塞、节制阀的自重、节制阀在滑阀上的移动阻力以及稳定弹簧的弹力而压缩稳定弹簧上移到第一段局部减压位，进而产生制动作用。由于上述压力风缸向制动管逆动流的作用，制动管缓慢减压时，主活塞两侧不能形成克服自重和移动阻力压缩稳定弹簧的压力差而动作，不能上移到第一段局部减压位，也就不能产生制动作用，这就保证了制动机的稳定性。

分配阀实现制动机的稳定性的减压速度设计规定：单车试验中制动管达定压后，在40 kPa/min的减压速度下，制动机不得发生制动作用；在705试验台上要求在50 kPa/min的减压速度下，分配阀不得产生局部减压和制动作用。

2. 常用制动位（见图 8-18～图 8-21 和附图 8）

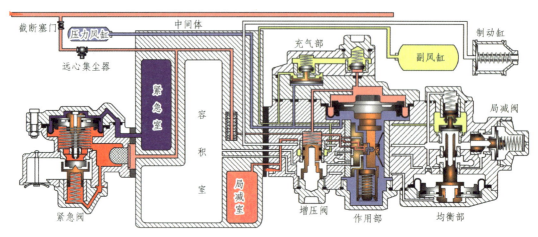

图 8-18　常用制动位 I

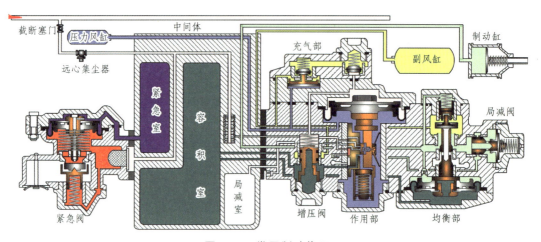

图 8-19　常用制动位 II

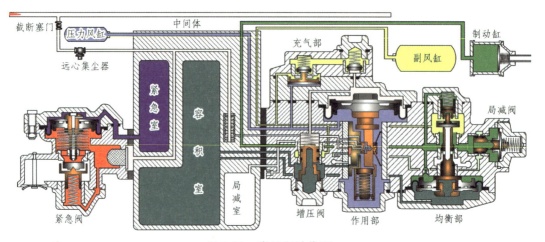

图 8-20　常用制动位 III

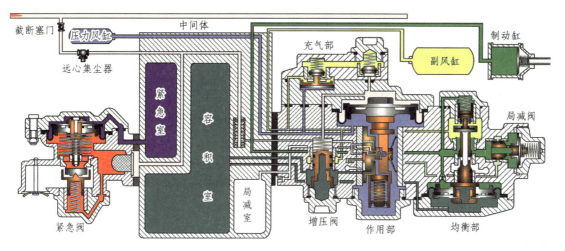

图 8-21　常用制动位Ⅳ

1）制动作用产生过程

当制动管常用制动减压时，主活塞在两侧压力差的作用下分阶段带动节制阀、滑阀上移，最后到达上极限位置，形成制动作用。在主活塞上移的过程中，先后产生两阶段局减作用。第一阶段局减作用是制动管压力空气经滑阀、节制阀充入中间体内的局减室，第二阶段局减作用是制动管压力空气经滑阀、局减阀进入制动缸。制动作用产生的过程如下：

（1）第一阶段局部减压。

当制动管常用制动减压时，压力风缸的压力空气来不及向制动管逆流，当主活塞两侧形成一定的压力差后，能克服受压缩稳定弹簧的反力、自重以及节制阀所受到的摩擦阻力上移，直至主活塞杆下肩与滑阀接触为止。因滑阀与滑阀座之间静摩擦阻力较大，滑阀未动，形成第一阶段局减作用。

制动管压力空气经滑阀座制动管局减用孔、滑阀局减孔、节制阀局减联络槽、滑阀局减室孔、滑阀座局减阀孔、主阀安装面局减室孔排向中间体内局减室 Ju，再经主阀安装面上的缩堵Ⅰ（$\phi 0.8\ mm$）排向大气，使制动管产生第一阶段局减作用。局减作用可以提高制动波速。

同时，节制阀关闭了滑阀上的充气限制孔，截断了压力风缸到制动管的逆流通路，露出了滑阀上的制动孔 r_1，为制动作用做好了准备，同时为向上移动而切断第一阶段局部减压气路减小了阻力。局减室内的压缩空气经缩孔缓慢排入大气。

气路：制动管→L→l→l_3→l_6→l_{10}→l_7→ju_1→ju→Ju→缩孔Ⅰ→D→大气。

第一阶段局部减压加快了制动管减压速度，促使全列车制动作用迅速产生，提高了制动波速，缩短了制动距离，缓和了列车冲击力。

（2）第二阶段局部减压。

第一阶段局减作用使主活塞上下两侧迅速形成更大的压力差，此压力差能克服滑阀与滑阀座之间的摩擦阻力，推动主活塞带动节制阀、滑阀上移到上极限位，即制动位。第一阶段局减通路被滑阀切断，第一阶段局减作用结束，第二阶段局减作用与制动作用同时产生。主活塞带动节制阀、滑阀上移到制动位。

此时，制动管压力空气经局减阀到制动缸，形成了制动管的第二阶段局减作用。由于制动作用也同时产生，该局减作用将制动管的压力空气（与副风缸压力空气一起）送入制动缸。制动缸压力获得初跃升，第二阶段局减作用与第一阶段局减一起作用提高了制动波速，有效减轻了列车制动时的纵向冲动。当制动缸压力达 50～70 kPa 时，局减活塞压缩局减阀弹簧，关闭局减阀套上的径向孔 z_2，第二阶段局减结束。

（3）容积室充气。

第一阶段局部减压形成后，形成了压力风缸压缩空气经滑阀室、滑阀制动孔、滑阀座容积室孔、增压阀下部到容积室的气路，使得容积室压力增加，产生制动。

气路：压力风缸→G→g→g_2→r_1→r_2→紧急增压阀下部 r_3→r→R→容积室→r_5→r_4→顶起作用活塞并推开作用阀。

（4）制动缸充气。

容积室增压后，其空气压力推动均衡活塞上移，顶开均衡阀，副风缸压力空气经由均衡阀口进入制动缸，制动缸压力增大，本车制动力增大。同时，制动缸压缩空气进入作用阀弹簧室，抵消制动缸压缩空气和容积室压缩空气共同作用在作用阀下部的背压。

制动缸压缩空气经缩孔反映到作用活塞上部，使得作用活塞能根据容积室增压情况准确地控制制动缸的同步增压。

气路：副风缸→F→f→f_4→活塞杆与阀座间隙→z_3→z→Z→制动缸。

2）制动机的安定性

制动机的安定性是指制动机在常用制动减压时不产生紧急制动作用的性能。

制动管常用制动减压时，紧急活塞下侧安定弹簧室压力随之下降，紧急室的压缩空气向制动管逆流，当逆流速度小于制动管减压速度时，在紧急活塞两侧形成较小的压力差，压紧急活塞稍下移使活塞杆顶端凹穴中的密封圈脱离紧急阀上盖，紧急室的压缩空气经封圈与紧急阀盖的大间隙向制动管逆流。该逆流速度接近于常用制动减压时制动管的最大减压速度，则紧急活塞两侧不能形成足以压缩安定弹簧下移，使活塞杆下部接触放风阀的压力差。故放风阀仍呈关闭状态，紧急阀不产生紧急排气作用，即保证了常用制动的安定性。

3. 制动保压位（见图 8-22 和附图 9）

当制动管停止减压而保压时，主活塞上侧的制动管压力保压，由于作用部仍处于制动位，压力风缸继续向容积室充气，容积室压力上升，制动缸压力也随容积室压力的上升而上升。压力风缸压力继续下降，即主活塞下侧压力风缸空气压力继续下降。当主活塞上下两侧空气压力接近平衡时，在主活塞和节制阀的自重及稳定弹簧伸张力的作用下，主活塞带动节制阀下移，滑阀不动，主活塞杆上肩部与滑阀上端面接触而停止，形成了作用部的制动保压位。

（1）容积室的保压作用：节制阀遮住滑阀背面的制动孔 r_1，切断压力风缸向容积室充气的通路，压力风缸停止减压，容积室停止增压，形成容积室的保压作用。

（2）制动缸的保压作用：容积室保压后，均衡活塞下侧也形成保压。副风缸经均衡阀口继续向制动缸充气，当制动缸压力上升到与均衡活塞下侧的容积室压力大致相等时，在均衡阀弹簧的作用下，作用阀推动活塞杆下移与作用阀座密贴，关闭副风缸向制动缸充气的通路，形成制动缸的保压状态。

（3）自动补风作用：当制动缸因漏泄等原因压力下降时，均衡活塞上侧的压力下降，均衡活塞两侧作用力失去保压位的平衡，均衡活塞下侧的容积室压力推动均衡活塞上移，重新顶开均衡阀使副风缸向制动缸充气。当制动缸压力恢复到与容积室压力重新平衡时，均衡阀再一次关闭，实现了制动力不衰减的性能。

在制动管减压量小于最大有效减压量时，制动保压后，操纵制动管减压，主活塞两侧形成压力差并带动节制阀克服稳定弹簧的反力上移，又恢复压力风缸向容积室充气，容积室增压导致制动缸增压。司机分阶段操纵制动管减压、保压，则作用部控制容积室分阶段增压、保压，再通过均衡部控制动缸分阶段增压、保压，这一过程称为阶段制动。

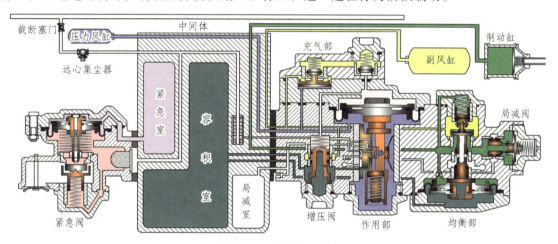

图 8-22　制动保压位

4. 紧急制动位（见图 8-23 和附图 10）

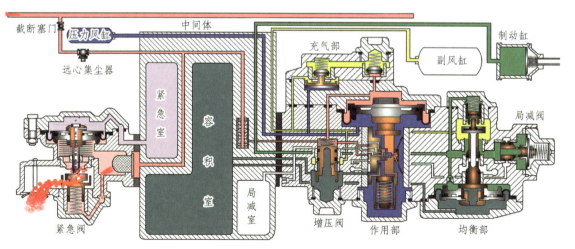

图 8-23　紧急制动位

1）主阀作用

制动管紧急减压，除紧急增压阀作用外，主阀的作用与常用制动相似。当然，由于紧急时制动管减压速度极快，相应主阀各部动作也更加迅速。

紧急增压阀的作用：紧急制动时，压力风缸经增压阀下部向容积室充气，当增压阀下侧的压力能克服增压阀上方制动管剩余压力、增压阀弹簧反力以及增压阀自重和移动阻力时，增压阀被推动上移，增压阀下部密封圈处于增压阀套径向孔上方位置，紧急增压阀呈开放状态。同时，副风缸也开始经增压阀套径向孔 f_5 向容积室充气，实现了容积室增压，则均衡部控制制动缸实现了紧急制动增压作用。

此时，压力风缸、副风缸、容积室、制动缸 4 个容器相互沟通。四容器压力最终达到相互平衡，制动缸压力较常用制动时最大压力增压 10% ~ 15%（受副风缸的容积大小影响）。

2）紧急放风作用

制动管急剧减压，紧急活塞下方压力迅速下降，由于紧急室压力空气经缩孔Ⅲ向制动管逆流不及，在紧急活塞上、下两侧迅速形成较大的压力差，紧急活塞克服安定弹簧反力下移，使紧急活塞杆下端口与放风阀接触，导致紧急室压力空气只能经缩孔Ⅲ、缩孔Ⅴ向制动管逆流。由于缩孔Ⅴ直径更小，使逆流速度更慢，造成紧急活塞两侧的压力差骤增，紧急活塞克服安定弹簧、放风阀弹簧的反力下移，紧急活塞杆顶开放风阀。制动管的压力空气经放风阀口排向大气，产生制动管紧急排气作用，提高了紧急制动波速。

放风阀开放后，紧急室的压力空气只能经缩孔Ⅴ逆流排向大气，在紧急室的压力作用下，大约 15 s 内，放风阀一直处于开放状态，确保紧急制动停车后才能充气缓解，防止列车产生剧烈的纵向动力作用和断钩等事故的发生。

紧急制动作用气路归纳如下：

（1）第一阶段局部减压：

$L {\rightarrow} l {\rightarrow} l_3 {\rightarrow} l_6 {\rightarrow} l_{10} {\rightarrow} l_7 {\rightarrow} ju_1 {\rightarrow} ju {\rightarrow} Ju {\rightarrow}$ 缩孔Ⅰ$\rightarrow D$。

（2）第二阶段局部减压：

$L {\rightarrow} l {\rightarrow} l_3 {\rightarrow} l_8 {\rightarrow} l_9 {\rightarrow} z_1 {\rightarrow} z_2 {\rightarrow} z_3 {\rightarrow} z {\rightarrow} Z$。

（3）容积室充气：

① $G {\rightarrow} g {\rightarrow} g_2 {\rightarrow} r_1 {\rightarrow} r_2 {\rightarrow}$ 紧急增压阀下部 $r_3 {\rightarrow} r {\rightarrow} R {\rightarrow} r_5 {\rightarrow} r_4$。

② $F {\rightarrow} f {\rightarrow} f_5 {\rightarrow} r_3 {\rightarrow} r {\rightarrow} R {\rightarrow} r_5 {\rightarrow} r_4$。

（4）制动缸充气：

$F {\rightarrow} f {\rightarrow} f_4 {\rightarrow}$ 活塞杆与阀座间隙 ${\rightarrow} z_3 {\rightarrow} z {\rightarrow} Z {\rightarrow}$ 制动缸。

（5）紧急室逆流：

① $J {\rightarrow} j' {\rightarrow} j_1' {\rightarrow} Ⅳ {\rightarrow} Ⅲ {\rightarrow} l_1' {\rightarrow} l' {\rightarrow} L$，紧急活塞稍下移，形成气路 b。

② $J {\rightarrow} j' {\rightarrow} j_1' {\rightarrow} Ⅲ {\rightarrow} l_1' {\rightarrow} l' {\rightarrow} L$，紧急活塞进一步下移，形成气路 c。

③ $J {\rightarrow} j' {\rightarrow} j_1' {\rightarrow} Ⅲ {\rightarrow} Ⅴ {\rightarrow} l_1' {\rightarrow} l' {\rightarrow} L$。

（6）紧急放风：

$L {\rightarrow} l' {\rightarrow} l_1' {\rightarrow}$ 放风阀口 ${\rightarrow} D$。

（7）放风阀弹簧室逆流：

$l_2' {\rightarrow} l_1' {\rightarrow}$ 放风阀口 ${\rightarrow} D$。

任务三　104 型分配阀检修

任务目标

【知识目标】

掌握 104 型分配阀的检修工艺流程。

【技能目标】

（1）能够使用工装设备对 104 型分配阀进行检修和试验；

（2）具备 104 型分配阀故障判断的能力。

【素质目标】

培养学生的标准化作业意识，树立精益求精的工匠精神。

任务描述

104 型分配阀的检修工艺流程复杂，必须严格执行标准才能保证制动阀的使用。课前同学们要完成对 104 型分配阀检修工艺流程的学习，课上汇报学习成果，同时老师讲解整个检修过程；课后同学们要根据所讲知识自主对 104 型分配阀检修工艺进行更深入的探究。

数字资源

104 型分配阀检修

配套知识

一、104 型分配阀的检修工艺流程

104 型分配阀是客车制动机的核心部件，是实现铁路客车安全运行的重要保障。为保证 104 型分配阀处于良好的技术状态，需做好 104 型分配阀日常维修保养及定期维护检修工作。下面重点介绍 104 型分配阀段修作业。104 型分配阀段修作业一般包括作业准备（外体清洗）、初试、104 型分配阀分解、检查修理、清洗、给油组装、复试、质量记录。

（一）作业标准

（1）作业前应熟悉所用设备安全操作规程，确认工装器具技术状态良好，备齐所用材料、配件。

（2）确认工作场地干净，洗涤用油干净，吹尘及排污装置良好，甲基硅油润滑剂符合要求。

（3）将阀上各个排气孔堵好，放在清洗机输送链上（安装面与清洗机输送链接触）进入清洗室清洗；清洗完后，用提升机即时送到分解区分解。

（二）初　试

1. 主阀试验（手动）

（1）准备。

① 打开控制阀，将主阀卡在主阀安装座上。关闭控制电磁阀动作的 24 V 电源开关。

② 将总风压力调整在 650 kPa 以上，调整阀调整到 600 kPa，限压阀调整到 50 kPa。

③ 开放 1、4、5、6、7、8 号风门，关闭其他风门。

（2）初充气和充气位漏泄试验。

① 将操纵阀手把（以下简称手把）置 1 位，观察压力风缸和副风缸压力表的上升，充至定压后用肥皂水检查各接合部，不得有漏泄，并用漏泄指示器检查各排气口漏泄情况。

② 压力风缸压力由 0 充至 580 kPa 的时间：洗涤检查及修理品 60 ~ 90 s，新品 60 ~ 80 s。

③ 整个充气过程副风缸压力不得超过压力风缸压力。当压力风缸压力达到 580 kPa 时，副风缸压力应不低于 560 kPa。

④ 用漏泄指示器测定均衡排气口及作用排气口（以下简称大、小排气口）的漏泄，由第 2 格升至第 3 格的时间不得少于 5 s。

⑤ 局减排气口用肥皂水检查，在 5 s 内肥皂泡的直径不得大于 25 mm。

（3）紧急制动位漏泄。

① 压力风缸和副风缸充至定压后，手把在 1 位至 8 位间来回移动 2 ~ 3 次然后移到 1 位，待压力风缸和副风缸充至定压（580 kPa）后，手把置 3 位。开风门，待排尽制动管余风后，用肥皂水检查各接合部，不得漏泄。

② 用漏泄指示器测定大、小排气口漏泄，由第 2 格至第 3 格的时间不得少于 10 s。

③ 关风门，手把置 2 位，制动管压力升至 40 kPa 后，移至 3 位。开风门 10，当副风缸压力达 580 kPa 时，关风门 10。待压力稳定时，关风门 4，制动管压力上升 10 s 内不得超过 20 kPa，新品不超过 15 kPa。

④ 在局减阀盖小孔处涂肥皂水，不得有漏泄。试毕开风门 4，手把置 1 位。

（4）制动和缓解灵敏度试验。

① 待压力风缸和副风缸充至定压（580 kPa）后，手把置于 4 位减压 40 kPa，移至 3 位保压 1 min，然后手把再置 2 位缓解。

② 制动灵敏度：应在制动管降压 20 kPa 以前发生局减作用，减压 40 kPa 前发生制动作用。

③ 从手把移至 3 位起到局减室排气终止的时间不得超过：洗检及修理品为 15 s，新品 10 s。

④ 保压位漏泄试验：保压 1 min，不得发生自然缓解。关风门，容积风缸压力上升在 10 s 内不得超过：洗检及修理品 20 kPa，新品 10 kPa。试毕开风门。

（5）局减阀试验。

① 待压力风缸和副风缸充至定压（580 kPa）后，关风门 7，堵住大排气口，手把置 4 位，当制动缸压力开始上升时，手把移至 3 位。待制动缸压力稳定后，关风门 8，待 20 s 后开风门 8 和风门 18。当制动管压力开始下降时，关风门 18。

② 局减阀关闭压力应为 50 ~ 70 kPa，制动缸压力上升在 20 s 内不得超过 10 kPa，局减阀

开放压力不得小于 20 kPa，试毕手把置 1 位，卸下排气口堵，开风门 7。

（6）稳定试验。

待压力风缸和副风缸充至定压（580 kPa）后，手把置 3 位。开风门 14，制动管减压 50 kPa，关闭风门 14，制动管降压 50 kPa 以前，不得发生局减和制动作用，试毕手把置 1 位。

（7）紧急增压部分试验（已加增压垫圈）。

待压力风缸和副风缸充至定压（580 kPa）后，手把置 5 位，在制动管减压 250～320 kPa 后，保持 2 min，不得起增压作用，试毕手把置 1 位缓解。

（8）全缓解试验。

① 待压力风缸和副风缸充至定压（580 kPa）后，手把移至 5 位，当容积风缸压力上升至平衡压力时，将手把移至 3 位保压。待压力稳定后，手把移至 1 位。

② 容积风缸压力由 400 kPa 降至 40 kPa 的时间：洗检及修理品 4.5～8 s，新品 4.5～7 s。

③ 制动缸压力应随容积风缸压力下降，两者压力之差不得超过 25 kPa。

（9）均衡部灵敏度试验。

在压力风缸和副风缸达到定压（580 kPa）后，关闭风门 1、7、8，手把移至 8 位，排尽制动管的压力空气。开风门 7A、11、18，手把移至 2 位，当风门 18 排气口开始排气时，观察容积室压力上升，压力不得大于 15 kPa（试验完毕后，手把移至 8 位，排尽剩余的压力空气。关闭风门 7A、11、18，打开风门 1、7、8、14、15、16，排尽剩余的压力空气后，关闭控制阀，卸下主阀）。

2. 紧急阀试验（手动）

（1）准备。

操纵控制阀，卡紧紧急阀，打开风门 1、2，关闭其他风门，总风缸压力上升到 650 kPa 以上，给风阀调整到 600 kPa。

（2）紧急室充气和紧急放风阀漏泄试验。

手把置 1 位，紧急室压力由 0 充至 580 kPa 的时间：洗检及修理品为 40～60 s；新品为 40～55 s。用肥皂水检查各接合部及排风口（喇叭口），接合部不得有漏泄，排风口有漏泄时，10 s 内皂泡不破损为合格。

待压力稳定后，关闭风门 2，制动管压力在 20 s 内不得下降。

（3）紧急制动灵敏度及紧急室排气试验。

打开风门 2，手把置 1 位，待紧急室充至定压后，开放、关闭风门 14 二至三次，使紧急阀发生 2～3 次紧急排气作用。然后关闭风门 14，待紧急室充至定压后，制动管减压 100 kPa 以前必须发生紧急排气作用。紧急室由开始排气到压力减少 40 kPa 的时间：洗检及修理品为 12～20 s；新品为 14～18 s。

（4）常用制动安定性试验。

手把置 1 位，待紧急室充至定压后，手把置 6 位，减压 200 kPa；再移至 3 位，紧急室压力应随制动管压力同时下降，不得发生紧急制动作用。试验完毕后，手把置 8 位，排尽剩余压力空气，操纵控制阀，取下紧急阀。

3. 主阀和紧急阀试验（自动）

（1）准备。

① 手把置 3 位，关闭所有风门（带手动的 705 试验台），双击桌面上的 705 程序图标进入试验程序。

② 将总风压力调整到 650 kPa 以上，调整阀调整到 600 kPa，限压阀调整到 50 kPa。

③ 打开控制阀，将主阀或紧急阀卡在主阀或紧急阀安装座上。打开控制电磁阀动作的 24 V 电源开关。

（2）试验。

按要求填写阀的编号，分解、检查、组装、试验人员的姓名及选择正确的日期后，选择单项试验或全部试验，检查无误后点击确定开始试验。试验过程中按计算机的提示操作。

（三）104 分配阀分解

1. 分解综合要求

（1）主活塞的膜板和稳定弹簧，均衡活塞的膜板和附属件各套及导向杆上的密封圈状态良好的可不分解，其他各部均须分解检修。

（2）中间体内的滤尘器须分解检查、清扫。

（3）在外部清扫台上，用压缩空气及钢丝刷将阀体外部油垢清除吹净，然后送分解台上进行分解。分解时应注意以下几点：

① 各橡胶件不得沾浸洗涤油及其他有腐蚀性的油脂，带有橡胶件的配件不得用油洗，只能用干净布擦拭干净或用风吹干净。

② 分解密封圈或活塞膜板时，不得用带锋口的工具撬取，防止损伤表面及膜板边缘。

2. 分解主阀

（1）充气部：用风动扳手卸下止回阀盖，取下止回阀盖上的密封圈，取出止回阀弹簧、止回阀。用风动扳手分解充气阀部连接螺栓，分离充气部。取出充气膜板垫、充气膜板、充气活塞。用专用工具旋出充气阀座，取出充气阀、充气阀弹簧、密封圈。用剪刀破坏充气膜板并报废，密封圈须投入废品箱报废。拧开止回阀盖，取出止回阀弹簧及止回阀；拧下主阀上盖螺栓，取下主阀上盖，取出充气膜板垫，取下充气膜板及充气活塞，用钥匙形起子拧出充气阀座，取出充气阀及充气阀弹簧。

（2）作用部：用风动扳手卸下主阀上盖螺栓，拆下上盖，取出主活塞组成。用手锤及顶针冲出滑阀弹簧销，取下滑阀弹簧、滑阀、节制阀及节制阀弹簧。将活塞装卡在台钳上，用活扳手卸下主活塞压板螺母，取下主活塞压板、膜板、主活塞、主活塞杆、密封圈。用剪刀破坏主活塞膜板并报废，密封圈须投入废品箱报废。用卡簧钳卸下主活塞杆挡圈，取出稳定弹簧座、稳定弹簧、稳定杆。用扳手卸下主阀下盖，取出下盖密封圈。用一字螺丝刀卸下局减缩孔堵（Ⅰ）。

（3）均衡部：用风动扳手卸下均衡阀上盖螺栓，卸下上盖及密封圈，取出滤尘网、作用阀弹簧、作用阀组成；用风动扳手卸下均衡部下盖螺栓，拆下下盖。将作用活塞装至台钳上，用活扳手卸下压板螺帽，取下作用活塞、膜板、活塞压板、作用活塞杆密封圈。用剪刀破坏均衡膜板并报废，密封圈须投入废品箱报废。用一字螺丝刀旋下缩孔堵（Ⅱ）。

（4）局减阀：用扳手卸下局减阀盖，从中取出局减阀弹簧垫及毛毡，取出局减阀弹簧及局减膜板压圈。将局减活塞装至台钳上，用扳手卸下局减活塞螺母，卸下局减活塞及膜板、局减阀杆、密封圈。用剪刀破坏局减膜板并报废，密封圈须投入废品箱报废。

（5）紧急增压阀：用扳手卸下增压阀盖，取出增压阀杆及弹簧、密封圈，再取出增压阀杆下部增压挡圈。密封圈须投入废品箱报废。

3．分解紧急阀

用风动扳手卸下紧急阀上盖螺栓，拆下紧急阀上盖，取出紧急活塞组成及安定弹簧。将紧急活塞固定至台钳上，用活扳手拆卸紧固螺母，分离紧急上活塞、紧急活塞膜板、紧急下活塞、紧急活塞杆。卸下活塞杆上的密封圈，用剪刀破坏紧急活塞膜板并报废，密封圈须投入废品箱报废。用风动扳手卸下紧急阀下盖螺栓，拆下阀盖，取出放风阀弹簧、导向杆、放风阀，卸下导向杆上密封圈。密封圈须投入废品箱报废。取出紧急阀滤尘网。

（四）检　查

（1）阀体各阀盖有裂纹或安装平面有碰伤时加修或更换。

（2）各阀口、导向杆、导向套的导向面有伤痕时加修或更换。

（3）滑阀、滑阀座、节制阀及座的滑动面有划伤，接触不严密时研磨。

（4）橡胶膜板、各密封圈表面如有夹渣、损伤、溶胀、老化变质应更换。

（5）各橡胶夹芯阀有开胶、变质时更换，阀面不平及受压印痕过深者，须磨平或更换。

（6）滑阀的限制孔及各缩孔有堵塞时，须用小于各孔尺寸的钢针疏通并清洗。各缩孔的尺寸：紧急充气孔 0.5 mm，紧急室排气孔 1.2 mm，紧急室轴向孔 1.6 mm，局减室排气孔 0.8 mm，滑阀充气孔 1.0 mm，均衡缩孔 1.0 mm。

（7）各弹簧须测量自由高及荷重高度尺寸，有折损、锈蚀、衰弱、变形时更换。

（8）阀座与铜套不密贴时用蜡密封。

（五）清　洗

（1）各阀盖、阀体内部及铜套，应用毛刷刷洗；对于阀口等气密面，不得铲刮，应用脱漆剂、香蕉水浸泡溶解，然后用压缩空气吹扫，彻底清除油垢。

（2）分解下的配件（不带有橡胶件者）浸泡在洗涤剂内逐个清洗干净，各缩孔必要时可用钢针疏通。疏通时钢针不得左右或四面摆动而造成缩孔扩大。清洗后用压缩空气吹扫干净。

（3）滑阀、滑阀座、节制阀及座各接触面应清洗干净，然后用压缩空气吹扫干净。

（4）各橡胶件用干净布擦拭干净，然后再用压缩空气吹净。对于其他带有橡胶件的配件，均用干净布擦拭干净。

（5）对经清洗、擦净、压缩空气吹净的配件，全部再用干净布擦拭干净待组装用。

（六）给油组装

1．注意事项

（1）滑阀、节制阀的滑动面和阀座须涂硅油。各导向杆密封圈及各阀套密封圈应涂以少量润滑脂，组装时不得损伤密封圈。

（2）组装各膜板时其边缘须完全入槽，各部螺栓须平均拧紧。

（3）充气膜板的突起缘外周应涂少量的硅油或硅脂。

2. 组装主阀

（1）作用部：将滑阀、滑阀弹簧、节制阀、节制阀弹簧与主活塞等加油后组装好并装入滑阀室，然后拉动主活塞，确认动作灵活且阻力适当。

（2）充气部：将充气止回阀及止回阀弹簧放在充气部内，拧紧紧急止回阀盖。将充气阀弹簧和充气阀放入充气部体内，再拧紧上充气阀座，然后把充气活塞、充气膜板、充气膜板垫装好。充气活塞装上后，上下按动一下，应有适当的活动量，使其能开启充气阀，最后用螺栓将充气部固定在主阀体上。

（3）局减部：将局减膜板、局减活塞装于局减阀杆上，拧紧螺母，涂上润滑脂，然后将其装于局减阀套内，内外拉动几下，视其作用良好后，再把压圈和局减弹簧装上，最后拧紧局减阀盖。

（4）均衡部。

① 将均衡阀弹簧及均衡阀装入均衡阀套内，安装前给导向杆密封圈涂少量润滑脂，用螺栓将均衡阀盖固定在阀体上。

② 拧上缩孔堵（Ⅱ），装入组装好的均衡活塞，安装前给均衡活塞杆密封圈涂少量润滑脂，用螺栓将均衡阀盖固定在阀体上。

（5）紧急增压阀：增压阀杆加封闭钢圈，注意防止损伤 O 形密封圈，然后将增压阀弹簧及增压阀杆装于套内，盖上增压阀盖并拧紧。

3. 组装紧急阀

（1）将紧急活塞杆、紧急上活塞、密封圈、膜板、紧急下活塞、螺母组成紧急活塞，拧紧螺母，将紧急活塞及安定弹簧装入紧急阀体内，再用紧急阀上盖固定于阀体上。

（2）将放风阀导向杆密封圈装好后，依次将夹芯阀、放风阀导向杆、放风阀弹簧装入阀体内，再将放风阀下盖装上并拧紧。

（3）全部组装完后，应将各接合部螺栓拧紧。

（七）复　试

（1）作业过程同初试。

（2）涂打合格标记（在三通阀下涂打黑色底漆标记）。

（八）质量记录

（1）填写 705 试验台开工校验和季度校验记录并签章。

（2）按检修记录表的各项要求填写记录并签章。

二、104 型分配阀检修方法及注意事项

（1）铜套与阀体之间均为过盈配合，若松动，则在铜套外周挂一层焊锡，达到一定的过

盈量后再压入阀体内。

（2）研磨滑阀、滑阀座、节制阀及节制阀座，是分配阀检修中一项最主要的工作，多数分配阀在定检时都需要研磨。

（3）各阀口黏附的硬质油垢，用笔涂上761金属清洗剂，使油垢溶解后，再用布擦净。不得用金属刮刀刮削。阀口不平或损伤时，敷以研磨剂，用装在钻床上的模具对阀口进行研磨。

（4）各弹簧及其他金属零件可用刮刀刮去硬质锈垢；若充气活塞顶杆松动，可选用合适的沉头螺钉及螺母代替顶杆。

（5）各橡胶膜板、密封圈、夹心阀等橡胶件，可用刮刀刮去硬质锈垢；夹心阀阀面不平整或印痕过深时，可用200号细砂纸放在平板上对阀面进行前后推动，直至磨平再用。

精选习题

一、单选题（选自职业技能鉴定题库）

1. 下列对104型分配阀结构特点的描述正确的是（　　　）。
   A. 分部作用形式、直接作用、二压力机构
   B. 间接作用方式、橡胶膜板金属滑阀结构、二压力机构
   C. 间接作用方式、橡胶膜板金属滑阀结构、三压力机构
   D. 直接作用方式、橡胶膜板金属滑阀结构、三压力机构

2. 下列对104型分配阀结构的叙述正确的是（　　　）。
   A. 104型分配阀由主阀、中间体、紧急阀、辅助阀四部分组成
   B. 104型分配阀由主阀、中间体、半自动缓解阀、辅助阀四部分组成
   C. 104型分配阀由主阀、加速缓解阀、紧急阀三部分组成
   D. 104型分配阀由主阀、中间体、紧急阀三部分组成

3. 下列对104型分配阀主阀结构的叙述正确的是（　　　）。
   A. 104型分配阀主阀由作用部、减速部、局减阀、紧急二段阀、充气部五部分组成。
   B. 104型分配阀主阀由作用部、减速部、局减阀、紧急增压阀、充气部五部分组成。
   C. 104型分配阀主阀由作用部、均衡部、局减阀、紧急二段阀、充气部五部分组成
   D. 104型分配阀主阀由作用部、均衡部、局减阀、紧急增压阀、充气部五部分组成。

4. 能够保证常用制动安定性的是（　　　）。
   A. 限孔 V 　　　　　　　　　　　B. 限孔 VI
   C. 限孔 III 　　　　　　　　　　　D. 限孔 IV

5. 分配阀是靠下述哪项措施来实现其稳定性的？（　　　）
   A. 列车管向压力风缸逆流　　　　B. 主活塞杆尾腔内稳定部的作用
   C. 限孔 III 　　　　　　　　　　　D. 安定弹簧的弹力

二、判断题（选自国铁集团制动钳工竞赛题库）

1. 104型分配阀是采用间接作用方式的分配阀结构。　　　　　　　　　　（　　）

2. 104型分配阀充气缓解时，由压力风缸控制着制动管向副风缸充气。　　（　　）

3. 104 型分配阀充气缓解时，由容积室控制着副风缸向制动缸充气。   ( )

4. 104 型分配阀减压制动时，由容积室控制着副风缸向制动缸充气。   ( )

5. 充气部的作用是协调副风缸与作用部控制的压力风缸充气速度的一致性。   ( )

6. 104 型分配阀的主阀有减速部，以缓和长大列车的纵向冲击。   ( )

7. 局减阀在第二段局部减压时，将制动管的部分压缩空气排入大气，使制动管产生局部减压，以提高制动波速，缓和列车纵向冲动，并缩短制动距离。   ( )

8. 紧急增压阀是在紧急制动时，将副风缸与制动管的压缩空气一起充入容积室，提高容积室压力，通过均衡部控制提高制动缸的压力，即紧急增压作用。   ( )

9. 在制动管缓慢减压速度（如制动管漏泄等）下不发生制动作用的性能叫作制动机的安定性。   ( )

10. 减速充气缓解作用发生在列车管增压速度较慢的后部车辆。   ( )

三、简答题

1. 简述 104 型分配阀的结构特点。

2. 104 型分配阀主阀由哪几部分组成？

3. 104 型分配阀第一阶段局部减压的作用是什么？

4. 104 型分配阀是如何保证制动力不衰减性能的？制动力不衰减性能有何用途？

5. 简述 104 型分配阀的检修工序。

项目九　客车 F8 型分配阀检修

 项目描述

F8 型制动机是我国铁路客车车辆采用的空气制动机之一。该型制动机早期采用 F8 型空气分配阀控制。后来增设电空制动装置部分后，该制动机具有电空制动功能。本项目将重点介绍 F8 型分配阀的构造、作用原理，并通过检修工艺流程的学习，掌握企业作业标准。

 对应岗赛证

对应岗位：铁路客车检车员岗位、铁路客车制动钳工岗位。

对应大赛：职业技能大赛、创新创业大赛。

对应证书：铁路职业技能鉴定系列证书、1+X 轨道交通装备系列证书。

 **学习目标**

【知识目标】

（1）了解 F8 型分配阀的特点；

（2）掌握 F8 型分配阀的构造及作用原理；

（3）掌握 F8 型分配阀的检修工艺流程。

【技能目标】

（1）能够对 F8 型分配阀进行故障原因分析及判断；

（2）具备 F8 型分配阀检修的能力。

【素质目标】

（1）培养学生精益求精的工匠精神；

（2）树立标准化作业意识及安全责任意识。

 思政案例

2019 年 3 月 4 日 17 时 32 分，某局某车辆段报告一列车机后 10 位车辆意外紧急制动，经检车员检查发现为 F8 型分配阀故障。后经过仔细排查，是 F8 型分配阀主阀橡胶膜板穿孔故障导致本次事故。

2020 年 8 月 6 日 12 时 35 分，某局某车站一始发列车司机反馈紧急制动后缓解不良，经车站人员检查发现机后 5 位车辆辅助阀故障，发现此情况后，检车员快速处置，更换了辅助阀，保证了列车整点运行。

可见 F8 型分配阀作为车辆最重要的部件，其结构、原理复杂，是检修工作的重点，对保障列车安全和正点运行至关重要。

任务一　F8 型分配阀的特点及构造

 任务目标

【知识目标】

（1）掌握 F8 型分配阀的特点；

（2）掌握 F8 型分配阀的构造；

（3）掌握 F8 型分配阀各组成结构的作用。

【技能目标】

（1）能够对 F8 型分配阀进行故障原因分析及判断；

（2）具备 F8 型分配阀检修的能力。

【素质目标】

树立标准化作业意识及安全责任意识。

 任务描述

F8 型分配阀是客车的主型分配阀，课前同学们要完成 F8 型分配阀的发展历程和特点的学习，课上汇报学习成果，同时老师讲解其构造及各组成部分的作用；课后同学们要根据所讲知识自主对 F8 型分配阀进行更深入的探究。

数字资源

F8 型分配阀的特点及构造

 配套知识

一、F8 型分配阀的特点

（1）F8 型分配阀（简称 F8 阀）采用二、三压力机构作用原理，即主阀是三压力机构（制动管、压力风缸、制动缸三压力平衡），辅助阀是二压力机构（列车管和辅助室压力平衡）。由于主阀是三压力机构，所以 F8 阀具有良好的阶段缓解作用，但缓解时需要待列车管压力充到接近压力风缸压力时，制动缸压力才能降到零，所以缓解时间长。这与二压力分配阀有较大差距。为解决这个问题，辅助阀设计成二压力作用机构，并且具有加速缓解作用。

（2）采用橡胶膜板和柱塞结构，取消传统的胀圈、滑阀结构，简化了检修工艺，延长了使用周期，提高了作用的可靠性。

（3）具有良好的制动缓解特点。

（4）具有良好的阶段缓解特性，并有阶段缓解与一次缓解的转换作用，适用范围广，提高了列车操纵的灵活性。

（5）具有制动补风性能。当列车施行制动后，制动缸一旦漏泄，可以制动补风，使制动缸压力保持不衰减。

（6）制动缸最高压力可根据需要在一定范围（如 380 ~ 480 kPa）内调定。

（7）具有良好的局部减压作用，制动波速快，制动一致性好。

二、F8 型分配阀的构造

F8 型分配阀由主阀、中间体、辅助阀三部分组成，如图 9-1 ~ 图 9-3 所示。

图 9-1　F8 型分配阀总体实物

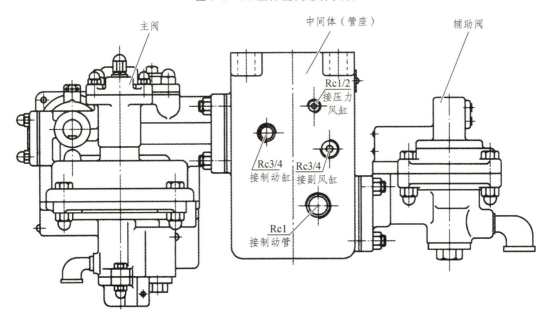

图 9-2　F8 型分配阀总体组成

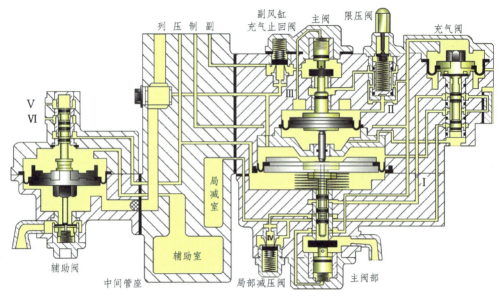

图 9-3　F8 型分配阀内部结构原理图

1．中间体

F8 型分配阀中间体作为安装中心，连通了各制动阀、风缸、制动缸和制动管。中间体内有两个气室：一个是 0.8 L 局减室容积，另一个是 3 L 辅助室容积，其他还有一些内部气路。在列车管的内部气路上加装一个圆桶形防尘网，以过滤进入主阀内的空气。防尘网外侧加装螺栓盖，便于清洗、更换滤尘网时使用。

主阀和辅助阀分别安装于中间体两侧，中间体上平面有 4 个孔，是将中间体吊装在车体下的吊装孔。在中间体的一个垂直侧面上设有连接制动系统的螺孔，分别连接制动管、副风缸、压力风缸、制动缸，如图 9-4 所示。

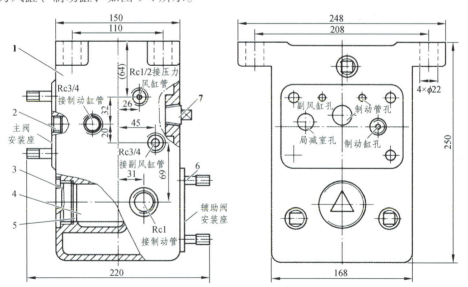

1—中间体；2—螺堵（制动缸压力限制堵）；3—螺盖；4—滤尘器；5—防尘垫；6—双头螺栓；7—螺堵。

图 9-4　F8 型分配阀的中间体组成

中间体一侧留有连接车下管路的管锥螺纹孔，中间体的主阀安装面上设置一螺堵，一般情况下不用，必须将它拆掉，否则会影响制动缸的升压时间，影响正常使用。但当需要与空重车调整阀等附属装置配套使用时，必须选用合适的带有固定缩孔的螺堵。

2. 主　阀

主阀控制分配阀的充气、缓解、制动、保压等作用，是分配阀中最主要的部分。主阀由主控部、充气阀、限压阀、副风缸充气止回阀、局减阀及主阀体、主阀下体等组成，如图 9-5 和图 9-6 所示。

1）主控部

主控部是一个直接作用的三压力机构，主要由平衡阀、主阀杆、小活塞、小膜板、主活塞、大膜板、局减阀套、缓解柱塞、制动弹簧、缓解阀等组成。主活塞上方通列车管，下方通压力风缸；小活塞上方通制动缸，下方通大气。主阀杆上部是实心的，可以顶开平衡阀，使平衡阀上方的副风缸压力空气进入平衡阀下方，并经限压阀通往制动缸。

主活塞的下部是中空的缓解柱塞，其下端可以压开缓解阀，使制动缸的压力空气由排风弯头排向大气。主阀是三压力平衡机构，通过三压力（即 $P_{制}$、$P_{列}$ 与 $P_{工}$）的平衡与否，来实现分配阀的制动、保压、缓解这三个基本作用。

当 $P_{制}+P_{列}<P_{工}$ 时，分配阀产生局部减压和制动作用；

当 $P_{制}+P_{列}>P_{工}$ 时，分配阀产生缓解作用（可以是一次缓解或阶段缓解）；

当 $P_{制}+P_{列}=P_{工}$ 时，分配阀产生保压作用（包括制动保压和缓解保压）。

2）充气阀

充气阀主要由充气阀盖、充气阀膜板托、充气阀膜板、充气阀膜板压板、充气阀弹簧、充气柱塞、充气阀套等组成。

当 F8 阀在缓解位时，充气阀膜板上方制动缸的空气压力低于 20 kPa 时（充气阀在上端位），列车管压力空气经充气阀套、充气柱塞向压力风缸充气；同时，通过充气阀套 58 尾部孔将局减室压力空气排向大气。

当 F8 阀在局减位时，列车管部分压力空气经充气阀套尾部孔排向大气。

当 F8 阀在制动位时，充气阀膜板上方制动缸的空气压力高于 20 kPa 时（充气阀在下端位），制动缸压力空气推动充气阀膜板，压缩充气阀弹簧，移动充气柱塞，切断局减通大气的通路，同时切断列车管与压力风缸间的联络通路，以保证主阀正常作用。

当 F8 阀在缓解保压位时，与转换盖板配合，切断压力风缸压力空气向列车管逆流，以实现阶段缓解。

3）限压阀

限压阀的作用是限制常用制动和紧急制动时制动缸的最高压力，其限压值可根据需要通过松、紧调整螺钉调定，调整后由紧固螺母锁紧。

4）副风缸充气止回阀

副风缸充气止回阀的作用：列车管通过它向副风缸充气，并限制充气速度，使前后车辆充气保持一致，当列车管压力下降时，防止副风缸压力空气向列车管逆流，保证主阀的正常工作。

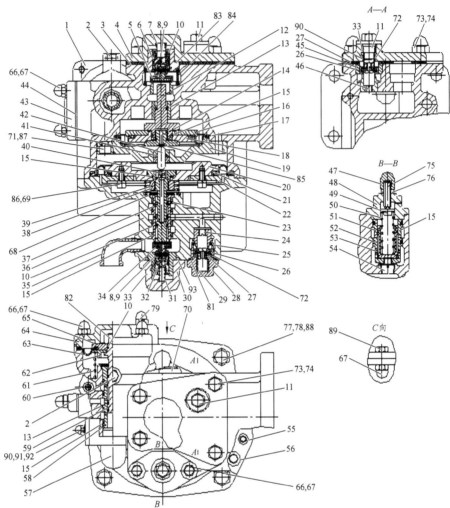

1—主阀体组成；2—排风堵；3—主阀上盖垫；4—主阀上盖组成；5—平衡阀；6—O形圈（ϕ20×2.25）；7—平衡阀弹簧；8—销（ϕ1×18）；9—固定销；10—导杆；11—螺堵；12—主阀杆；13—O形圈（ϕ14×2.25）；14—压帽；15—O形圈（ϕ24×2.25）；16—压板；17—小膜板；18—小活塞；19—中体组成；20—主活塞；21—大膜板；22—压板；23—缓解柱塞；24—限制堵（I）；25—挡圈；26—止回阀胶垫；27—止回阀；28—螺盖；29—止回阀弹簧；30—缓解阀盖组成；31—保压弹簧；32—导杆；33—O形圈（ϕ16×2.25）；34—缓解阀组成；35—排风弯头；36—主阀下体组成；37—局减阀套；38—制动弹簧；39—螺母；40—硬心；41—O形圈（ϕ12×1.75）；42—顶杆；43—转换盖板；44—转换阀垫；45—止回阀套；46—限制堵（I）；47—螺母；48—限压阀盖；49—弹簧托；50—限压阀弹簧；51—限压阀套；52—O形圈（ϕ34×3.4）；53—限压阀；54—大缩孔堵；55—胶垫；56—大胶垫；57—防尘排风罩组装；58—充气阀套；59—充气柱塞；60—限制堵M8；61—充气阀弹簧；62—压板；63—充气阀膜板；64—充气阀盖；65—膜板托；66—螺柱M8×20；67—螺母M8；68—挡圈28；69—螺钉M6×14；70—内六角螺堵R1/4；71—螺钉M8×16；72—螺钉M5×8；73—螺柱M10×20；74—螺母M10；75—螺钉M8×30；76—螺母M8；77—螺栓M12×45；78—螺母M12；79—螺柱M8×30；80—止回阀簧；81—O形圈（ϕ26.5×2.65）；82—螺母M12；83—销（ϕ1×34）；84—滤尘网；85—顶块；86—弹垫6；87—弹垫8；88—弹垫12；89—螺栓M8×30；90—螺母M6；91—螺柱M6×16；92—平垫6；93—O形圈（ϕ32.5×2.65）。

图 9-5　F8 型分配阀的主阀部分

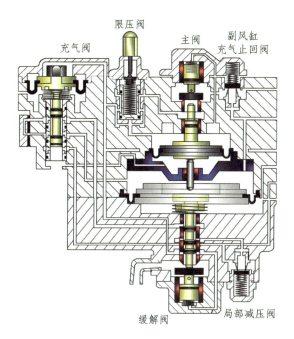

图 9-6　F8 型分配阀的主阀原理图

5）局减阀

局减阀的作用：当 F8 阀在局减位时，列车管压力空气经此阀向大气及局减室排气；再制动时，能防止局减室的压力空气向列车管逆流。

3. 辅助阀

1）组　成

辅助阀部分主要由辅助阀活塞 5、辅助阀套 11、O 形密封圈 9 和 10、辅助阀杆 8、常用排风堵 12、紧急排风堵 13、紧急放风阀组成等组成，如图 9-7 和图 9-8 所示。

辅助阀是二压力平衡机构，辅助阀活塞上方为辅助室压力空气，从主阀来的压力风缸压力空气经辅助阀体及上盖内部通路，并通过辅助阀套下排孔充入辅助阀膜板上方，然后经辅助阀上盖和辅助阀体内部通路向中间体的辅助室充气，膜板下方为列车管压力空气，即膜板上方的辅助室空气压力与膜板下方的列车管空气压力相平衡。

2）作　用

（1）加速缓解作用：车辆制动后，列车管充气缓解时，压力风缸压力空气再次经辅助阀套、辅助阀杆上的联络槽充入辅助室，压力风缸压力迅速下降，从而加速主阀的缓解作用。

（2）紧急放风作用：当列车管以紧急排风速度排气时，依靠辅助室压力，推动活塞和辅助阀杆向下移动，打开下方的紧急放风阀产生紧急放风作用。

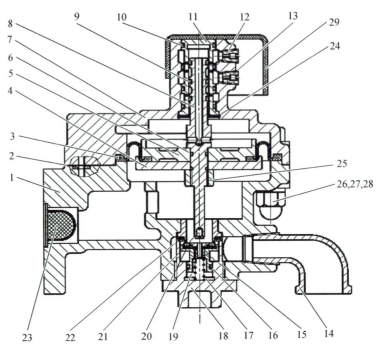

1—辅助阀体组成；2—胶垫；3—辅助阀膜板；4—活塞压板；5—辅助阀活塞；6—O 形圈（ϕ12×1.75）；7—辅助阀上盖；8—辅助阀杆；9—O 形圈（ϕ14×2.25）；10—O 形圈（ϕ24×2.25）；11—辅助阀套；12—常用排风堵；13—紧急排风堵；14—放风弯头；15—放风阀；16—O 形圈（ϕ18×2.25）；17—放风阀弹簧；18—螺盖；19—放风阀胶垫螺帽；20—放风阀胶垫；21—触头；22—挡圈；23—滤尘网；24—挡圈28；25—螺母 M12；26—螺栓 M12×50；27—螺母 M12；28—弹垫 12；29—防护罩。

图 9-7　F8 型分配阀的辅助阀部分

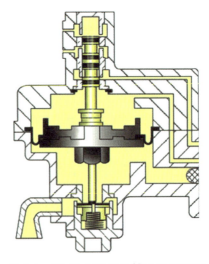

图 9-8　F8 型分配阀的辅助阀原理图

任务二　F8 型分配阀的作用原理

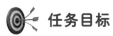 **任务目标**

【知识目标】
（1）掌握 F8 型分配阀的基本作用原理；
（2）掌握 F8 型分配阀的作用气路。

【技能目标】
（1）能够对照原理图阐述 F8 型分配阀的作用原理；
（2）具备 F8 型分配阀检修的能力。

【素质目标】
培养学生对知识的综合运用能力。

 任务描述

F8 型分配阀是客车主型分配阀之一，课前同学们要完成 F8 型分配阀作用原理的学习，课上汇报学习成果，同时老师讲解其作用原理；课后同学们要根据所讲知识自主对 F8 型分配阀作用原理进行更深入的探究。

 数字资源

F8 型分配阀的作用原理

 配套知识

F8 型分配阀的作用性能有：充气缓解作用、常用制动作用及稳定性和安定性、制动保压作用及自动补风作用、阶段缓解保压作用、紧急制动作用五个作用位置。

一、充气缓解位（见图 9-9）

当车辆分配阀的各风缸及风管内均无压力空气时，由机车制动机或单车试验器通过车辆分配阀向上述风缸、风管充气，称之为"初充气"。初充气时，列车管向压力风缸、副风缸、辅助室等空间充气。

1. 初充气

当司机将自动制动阀手把置于运转位，列车制动管充气时，压力空气经列车制动管、支管、支管截断塞门和远心集尘器进入中间体，然后一路经大滤尘器、主阀安装面 a_1 孔进入主阀；另一路经辅助阀安装面 a'_1 孔、小滤尘网进入辅助阀活塞下方 a'_2。

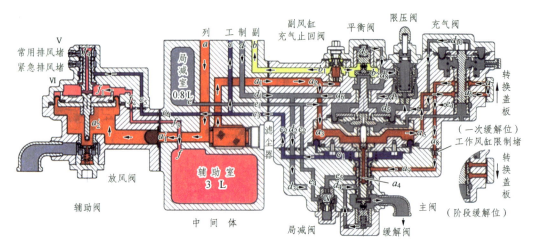

图 9-9 F8 型分配阀的充气缓解位

进入主阀的压力空气，经通路 a_2 到主活塞上方 a_3（同时进入缓解柱塞中心孔 a_4，为制动时局部减压做准备），推动主活塞下移，压缩其下方的制动弹簧，直到主活塞压板外缘碰到下阀体，此时主阀处于充气缓解位，列车制动管压力空气经下述通路分别充入副风缸压力风缸和辅助室，直到定压为止。

（1）副风缸充气：列车制动管压力空气经 $a_1 \rightarrow a_2 \rightarrow$ 副风缸充气止回阀 $\rightarrow b_1 \rightarrow b$ 向副风缸充风；同时经 $b_1 \rightarrow$ 平衡阀上方周围空间 b_2，为制动时向制动缸充风做准备。

由于副风缸充气止回阀弹簧力及阀重力的作用，实际上副风缸压力在列车管定压 600 kPa 时，只能充到 560 kPa 以上，而列车管定压 500 kPa 时，只能充到 460 kPa 以上。

（2）压力风缸充气：主活塞上方 a_3 压力空气经通路 $a_5 \rightarrow$ 充气阀杆沟槽 a_6 和转换盖板槽 a_7（一次缓解时）$\rightarrow$ 通路 $a_8 \rightarrow$ 缩孔堵 $\rightarrow$ 下阀体通路 $a_9 \rightarrow$ 缓解柱塞套和柱塞槽 $\rightarrow$ 主活塞下方 $c_1 \rightarrow$ 上阀体通路 $c_2 \rightarrow$ 中间体通路 $c_3 \rightarrow$ 压力风缸。压力风缸压力可充至定压。

（3）辅助室充气：由于列车制动管压力空气经 a'_1 进入辅助阀体内 a'_2（同时进入放风阀下方 a'_3），推动辅助阀活塞向上移动，使辅助阀处于充气缓解位。

压力风缸的压力空气经 $c_4 \rightarrow$ 辅助阀通路 $c_5 \rightarrow$ 辅助阀套径向孔 $\rightarrow$ 辅助阀杆槽 $\rightarrow$ 辅助阀活塞上方 $f_1 \rightarrow f_2 \rightarrow f_3 \rightarrow$ 辅助室，直到充至定压值。

另一路经辅助阀杆中心孔到达辅助阀杆顶部 f_4（为制动位常用排风堵排辅助室压力空气做准备）。

2. 再充气

再充气即制动后的充气。当列车制动管增压后，使原来主阀的三压力平衡状态打破，列车制动管和制动缸压力空气的向下合力大于压力风缸压力空气的向上力，使主阀处于充气缓解位。其充气通路与初充气时相同，缓解排气通路如下：

（1）制动缸缓解：主阀到达缓解位时，主阀下方的缓解阀被打开，制动缸压力空气经由 $d \rightarrow d_1 \rightarrow d_2 \rightarrow d_3 \rightarrow d_4 \rightarrow$ 缓解阀排大气。

同时，主阀小活塞上方的压力空气也经限压阀底部的大缩孔堵 $\rightarrow$ 限压阀套 $\rightarrow$ 限压阀沟槽 $d_7 \rightarrow d_6 \rightarrow d_2 \rightarrow d_3 \rightarrow d_4 \rightarrow$ 缓解阀排大气。

使用阶段缓解时（转换盖板在阶段缓解位），由于列车制动管从增压到停止增压，主阀小活塞上方制动缸压力下降，直到主阀向上的力大于向下的力时，主活塞即向上移动，关闭缓解阀口，制动缸停止排气。主阀三压力达到一个新的平衡点，此时制动缸仍保留一定的空气压力，其大小可由机车司机通过控制列车管的增压量而定。

使用一次缓解时（转换盖板在一次缓解位），当列车制动管增压，主阀达到缓解位时，制动缸压力空气排向大气，同时主阀主活塞下方 c_1 的压力风缸压力空气经缓解柱塞套和槽 → $a_9 \to a_8 \to a_7 \to a_6 \to a_5 \to$ 主活塞上方 a_3 和列车制动管，压力风缸压力迅速下降，此时，主阀不可能回到缓解保压位，制动缸压强一次降到零。

（2）局减室排气：制动缸压强降至 20 kPa 以下时，充气阀活塞在其弹簧力的作用下向上移动，打开充气阀杆尾部充气阀套的气路，局减室压力空气经 $e \to e_1 \to e_3 \to$ 大气。

二、常用制动作用（见图 9-10、图 9-11）

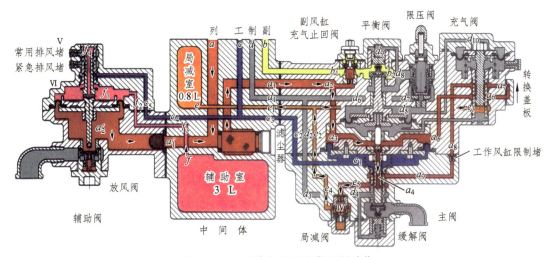

图 9-10　F8 型分配阀的常用制动位

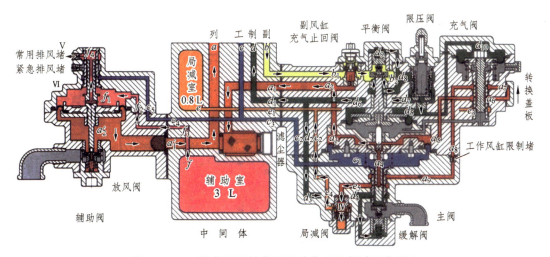

图 9-11　F8 型分配阀的常用制动位（局部减压作用）

1. 常用制动

当列车管减压，主活塞上方 a_3 空气压力 $P_列$ 下降，使得主活塞下方 c_1 压力风缸压力空气经缓解柱塞沟槽→缓解阀套上排孔→主阀、下体通路 a_9→压力风缸限制堵→主阀体内部通路 a_8→充气阀套上排孔→充气柱塞沟槽及转换盖板沟槽 a_7（一次缓解位）→主阀体内部通路 a_5→主活塞上方 a_3，向列车管逆流。

由于受压力风缸限制堵的限制，压力风缸压力空气逆流量小于列车管的减压量，随之主活塞两侧形成一定的压差，即 $P_列 < P_工$，$P_制 = 0$，同时在制动弹簧力的作用下，主活塞与缓解柱塞向上移动，先切断压力风缸向列车管逆流的通路，压力风缸压力停止下降，主活塞迅速向上移动；然后关闭缓解阀，切断制动缸与大气的通路。

1）产生局减作用

缓解柱塞中心孔与缓解柱塞套中间一排孔连通，使主活塞上方 a_3 列车管的压力空气经通路：缓解柱塞中心孔 a_4→缓解柱塞套中间一排孔→主阀下体 e_5→局减阀缩孔堵Ⅰ，到达局减止回阀，并打开该阀。一部分列车管压力空气到达局减止回阀下方，另一部分经主阀下体通路 e_4→主阀体通路 e_2，一路经中间体通路 e_1 到局减室（0.8 L），同时经通路 e_3 和充气阀杆尾部充气阀套的气路排入大气，形成第一阶段局减作用。

由于局减作用造成主活塞上方列车管的空气压力急剧下降，主活塞在局减位并没有停下，而是继续向上移动，并通过中间体顶杆带动小活塞上移，打开平衡阀，使主阀达到常用制动位。

2）副风缸向制动缸充风

此时，副风缸压力空气经中间体→主阀内部通路 b_1→平衡阀上部空间 b_2→打开的平衡阀→主阀杆四周→主阀体内部通路 d_8，然后一路到达平衡阀导杆上部 d_9；另一路经限压阀套上排孔→限压阀沟槽→限压阀套下排孔到达限压阀下部 d_7，此后压力空气的流向分成 4 路：

① 主阀体 d_6→中间体通路 d_1 向制动缸充气；

② 主阀体 d_6→d_2→主阀下体 d_3→局减阀套下排孔→缓解柱塞杆周围及缓解阀上方，同时也经缓解阀盖通路 d_4 到达缓解阀导杆下方；

③ 限压阀下方大缩孔堵向小活塞 d_{10} 上方充气；

④ 限压阀下方大缩孔→主阀体通路 d_{11}→充气阀盖到达充气阀活塞上侧 d_{12}，当制动缸压力上升到 20 kPa 左右时，压缩充气阀弹簧，使充气阀活塞及充气阀杆移动，切断了局减排大气的通路以及充气阀的列车管与压力风缸充气（或逆流）的通路。

由于主阀是三压力平衡机构，即 $P_制 + P_列 = P_工$，因此在制动位时，$P_工$ 可看作一定值，当 $P_列$ 下降时，$P_制$ 就上升，所以制动缸压力空气作用于小活塞的向下的力 $P_制$ 只受列车管压力 $P_列$ 的影响，而与制动缸活塞行程无关。

在制动时（包括常用制动和紧急制动），由于列车管压力低于副风缸压力，因此副风缸充气止回阀被关闭。

2. 制动机的稳定性

稳定性是指在缓解状态下不发生自然制动的性能。在充气缓解位，当列车管缓慢减压（轻微漏泄）的速度小于列车管最小减压速度时，压力风缸的压力空气经压力风缸的限制堵向列车管逆流，当逆流量与列车管减压量相同时，主活塞上下不能形成足够的压差值，主活塞仍处在缓解位不动，保证了分配阀缓解状态的稳定性。

3. 制动机的安定性

安定性是指在常用制动时不发生紧急制动作用的性能。

列车管减压引起分配阀局减后，辅助阀活塞下方 a'_2 列车管压力下降，而辅助阀活塞上方 f_1 辅助室的压力没有变化，使辅助阀活塞上下形成压差，辅助阀活塞与辅助阀杆一起下移，先切断了压力风缸与辅助室的通路（c_5 和 f_1），然后打开辅助室与常用排风堵间的通路，即辅助室压力空气→中间体 f_3→辅助阀体及上盖通路 f_2→辅助阀套下排孔→辅助阀活塞上方 f_1→辅助阀杆中心孔→辅助阀杆顶部 f_4→辅助阀套上排孔，经过常用排风堵排向大气。

当列车管减压速度没有达到紧急制动所要求的减压速度时，辅助室压力空气经常用排风堵排向大气，使辅助阀活塞上下压差不能继续增加，放风阀在其弹簧力的作用下不会被打开，保证了分配阀常用制动的安定性。

三、制动保压作用（见图 9-12）

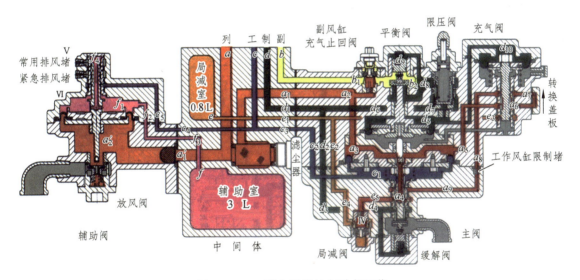

图 9-12　F8 型分配阀的制动保压位

列车管停止减压后，副风缸的压力空气继续进入制动缸及小活塞上方（即 $P_制$ 上升），当小活塞上方 $P_制$ 与大活塞上方 $P_列$ 之和与主活塞下方 $P_工$ 相等时（三压力平衡），在平衡阀弹簧力的作用下，小活塞通过中间体顶杆与大活塞一起向下移动，直到关闭平衡阀为止。此时副风缸与制动缸通路被切断，副风缸停止向制动缸供风，主阀处于制动保压位。

列车管停止减压后，辅助室的压力空气继续通过常用排风堵排向大气，当排到辅助阀活塞上方的压力稍小于其下方的压力时，辅助阀活塞与辅助阀杆同时上移，切断了辅助室排大气的通路，辅助阀也处于制动保压位。

此时辅助室的压力与保压后的列车管压力相等，但低于压力风缸的压力，为缓解初期压力风缸压力空气向辅助室充气，为加速缓解作用做准备。

四、自动补风作用

分配阀处于保压位后，主阀三压力机构也处于平衡状态，即 $P_制+P_列=P_工$，如果制动缸出现漏泄等原因，使制动缸压力下降，同时引起主阀小活塞上方压力下降，三压力平衡被破坏，机构向上的力大于向下的力，使主活塞带动小活塞及主阀杆上移，重新打开平衡阀，副风缸的压力空气通过打开的平衡阀沿制动位时的通路到达制动缸和小活塞上方，当制动缸压力补充到平衡值时，主活塞和小活塞同时下移，平衡阀重新关闭，主阀再次处于保压位。

五、一次缓解和阶段缓解作用（见图9-13）

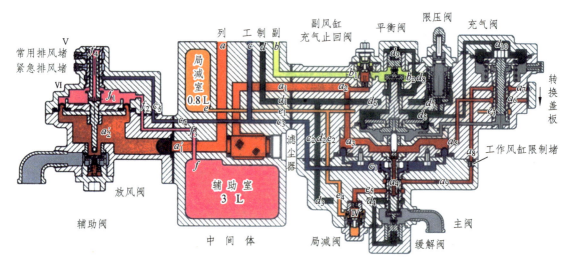

图9-13　F8型分配阀的阶段缓解保压位

1. 一次缓解作用

将主阀转换盖板置于一次缓解位。

制动保压后施加缓解，列车管充风，辅助阀活塞上下压力失去平衡，辅助阀活塞下方压力（$P_列$）高于上方压力（$P_辅$），辅助阀活塞上移，打开压力风缸与辅助室的通路，辅助阀处于充气缓解位。

由于制动时辅助室压力空气经过常用排风堵部分排入大气，辅助室压力低于压力风缸压力，因此压力风缸向辅助室充气，即压力风缸压力空气和主阀主活塞下方压力空气 c_1→中间体 c_4→辅助阀体与上盖通路 c_5→辅助阀套下排孔→辅助阀杆沟槽→辅助阀活塞上方 f_1→辅助阀体及上盖通路 f_2→中间体 f_3→辅助室，使压力风缸压力降低（加速缓解作用）。

由于列车管增压，主阀主活塞上方压力上升，三压力平衡状态被打破，$P_制+P_列＞P_工$，即向下的力（列车管和制动缸分别作用在主活塞和小活塞上的合力）大于向上的力（压力风缸作用于主活塞下方的力），主活塞和小活塞同时下移，在切断局减室与列车管通路的同时，打开压力风缸与列车管间的逆流通道，即主活塞下方（压力风缸压力空气）c_1，经缓解柱塞沟槽→缓解阀套上排孔→主阀下体通路 a_9→压力风缸限制堵→主阀体内部通路 a_8→充气阀套上排孔→转换盖板沟槽 a_7→主阀体内部通路 a_5 逆流到主活塞上方 a_3。

由于压力风缸压力空气流入列车管，使压力风缸压力继续下降，列车管压力不断上升，即使列车管停止增压，主阀三压力也不会平衡，主活塞和小活塞继续下移并打开缓解阀，达到一次缓解的目的。当压力风缸压力与列车管压力平衡后，如果列车管仍继续增压，主阀和辅助阀通路与初充气时相同。

制动缸压力空气经中间体 d_1→主阀体内部通路 d_2→主阀下体 d_3→缓解阀套下排孔→缓解柱塞四周→打开的缓解阀排向大气。

同时，充气阀活塞上方 d_{12} 和小活塞上方 d_{10} 的压力空气经大缩孔堵→d_7→主阀气路 d_6→d_2→d_3→缓解阀排向大气（缓解阀导杆下方 d_5 压力空气也通过打开的缓解阀排向大气），分配阀处于缓解位。

由于充气阀活塞上方 d_{12} 的压力空气排向大气，充气阀活塞在充气阀弹簧的作用下，移到充气缓解位，重新连通了充气阀套上的充气通路，同时打开了局减室排大气的通路，使局减室及局减阀下部的压力空气经阀体通路和充气阀套最下一排孔排向大气。

2. 阶段缓解位

当与具有阶段缓解的机车车辆编组时，或有阶段缓解需要时，将主阀盖板置于阶段缓解位。

制动保压后施加阶段缓解，列车管增压，主阀动作过程与一次缓解位相同，只是由于转换盖板上列车管与压力风缸的通路被切断，因此当制动缸压力下降到 20 kPa 左右前，充气阀仍处于制动位，充气阀上压力风缸与列车管间的通路仍被切断，压力风缸压力空气就不能向列车管逆流，只是在缓解初期，由于辅助阀的加速缓解作用，使压力风缸压力稍有下降后便保持不变，压力风缸压力成为一定值（低于定压值）。

根据 $P_制 + P_列 = P_工$，而 $P_工$ 为定值，因此当列车管压力上升时，制动缸压力必然会下降，以保持三压力的平衡；若列车管停止增压，当制动缸及小活塞上方压力下降（经缓解阀排向大气）到一定值后，主阀三压力机构向上的力稍稍大于向下的力时，主活塞带动小活塞向上移动，关闭缓解阀（制动缸停止排气）后停止上移，主阀处于缓解保压位。

辅助阀阶段缓解过程与一次缓解位相同，当列车管停止增压后，压力风缸压力空气向辅助室充气，充到辅助室压力与列车管压力相同时，在辅助阀膜板的作用下，辅助阀活塞下移，切断压力风缸与辅助室间的通路，辅助阀处于缓解保压位。

列车管再次增压，然后保压，主阀和辅助阀重复上述动作。随着列车管数次增压及保压，制动缸压力也数次下降（缓解）及保压，实现了分配阀的阶段缓解作用。

当制动缸压力下降到 20 kPa 左右时，充气阀活塞在充气阀弹簧的作用下上移，打开了列车管与压力风缸间的通路，使压力风缸充风，同时也打开了局减室与大气的通路，使局减室压力空气经充气阀套尾部排向大气。

六、紧急制动作用（见图 9-14）

列车运行中，如遇紧急情况需立即停车时，分配阀应处于紧急制动位，将列车管压力空气急速排向大气，使列车迅速停车。

紧急制动时，主阀的动作过程与常用制动时相同，只是由于列车管减压速度比常用制动时快，因此，动作比常用制动时迅速；另外，由于紧急制动时列车管压力空气全部排入大气，

使 $P_{制}+P_{列}<P_{工}$（$P_{列}=0$），三压力机构向上的力远远大于向下的力，使主活塞和小活塞上移到极限位，平衡阀被完全打开，副风缸压力空气迅速进入制动缸，使制动缸压力迅速上升到规定值。

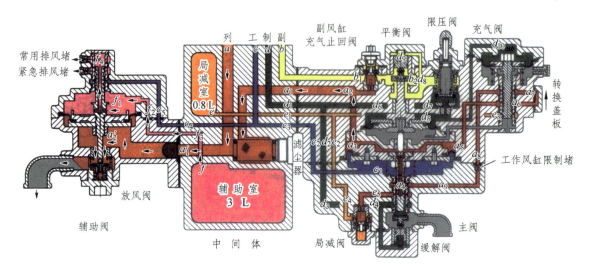

图 9-14　F8 型分配阀的紧急制动位

限压阀在其下部制动缸空气压力的作用下，压缩限压阀弹簧，使限压阀上移，切断副风缸到制动缸的通路，制动缸压力停止上升。制动缸最高压力可根据需要（调节限压阀调整螺钉）而定。另外，在紧急制动时，由于动作迅速，压力风缸的逆流量及局减量（局减室压力）均比常用制动时小。

辅助阀开始的动作过程与常用制动位时相同，只是由于列车管减压速度很快，受常用排风堵的限制，辅助阀活塞上方辅助室的压力空气不能迅速排向大气（与列车管相平衡），因此辅助阀活塞上下形成较大的压差，使辅助阀活塞继续下移，打开放风阀，使列车管压力空气迅速排入大气，实现列车管紧急放风的作用。

由于辅助阀活塞下移，辅助阀杆也打开了紧急排风堵的通路，辅助室压力空气经过常用和紧急两个排风堵同时排入大气，辅助室压力空气由开始排出到基本排尽的时间控制在 15 s左右，这是为了避免断钩事故而设的。

任务三　F8 型分配阀检修

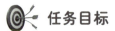 **任务目标**

【知识目标】

掌握 F8 型分配阀的检修工艺流程。

【技能目标】

能够使用工装设备对 F8 型分配阀进行检修和试验；

具备 F8 型分配阀故障判断的能力。

【素质目标】

培养学生的标准化作业意识和树立精益求精的工匠精神。

任务描述

F8 型分配阀的检修工艺流程复杂，必须严格执行标准才能保证制动阀的使用。课前同学们要完成对 F8 型分配阀检修工艺流程的学习，课上汇报学习成果，同时老师讲解整个检修过程；课后同学们要根据所讲知识自主对 F8 型分配阀检修工艺进行更深入的探究。

数字资源

F8 型分配阀检修

配套知识

F8 型空气分配阀及电空制动装置的检修工序有外体除尘、分解、清洗、检修、二次清洗、组装、喷漆及喷涂标记、装运及存放。

一、外部除尘

（1）检查水砂抛丸机状态良好，水砂装填量足够，喷枪出砂通畅。在 F8 型分配阀主阀和辅助阀的大、小排气口处，加装金属螺堵。将加装好防护件的 F8 型分配阀主阀及辅助阀放置在水砂抛丸机内，关闭并锁紧水砂抛丸机打砂室门。

（2）启动水砂抛丸机，拿稳水砂喷枪，对分配阀进行喷砂。通过水砂抛丸机观察窗观察阀体打砂情况，对分配阀可脱落的污物进行全面清除。

（3）使用水枪对分配阀外表面残砂进行冲洗，清除阀体外表面的残留水砂。

（4）将阀体从打砂机中取出，放至吹扫作业平台。使用压缩空气对阀体外表面残留的水分进行吹扫，并用抹布擦干阀体外部水分。使用铜丝刷对阀体外表面残留污物进行清除。

二、初　试

在 F8 阀试验台上对分配阀的主阀和辅助阀的各项性能进行试验，发现其不符合技术条件的性能，并判断故障处所，便于有针对性地检修。

三、分　解

1. 分解主阀

（1）拆下主阀上体与下体之间的 4 个连接螺栓，取出制动弹簧、主活塞。

（2）卸下主活塞一侧压紧螺母，取出缓解柱塞杆和固定 O 形圈，拆下主活塞上的 8 个 M6 内六角螺栓，取出主阀膜板。

（3）卸下中间体组成后，取出小活塞，松开小活塞中部的紧固螺栓，取出小膜板。

（4）卸下主阀上盖，取出平衡阀及平衡阀弹簧。

（5）取出副风缸充气止回阀弹簧、副风缸止回阀，卸下充气缩堵。

（6）松开限压阀上方的调整螺柱，完全放松限压阀弹簧，再卸下限压阀盖，取出限压阀弹簧、限压阀、限压阀套，用螺丝刀卸下大缩堵。

（7）卸下充气阀盖的连接螺栓，取出充气阀活塞及充气膜板。

（8）卸下转换盖板和橡胶垫。

（9）卸下缓解阀盖，取出缓解阀。

（10）用孔用挡圈钳卸下弹簧挡圈，取出缓解阀套，卸下止回阀盖，取出止回阀弹簧挡圈及止回阀，用螺丝刀取出止回阀堵。

（11）用螺丝刀取出压力风缸充气限制堵。

（12）将分解下来的零件全部放在托盘内，一套阀盛装于一个托盘内。橡胶密封圈、橡胶膜板等橡胶件分解时全部报废。

2. 分解辅助阀

（1）卸开辅助阀上下体之间的连接螺栓、辅助阀活塞，并取出膜板。

（2）用孔用挡圈钳取下辅助阀套弹簧挡圈，从辅助阀上体顶部向下推出辅助阀套。

（3）用一字螺丝刀卸下辅助阀上体外的两个排风堵。

（4）将下体夹在台虎钳上，卸下紧急放风阀，取出弹簧挡圈，拆开紧急放风阀胶垫。

（5）将分解下来的零件全部放在托盘内，一套阀盛装于一个托盘内。橡胶密封圈、橡胶膜板等橡胶件分解时全部报废。

四、清　洗

于超声波清洗机内进行清洗，各零件须完全置于液面之下，清洗时间为 3~5 min。再使用毛刷对弯角处进行清洗。

（1）启动超声波清洗机，使用量杯按照清洗液说明书配比清洗液，清洗液须有产品质量合格证。手动设置清洗机的温度，设定最高温度不大于 50 ℃，在 10~45 ℃ 间为宜。

（2）用铜丝刷、刮刀、棉白布清除黏附在阀体上及各接合面的油垢、锈层。

（3）将分解下的阀内零部件放到清洗篮内，清洗中避免配件互相磕碰。

（4）将阀体、阀盖和阀内零部件分别用清水进行冲洗，将残留的清洗液冲洗干净。

（5）用 600~700 kPa 压力的风枪对阀体、阀盖及阀内各部件进行吹扫。吹扫后须保证内部各腔无残留水分。

（6）使用棉白细布对阀体内外零部件进行逐一擦拭检查。将阀体内外各零部件按照配件盘位置摆放整齐。

五、检　查

将清洗干燥完毕的 F8 阀体及内部零件送到工作台处。确认配件齐全后，再进行外观检查。

（1）检查阀体及阀盖有无裂纹或安装平面有无磕碰伤。

（2）阀体及阀盖有裂纹或安装平面有磕碰伤时加修或更换。

（3）检查各阀口、导向杆及导向套的导向面有无伤痕；各阀口、导向杆及导向套的导向面有伤痕时加修或更换。

（4）检查各活塞、阀杆有无弯曲变形，各活塞压帽或螺母有无松动；各活塞、阀杆弯曲变形时更换，各活塞压帽或螺母须无松动。

（5）检查部件磨耗部位，超限时更新。

（6）检修各橡胶件，需更新的橡胶件更新。

（7）各阀套及限制缩孔须用小于各孔的钢针疏通、清洗，并用压力空气吹干净，螺纹损坏时须更新。

（8）检查 F8 型分配阀各弹簧外观状态，有折损、锈蚀、变形时更换，并对弹簧进行检测。

（9）各弹簧检修限度须符合要求。

（10）标准件腐蚀严重、失效、螺纹损坏等状态不良时须更新。

六、检　修

对检查后确定要检修的零件，按照检修工艺的要求，利用必要的检修装备和工具进行检修，使其达到必要的技术条件。

七、二次清洗

清洗液按照 1% ~ 3% 的浓度进行配比。打开超声波清洗机对清洗液进行加温，超声波清洗机设定最高温度不得超过 50 ℃。将研磨完毕的分配阀阀体、阀盖置于一个清洗篮，阀内部零件置于另一个清洗篮。将清洗篮置于超声波清洗机装有清洗液的槽中，打开超声波清洗，清洗时间不得低于 5 min，然后关闭超声波清洗机。用风枪对阀体、阀盖、阀内部零件各孔径通路进行吹尘，要求每个孔洞吹尘不得少于 3 s，且各孔洞不得有水汽、污物排出。用洁净的棉白布擦拭阀体内部各零部件外表面，使配件工作表面无浮尘、浮沙、附锈及残留有水分。

八、给油组装

各零部件必要处涂以适量的 210 ~ 250 甲基硅油，活动密封圈涂以适量的 7057 硅脂。

1. 主阀组装

（1）组装止回阀：用螺丝刀将局减止回阀堵旋入紧固，将止回阀弹簧、止回阀装入局减止回阀盖，将止回阀盖用 24 mm 的扳手紧固。

（2）将缓解阀套装入阀下体中，用孔用挡圈钳将弹簧挡圈装好。

（3）组装缓解阀：将缓解阀弹簧、缓解阀装入缓解阀盖，将缓解阀盖安装到阀体，并紧固螺栓。

（4）安装橡胶垫和转换盖板。

（5）组装充气阀：安装充气阀套，将充气活塞、充气弹簧装入充气阀内，盖上充气阀盖。

（6）组装限压阀：用螺丝刀将限压阀大缩堵旋入紧固，并用钢针清理缩堵孔，在限压阀套外围涂抹 7057 硅脂，然后依次装入限压阀套、限压阀、限压阀弹簧及弹簧托。装上限压阀盖，并用螺母紧固，用螺丝刀将调整螺柱装到限压阀盖上。

（7）组装主阀上盖：将平衡阀、平衡阀弹簧、副风缸止回阀、副风缸止回阀弹簧装到阀体上，盖上主阀上盖，紧固主阀上盖的 4 颗螺母。

（8）组装小活塞：将小活塞的膜板更换后，装到阀体内。

（9）将中间体装入，均匀紧固 3 颗螺栓。

（10）组装大活塞：安装新膜板后，紧固 8 个 M6 内六角螺钉，紧固缓解柱塞与压紧螺母。

（11）装上大活塞、制动弹簧，紧固主阀上体与下体的紧固螺栓。

（12）装上防尘盖板，将主阀放入托盘，送入下一个工位。

（13）各橡胶 O 形圈、膜板、夹心阀及阀座密封垫组装时需全部使用新品。

（14）为 F8 型分配阀主阀安装座装上防尘盖板。

2. 辅助阀组装

（1）组装紧急放风阀：装入紧急放风胶垫，装上弹簧挡圈。

（2）用螺丝刀装上辅助阀上体的常用排风堵与紧急排风堵。

（3）将辅助阀套推入辅助阀上体，用孔用挡圈夹钳装上挡圈。

（4）更换辅助活塞膜板。

（5）将辅助活塞装入，紧固辅助阀上体与下体的 4 颗螺栓。

（6）为辅助阀安装座装上防尘盖板。

九、性能试验

按 F8 型分配阀试验工艺要求逐项进行检查，确认各项技术性能达到技术标准。不符合要求的重新检修并试验。试验合格后的 F8 型分配阀涂打检修标记，送存待用。

精选习题

一、单选题（选自职业技能鉴定题库）

1. F8 型分配阀是（　　　）机构。

    A. 二压力

    B. 三压力

    C. 三压力控制为主，二压力控制为辅的混合

    D. 二压力控制为主，三压力控制为辅的混合

2. 下列对 F8 型分配阀结构特点的描述正确的是（　　　）。

    A. 分部作用形式、直接作用、二压力机构

    B. 直接作用方式，橡胶膜板金属滑阀结构，三压力控制为主、二压力控制为辅的混合控制机构

    C. 直接作用方式，橡胶膜板活塞和柱塞结构，三压力控制为主、二压力控制为辅的混合控制机构

    D. 分部作用形式、直接作用方式、橡胶膜板金属滑阀结构、三压力机构

3. 下列对 F8 型分配阀结构的叙述正确的是（　　　　）。

　　A. F8 型分配阀由主阀、中间体、紧急阀、辅助阀四部分组成

　　B. F8 型分配阀由主阀、中间体、辅助阀三部分组成

　　C. F8 型分配阀由主阀、加速缓解阀、紧急阀、辅助阀四部分组成

　　D. F8 型分配阀由主阀、紧急阀、半自动缓解阀三部分组成

4. 下列关于 F8 型分配阀主阀部分结构的叙述正确的是（　　　　）。

　　A. F8 型分配阀主阀部分由主阀、充气阀、限压阀、副风缸充气止回阀、局减阀、转换盖板等部分组成

　　B. F8 型分配阀主阀部分由作用部、减速部、局减阀、紧急增压阀、加速缓解阀五部分组成

　　C. F8 型分配阀主阀部分由作用部、均衡部、局减阀、主阀、充气阀等部分组成

　　D. F8 型分配阀主阀部分由作用部、空重车调整部、局减阀、副风缸充气止回阀、局减阀、转换盖板等部分组成

5. F8 型分配阀的作用有（　　　　）。

　　A. 充气缓解位、常用制动位、制动保压位、阶段缓解保压位、紧急制动位五个作用位置

　　B. 充气缓解位、减速充气缓解位、常用制动位、制动保压位、紧急制动位五个作用位置

　　C. 充气缓解位、常用急制动位、常用全制动位、制动保压位、紧急制动位五个作用位置

　　D. 充气缓解位、阶段制动位、制动保压位、阶段缓解位、紧急制动位五个作用位置

二、判断题（选自国铁集团制动钳工竞赛题库）

1. F8 型分配阀采用三压力控制为主、二压力控制为辅的混合控制机构。（　　）

2. F8 型分配阀仍然采用橡胶膜板活塞和金属滑阀结构。（　　）

3. F8 型分配阀具有良好的阶段缓解性能,并有阶段缓解与一次性缓解的转换装置。（　　）

4. F8 型分配阀中的限压阀的作用是：只能限制紧急制动时的制动缸最高压力值。（　　）

5. F8 型分配阀为间接作用方式。（　　）

三、简答题

1. F8 型电空制动机由哪些部件组成？

2. F8 型分配阀有哪些主要特点？

3. 试述 F8 型分配阀的中间体的主要构造。

4. F8 型分配阀的主阀部分有哪些组成部分？

5. F8 型分配阀的主阀有何作用？其构造上由哪些零部件组成？

6. F8 型分配阀的主阀采用三压力平衡机构，指的是哪三个压力？

7. F8 型分配阀的充气阀有何作用？其构造上由哪些零部件组成？

8. F8 型分配阀的限压阀有何作用？其构造上由哪些零部件组成？

9. F8 型分配阀的副风缸充气止回阀有何作用？其构造上由哪些零部件组成？

10. F8 型分配阀的局减阀有何作用？其构造上由哪些零部件组成？

11. F8 型分配阀的辅助阀有何作用？其构造上由哪些零部件组成？

12. F8 型分配阀的辅助阀采用二压力平衡机构，指的是哪两个压力？

13. F8 型分配阀有哪些作用位置？

14. F8 型分配阀的充气缓解位是如何形成的？

15. 试述 F8 型分配阀的充气缓解位的空气通路。

16. F8 型分配阀的阶段缓解作用是如何形成的？

17. F8 型分配阀是如何实现阶段缓解和一次性缓解间转换的？

18. F8 型分配阀的常用制动位是如何形成的？

19. 试述 F8 型分配阀的常用制动位的空气通路。

20. F8 型分配阀常用制动位的第一阶段局减与第二阶段局减的空气通路有何不同？

21. F8 型分配阀如何实现常用制动保压作用？

22. F8 型分配阀如何实现自动补风作用？

23. F8 型分配阀如何实现紧急制动时的紧急排风作用？

24. F8 型分配阀是如何限制制动缸的最高空气压力值的？

25. 为什么 F8 型制动机紧急制动作用后必须保持 15 s 以后才能施加充气缓解？

项目十 制动机性能试验

项目描述

制动性能试验是对制动装置性能检查的一种手段，是检验制动装置技术质量、分析和判断列车制动故障的方法。制动性能试验分为试验台试验、单车试验和列车试验。试验台试验是对单个分配阀、控制阀等阀类部件未装车前在专用的试验台上进行性能检查，只有经试验合格的才能装配在车辆上。单车试验是对一辆车的整个制动装置的性能进行检查，只有经单车试验合格后的车辆，才能编组到列车中。列车试验是对已经编组的列车进行全列车的制动装置的性能检查，只有经列车试验合格后的列车，才能参加运输生产。本项目将重点学习客货车制动机性能试验，掌握制动机性能试验的标准。

对应岗赛证

对应岗位：铁路客货车检车员岗位、铁路客货车制动钳工岗位。

对应大赛：职业技能大赛、创新创业大赛。

对应证书：铁路职业技能鉴定系列证书、1+X 轨道交通装备系列证书。

学习目标

【知识目标】

（1）了解微机控制单车试验器、列车车辆制动试验监测装置和空气控制阀试验台的使用方法；

（2）掌握单车试验过程和标准；

（3）掌握列车制动机试验过程和标准；

（4）掌握试验台试验过程和标准。

【技能目标】

（1）能够操作微机控制单车试验器、列车车辆制动试验监测装置和空气控制阀试验台；

（2）具备单车试验、列车制动机试验和试验台试验的能力。

【素质目标】

（1）培养学生精益求精的工匠精神；

（2）树立标准化作业意识及安全责任意识。

思政案例

临修车、段修车、厂修车、新造车须进行单车试验，单车试验能够检测车辆制动系统故障，确保车辆制动系统质量合格。

2022 年 5 月 2 日，某局始发 47441 次列车，在进行列车制动机试验时发现机后 54 位 C_{70E} 车辆制动机缓解不良，扣修处理，临修时鉴定为 120 主阀故障。列车制动机试验可以检测列车制动机性能，能够及早发现列车制动机问题，有利于及时处理，从而提升列车的运行效率，确保列车运行安全。

2021 年 10 月 21 日，某局某段修制车间在进行 120 主阀试验台试验时，发现主阀性能试验中制动及缓解通路试验不合格，分解后发现主活塞膜板周向裂损，有效防止了 120 主阀典型故障，确保了 120 主阀源头检修质量。

任务一　货车单车试验

 **任务目标**

【知识目标】

（1）了解微机控制单车试验器的使用方法和机能试验；

（2）掌握单车试验过程和标准。

【技能目标】

（1）能够操作微机控制单车试验器；

（2）具备单车试验的能力。

【素质目标】

树立标准化作业意识。

 任务描述

微机控制单车试验器被广泛应用在货车厂修、段修和临修作业中，课前同学们要完成对微机控制单车试验器使用方法的学习，课上汇报学习成果，同时老师讲解单车试验过程和标准；课后同学们要根据所讲知识自主完成单车试验全过程，掌握试验标准。

 数字资源

货车单车试验

 配套知识

一、微机控制单车试验器介绍

微机控制单车试验器主要由微机控制系统、风路系统、电源装置组成。

微机控制系统由计算机、I/O 板、A/D 板和压力传感器组成，压力传感器接在风管路上，它检测的压力数据通过 A/D 板传输给计算机。

风路系统为集成式，过滤减压阀经一快速接头与总风管相连。

微机控制系统装有 IC 卡读写器；微机控制系统可分别连接 N 套风路系统，N 套风路系统可分别经各自的快速接头与 N 辆预测单车的列车管相连。

1. 系统功能

（1）车体为手推单车两轮式结构。箱体的 2/3 体积为储物箱，制动检修人员可用于放置工具、配件、材料。

（2）车体最外层箱体可安置各类风压、电压显示仪器、手动控制操作按钮（或旋钮）、微控操控终端；下面放置检修车辆必备工具、配件、材料等小型物品。

（3）车体车后置长大储物箱，上面也可放置检修车辆必备工具、配件、材料等长大物品。

（4）系统能够实现控制任意减压量的精确减压。

（5）系统可实时检测风源压力、列车管压力、总风管压力。

（6）触摸屏一体机中安装控制软件，可通过 RJ45 接口实时读取和控制单车的数据及试验。

（7）具有试验数据保存功能以及打印数据试验报表功能。

（8）具有 Wi-Fi 通信功能，可接入手持机实现远程控制。

（9）具有无线风压检测仪数据接口。

（10）可控制总风管和列车管按一定速率充风、排风。

（11）可完成单车试验：漏泄、感度、安定、紧急、持续、保压、缓解、120 阀安定、120 阀紧急、电空试验等试验。

2. 系统特点

（1）软件系统运行稳定可靠，性能优异。

（2）车体为箱体结构，设计小巧轻便，车体结构简单；手推式单车车体为两轮式结构，前面设置两个大橡胶轮（轮径 30 mm±5 mm），后面有两个支撑架，并设有把手。

（3）采用高频阀配合 PID 算法，实现精准压力控制。

（4）采用总线方式采集压力传感器，精简了控制电路。

二、微机控制单车试验器机能试验

在使用微机控制单车试验器进行单车试验前，须进行微机控制单车试验器机能试验，机能试验合格后，方可进行单车试验。

按图 10-1 所示将单车试验器与容积 15.5 L 的列车管容积校验风缸相连，管路规格和长度须符合图示要求。

将调压阀调整至 500 kPa 并置 1 位，待列车管容积校验风缸充至 500 kPa 后，用肥皂水检查各连接处，不应出现漏泄现象。排气口处涂肥皂水，肥皂泡在 5 s 内不应破裂。

待列车管容积校验风缸充至 500 kPa 后，置 3 位保压，在排气口处涂肥皂水，肥皂泡在 5 s 内直径应不大于 20 mm。

各位置充气或排气时间应符合表 10-1 的规定。

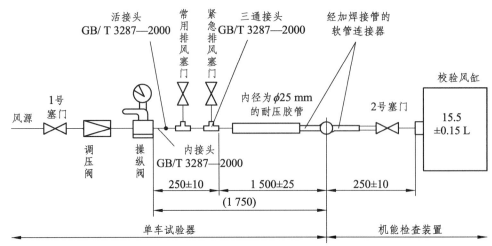

注：各塞门及金属管件的通径均为DN15。

图 10-1　单车试验器机能检查装置管路示意图

表 10-1　单车试验器充风或排风时间

位　　置	充风或排风/kPa	孔径参考尺寸/mm	时间/s
1 位：急充风位	—	ϕ 6.4	—
2 位：缓充风位	50 升至 150	ϕ 0.6	50～52
3 位：保压位	—	—	—
4 位：感度试验位	500 降至 400	ϕ 0.9	15～16.5
5 位：安定试验位	500 降至 300	ϕ 2.0	8～9
6 位：紧急制动位	500 降至 200	ϕ 3.7	3.5～5
安定试验位（120 阀、120-1 阀用）	500 降至 300	ϕ 2.8	4～5
紧急制动位（120 阀、120-1 阀用）	500 降至 200	ϕ 6.0	1.5～2.5

三、单车试验过程和标准

1. 基本要求

（1）制动装置须采用能自动打印的微机控制单车试验器或集中控制单车试验器，按下列规定进行单车试验。

（2）装用球芯折角塞门或球芯直端塞门的车辆须进行过球试验。

2. 试验准备

（1）车辆应处于空车位。装用手动空重车调整装置的车辆，空重车手把置于空车位；脱轨自动制动装置的球阀须处于开放位；车辆上装设的其他风动装置须开放，处于工作状态。

（2）装用空重车自动调整装置的车辆试验垫板厚度须符合表 10-2 的要求。

表 10-2　空重车自动调整装置试验垫板厚度　　　　　　　　单位：mm

试验垫板厚度	KZW 系列		TWG-1 系列	
	测重行程 21	测重行程 27	TWG-1A	TWG-1C
空车位	3	6	3	6
半重车位	13	19	12	18
重车位	25	35	30	40

（3）安装货车空气制动阀、空重车阀之前，须用压缩空气将制动管系吹扫干净，并将各风缸内水分及污垢吹净。

（4）准备材质为尼龙 6、直径为 $\phi 25.4_{0}^{+0.05}$ mm 的实心尼龙球及安装于软管连接器上的实心尼龙球网状回收器。

（5）在制动缸后盖处安装压力表或传感器。

（6）装用闸调器的车辆应准备 1 块 340 mm×60 mm×16 mm、$R420$ mm 的弧形垫板，并将闸调器的螺杆调至以下尺寸（全部装用新闸瓦时，螺杆上刻线至护管端部的距离）：ST_1-600型为 500～570 mm；ST_2-250 型为 200～240 mm。

（7）确认单车试验器总风源压力须不低于 600 kPa，单车试验器压力为 500 kPa（以下简称定压）。

3. 试验过程及标准

（1）过球试验。

①开放车辆制动主管两端折角塞门，关闭截断塞门。

②将实心尼龙球网状回收器安装于远离单车试验器一端的编织制动软管总成连接器（以下简称软管）上。

③将实心尼龙球放在车辆另一端的连接器中，然后将单车试验器与之连挂。

④单车试验器置 1 位充风，实心尼龙球须通过制动主管进入网状回收器。

⑤试验完毕单车试验器置 3 位，将网状回收器和实心尼龙球取下后安装软管堵。

（2）制动管漏泄试验。

①单车试验器与车辆一端软管连接，关闭该端折角塞门，单车试验器置 1 位，制动管充至定压后，移至 3 位保压 1 min，不得漏泄。

②另一端软管加软管堵，开放两端折角塞门，截断塞门处于关闭位，单车试验器置 1 位，制动管充至定压后，移至 3 位保压 1 min，用肥皂水检查，管系各接头不得漏泄，制动管漏泄量不大于 5 kPa。

③关闭另一端折角塞门，卸下软管堵，保压 1 min，制动管漏泄量不大于 5 kPa。

（3）全车漏泄试验。

开放截断塞门，单车试验器置 1 位充风，待副风缸充至定压后，用肥皂水检查制动主支管及副风缸管系接头不得漏泄，保压 1 min，漏泄量不大于 5 kPa。

（4）制动、缓解感度试验。

①制动感度试验。

单车试验器置 1 位充气，待副风缸充至定压后，将单车试验器移至 4 位。当制动管减压

40 kPa 时立即将单车试验器移至 3 位，制动机须在制动管减压 40 kPa 前产生制动作用，其局部减压量：103、120、120-1 型不大于 40 kPa；GK 型不大于 50 kPa。局部减压作用终止后，保压 1 min，制动机不得产生自然缓解。

②缓解感度试验。

a. 120/120-1 型制动机制动管长度小于 16 m 时，将单车试验器移至 2 位充气，制动缸压力应在 45 s 内缓解至 30 kPa 以下。120/120-1 型制动机制动管长度为 16～24 m 时，在制动感度试验后，将单车试验器置 4 位，使制动管继续减压 30 kPa，然后移至 3 位，待压力稳定后，将单车试验器置 2 位充气，制动缸压力应在 45 s 内缓解至 30 kPa 以下。

b. GK、103 型制动机：将单车试验器置 2 位充气，制动机均须在 45 s 内缓解完毕。

（5）制动安定试验。

①120/120-1 型制动机：单车试验器置 1 位充气，待副风缸充至定压后，置 3 位保压，开启专用安定试验位，制动管减压 200 kPa 前，制动机不得产生紧急制动作用。关闭专用安定试验位，保压 1 min，制动缸漏泄量不大于 5 kPa。

②GK、103 型制动机：单车试验器置 1 位充气，待副风缸充至定压后，置 5 位，制动管减压 140 kPa 前，制动机不得产生紧急制动作用。压力稳定后，置 3 位保压 1 min，制动缸漏泄量不大于 5 kPa。保压时检查制动缸活塞行程，须符合表 10-3 的规定。

表 10-3　制动缸活塞行程　　　　　　　　　　　　　　　　　单位：mm

制动缸规格	装用闸调器	未装闸调器
356×254	125±10	100±15
305×254	155±10	—
254×254	155±10	—
203×254	125±10	—

（6）紧急制动试验。

①120/120-1 型制动机：单车试验器置 1 位充气，待副风缸充至定压后，置 3 位保压，开启专用紧急试验位，制动管减压 100 kPa 前，制动机须产生紧急制动作用。安装手动空重车调整装置的车辆，制动缸压力达到 190 kPa 前，安全阀须开始排风，压力降至 160 kPa 前安全阀须停止排风。

②103 型制动机：单车试验器置 1 位充气，待副风缸充至定压后置 6 位，制动管减压 100 kPa 前，制动机须产生紧急制动作用，空车位制动缸压力须为 170～190 kPa。

③GK 型制动机：单车试验器置 1 位充气，待副风缸充至定压后置 6 位，制动管减压 140 kPa 前，制动机须产生紧急制动作用。制动缸压力达到 190 kPa 前，安全阀须开始排风，压力降至 160 kPa 前安全阀须停止排风。

（7）120/120-1 型制动机加速缓解阀试验。

单车试验器置 1 位充气，待副风缸充至定压后，将单车试验器置 4 位减压 100 kPa，然后置 3 位保压，待压力稳定后，单车试验器置 2 位，制动缸开始缓解时，制动管压力应有明显跃升。

（8）120/120-1 型制动机半自动缓解阀试验。

① 主阀缓解试验。

单车试验器置 1 位，待副风缸充至定压后，将单车试验器置 4 位减压 50 kPa，然后置 3 位保压，拉缓解阀手柄至全开位 3～5 s 后松开，待制动缸压缩空气自动排完后，将单车试验器置 5 位，再减压约 50 kPa，制动机须产生制动作用。然后单车试验器置 1 位。

② 制动缸缓解试验。

待副风缸充至定压后，单车试验器置 3 位，开启专用紧急试验位，施加紧急制动，制动管压缩空气排尽后，拉缓解阀手柄至全开位 3～5 s 后松开，制动缸压力应能下降到零。

（9）闸调器性能试验。

① 闸瓦间隙减小试验。

单车试验器置 1 位，待制动机缓解完毕后，将垫板放入任一闸瓦与车轮之间，副风缸充至定压后，单车试验器置 5 位减压 140 kPa，制动缸活塞行程须变短。反复制动、缓解三次后，制动缸活塞行程与初始行程（即未安装垫板时的行程）之差须不大于 10 mm。

② 闸瓦间隙增大试验。

制动机缓解后，撤去闸瓦与车轮之间的垫板，制动后制动缸活塞行程须变长。反复制动、缓解三次后，制动缸活塞行程与初始行程（即未安装垫板时的行程）之差不大于 10 mm。

（10）空重车自动调整装置性能试验。

① KZW 系列空重车自动调整装置性能试验。

制动机处于缓解状态时，KZW 系列空重车自动调整装置抑制盘下平面应坐落在支架导管的顶端，抑制盘触头与横跨梁触板的间隙应符合表 10-4 的规定。触头与抑制盘螺杆须用开口销锁定。

表 10-4　触头与横跨梁触板的间隙　　　　　　　　　　　　　　　单位：mm

KZW 系列传感阀		TWG-1 系列传感阀	
测重行程 21	测重行程 27	TWG-1A 型	TWG-1C 型
3±1	6±1	3±1	6±1

a. 空车位试验。

取出抑制盘触头与触板之间的试验垫板。将单车试验器置 1 位充气，待副风缸充至定压后，置 5 位减压 160 kPa，置 3 位保压，制动缸压力应符合表 10-5 的规定。压力稳定后，保压 1 min，制动缸压力下降不大于 5 kPa。此时空重车位显示牌不应翻起。置 1 位缓解，制动缸压力须降至零。

表 10-5　KZW 系列空重车自动调整装置单车试验压力值

工　况	制动缸压力/kPa						
	KZW-A			KZW-4GAB	KZW-4GCD	KZW-4G	KZW-4
	自重＜28 t	28 t＜自重＜33 t	33 t＜自重				
空车位	140±20	180±20	220±20	160±20	160±20	160±20	150±20
半重车位	230±40	—	—	240±40	230±40	240±40	240±40
重车位	不作要求						

　　b. 半重车位试验。

　　将抑制盘上移，在触头与触板之间插入表 10-2 规定的半重车位试验垫板。单车试验器置1位充气，待副风缸充至定压后，置5位减压 160 kPa，置3位保压，制动缸压力应符合表 10-5 的规定。压力稳定后，保压 1 min，制动缸压力下降不大于 5 kPa。置1位缓解，制动缸压力须降至零。

　　c. 重车位试验。

　　将抑制盘上移，在触头与触板间插入如表 10-2 规定的重车位试验垫板。单车试验器置1位充气，待副风缸充至定压后，置5位减压 160 kPa，置3位保压。此时空重车位显示牌应翻起。压力稳定后，保压 1 min，制动缸压力下降不大于 5 kPa。置1位缓解，制动缸压力须降至零，显示牌落下。

　　② TWG-1 系列空重车自动调整装置性能试验。

　　制动机处于常用全制动状态时，检查传感阀触头与横跨梁触板间隙，应符合表 10-4 的规定。调整传感阀触头与横跨梁触板间隙时，可调整触头伸长量，触头在顶杆上的拧出长度应小于 20 mm；或在传感阀安装座与传感阀吊座之间加入调整垫。调整触头伸长量时，须用双扳手，一个扳手固定住顶杆，另一个扳手旋转触头以调整间隙。调整垫材质为钢质，厚度根据实际情况确定，原则上应与心盘垫总厚度基本一致。调整垫形式如图 10-2 所示。

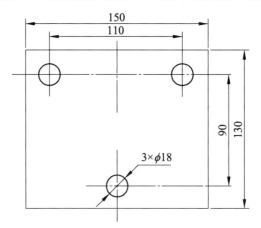

图 10-2　传感阀安装座调整垫外形

　　a. 空车位试验。

　　单车试验器置1位充气，待副风缸充至定压后，置5位减压 160 kPa，置3位保压。待压力稳定后，制动缸压力应为（160±20）kPa，此时空重车位显示器应完全伸出。保压 1 min，制动缸压力下降不大于 5 kPa。置1位缓解，制动缸压力须降至零。

　　b. 半重车位试验。

　　在触头与触板之间插入表 10-2 规定的半重车位试验垫板。单车试验器置1位充气，待副风缸充至定压后，置5位减压 160 kPa，置3位保压，待压力稳定后，制动缸压力应为（250±30）kPa。保压 1 min，制动缸压力下降不大于 5 kPa。置1位缓解，制动缸压力须降至零。

　　c. 重车位试验。

　　在触头与触板之间插入表 10-2 规定的重车位试验垫板。单车试验器置1位充气，待副风缸充至定压后，置 5 位减压 160 kPa，置 3 位保压。待压力稳定后，空重车位显示器不得伸出。保压 1 min，制动缸压力下降不大于 5 kPa。置 1 位缓解，制动缸压力须降至零。

（11）当 1 辆车装设 2 个及以上制动阀时，每个制动阀均须按上述要求分别进行试验。

（12）制动管长度超过 24 m 的车辆制动、缓解感度试验方法和紧急制动试验方法由车辆设计单位确定。

（13）调整制动缸活塞行程时，两转向架制动力须均衡，其 2 根下拉杆（或中拉杆）圆销组装后的销孔相差不超过 1 孔（装用 2 个制动缸且在车辆两端布置的车辆不作要求）。

（14）制动时，闸瓦须贴靠车轮，制动缸前、后杠杆与杠杆托的游动间隙不小于 50 mm。转 K2 型、转 K5 型、转 K6 型转向架的移动杠杆不得倒向摇枕一侧；转 8A、转 8AG、转 8G、转 8AB、转 8B、转 K4 型转向架的移动杠杆不得倒向车轴一侧。未装用闸调器的车辆上拉杆圆销须安装在最外孔，固定杠杆支点须留有调整余量，3 孔者须留有 1 孔，其他型须留有 2 孔及以上。

（15）车辆处于制动状态时，各拉杆、杠杆不得与相邻件或其托、吊有非正常接触。

（16）手动空重车调整装置的转换手把作用须灵活，空重车转换塞门开闭位置准确，缓解阀开、闭作用须良好。

（17）每辆车须在缓解状态以人力推动前制动杠杆，制动缸推杆应复位。

（18）单车试验结果须保存打印。

（19）关闭单车试验器端折角塞门，排出软管内压缩空气后，摘下单车试验器。

任务二　货车列车制动性能试验

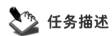 任务目标

【知识目标】

（1）了解列车车辆制动试验监测装置的使用方法；

（2）掌握列车制动机试验过程和标准。

【技能目标】

（1）能够操作列车车辆制动试验监测装置；

（2）具备列车制动机试验的能力。

【素质目标】

树立安全责任意识。

任务描述

列车制动机试验是为了检测列车制动机性能、确保列车运行安全的有效方法，是列检作业的重要环节。课前同学们要完成对列车制动机试验过程的学习，课上汇报学习成果，同时老师讲解列车制动机的试验标准；课后同学们要根据所讲知识分组完成列车制动机试验全过程，掌握试验标准。

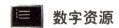 **数字资源**

货车列车制动性能试验

 配套知识

一、微控列车制动试验器介绍

微控列车制动试验器系统由微控列车试验器、列车车辆制动试验监测装置、无线控制器、主控软件、段调中心和通信网络组成，如图 10-3 所示。

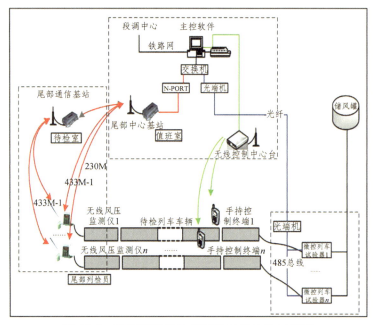

图 10-3 微控列车制动机试验系统结构示意图

（一）微控列车试验器

微控列车试验器根据列车制动机全部试验的功能要求进行设计，由供气管路、油水分离器、阀座、JZ-7 中继阀、总风遮断阀、比例阀、保压电磁阀、比例阀油水分离器、均衡风缸、高精度压力传感器、控制电路板、加热装置等设备组成，可以完成充风、空气漏泄试验、空气制动感度、空气制动安定、缓解试验等项目。微控列车试验器气路如图 10-4 所示，结构形式如图 10-5 所示。

（1）JZ-7 中继阀、总风遮断阀、阀座总成有 5 个风路接口，接口编号为 2、3、4、7、8，分别对应接制动管、总风管、均衡风缸管、过充风缸管、总风遮断阀管。中继阀根据均衡风缸管压力调整制动管压力，通过控制比例阀调节均衡缸压力，从而控制制动管压力。当需要保压时，控制保压电磁阀接通风源和遮断孔，切断制动管和风源，实现保压。

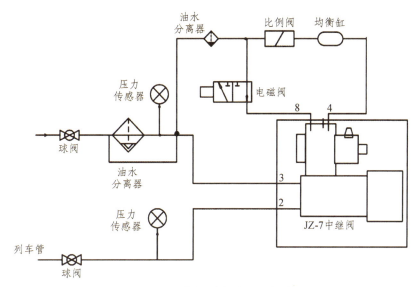

图 10-4　微控列车试验器气路

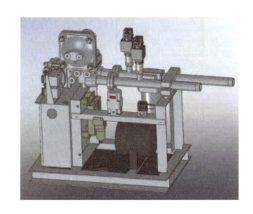

（a）结构图

（b）实物图

图 10-5　微控列车试验器

（2）比例阀：风路部分有 3 个接口，进风口通过油水分离器连接到风源；出风口通过均衡风缸连接到中继阀 4 号接口；排气口直接接大气。比例阀采集控制板发来的 0～10 V 电压信号，通过 PID 控制理论实现对压力的实时、无级、自动调节，输出风压通过压力传感器负反馈给控制信号。输出压力控制精度高，输出风压误差<0.5%FS（精度和满量程的百分比）。

（3）油水分离器：滤除压缩空气里的水分、油和其他杂质。

（4）保压电磁阀：用来切断和接通气源及遮断阀孔，实现充风和保压。

（5）均衡风缸：缓冲比例阀调节输出的风压，使其更加平稳。

（6）压力传感器：在进风口测量风源的压力，出风口测量输出的压力，把信号传给控制板。

（7）DC 24 V 直流电源：给比例阀、传感器、电磁阀、控制板供电。

（8）加热模块：采用 200 W 铝合金散热板，表面温度约 150 ℃。

（9）控制板：采用 32 位高性能 ARM-cortex-M3 核心处理器 STM32F107。使用一路 D/A

配合外围电路驱动比例阀，使用 4 路 A/D 采集风源、出风口、均衡缸等压力，使用 4 路 I/O 输出驱动电磁阀、继电器等控制保压、加热、比例阀供电，8 路开关量输入接入手动按钮，采用一个 UART 接口配以 RS485 接口芯片与上位机通信。

（二）列车车辆制动试验监测装置

列车车辆制动试验监测装置主要包括无线风压监测仪和无线传输接发仪两种设备。

1. 无线风压监测仪

无线风压监测仪（简称监测仪）由高精度压力传感器、A/D 转换器、微处理器、无线收发器、数码显示装置和可充电锂电池组成。监测仪用于采集列车尾部风管压力数据，并将采集数据通过无线方式传输给后台进行记录和处理。监测仪工作原理如图 10-6 所示，实物照片如图 10-7 所示。

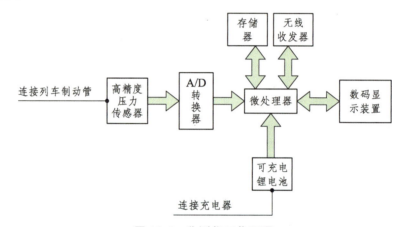

图 10-6　监测仪工作原理

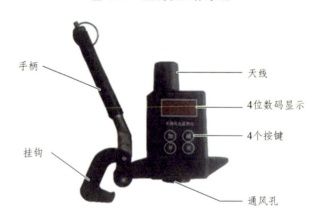

图 10-7　监测仪实物

手柄、挂钩和底座通过连接轴构成一个杠杆机构，当底座扣在列车制动管风口上、挂钩挂在列车制动管边缘上，用户稍一用力即可将监测仪可靠地与列车制动管连接上。当机车供风或地下风管路供风工作时，风压通过底座通风孔传入监测仪，使监测仪高精度压力传感器风压值发生变化，监测仪进行采集、数字化处理、驱动显示、存储和无线发送工作。

2. 无线传输接发仪

无线传输接发仪（简称接发仪）由数据接收处理主机、数据传输模块、处理器、收发模块、稳压电源组成。接发仪作为中转站将收到的无线风压监测仪采集到的数据向主控软件进行传输，同时接收主控软件下达的指令，并将其传送给监测仪。接发仪内置时钟芯片，可根据主控软件的时钟校对命令进行校准。接发仪具有两种工作方式：中转站工作方式、中心站工作方式。接发仪工作原理如图 10-8 所示，实物如图 10-9 所示。

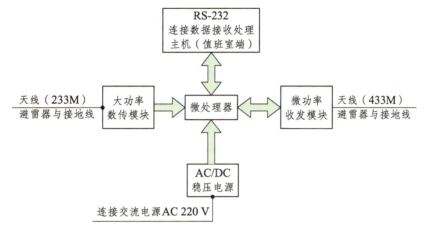

图 10-8　接发仪工作原理

图 10-9　接发仪实物

二、列车制动机试验标准

（1）列车制动机试验分为持续一定时间全部试验和简略试验。

（2）列检作业场的列车制动机试验按以下规定进行：

① 始发作业：发车前施行一次持续一定时间全部试验。

② 中转作业：发车前施行一次持续一定时间全部试验。

（3）列检作业场对始发、中转作业的列车连挂机车后须施行简略试验；始发、中转作业的列车制动机试验后停留超过 20 min 时，发车前还须再次施行简略试验。

（4）列检作业场进行列车制动机试验时，须使用制动机微控地面试验装置和列车车辆制动试验监测装置进行，试验、监测数据须进行分析，监测结果作为列车制动机试验过程及质量判别的依据，监测数据保存 1 个月。

（5）列车制动机试验须符合以下标准：

① 持续一定时间全部试验：在列车最后一辆车尾部制动软管上安装无线风压监测仪，并确认主管压力达到规定压力。

感度保压试验：置常用制动位，减压 50 kPa（编组 60 辆及以上时减压 70 kPa），全列车须产生制动作用；同时保压，第 1 min 内无线风压监测仪显示的列车主管压力下降不大于 20 kPa，3 min 内不得产生自然缓解，并确认制动缸活塞行程无异常。然后置运转位充风缓解，全列车须在 1 min 内缓解完毕。

安定试验：置常用制动位，减压 140 kPa（列车主管压力为 600 kPa 时减压 170 kPa），不得产生紧急制动，并确认感度保压试验发现异常的制动缸活塞行程是否符合规定。

② 列检作业的简略试验：在列车最后一辆车尾部制动软管上安装无线风压监测仪，确认列车管压力达到规定后，通知机车乘务员减压 100 kPa，尾部检车员确认最后一辆车制动缸活塞产生制动作用后，向机车乘务员显示缓解信号并确认最后一辆车制动缸活塞产生缓解作用。

（6）列车制动机试验时，须按以下方式显示手信号：

① 制动信号：昼间——用检查锤高举头上；夜间——白色灯光高举。

② 缓解信号（继续充风信号）：昼间——用检查锤在下部左右摇动；夜间——白色灯光在下部左右摇动。

③ 试验完毕信号：昼间——用检查锤由上部向车列方向做圆形转动；夜间——白色灯光由上部向车列方向做圆形转动。

三、列车制动机试验过程

1. 持续一定时间全部试验

（1）试验准备。

① 使用微控地面试风装置进行列车制动机试验时，前部检车员对制动机试验长软管进行吹尘 2~3 次后，连接长软管与车辆制动软管。使用机车进行列车制动机试验时，先将长软管与机车制动软管连接，2 号检车员开启机车折角塞门进行吹尘后，再将长软管与车辆制动软管连接。

② 1 号检车员在车列尾部车辆后端制动软管上安装无线风压监测仪。

③ 各段检车员连接制动软管、开启折角塞门，平行作业不超过 1 辆车，严禁带风接管和边接管边看车；各段检车员连接制动软管结束后通知 2 号检车员，2 号检车员用无线对讲机通知值班员进行复位充风。对机车进行制动机试验时，各段检车员连接制动软管结束后方可开启列车前端折角塞门。

④ 各段检车员确认列车无涌动后，方可进行技术检查作业。技术检查作业结束后按照规定位置站立，等待进行制动机试验。1 号检车员进行列车尾部折角塞门芯漏泄检查。

（2）感度保压试验。

① 制动：1 号检车员确认列车主管风压达到规定压力后，向前显示制动信号依次逐人传递到 2 号检车员；2 号检车员接到后用无线对讲机通知值班员进行感度保压试验制动，各检车员听到后停止手信号；值班员操作感度保压制动减压 50 kPa（编组 60 辆及以上时减压 70 kPa）后通知 1 号检车员已制动。利用本务机车试验时，2 号检车员接到制动手信号后，立即通知司机开始感度保压试验制动，机车鸣笛一短声表示制动开始（限鸣区除外），各检车员听到后停止手信号。

② 保压：1 号检车员接到值班员通知后，确认减压达到 50 kPa（编组 60 辆及以上时减压 70 kPa）后开始保压计时，保压 1 min，无线风压监测仪显示的列车主管压力下降不大于 20 kPa。同时，保压 3 min 后用无线对讲机通知全组检车员检查制动机制动状态，并确认制动缸活塞行程无异常。如保压 1 min 内漏泄超过规定，1 号检车员用无线对讲机通知全组检车员查找原因并处置，处理后重新进行感度保压试验。

③ 缓解：1 号检车员向前显示缓解信号，依次逐人传递到 2 号检车员；2 号检车员接到后用无线对讲机通知值班员进行缓解，各检车员听到后停止手信号；值班员操作缓解后通知 1 号检车员已缓解；各检车员确认试风位置首辆制动机 1 min 内缓解完毕后，开始检查制动机缓解状态，同时对试风区段车辆制动软管进行手摇、锤敲连接器检查。利用本务机车试验时，2 号检车员接到缓解信号后，立即通知司机缓解，机车鸣笛二短声表示缓解开始（限鸣区除外），各检车员听到后停止手信号。如检车员发现制动机作用不良立即通知工长处置。

（3）安定试验。

1 号检车员确认列车主管风压达到规定压力后，向前显示制动信号，依次逐人传递到 2 号检车员；2 号检车员接到后用无线对讲机通知值班员进行安定试验制动，各检车员听到后停止手信号；值班员操作安定试验制动减压 140 kPa（列车主管压力为 600 kPa 时减压 170 kPa）后全列车未产生紧急制动，各检车员分别确认感度保压试验发现异常的制动缸活塞行程是否符合规定。利用本务机车试验时，2 号检车员接到制动信号后，立即通知司机开始安定试验制动，机车鸣笛一短声表示制动开始（限鸣区除外），各检车员听到后停止手信号。如列车产生紧急制动，工长立即组织检车员查找原因；如发现制动机制动缸活塞行程不符合规定，立即通知工长处置。

（4）试验结束。

各检车员试风结束后通知 1 号检车员，1 号检车员收到全组试风结束信息后向前部显示试验完毕信号，依次逐人传递到 2 号检车员；2 号检车员接到后用无线对讲机通知值班员试风结束，各检车员听到后停止手信号；1 号检车员先关闭车列尾部车辆后端折角塞门，再关闭无线风压监测仪并摘下无线风压监测仪；2 号检车员先关闭车辆折角塞门，再关闭微控地面试风装置端或机车折角塞门，将试风装置长软管摘下并定位存放。利用机车进行列车制动机试验时须通知司机制动机试验完毕。

（5）继续充风手信号显示传递。

列车主管风压未达到规定压力时，1 号检车员向前显示继续充风信号，依次逐人传递到 2 号检车员；2 号检车员接到后用无线对讲机通知值班员继续充风，各检车员听到后信号停止。

2. 列检简略试验

（1）试验准备。

按规定设置停车信号后，前部检车员开启机车折角塞门进行吹尘，连接机车与车列制动软管，先开机车折角塞门，后开车辆折角塞门，向列车充风；1 号检车员将无线风压监测仪安装在列车尾部制动软管上，开启折角塞门。

（2）制动。

1 号检车员确认列车主管风压达到规定压力后，向前显示制动信号，依次逐人传递到 2 号检车员，2 号检车员接到后立即通知司机制动；司机减压 100 kPa，机车鸣笛一短声表示制动开始（限鸣区除外），各检车员听到后停止手信号。

（3）缓解。

1 号检车员确认最后一辆车制动机产生制动作用后，向前显示缓解信号，依次逐人传递到 2 号检车员；2 号检车员接到后通知司机缓解，机车鸣笛二短声表示缓解开始（限鸣区除外），各检车员听到后停止手信号。

（4）试验完毕。

1 号检车员确认最后一辆车制动机缓解作用，先关闭列车尾部车辆后端折角塞门，再关闭无线风压监测仪并摘下无线风压监测仪后，向前显示试验完毕信号，依次逐人传递到 2 号检车员；2 号检车员接到后用无线对讲机通知简略试验完毕，各检车员听到后停止手信号；1、2 号检车员分别撤除停车信号，2 号检车员通知司机简略试验完毕。

四、制动故障关门车规定

（1）因装载的货物规定需停止制动作用或自动制动机临时发生故障的铁路货车，准许关闭截断塞门（以下简称关门车）。关门车在列车中的编挂规定如下：

① 列检作业场所在车站编组始发的列车，不得有制动故障关门车。

② 编入列车的关门车数不超过现车总辆数的 6%（尾数不足 1 辆时按四舍五入计算）时，可不计算每百吨列车质量的换算闸瓦压力，不填发《制动效能证明书》；超过 6% 时，按《铁路技术管理规程》规定计算换算闸瓦压力，并填发《制动效能证明书》交司机。

③ 关门车不得挂于机车后部 3 辆车之内；在列车中连续连挂不得超过 2 辆；列车最后一辆不得为关门车；列车最后第二、三辆不得连续关门。关门车须排净副风缸的压缩空气。

④ 组合的重载列车中每个单元列车的关门车数量和编挂位置均须符合上述规定。

（2）列检作业场发出的列车运行前方途经长大下坡道区间的，在始发、中转作业时，需填发《制动效能证明书》并交司机。

（3）装有 2 个及以上自动制动机的铁路货车，在运行途中自动制动机发生临时故障，须采取关闭截断塞门时，应关闭全车截断塞门。列检作业场发现货物列车中的铁路长大货物车截断塞门关闭时，计算每百吨列车质量的换算闸瓦压力，并填发《制动效能证明书》交司机。

（4）对采取人工检查或人机分工检查方式进行列检作业的列车，车辆制动软管的连接、机车与第一辆车的车钩摘解和制动软管摘结、单班单司机值乘的列车机车与第一辆车的连挂，均由检车员负责。

（5）对采取人工检查或人机分工检查方式进行列检作业的列车，列尾装置主机软管与车辆制动软管的连接、未挂列尾装置时尾部车辆制动软管的吊起，均由检车员负责。制动软管使用铁线吊起，软管连接器与车钩下平面距离不大于 200 mm。

任务三　货车试验台试验

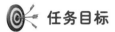 **任务目标**

【知识目标】

（1）了解空气控制阀试验台的使用方法；

（2）掌握空气控制阀试验台试验过程和标准。

【技能目标】

（1）能够操作空气控制阀试验台；

（2）具备空气控制阀试验台试验的能力。

【素质目标】

培养学生精益求精的工匠精神。

 任务描述

新造和检修的空气控制阀须经试验台试验，试验合格后方可装车使用。空气控制阀试验台试验是检验空气控制阀的新造质量和检修质量，课前同学们要完成对空气控制阀试验台的学习，课上汇报学习成果，同时老师讲解空气控制阀试验台试验过程和标准；课后同学们要根据所讲知识分组完成空气控制阀试验台试验全过程，掌握试验标准。

 数字资源

货车试验台试验

 配套知识

一、120 阀试验台介绍

1. 概　述

120 型货车空气控制阀专用试验台（简称 120 阀试验台）是进行 120 型货车空气控制阀（以下简称 120/120-1 阀）性能试验的专用台。它能够对 120/120-1 阀进行全面、系统、准确的检测，以确保阀的制造和检修质量。

该试验台有如下几个特点：

（1）结构紧凑，由于将电磁阀作为气路的阀门使用，并采用板式阀集装结构，因而大大简化了管路结构，且结构布置合理，因此各主要部件可接近性好，方便运用和检修。

（2）将局减室和紧急室单独设置，保证了两室的容积精度。

（3）采用按钮操作，并有设置于面板上的带有指示灯的试验台工作原理显示屏与之相配合，不但减少了烦琐的操作，而且使得操作更为直观。

（4）由于采用较高精度的压力表和局减室压力表及质量流量计计量 120 阀的漏泄情况，采用高精度的压差计测试列车管与副风缸之间的压力差，使测试精度大大提高，从而保证了测试数据的准确度。试验台还设置了压力表的校验表，可适时校验各压力表的误差，保证了各压力表处于受控状态。

（5）在自动测试时由于使用计算机控制操纵检测，从而避免了检测中人为因素的影响，并实现了数据的存储和打印，同时可适应网络化管理。

试验台使用时应注意以下几点：

（1）试验台适用环境温度应在 5～50 ℃；

（2）试验应使用干燥洁净的压缩空气及充足风压；

（3）试验台应有稳定的电源和高可靠的接地装置。

2. 结构组成

试验台由两大部分组成：主机系统和计算机系统。主机主要包括主机柜、阀夹紧装置、风缸系统、管路系统、电气控制系统。计算机系统包括计算机柜、IPC 总线工控机、显示器、ISA 总线数据采集卡、针式打印机以及仪表、压力变送器等。

（1）主机柜，用于各部件的安装和固定等。

（2）阀夹紧装置，包括主阀风卡和紧急阀风卡两个部件。

（3）风缸系统，包括储风缸，列、副双室风缸，加、制双室风缸，紧急室，局减室 5 个部件。

（4）管路系统，包括主管路系统和辅助管路系统。主管路系统有供风管系（包括三联体）、主电磁阀管系（包括压差计、流量计）、压力表管系等。辅助管路系统有风卡电磁阀管系、试漏气缸电磁阀管系、电磁阀外先导管系等。

（5）电气控制系统，通过操作盘上的按钮开关键或计算机来控制电磁阀，使气路通、断，完成试验要求的各种功能。该系统包括操作盘（按钮开关键）、显示屏、主机电气系统（包括变送器、连线、电源）、计算机自控电气系统等。

3. 系统基本控制工作原理

由操作盘上的 JS/Z 键控制手动/自动的转换。计算机控制和按钮开关控制交汇于 ST-32-01 连接板上，经不同的插座同插头连接到电磁阀，以达到控制电磁阀的目的。

4. 试验台工作方式

（1）将 JS/Z 键置于"手动"方式：在该方式下，直接操纵操作盘上的 J 按钮控制电磁阀工作。

注：如此时计算机正在工作，那么应先操纵计算机将所有电磁阀关断并"退出系统"后，方能将 JS/Z 键放置于"手动"方式。

（2）将 JS/Z 键放置于"自动"方式：在该方式下，直接操作计算机人机对话界面，控制电磁阀工作。

注：将 JS/Z 键置于"自动"之前，应先将操作盘上的全部按钮关断，以提高按钮的使用寿命。

5. 常见故障处理

1）微机故障

若微机染有病毒，会造成程序不能正常执行。为防止病毒侵蚀，应谨慎使用 U 盘，尽量少装与本系统无关的软件。

主机打开后，严禁带电拔插机内板卡和接插件。微机电源都有过载保护（短路保护），如果错误拔插插件，将造成主板损坏、主机不能正常工作、显示器颜色异常。

若计算机在运行过程中出现死机现象，可同时按下 CTRL、ATL、DEL 三个键，或者按主机面板上的 Reset 键，使计算机重新启动。

显示器时有闪烁现象，可能是电源电压不稳定，受工作车间电动工具干扰，建议更改线路，埋设地线。

当发现程序有故障或无法正常测试时，请仔细查找原因，不可随意删除程序或格式化硬盘，如确实要进行此操作时，请先备份安装程序中的数据库文件 120sjk.mdb。

2）打印机故障

在开启打印机之前，应查看是否已经安装好打印纸。

当由于某种原因使打印驱动程序丢失时，则需重新装载。

关于打印机的使用和维护常识，请参阅打印机使用说明书。

3）电源故障

24 V 开关电源安装在试验台中，是专供执行机构电磁阀工作的。若它产生问题，则整个电磁阀都加不上电，试验阀程序不能正常进行。若遇到此类情况，首先检查 24 V 开关电源是否输出正常，再关机检查电路连线部分：24 V 电源→电磁阀板→24 芯航空插头→24 芯电缆连线→继电器板总电源线→6407D/O 板。

24 V 线性电源安装在试验台中，是专供传感器工作的。若压力显示不正常，首先检查 24 V 线性电源是否输出正常，再关机检查屏蔽电缆接头线路有无松动、断裂现象，同时查看传感器气路接头、传感器、A/D 板：24 V 线性电源→25 芯 D 型插头→传感器→25 芯电缆连线→6312A/D 板。

注意：若压力显示异常（屏幕数字不动或乱跳），请先进行传感器校零，再按上述顺序逐一检查。

4）传感器故障

试验台中采用 11 个电流型传感器，分别采样各风缸和表管的压力。它是程序正常执行的"眼睛"。

当有一路采样断路时，采样程序会提示数据溢出，此时就要逐路检查传感器连线是否有断路。

当有一路采样与风缸实际值误差很大，通过传感器校零后而故障仍存在，一般可断定是这路传感器损坏。

5）风门电磁阀（电控换向阀）故障

（1）电磁阀不上电。

测试过程中电磁阀不动作，用一小螺丝刀轻轻接触相应电磁阀线包，看是否有磁力。如没有磁力，检查线包的 24 V 软线连接是否正常。

（2）换向阀漏风。

如果换向阀安装位置的侧缝有漏风现象，可以把固定换向阀的 4 个螺栓卸下，把风门安装垫拆下清洗后重新固定。

（3）风门打不开。

如果对电磁阀断电后，风门不能正常打开，此问题一般是由于电磁阀没有关严，而导致先导风从电磁阀处漏泄过来，导致风门打不开。

（4）风门关闭不严。

风门在关闭位置时，由于风门关不严而导致风门上下位窜风。此问题一般是由于换向阀密封装置密封不严引起的。可对密封装置的芯体清洗后上黄油再装好即可。如果芯体有较重的划痕，可以对芯体进行更换。

6）流量计压差计故障

（1）压差计故障。

压差计故障一般是采值故障。验证故障时可进入程序系统硬件测试中的传感器测试界面，输入值选择一个小于 100 的数值，点击压差控制，压差计显示值应与程序中压差采样值基本一致。如采样不一致，就需要对压差计电路进行故障排除。如显示值一直为零，一般为 15 号风门故障，检修 15 号风门即可。

（2）流量计故障。

流量计系统故障可通过流量计采值和流量计控制两方面检查。

流量计采值可手动给副缸充风，再打开 2 号和 11 号风门。此时，流量显示仪和传感器测试界面中的流量采值都应为一致的 500 mL/min 左右。当两端采值不一致时，可检查流量显示仪电流输出端相关采样电路。

采用流量计控制时，先把试验台的流量显示仪的右拨码拨在设定显示位，再进入传感器测试界面，给流量控制写入一个小于 500 的值，点击流量控制。此时，流量计显示值应与发出的设定值一致，如不一致，可检查 6327 板到流量显示仪电流输入端的电路。

6. 试验台维护

该试验台所用有关元器件对压缩空气的洁净程度要求较高，为保证试验台能够正常工作，要求进试验台的风是经过粗过滤的，油、水、尘埃的净化都已达到一定的要求。如仅靠试验台所带过滤器过滤不洁净的压缩空气，则会造成过滤器过早损坏，影响试验。

同时，应定期清扫试验台各风缸，定期校验试验台的压力表、压力变送器、流量计、压差计等。

二、120 主阀试验台试验

1. 试验准备

将主阀卡紧在主阀安装座上，用左手托住主阀，右手迅速开通 K1。启动 120 试验程序，根据界面提示，选择主阀种类，启动主阀连续试验程序。录入主阀编号、试验员姓名、主阀类别（356/254），点击"确定"按钮开始主阀连续试验。

2. 漏泄试验

（1）制动位漏泄试验。

① 根据界面提示分别在主阀前盖结合面处及缓解阀排气口、缓解阀手柄处涂刷防锈检漏剂（以下简称为检漏剂）进行检查，不允许产生漏泄。

② 在局减阀呼吸孔涂刷检漏剂进行检查，不允许产生漏泄。

③ 检查主阀排气口、局减排气口漏泄量，流量计显示值不大于 80 mL/min。

④ 检查副风缸管路和加速缓解风缸管路压力，在 10 s 内压力下降不允许超过 5 kPa。

⑤ 将缓解阀手柄推至制动缸压力开始下降时，立即关断缓解阀手柄开关，制动缸压力空气排至零。在缓解阀上呼吸孔涂刷检漏剂进行检查，不允许产生漏泄。

⑥ 将缓解阀手柄推至全开位，使副风缸压力降至 100 kPa 后关断缓解阀手柄开关。在缓解阀手柄处涂刷检漏剂进行检查，不允许产生漏泄；在缓解阀排气口涂刷检漏剂进行检查，在 10 s 内产生的气泡高度不大于 12 mm。

（2）缓解位漏泄试验。

① 在列车管、副风缸和加速缓解风缸压力均充至定压后，根据界面提示，除主阀前盖及缓解阀下盖外，在各结合面周围涂检漏剂进行检查，不允许漏泄。

② 检查主阀排气口漏泄量，流量计显示值不大于 80 mL/min。

③ 检查局减排气口的漏泄量，流量计显示值不大于 80 mL/min。

（3）常用制动位漏泄试验。

① 检查主阀排气口的漏泄量，流量计显示值不大于 80 mL/min。

② 检查局减阀气口的漏泄量，流量计显示值不大于 80 mL/min。

③ 待加速缓解风缸管内压力完全排至零后，检查加速缓解管排气口的漏泄量，流量计显示值不大于 120 mL/min。

④ 制动缸容量风缸压力减至 100 kPa 时关断制动缸管路开关，在缓解阀排气口涂刷检漏剂进行检查，不允许漏泄。待压力稳定后将副风缸截断开关、制动缸截断开关关闭，制动缸管路压力在 10 s 内的压力变化不允许超过 7 kPa；加速缓解风缸管路压力在 10 s 内压力下降不允许超过 5 kPa。

3. 阀的作用和孔的通量试验

（1）主阀性能试验。

① 制动及缓解通路试验。制动缸压力由零上升到 350 kPa 的时间不大于 4 s。制动缸压力从 300 kPa 降至 150 kPa 的时间：配用 $\phi 254$ mm 直径制动缸为 4 ~ 7 s；配用 $\phi 356$ mm 直径制动缸为 3 ~ 5.5 s。

② 缓解阻力试验。制动缸压力降至零的过程中，列车管与副风缸的压差最大值应为 6 ~ 16 kPa。

③ 局减孔试验。产生局减作用时，局减室压力从开始升压到降至 40 kPa 的时间：120 阀为 3 ~ 9 s；120-1 阀为 3 ~ 12 s。局减排气结束后列车管减压量：120 阀不允许大于 40 kPa；120-1 阀不允许大于 50 kPa。

④ 局减阀作用试验。当制动缸压力降压至 20 kPa 时，制动缸管路压力由 30 kPa 上升到 50 kPa 的时间为 1.5 ~ 4 s，并在 50 ~ 70 kPa 时停止升压。打开制动缸管路开关，当制动缸容量风缸压力降低 30 kPa 时，关闭制动缸管路开关。制动缸管路压力应再升到 50 ~ 70 kPa。

⑤ 保压稳定孔试验。列车管压力减为 450 kPa 后，检查副风缸的漏泄量在流量计上的显示值为（245±5）mL/min。待列车管压力和流量计显示值稳定后，压差计清零，检查稳定后的压差计数值为 1.5 ~ 6 kPa，并且此时主阀不允许缓解。

⑥ 加速缓解阀作用试验。列车管管路压力，从开通副风缸管路开关开始，4 s 内列车管最高压力值应比开通前的列车管压力值上升 10 kPa 以上，然后再下降。

⑦ 副风缸充气孔试验。副风缸压力由 50 kPa 上升到 150 kPa 的时间：配用 ϕ254 mm 直径制动缸为 15.5 ~ 19 s；配用 ϕ356 mm 直径制动缸为 12.5 ~ 16 s。

⑧ 加速缓解风缸充气通路试验。加速缓解风缸压力由 100 kPa 上升到 200 kPa 的时间应为 12 ~ 18 s。

⑨ 紧急二段阀作用试验。制动缸容量风缸压力由零快速上升到 110 ~ 170 kPa，然后缓慢上升至平衡压力，并检测由零上升到 350 kPa 的时间：配用 ϕ254 mm 直径制动缸为 6.5 ~ 9 s；配用 ϕ356 mm 直径制动缸为 4.5 ~ 6.5 s。

（2）缓解阀试验。

① 缓解阀锁闭性能试验。从副风缸压力开始下降起，2 s 内制动缸应开始缓解。制动缸容量风缸压力从 350 kPa 降至 40 kPa 的时间不允许超过 4 s，并且制动缸压力应能排至零。

② 缓解阀内副风缸和加速缓解风缸通路试验。副风缸压力从 300 kPa 降至 150 kPa 的时间不允许超过 7 s。

③ 缓解阀复位试验。当副风缸压力降至 40 ~ 10 kPa 时，制动缸管路压力应开始上升。

主阀试验完毕后，将试验结果保存并排风，关闭 K1，卸下主阀。

三、120 紧急阀试验台试验

1. 试验准确

开通 K2，将紧急阀卡紧在紧急阀安装座上。开通 K1，将主阀座盲板卡紧在主阀安装座上。启动紧急阀连续试验程序。录入紧急阀编号、试验员姓名，点击"确定"按钮开始紧急阀连续试验。

2. 紧急阀漏泄试验

在所有的盖及胶垫周围涂刷检漏剂进行检查，不允许产生漏泄；在紧急阀排气口涂刷检漏剂进行检查，15 s 内只允许产生一个高度最大为 12 mm 的肥皂泡。关断 K1，列车管管路压力在 20 s 内下降不允许超过 5 kPa。

3. 紧急阀性能试验

（1）紧急灵敏度试验。列车管减压 160 kPa 以前应产生紧急放风作用。从产生紧急放风作用开始到降至 40 kPa 的时间不允许超过 1.5 s；检查紧急室压力，从列车管产生紧急放风作用开始到降至 40 kPa 的时间为 12.5 ~ 16.5 s。

（2）紧急室充气孔试验。紧急室压力由零上升到 200 kPa 的时间为 12.5 ~ 17.5 s。

（3）安定性能试验。列车管减压 200 kPa 后，在列车管压力下降过程中紧急阀不允许产生紧急放风作用。

紧急阀试验完毕后，将试验结果保存并排风，关闭 K2，卸下紧急阀。

四、空重车自动调整装置试验台

1. 结构组成

试验台由硬件和软件两大部分组成。硬件主要由主机系统和测控硬件系统组成。主机系统主要包括机柜、夹紧装置、工况转换机构、试验气路系统。测控硬件系统主要由计算机系统、压力传感器、工况转换机构的步进电机控制系统、A/D 转换系统等组成。试验台的应用软件系统能在 Windows 操作系统平台上运行，具有广泛的适应性。

2. 功　能

（1）试验台能对 KZW 和 TWG-1 系列空重车自动调整装置的各主要阀类部件，按照各自的试验规范，单独进行全面、准确、快捷的性能试验。

（2）试验台具有微机自动和手动操作两种操作方式。手动操作主要用于故障判断与分析及联合模拟试验等。

（3）试验台既能对 KZW 和 TWG-1 系列空重车自动调整装置进行单阀性能试验，也可以进行双阀配套试验。

（4）试验台能对试验数据进行自动存储、数据分类查询、打印，并预留有铁路货车技术管理信息系统（简称 HMIS）接口，可通过网络与 HMIS 系统共享试验结果。

（5）试验台具有自动试验功能，根据试验台机能试验规范自动完成副风缸系统、制动缸系统、降压风缸系统的风缸容积匹配、通量及系统漏泄试验，并根据试验结果自动判断系统是否合格，同时显示及打印检测结果。

五、空重车自动调整装置试验台试验

1. KZW 系列调整阀性能试验

（1）将调整阀卡紧在调整阀安装座上，开通 K2。选择试验程序后，点击界面上方的"限"字按钮。录入调整阀编号、生产厂家、产品类型，点击"确定"按钮开始调整阀连续试验。

（2）空车位试验。制动缸压力：KZW-A 型调整阀为（140±15）kPa；KZW-4G 型调整阀为（160±10）kPa。调整阀上的空重车位显示牌应处在空车位。保压 1 min 时，制动缸压力下降不大于 5 kPa。保压过程中，人工用肥皂水检查各接合部、各排气口及通气口泄漏，20 s 内不得鼓泡。缓解时间不大于 20 s。

（3）半重车位试验。制动缸压力：KZW-A 型调整阀为（230±40）kPa；KZW-4GA、C 型调整阀为（240±40）kPa。调整阀上的空重车位显示牌应翻起显示半重车位。保压 1 min 时，制动缸压力下降不大于 5 kPa。保压过程中，人工用肥皂水检查各接合部、各排气口及通气口泄漏，20 s 内不得鼓泡。缓解时间不大于 20 s。

（4）重车位试验。制动缸压力：KZW-A 型，KZW-4G 型调整阀均为（360±10）kPa；调整阀上的空重车位显示牌应翻起显示重车位。保压 1 min 时，制动缸压力下降不大于 5 kPa。保压过程中，人工用肥皂水检查各接合部、各排气口及通气口泄漏，20 s 内不得鼓泡。缓解时间不大于 20 s。

（5）调整阀试验完毕后，将试验结果保存并排风，关闭 K2，卸下调整阀。

2. KZW 系列传感阀性能试验

（1）将传感阀卡紧在传感阀安装座上，开通 K1。点击界面上方的"传 21/传 27"字按钮。录入传感阀编号、制造厂家、产品类型，点击"确定"按钮开始传感阀连续试验。

（2）空车位小减压量试验：打开慢充电磁阀，当制动缸压力升到（40±10）kPa 时，关闭慢充电磁阀，检查触杆行程，触杆须稳定触及调整挡块。

（3）空车位试验。制动缸压力：C-A 型为（140±15）kPa；C-4GA、C-4GC 型均为（160±10）kPa。保压 1 min 时，制动缸压力下降不大于 5 kPa。保压过程中，用肥皂水检查各接合部、各排气口及通气口泄漏，20 s 内不得鼓泡。检查触杆行程。缓解时间不大于 30 s。

（4）半重车位试验。制动缸压力：C-A 型为（230±40）kPa；C-4GA 型为（240±40）kPa；C-4GC 型为（220±40）kPa。保压 1 min 时，制动缸压力下降不大于 5 kPa。保压过程中，人工用肥皂水检查各接合部、各排气口及通气口泄漏，20 s 内不得鼓泡。检查触杆行程。缓解时间不大于 30 s。

（5）重车位试验。制动缸压力：各型均为（360±10）kPa。保压 1 min 时，制动缸压力下降不大于 5 kPa。保压过程中，人工用肥皂水检查各接合部、各排气口及通气口泄漏，20 s 内不得鼓泡。检查触杆行程。缓解时间不大于 30 s。

（6）传感阀试验完毕后，将试验结果保存并排风，关闭 K1，卸下传感阀。

3. T-1 系列调整阀性能试验

（1）将调整阀卡紧在调整阀安装座上，开通 K2。选择试验程序后，点击界面上方的"调"字按钮。录入调整阀编号，点击"确定"按钮开始调整阀连续试验。

（2）漏泄试验。打开快、慢充电磁阀，当压力稳定后，用肥皂水检查调整阀各接合部、各排气口及通气口漏泄，各接合部、各排气口处在 20 s 内不得鼓泡。

（3）空车试验。制动缸初跃升压力：（60±10）kPa。调整室压力：T-1A 型阀始终为零。制动缸压力：T-1A 型阀（150±10）kPa。检查显示活塞行程，须完全伸出。保压 20 s 时，制动缸压力上升不得超过 10 kPa。制动缸压力开始下降起到 40 kPa 的时间：T-1A 型阀应不超过 20 s。制动缸压力应能排尽。检查显示活塞行程，须能缩回。

（4）重车试验。制动缸压力：T-1A 型阀为（360±10）kPa。缓解时，制动缸压力应能排尽。

（5）调整阀试验完毕后，将试验结果保存并排风，关闭 K2，卸下调整阀。

4. WG-1 型无级传感阀性能试验

（1）将传感阀卡紧在传感阀安装座上，开通 K1。点击界面上方的"传 WG-1"字按钮。录入传感阀编号，点击"确定"按钮开始传感阀连续试验。

（2）漏泄试验。根据屏幕提示更换挡块，使调整器上平面刚好与传感阀触头接触（简称零点调整）。用肥皂水检查传感阀各接合部及顶杆周围漏泄情况，顶杆周围及触头排气口处在 20 s 内不得鼓泡，其余各部不得漏泄。

（3）空车试验。降压气室压力从 0 升至 300 kPa 的时间不超过 12 s。检查触杆行程。保压 15 s 时，上游压力不得下降且与降压气室压力差不超过 15 kPa。降压气室压力由 300 kPa 降至 40 kPa 的时间不超过 9 s。降压气室压力应能排尽，传感阀顶杆应能完全缩回到缓解位。

（4）半重车位试验：根据屏幕提示更换挡块。保压 20 s，保压时用肥皂水检查顶杆周围及触头排气口处在 20 s 内不得鼓泡，其余各部不得漏泄。检查触杆行程。保压后释放上切、制切、降切、调切电磁阀测量降压气室压力，打开排气电磁阀缓解。降压气室压力：WG-1A 型为（105±25）kPa；WG-1C 型为（100±25）kPa。降压气室压力应能排尽，传感阀顶杆应能完全缩回到缓解位。

（5）重车位试验。根据屏幕提示更换挡块。保压 15 s 时，上游压力不得下降。降压气室压力为零。检查触杆行程。缓解后，要求传感阀顶杆须退回原位。

（6）传感阀试验完毕后，将试验结果保存并排风，关闭 K1，卸下传感阀。

任务四　客车单车制动性能试验

🎯 任务目标

【知识目标】

（1）了解客车微机控制单车试验器使用方法和机能试验；

（2）掌握客车单车试验过程和标准。

【技能目标】

（1）能够操作微机控制单车试验器；

（2）具备单车试验的能力。

【素质目标】

树立标准化作业意识和安全责任意识。

✍️ 任务描述

微机控制客车单车试验器被广泛应用在客车厂修、段修和临修作业中，课前同学们要完成对微机控制单车试验器使用方法的学习，课上汇报学习成果，同时老师讲解单车试验过程和标准；课后同学们要根据所讲知识自主完成单车试验全过程，掌握试验标准。

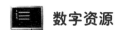 数字资源

客车单车制动性能试验

 配套知识

一、WD-2 型微控客车单车试验器

1. 组　成

WD-2 型单车试验器主要由气路和电路两部分组成。气路设计如图 10-10 所示，电路设计如图 10-11 所示。

2. 结构特点

（1）可对 GL3、104、F8 型空气制动机，104 型电空制动机，F8 型电空制动机等进行各项单车性能试验。

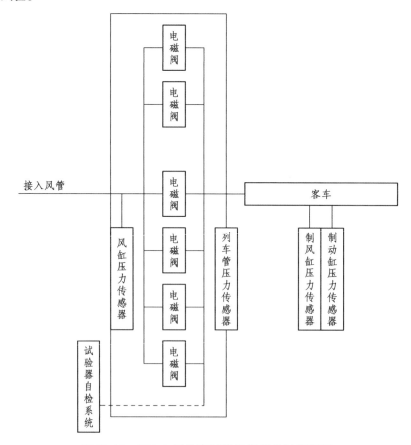

图 10-10　WD-2 型单车试验器气路设计原理图

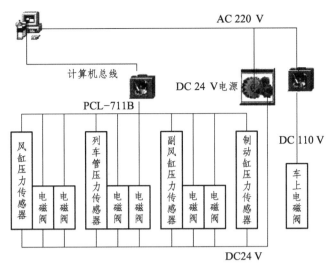

图 10-11　WD-2 型单车试验器电路设计原理图

（2）具有自检功能。WD-2 型微机控制客车单车试验器每半个月自检一次，时间自 15 日依次递减，一直到零，若单车试验器未进行自检，那么就不能进行试验。

（3）采用触摸屏显示，操作运用方便。

二、单车试验基本要求

（1）单车试验器须使用量程为 1 000 kPa、精度等级为 0.5 级的压力变送器。单车试验器与试车辆制动软管连接器用的胶管内径为 φ25 mm，长度为 1.5 ~ 2 m。

（2）单车试验器采集系统每半年校验一次，压力变送器每 1 年定检一次。

（3）单车试验时车辆上的其他风动装置须不影响制动机的正常作用。

（4）装有空重阀时，仅进行空车位试验。

（5）一辆车装有两套及以上制动机时，每套制动机均须进行单车试验。

（6）单车试验器按照《铁路客车空气制动装置检修规则》的要求进行机能检查。

三、试验准备

（1）单车试验器的试验压力调至 600 kPa（以下简称定压）。

（2）在单车试验前，须确认单车试验器机能试验性能良好。

（3）车辆与单车试验器连接前，须排除风源和单车试验器内积水、灰尘。

（4）在制动缸后盖或制动缸管路上及副风缸上分别安装压力变送器。

（5）F8 型分配阀转换盖板置于一次缓解位（盖上箭头向上）。

（6）加装电空制动装置的客车电气接线无异常或短路。电空制动装置用电空连接线各芯对的绝缘不小于 2 MΩ。

（7）单车试验器直流电压调至 DC 80（+2）V。

（8）准备材质为尼龙 6、直径为 φ19.5 ~ φ20 mm 的实心尼龙球及安装于软管连接器上的实心尼龙球网状回收器。

（9）安装 ST_1-600 型闸调器的车辆需准备长度为 340 mm、宽度为 60 mm、厚度为 15 mm、弧度为 R460 mm 的钢垫板 1 块。

（10）装有高度阀、差压阀的客车准备量程 1 000 kPa、1.6 级的压力表。

四、空气制动试验

（1）过球试验。

① 开启被试车辆两端折角塞门，将单车试验器与被试车辆一端的制动软管连接器相连。车辆另一端制动软管连接器加装网状接收器，然后关闭该端折角塞门。将单车试验器置 1 位（以下简称置 1 位）充风，待制动管压力充至定压后，关闭制动支管截断塞门。

② 将单车试验器置 6 位，排尽主管压缩空气，开启接收器端折角塞门，打开与单车试验器相连一端的软管连接器，将试验球放入连接器，再将连接器与单车试验器相连。

③ 将单车试验器置 1 位充风，观察试验球是否通过制动主管进入网状接收器。

④ 试验球完整无缺损进入网状接收器，试验合格。

⑤ 试验球出现缺损但全部进入网状接收器，须更换试验球后重新试验。

⑥ 试验球没有进入网状接收器或有缺损部分遗留在管路中时，先关闭单车试验器端折角塞门（另一端折角塞门仍为打开状态），再打开制动支管截断塞门，利用制动支管预充的风压将滞留在管系的试验球或缺损部分吹出，更新试验球后重新试验。

⑦ 试验球或缺损部分由支管风压仍未吹出时，则采取其他措施取出滞留在管系的试验球或缺损部分，分析确定原因并纠正后再进行试验。

⑧ 试验完毕后置 3 位，取下网状接收器和试验球。

（2）紧急制动阀试验。

将单车试验器置 1 位，将副风缸充至压力稳定后（104 型分配阀不小于 580 kPa，F8 型分配阀不小于 560 kPa，下同），将紧急制动阀手把移至全开位，分配阀应产生紧急制动作用。合格后将紧急制动阀手把推至关闭位，并用带有厂、段代号的封印穿以棉线将紧急制动阀手把加以铅封。

（3）制动管漏泄试验。

① 开放被试车辆制动管两端折角塞门，不与单车试验器相连的另一端制动软管连接器加装防尘堵，关闭制动支管截断塞门；装有列尾装置的车辆，打开快速接头体前部截断塞门并在其出口端加堵，再做漏泄试验。

② 将单车试验器置 1 位，将制动管压力充至定压并稳定后，单车试验器置 3 位保压 1 min，制动管漏泄量不大于 10 kPa。

（4）全车漏泄试验。

开放制动支管截断塞门，单车试验器置 1 位，将副风缸充至压力稳定后，置 3 位保压 1 min，制动管系统漏泄量不大于 10 kPa。

（5）制动和缓解感度试验。

① 制动感度试验。

将单车试验器置 1 位，将副风缸充至压力稳定后置 4 位，当制动管减压 40 kPa 时立即置 3 位，须达到下列要求：

a. 制动机须在制动管减压 40 kPa 之前产生制动作用。从产生局减作用开始，局部减压量不大于 40 kPa。

b. 局部减压作用终止、制动管压力稳定后保压 1 min，不得自然缓解。

② 缓解感度试验。

单车试验器置 2 位充风，制动机在 45 s 内缓解完毕。

制动缓解指示器制动、缓解指示正确，显示清晰。

（6）制动安定试验。

单车试验器置 1 位，将副风缸充至压力稳定后置 5 位。

① 制动管减压 170 kPa 前制动机不得产生紧急制动作用。

② 单车试验器置 3 位，制动缸压力稳定后，保压 1 min，制动管、制动缸及制动缸管漏泄量不大于 10 kPa。

③ 制动缸活塞行程须符合规定，厂修（190±5）mm；段修（190±10）mm。

（7）缓解阀试验。

制动安定试验完毕后，在车上拉缓解阀，制动缸须缓解。缓解阀复位。

（8）装用 F8 型制动机车辆的阶段缓解试验。

单车试验器置 6 位，待制动管压缩空气排空后，将 F8 型分配阀转换盖板置于阶段缓解位（盖上箭头向下）：

① 单车试验器置 1 位，将副风缸压力充至压力稳定后置 5 位，制动管减压 170 kPa 后立即置 3 位。

② 单车试验器置 1 位，当制动缸压力开始下降时快速置 3 位，即为阶段缓解一次。重复上述动作，直到制动缸压力缓解完毕，阶段缓解次数不小于 5 次。

③ 试验完毕后，单车试验器置 6 位，待制动管压缩空气排空后，将 F8 型分配阀转换盖板置于一次缓解位（盖上箭头向上）。

（9）紧急制动试验。

单车试验器置 1 位，将副风缸充至压力稳定后置 6 位。

① 104 型制动机在制动管减压 100 kPa 前、F8 型制动机减压 80～120 kPa 内须产生紧急制动作用。

② 无空重阀情况下，制动缸最高压力为 410～430 kPa（F8 阀也可调至 470～490 kPa）。有空重阀情况下，空车制动缸压力须符合设计值范围。

③ 制动机产生紧急制动作用后 10～15 s，方可置一位充风缓解。

（10）气路控制箱试验。

① 制动主管（制动管）供风试验。

将风源接在制动软管上（在本车为制动关门车状态下试验），将气路控制箱的球阀 1、2、3、4 置关闭位，打开球阀 5、6。此时，打开风源总阀，制动主管能正常向生活风缸和空气弹簧风缸充风。当两风缸压力稳定时，空气弹簧、塞拉门、集便器均须正常工作。试验完毕关闭球阀 5、6。

② 副风缸供风试验。

在制动机处于正常状态，副风缸充至压力稳定时，确认气路控制箱的球阀 1、2、5、6 置关闭位，打开球阀 3、4。此时，副风缸须能正常向生活风缸和空气弹簧风缸充风。当两风缸压力稳定时，空气弹簧、塞拉门、集便器均须正常工作。试验完毕关闭球阀 3、4。

③ 总风管供风试验。

将试验风源接到车辆的总风管上，确认气路控制箱的球阀 3、4、5、6 置关闭位，打开球阀 1、2。此时，打开总风源，总风管须能正常向生活风缸和空气弹簧风缸充风。当两风缸压力稳定时，空气弹簧、塞拉门、集便器均须正常工作。

任务五　客车列车制动性能试验

 **任务目标**

【知识目标】

（1）了解列车车辆制动试验监测装置的使用方法；

（2）掌握列车制动机试验过程和标准。

【技能目标】

（1）能够操作列车车辆制动试验监测装置；

（2）具备列车制动机试验的能力。

【素质目标】

培养吃苦耐劳的精神，树立安全责任意识。

 任务描述

客车列车制动机试验是为了检测列车制动机性能、确保列车运行安全的有效方法，是列检作业的重要环节。课前同学们要完成对列车制动机试验过程的学习，课上汇报学习成果，同时老师讲解列车制动机试验标准；课后同学们要根据所讲知识分组完成列车制动机试验全过程，掌握试验标准。

 数字资源

客车列车制动性能试验

 配套知识

一、列车试验要求

列车试验器须记录各项性能试验结果，记录列车首、尾风压曲线及减压速度，数据保存时间不少于 3 个月。

列车试验器的执行器与列车制动管间的连接，使用内径 ϕ32 mm 的胶管，长度 15～20 m。与列车总风管间的连接，使用内径 ϕ25 mm 的胶管，长度 15～20 m。

二、试验方法及技术要求

1. 全部试验

（1）试验准备。

试验器连接列车制动管和总风管前，须对试验系统管路进行排水排尘；连接列车制动管和总风管，连接尾部测试设备。在列车制动管尾部达到定压 600 kPa 后，检查列车尾部车辆压力表与尾部测试设备压力差不大于 20 kPa。

（2）客列尾试验。

列车制动管达到定压后，减压 100 kPa 后保压，减压至 555～565 kPa，首部、尾部客列尾主机风压欠压自动提示；1 s 内，分别触发首部、尾部客列尾主机排风，排风须能够分别引起首部、尾部车辆产生紧急制动作用。

（3）漏泄试验。

列车制动管达到定压后，保压 1 min，列车制动管漏泄不大于 20 kPa。

（4）制动缓解感度试验。

列车制动管达到定压后，制动管减压 50 kPa（试验设备减压速度控制在 10～20 kPa/s），全列必须产生制动作用，保压 1 min 不得自然缓解。充风缓解，全列在 1 min 内缓解完毕。

（5）制动安定试验。

列车制动管达到定压后，制动管减压 170 kPa（试验设备减压速度控制在 25～35 kPa/s），确认全列车制动机不得产生紧急制动作用。检查制动缸活塞行程须符合规定。在制动保压状态下，保压 1 min，列车制动管漏泄不大于 20 kPa。

2. 总风系统漏泄试验

列车总风管压力达到 550～620 kPa 时，确认列车总风管系贯通良好，全列（静态）保压 1 min，总风管漏泄不大于 20 kPa。

3. 简略试验

列车制动管达到定压后，机车制动阀减压 100 kPa。确认最后一辆车制动后，进行缓解并确认制动机缓解作用良好。

4. 持续一定时间的保压试验

列车制动管达到定压后，减压 100 kPa，制动保压状态下，持续 5 min 内任一车辆不得自然缓解，且每分钟内的漏泄量不大于 20 kPa。

任务六　客车试验台试验

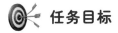 任务目标

【知识目标】

（1）了解客车空气控制阀试验台的使用方法；

（2）掌握客车空气控制阀试验台试验过程和标准。

【技能目标】

（1）能够操作客车空气控制阀试验台；

（2）具备空气控制阀试验台试验的能力。

【素质目标】

培养学生动手实操能力，树立精益求精的工匠精神。

 任务描述

新造和检修的空气控制阀须经试验台试验，试验合格后方可装车使用。空气控制阀试验台试验是检验空气控制阀的新造质量和检修质量。课前同学们要完成对空气控制阀试验台的学习，课上汇报学习成果，同时老师讲解空气控制阀试验台试验过程和标准；课后同学们要根据所讲知识分组完成空气控制阀试验台试验全过程，掌握试验标准。

 数字资源

客车试验台试验

 配套知识

一、104 电空试验台

微控 104 电空试验台（见图 10-12）是 104 型客车电空分配阀的主阀、紧急阀、紧急电磁阀、常用和缓解电磁阀进行测试的专用试验设备。微控 104 电空试验台管路部分由压力表、风缸、调压阀、夹紧装置、气动系统、台架及面板等组成。其中，风源压力大于 650 kPa；试验台定压为 600 kPa。微控 104 电空试验台的构造原理图如图 10-13 所示。

图 10-12　微控 104 电空试验台

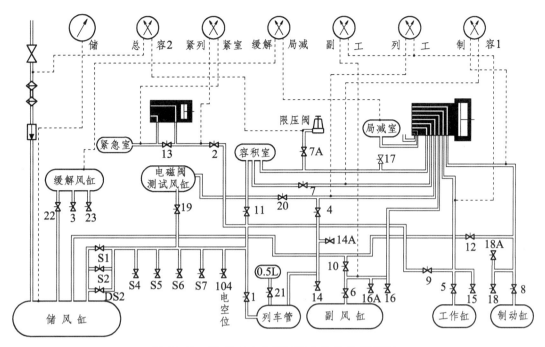

图 10-13　微控 104 电空试验台的构造原理图

各风缸容积如表 10-6 所示，104 电空试验台控制阀和风门编号及用途如表 10-7 所示。

表 10-6　各风缸容积

名称	储风缸	副风缸	制动管容量风缸	制动缸	工作风缸
容积	100 L	80^{+3}_{-1} L	（15±0.2）L	（15±0.2）L	（11±0.11）L
名称	容积风缸	紧急室	局减室	缓解风缸	电磁阀测试风缸
容积	（3.26±0.05）L	（1.5±0.02）L	（0.6±0.02）L	（40±0.5）L	（7±0.1）L

注：各风缸容积不包括管系容积在内，若超差，允许补偿；包括管系在内的容积风缸容积为
　　（3.85±0.05）L。

表 10-7　104 电空试验台控制阀和风门编号及用途

编号	用　途	编号	用　途
1	制动管容量风缸与制动管管路间截断	16A	副风缸向大气慢排
2	紧急阀安装座与制动管管路间截断	17	容积室向大气排风
3	连接缓解风缸与阀体相关部位	18	制动缸向大气排风
4	切断主阀安装座与制动管容量风缸，缩小制动管容积	18A	开关制动缸向大气排风
5	切断主阀安装座与工作风缸，缩小工作风缸容积	19	电磁阀测试风缸充风
6	切断主阀安装座与副风缸，缩小副风缸容积	20	电磁阀测试风缸与制动管管路间截断
7	切断主阀安装座与容积风缸，缩小容积风缸容积	21	制动管容量风缸与附加缸间截断

续表

编号	用　途	编号	用　途
7A	切断限压阀和容 2 表	22	缓解风缸快充风
8	切断主阀安装座与制动缸,缩小制动缸容积	23	缓解风缸快排风
9	向工作风缸快充	S1	向制动管容量风缸快充（1 位）
10	向副风缸快充	S2	向制动管容量风缸慢充（2 位）
11	向容积风缸充风	DS2	向制动管容量风缸慢充（单车试验 2 位）
12	向制动缸快充	S4	制动管容量风缸排风（4 位）
13	向紧急室快充	S5	制动管容量风缸排风（5 位）
14	制动管向大气快排	S6	制动管容量风缸排风（6 位）
14A	制动管向大气慢排	S7	制动管容量风缸排风（7 位）
15	工作风缸向大气快排	104	制动管容量风缸排风
16	副风缸向大气快排	电空位	

二、104 型分配阀试验方法

1. 主阀试验

试验准备：打开控制阀 K1，将主阀卡紧在主阀安装座上，总风源压力大于 650 kPa，将调压阀调至 600 kPa（以下简称定压），限压阀调至 50 kPa。开风门 1、4、5、6、7、8，关闭其他风门。

（1）初充风和充风位漏泄。

操纵阀手把（下简称手把）置 1 位，观察压力风缸和副风缸压力表的上升，充至定压后检查各接合部，检查各排风口的漏泄量。

① 压力风缸由零充至 580 kPa 的时间：检修品 60～90 s；新品 60～80 s。

② 整个充风过程中副风缸压力上升不超过压力风缸。当压力风缸压力充到 580 kPa 时，副风缸压力不小于 560 kPa。

③ 各接合部无漏泄。

④ 均衡部排风口及作用部排风口（以下简称大、小排风口）漏泄量不大于 120 mL/min。

⑤ 局减排风口漏泄检查，在 5 s 内气泡直径不大于 25 mm。

（2）紧急制动位漏泄。

待压力风缸和副风缸充至定压后，手把在 1 位至 8 位间来回制动和缓解 2～3 次，然后置 1 位。待压力风缸和副风缸充至定压后，手把置 3 位，开风门 14，待排尽制动管余风后，检查各接合部漏泄，检查各排风口的漏泄量。

① 各接合部无漏泄。

② 大、小排风口漏泄量不大于 60 mL/min。

③ 关风门 14，手把置 2 位，制动管压力升至 40 kPa 后，手把置 3 位，开风门 10。当副风缸充到 580 kPa 后，关风门 10。待压力稳定时，关风门 4。制动管压力上升在 10 s 内不大于：检修品 20 kPa；新品 15 kPa。

④局减阀盖小孔处无漏泄。

⑤试验完毕开风门4，手把置1位。

（3）制动和缓解灵敏度。

待压力风缸和副风缸充至定压后，手把置4位减压40 kPa后移至3位，保压1 min后再置2位。

①制动灵敏度：主阀须在制动管减压20 kPa以前产生局减作用，减压40 kPa以前产生制动作用。

②局减室排风时间。从手把移至3位起到局减室排风终止的时间不大于：检修品15 s；新品10 s。

③保压位漏泄。

a. 保压1 min，主阀不得产生自然缓解。

b. 关风门7，容积风缸压力在10 s内上升不大于：检修品20 kPa；新品l0 kPa。

c. 试验完毕开风门7。

④缓解灵敏度：从手把移至2位到小排风口开始排风的时间，检修品和新品均不大于15 s。

（4）局减阀性能。

压力风缸和副风缸充至定压后，关风门7，堵住大排风口，手把置4位。当制动缸压力开始上升时，手把移至3位。待制动缸压力稳定后关风门8，20 s后再开风门8和18。当制动管压力开始下降时，关风门18。

①局减阀关闭压力为50～70 kPa。

②制动缸压力的上升，在20 s内不大于10 kPa。

③局减阀开放压力不小于20 kPa。

④试验完毕，手把置1位，卸下大排风口堵，开风门7。

（5）稳定性。

压力风缸和副风缸充至定压后，手把置3位，开放风门14A。待制动管减压50 kPa后，关闭风门14A。制动管减压50 kPa以前，不产生局减和制动作用。

试验完毕，手把置1位。

（6）紧急增压。

压力风缸和副风缸充至定压后，手把置5位。当压力风缸压力从平衡压力开始上升后，手把移至3位。

在制动管减压250～320 kPa时，未加停止增压垫圈者须起增压作用；已加停止增压垫圈者不得起增压作用。

（7）全缓解。

关风门14，开风门1，手把置1位。待压力风缸和副风缸充至定压后，手把移至5位。当容积风缸上升至平衡压力后移至3位保压。压力稳定后手把再置1位。

①容积风缸压力由400 kPa降至40 kPa的时间：检修品4.5～8 s；新品4.5～7 s。

②制动缸压力须尾随容积风缸压力下降，两者压差不大于25 kPa。

（8）均衡部灵敏度。

压力风缸和副风缸充至定压后，关风门1、7和8。手把置8位，排尽制动管余风后，开风门 7A、11 和 18，手把置 2 位。

当风门 18 排风口开始排风时，观察单针容积风缸压力表的读数不大于 15 kPa。

试验完毕，手把置 8 位，排尽余风后，关风门 7A、11、18；开风门 1，7、8、14、16。排尽余风后，关闭控制阀 K1，卸下主阀。

2. 紧急阀试验

打开控制阀 K2，将紧急阀卡紧在安装座上。开风门 1、2，关闭其他风门。总风源压力大于 650 kPa。将调压阀调到 600 kPa。

（1）紧急室充风和紧急放风阀漏泄。

手把置 1 位，观察紧急室压力的上升，充至定压后检查各接合部漏泄。

① 紧急室压力由零升至 580 kPa 的时间符合：检修品 40～60 s；新品 40～55 s。

② 紧急室压力充至定压后，各接合部无漏泄；待压力稳定后，关风门 2，制动管压力在 20 s 内不下降。

（2）紧急灵敏度及紧急室排风时间。

开风门 2，手把置 1 位，待紧急室充至定压后，开、关风门 14 二至三次，使紧急阀产生紧急放风作用二至三次。然后关风门 14，待紧急室充至定压后，手把置 8 位，观察制动管和紧急室压力的下降。

① 制动管减压 45～90 kPa，须产生紧急排风作用。

② 紧急室压力从制动管发生紧急排风作用开始到压力降至 40 kPa 的时间：检修品 12～20 s；新品 14～18 s。

（3）安定性。

手把置 1 位，待紧急室充至定压后，手把置 6 位减压 200 kPa 后，再移至 3 位。紧急室压力须尾随制动管压力下降，并不产生制动管紧急排风作用。

试验完毕，手把置 8 位，开风门 13。待排尽制动管和紧急室余风后，关风门 2、13，打开控制阀 K2，卸下紧急阀。

3. 104（集成）电空制动装置试验方法

1）104 型客车空气分配阀在 104 电空试验台上的试验方法

与 104 型客车空气分配阀在 705 试验台上的试验方法一致。

2）104（集成）电空制动装置试验方法

（1）试验准备。

① 机能检测合格后方可进行 104（集成）电空制动装置性能试验。

② 确认定压 600 kPa。

③ 打开试验台所有电源开关，调整电源电压为 80（+2）V；电空联锁开关置于关闭位。

④ 检查制动机外观，各部件安装可靠，各管连接可靠。

⑤ 将 104（集成）电空制动装置安装于 104 电空试验台上，保证各缸、管连接正确。

⑥ 进行绝缘测量，用 500 V 兆欧表从 104 电空制动装置的接线端子处测量各线芯对气路板的绝缘值不小于 50 MΩ。

⑦ 按 3、1、2、5 的顺序将试验台中的电空制动电缆各芯与 104（集成）电空制动装置笼

式接线端子下排的保压、制动、缓解、公共排接线孔连接。

（2）制动感度试验和保压试验。

①充风保压试验。

置1位，待制动管充至定压后，置3位。待压力稳定后，保压1 min，制动管压力1 min内下降不大于10 kPa。

②制动感度。

置4位，制动机须在制动管减压40 kPa之前产生制动作用。

③制动保压。

待局减作用终止后，置3位，保压1 min，不得自然缓解，制动管压力1 min内下降不大于5 kPa，制动缸压力1 min内升或降均不大于10 kPa。

④缓解灵敏度。

置单车试验2位，制动机在45 s内缓解完毕。

（3）制动电磁阀性能试验。

①关风门2、7，置1位，待副风缸和缓解风缸压力达到压力稳定（不小于580 kPa，下同）后，置3位，制动电磁阀得电。待制动管减压170 kPa后，制动电磁阀失电，制动管压力从600 kPa降至430 kPa的时间为6~9 s。

②制动电磁阀失电，制动管停止减压。

③待制动管停止减压后，观察制动管压力和制动缸压力，30 s内升降不大于5 kPa。

（4）缓解、保压电磁阀性能试验。

①开风门3，待缓解风缸压力达到压力稳定后，缓解电磁阀得电，制动管压力须有所上升，缓解风缸压力须有所下降；制动机产生缓解作用。

②当制动机开始缓解后，缓解电磁阀失电，保压电磁阀得电，停止缓解作用；制动缸压力1 min内下降不大于10 kPa。

③保压电磁阀失电，制动机继续缓解。

（5）电空安定试验。

①置1位，缓解电磁阀得电，开风门2、7，待副风缸和缓解风缸压力达到压力稳定后，置3位，缓解电磁阀失电，保压电磁阀得电。待压力稳定后，保压电磁阀失电，置104电空位，制动电磁阀得电。待制动管减压170 kPa后，制动电磁阀失电，置3位，保压电磁阀得电，减压过程中不得产生紧急制动作用。

②制动管减压170 kPa的时间为4.5~7 s。

（6）电空阶段制动及阶段缓解试验。

①阶段制动。

置1位，缓解电磁阀得电，待副风缸和缓解风缸压力达到压力稳定后，置3位，缓解电磁阀失电，保压电磁阀得电。待压力稳定后，保压电磁阀失电，置104电空位，制动电磁阀得电。当制动机发生制动后，制动电磁阀失电，置3位，保压电磁阀得电。制动机阶段制动次数不小于5次。

②阶段缓解。

保压电磁阀失电，置1位，缓解电磁阀得电，当制动开始缓解时，缓解电磁阀失电，置3

位，保压电磁阀得电。制动机阶段缓解次数不少于5次。

（7）紧急制动试验。

置1位，缓解电磁阀得电，待各风缸压力达到压力稳定后，置7位，制动管减压100 kPa前，制动机起紧急制动作用。制动缸压力为（420±10）kPa。

4. 电磁阀试验方法

（1）范围。

本试验方法适用于新造或检修后的LDK-2型电磁阀在104电空试验台上的试验及检验。

（2）试验准备。

试验台定压600 kPa。关闭所有风门，在104电空试验台主阀座上装上电磁阀转接座，再将电磁阀安装在电磁阀转接座上。试验过程中要求的密封性能试验所对应的风缸容积小于7 L。

（3）试验方法和要求。

① 最小启动电压试验。

a. 将电磁阀线圈的两根电源线与试验台上的制动线及公共线连接。

b. 对于新造的电磁阀，调整电压至75 V，反复使电磁阀开关得失电，被测电磁阀须随之相应充风、排风，动作正常，电流为70～150 mA。

c. 对于检修的电磁阀，调整电压至80～82 V，反复使电磁阀开关得失电，被测电磁阀须随之相应充风、排风，动作正常，电流不大于200 mA。

② 常闭位密封及排风试验。

调节输出电压至95 V，电磁阀置失电位，开风门20、12，此时制动管压力从40 kPa升至600 kPa时间不大于12 s；待压力稳定后，关风门12，制动管压力1 min内下降不大于10 kPa；电磁阀置得电位，开风门16A，制动管压力从600 kPa降至40 kPa的时间不大于12 s。

③ 常开位密封及排风试验。

电磁阀置得电位，开风门20、10，此时制动管压力从40 kPa升至600 kPa时间不大于12 s；待压力稳定后，关风门10，制动管压力1 min内下降不大于10 kPa；电磁阀置失电位，开风门18A，制动管压力从600 kPa降至40 kPa的时间不大于12 s。

④ 绝缘性能检测。

用500 V兆欧表测量线圈对阀体绝缘值不小于100 MΩ。

5. 充气阀试验方法

（1）范围。

本试验方法适用于104集成电空制动装置充气阀在104电空试验台上的试验及检验。

（2）试验准备。

试验台定压600 kPa。关闭所有风门，在104电空试验台主阀座上装卡试验过渡块，将组装完毕的充气阀安装在试验过渡块上。

（3）试验方法和要求。

① 充气阀试验一。

置1位，开风门1、4、6、8、10，制动管、副风缸和制动缸压力须快速上升，制动缸须能跟随制动管至定压，压差不大于 15 kPa，阀体和接合部无漏泄。

② 充气阀试验二。

关风门 10，开风门 16A，副风缸压力排至 580～570 kPa 时，关闭风门 6、8、16A，置 4 位。待制动管减压 50 kPa 后，关风门 4，置 3 位。压力稳定后保压 10 s，制动缸压降小于 1.5 kPa，制动管压力不得上升。

③ 充气阀试验三。

开风门 4、6、8、16A，副风缸压力排至 510～500 kPa 时，关闭风门 6、8、16A，置 6 位。待制动管减压至 420 kPa 后，关风门 4，置 3 位。压力稳定后保压 10 s，制动缸压降小于 1.5 kPa，制动管压力不得上升。

④ 充气阀试验四。

开风门 4、6、8、14，排净制动管压力，关闭风门 6、8，保压 10 s，制动缸压降小于 1.5 kPa。

精选习题

一、单选题（选自职业技能鉴定题库）

1. 始发作业发车前施行一次（　　）试验。

　　A. 持续一定时间全部　　　B. 简略　　　　　　　C. 单车　　　　　　　D. 试验台

2. 感度保压试验时，置常用制动位，减压 50 kPa（编组 60 辆及以上时减压 70 kPa），全列车须产生（　　）作用。

　　A. 缓解　　　　　　　　　B. 制动　　　　　　　C. 紧急制动　　　　　D. 加速缓解

3. 感度保压试验保压时，第 1 min 内无线风压监测仪显示的列车主管压力下降不大于（　　）kPa，3 min 内不得产生自然缓解，并确认制动缸活塞行程无异常。

　　A. 10　　　　　　　　　　B. 1　　　　　　　　　C. 5　　　　　　　　　D. 20

4. 安定试验时，置常用制动位，减压（　　）kPa（列车主管压力为 600 kPa 时减压 170 kPa），不得产生紧急制动，并确认感度保压试验发现异常的制动缸活塞行程是否符合规定。

　　A. 70　　　　　　　　　　B. 140　　　　　　　　C. 160　　　　　　　　D. 200

5. 使用微控地面试风装置进行列车制动机试验时，前部检车员对制动机试验长软管进行吹尘（　　）次后，连接长软管与车辆制动软管。

　　A. 1～2　　　　　　　　　B. 2～3　　　　　　　　C. 3～4　　　　　　　　D. 5

6. 120 主阀制动位漏泄试验时，将缓解阀手柄推至全开位，使副风缸压力降至 100 kPa 后关断缓解阀手柄开关。在缓解阀手柄处涂刷检漏剂进行检查，不允许产生漏泄；在缓解阀排气口涂刷检漏剂进行检查，在 10 s 内产生的气泡高度不大于（　　）mm。

　　A. 5　　　　　　　　　　　B. 2　　　　　　　　　C. 10　　　　　　　　D. 12

7. 120 主阀缓解位漏泄试验时，检查局减阀气口的漏泄量，流量计显示值不大于（　　）mL/min。

　　A. 20　　　　　　　　　　B. 50　　　　　　　　　C. 80　　　　　　　　D. 100

8. 120 主阀性能试验缓解阻力试验，制动缸压力降至零的过程中，列车管与副风缸的压差最大值应为 6～（　　　）kPa。

  A. 10   B. 16   C. 15   D. 20

  9. 缓解阀锁闭性能试验时，从副风缸压力开始下降起，2 s 内制动缸应开始缓解。制动缸容量风缸压力从 350 kPa 降至 40 kPa 的时间不允许超过（　　　）s，并且制动缸压力应能排至零。

  A. 2   B. 4   C. 5   D. 10

  10. 紧急灵敏度试验时，列车管减压 160 kPa 以前应产生紧急放风作用。从产生紧急放风作用开始到降至 40 kPa 的时间不允许超过（　　　）s。

  A. 1. 5   B. 2. 5   C. 3. 5   D. 5

二、判断题（选自职业技能鉴定题库）

  1. 始发、中转作业的列车制动机试验后停留超过 20 min 时，发车前不需施行简略试验。
  （　　　）

  2. 关门车不得挂于机车后部 3 辆车之内；在列车中连续连挂不得超过 2 辆；列车最后一辆不得为关门车；列车最后第二、三辆不得连续关门。 （　　　）

  3. 列车制动机试验时，制动信号：昼间——用检查锤高举头上；夜间——白色灯光高举。
  （　　　）

  4. 制动软管使用铁线吊起，软管连接器与车钩下平面距离不大于 200 mm。 （　　　）

  5. 装有 2 个及以上自动制动机的铁路货车，在运行途中自动制动机发生临时故障，须采取关闭截断塞门措施时，应关闭全车截断塞门。 （　　　）

  6. 新造和检修的空气控制阀须经试验台试验，试验合格后方可装车使用。 （　　　）

  7. 加速缓解阀作用试验时，列车管管路压力，从开通副风缸管路开关开始，4 s 内列车管最高压力值应比开通前的列车管压力值上升 10 kPa 以上，然后再下降。 （　　　）

  8. 紧急阀性能试验安定性能试验时，列车管减压 200 kPa 后，在列车管压力下降过程中紧急阀允许产生紧急放风作用。 （　　　）

  9. 紧急阀漏泄试验，在所有的盖及胶垫周围涂刷检漏剂进行检查，不允许产生漏泄。（　　　）

  10. KZW 系列传感阀性能试验重车位试验，制动缸压力各型均为（360±10）kPa。（　　　）

三、简答题

  1. 简述 120 主阀试验台试验过程。

  2. 简述货车单车试验中紧急试验流程。

  3. 简述货车单车试验中感度试验流程。

  4. 简述货车单车试验中安定试验流程。

  5. 简述单车试验前应做哪些试验准备。

  6. 简述单车试验有哪些项目。

  7. 简述列车试验的试验项目和试验步骤。

项目十一　CR200J 动力集中型动车组制动系统检修

 项目描述

复兴号 CR200J 型电力动车组（以下简称"CR200J"），是中国铁路复兴号系列的一款动力集中式电力动车组。截至 2021 年 7 月，复兴号 CR200J 型电力动车组为复兴号电力动车组系列中的低等级的产品。

该车以 HXD$_{1G}$、HXD$_{3G}$ 型电力机车与 25T 型客车为原型，由中国国家铁路集团有限公司和中国中车牵头，中车唐山、浦镇、大连、青岛四方、株洲、大同六家公司联合研制，最高运营速度为 160 km/h，可用于开行长途列车和中短途城际列车。

本项目将重点学习 CR200J 动力集中型动车组制动系统的构造、作用原理及检修工艺流程，为今后从事客车检车员及制动钳工岗位工作打下基础。

 对应岗赛证

对应岗位：铁路客车检车员岗位、铁路客车制动钳工岗位。

对应大赛：职业技能大赛、创新创业大赛。

对应证书：铁路职业技能鉴定系列证书、1+X 轨道交通装备系列证书。

 学习目标

【知识目标】

（1）掌握 CR200J 动力集中型动车组制动系统的构成；

（2）掌握 CR200J 动力集中型动车组制动系统的作用原理；

（3）掌握 CR200J 动力集中型动车组制动系统的检修工艺流程。

【技能目标】

具备 CR200J 动力集中型动车组制动系统检修的能力。

【素质目标】

（1）培养学生精益求精的工匠精神；

（2）树立标准化作业意识及安全责任意识。

 思政案例

CR200J 动力集中型动车组的发展历史

2015 年 8 月 28 日，原中国铁路总公司运输局以会议纪要形式下发通知，强调："为进一步发挥既有线旅客列车开行效益，提高运输效率，铁路总公司组织相关单位进行技术研讨，按照机辆一体化的思路，研发速度 160 km/h 动车组。"明确了该型动车组的动力方式、编组构成、运用范围和检修整备方式，要求各路局结合客运市场开发需要，研究测算"160 km/h 动力集中型动车组"组数（按照 18 辆和 9 辆分别测算）和每组编组方式，提出开行区段和对数的具体建议。

2017 年 4 月 27 日，由中车唐山生产的首列样车（4001 拖车组）正式下线。2017 年 6 月尾至 7 月间，由中车浦镇生产的 4002 拖车组由配属上海局集团的 DF₁₁ 型内燃机车以甲种运送方式，送往北京环行铁路进行测试。

2018 年 8 月，1004 动力车+4003 车组及 1005 动力车+4004 车组前往滨洲铁路及哈佳铁路进行动态测试，这是 160 km/h 动力集中动车组首次进入东北地区。

2022 年 12 月 23 日，新型 CR200J 复兴号动车组首次上线亮相。新型 CR200J 复兴号动车组采用 9 节编组，包含 1 节动力车、1 节控制车和 7 节二等座车。

2023 年 1 月 1 日 9 时 10 分，C77 次复兴号动车组从成都南站驶出，开往攀枝花南站，这是新型 CR200J 复兴号动车组在 2023 年的首次亮相。此次上线载客运营的新型 CR200J 复兴号动车组由中车唐山机车车辆有限公司和中车大连机车车辆有限公司联合研制生产，采用低阻力流线型车头和车体平顺化设计，降低了空气阻力，增强了线条感。该车型整车长 232.5 m，涂装由"中国红""中国白""长城灰""国槐绿"4 种主色调构成，是我国复兴号全系列动车组中的"网红"车型之一。

任务一　CR200J 动力集中型动车组制动系统概述

🎯 任务目标

【知识目标】

（1）掌握 CR200J 动力集中型动车组制动系统的功能；

（2）掌握 CR200J 动力集中型动车组制动系统的组成。

【技能目标】

能够对 CR200J 动力集中型动车组制动系统的故障进行判断。

【素质目标】

培养学生理论结合实际的能力，锻炼学生的独立思考能力。

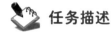 任务描述

复兴号 CR200J 型电力动车组（以下简称"CR200J"），是中国铁路复兴号系列的一款动力集中式电力动车组。制动系统相比普通客货车更加复杂。课前同学们要完成对 CR200J 动力集中型动车组功能、组成的学习，课上汇报学习成果，同时老师讲解各组成部分的作用；课后同学们要根据所讲知识自主对此系统的作用原理和检修过程进行更深入的探究。

数字资源

CR200J 动力集中型动车组制动系统概述

配套知识

一、制动功能

制动系统采用自动式电空制动系统，采用 5 线制电空制动控制，具有常用制动、紧急制动模式，常用制动具有阶段缓解功能。制动系统具有单车手动缓解空气制动的功能。制动系统设有贯通列车的列车管和总风管，可适应中国既有机车操纵控制（包括制动与缓解）方式，满足救援和回送的需求。

制动系统具有空气制动防滑功能，防滑装置可与列车监测和诊断系统通信，传递状态信息和故障。控制车设有制动控制器和制动控制柜，实现对列车管的压力控制。拖车和控制车均设置具有充足容量的总风缸，满足列车气动便器、空气弹簧以及塞拉门的用风需求。停放制动采用手制动机方式，手制动机采用伞齿轮传动手制动机，可有效防止反转制动，并可提升坡道停放制动能力。基础制动采用盘形制动形式，采用铸钢制动盘和粉末冶金闸片提升热负荷能力。

二、设计参数

在平直干燥轨面上，动车组紧急制动距离应满足：

（1）制动初速 120 km/h 时紧急制动距离不大于 800 m；

（2）制动初速 160 km/h 时紧急制动距离不大于 1400 m。

停放制动能力：在定员载荷下应保证单车停放在 12‰的坡道上不溜逸。

总风管正常工作压力：750 ~ 900 kPa，列车管定压为 600 kPa。

制动控制系统供电电压：DC 110 V。

三、系统介绍

制动系统由电空制动装置、供风系统、防滑装置、手制动装置、基础制动装置组成，如图 11-1 所示。

1. 电空制动装置

电空制动装置主要由集成式电空制动机、电气连接装置、风缸及管路组成；采用自动式电空制动方式，电空制动系统受司机室内制动控制系统控制，全列车组成一个单独的电空指令回路；通过制动控制柜和各车电磁阀的共同作用，控制列车管的充、排风，再通过分配阀作用，达到制动、缓解的目的；在电空制动失效的情况下，列车仍具有制动能力，确保列车安全。车体两侧设制动、缓解显示器。其结构原理组成如图 11-2 所示。

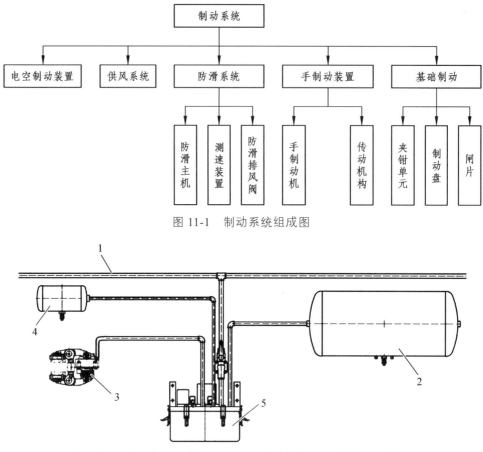

图 11-1　制动系统组成图

1—列车管；2—副风缸；3—单元制动缸；4—压力风缸；5—集成式电空制动机。

图 11-2　电空制动装置结构原理图

电空制动采用五线制，常用制动线、缓解线、保压线（备用）、紧急制动线、负线。

电空制动装置的性能参数如下：

具有阶段缓解功能，阶段缓解次数不小于 5 次，电磁阀启动电压不大于 DC 77 V，压力风缸容积 11 L，副风缸容积 230 L，采用 F8 型集成式电空制动机和盘形基础制动装置。

制动系统符合 TJ/CL 410—2014《铁道客车制动系统暂行技术条件》的要求，制动模块符合 TJ/CL 415—2014《铁道客车制动模块暂行技术条件》的要求。控制车车上设有制动控制系统，主要包括制动控制器、制动柜等，具有电空制动隔离切除功能。制动控制器的自动制动手柄性能及参数符合 TJ/JW 046—2014《交流传动机车制动控制器暂行技术条件》。制动控制系统对列车管的控制性能符合 TJ/JW 100—2018《分布式网络智能模块机车空气制动系统暂行技术规范》和 TJ/JW 039—2014《交流传动机车微机控制空气制动系统暂行技术规范》。司机室设有紧急制动阀，安装在列车管上，紧急时应能快速排出列车管的压缩空气，以保证紧急制动波速的传播。

2. 供风系统

供风系统采用双管供风形式，即制动用风与车辆其他设备用风分开供应，为车辆用风设备提供压缩空气。供风系统由供风管路、气路控制箱、总风缸、球芯截断塞门、单向止回阀等零部件组成。其中，通过气路控制箱上塞门的操作可实现单双管转换。气路控制箱符合 Q/CR 493—2016《铁道客车气路控制箱技术条件》。

列车管负责制动装置的用风供给，给副风缸、压力风缸等供风。总风管专门供给制动系统外的其他用风设备，包括空气弹簧、塞拉门、集便器等。制动管路除转向架上采用外部设金属护套的橡胶软管外，其余采用不锈钢制品。制动管系密封件采用耐低温、耐老化的材质。风缸为钢制、涂漆，钢板具有良好的耐腐蚀性能，风缸内部具有良好的防腐处理，设防石击排水塞门。车体两侧设制动缓解指示器。车上、车下设有手动操作的缓解阀。客室设有紧急制动阀、列车管压力表、总风管压力表。

3. 防滑系统

制动系统设有防滑装置，制动时能根据轮轨间黏着的变化调节制动缸压力，充分利用轮轨间的黏着，从而得到较短的制动距离。

防滑装置采用微处理器控制的防滑器，由防滑主机、速度传感器、压力继电器及防滑阀等组成，符合 TB/T 3009《铁道客车及动车组防滑装置》和 TJ/CL 523-2017《铁路客车防滑器暂行技术条件》。

4. 基础制动

基础制动由铸钢轴装制动盘、粉末冶金闸片、制动夹钳组成。

（1）制动夹钳单元。

制动夹钳单元分左右件，并带有间隙调整器，可自动调整闸片间隙。每辆车设置一台带手制动的制动夹钳单元。在摇紧手制动后，手制动夹钳夹紧制动盘实现停放制动。

（2）制动盘。

每轴设两套轴装铸钢材料制动盘，其热容量满足动车组（满载）最高运营速度下连续两次紧急制动的热负荷要求，并满足最高试验速度下的紧急制动能力要求。制动盘具有良好的通风散热性能，盘体应采用铸钢材料，使用寿命不小于 240 万千米。制动盘由制动盘环和盘毂组成。制动盘与盘毂通过螺栓、垫块和弹性套等连接。制动盘毂与车轴为过盈配合，过盈量为 0.14 ~ 0.22 mm，压装力为 200 ~ 400 kN。制动盘符合 TJ/CL 552—2018《铁路客车制动盘暂行技术条件》。

（3）闸片。

闸片采用粉末冶金材料，符合 TJ/CL 561—2018《铁路客车粉末冶金闸片暂行技术条件》。闸片不允许使用石棉、铅、锌及其化合物，闸片工作时不应产生有害健康或使乘客感到不舒适的灰尘、颗粒、气体。闸片名义摩擦面积为 400 cm²，总厚度为 30_0^{+1} mm，磨耗到限剩余厚度为 10.5 mm，有效磨耗量为 19.5 mm。

5. 辅助系统

砂箱布置：动力车 1/4 轴各配置 2 个砂箱，每个砂箱容量 50 L，砂箱能严密防潮，并具有砂位观察镜。

自动控制：各种紧急制动时，且在 15 ~ 80 km/h 速度范围内时自动撒砂。TCU 监测到空转或滑行时，触发自动撒砂。

遵循标准：TJ/JW 022—2014《机车撒砂控制技术要求》；用砂符合 TB/T 3254—2011《机车、动车用撒砂装置》中附录 A 压差式撒砂装置用砂要求。

任务二　F8 型电空制动机

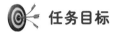 **任务目标**

【知识目标】

（1）掌握 F8 型电空制动机的组成；

（2）掌握 F8 型电空制动机的作用原理。

【技能目标】

能够对 F8 型电空制动机的故障进行分析和处理。

【素质目标】

锻炼学生的识图能力，培养其空间思维。

 任务描述

F8 型电空制动机是复兴号 CR200J 型电力动车组所使用的唯一制动机。课前同学们要完成对 F8 型电空制动机组成的学习，课上汇报学习成果，同时老师讲解 F8 型电空制动机的作用原理；课后同学们要根据所讲知识自主对 F8 型电空制动机的检修过程进行更深入的探究。

 数字资源

F8 型电空制动机

 配套知识

一、F8 电空制动单元的主要特点

（1）采用铝合金板制造的集成气路板代替原 F8 阀的中间体和 RS 电空阀体。集成气路板的全部气路都在粘焊前加工完成。与原工艺相比，可保证气路畅通、清洁、无砂，既方便生产，又大大减少了故障。

（2）用集成气路板的内部气路代替了原来复杂易漏的外部连接管路系统。

F8 电空制动单元只有 4 根外部连接管：列车制动支管、制动缸管、副风缸管、压力风缸管。

（3）集成化，减轻了质量。

（4）在各个管路连接处加装了管路滤尘器，以保证各通路的清洁，防止异物进入阀内，减少故障。

（5）分配阀、电空阀、电磁阀都安装在一起，结构紧凑，在电磁阀出现故障时，仍可单独切除，并使用空气制动机继续运行，既方便检修，又方便运用。

（6）保持了原 F8 型电空制动机的性能，原零部件仍可互换。

二、F8 型电空制动装置的构造

F8 型电空制动机除原 F8 型空气制动机外，增设一个电空阀箱和 4 根风管及相应的 4 个截断塞门，如图 11-3 所示。电空阀箱内有 RS 电空阀（R 为 Release 的缩写，表示缓解；S 为 Service Brake 的缩写，表示常用制动）、紧急电空阀、过渡板及连接电路。引入线必须接到固定的接线排上。

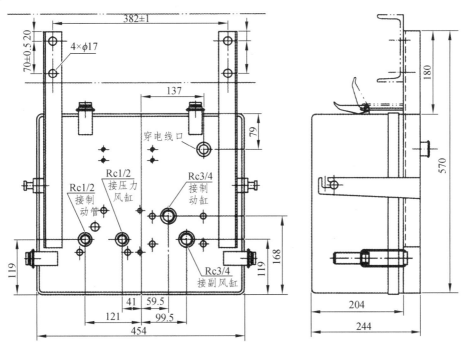

图 11-3　F8 型电空阀箱

RS 电空阀包括 RS 电空阀体、常用制动限制堵、缓解限制堵及电磁阀（常用制动电磁阀和缓解电磁阀）等，如图 11-4 所示。RS 电空阀和过渡板一起，用 3 个连接螺栓安装在电空阀箱内。

常用制动电磁阀：电空常用制动时，使列车前后部车辆列车管同时排风，可以大大减小列车纵向冲动并缩短制动距离。

缓解电磁阀：初充气时，沟通压力风缸与列车管间的通路，可以提高压力风缸初充气速度。制动后缓解时，列车前后部车辆的压力风缸与列车管同时连通，也可以大大减少列车的纵向冲动，并加速压力风缸向列车管的逆流速度，使全列车迅速缓解。

紧急电空阀由放大阀、限压阀、紧急电空阀体、紧急限制堵、紧急制动电磁阀等组成，如图 11-5 所示。

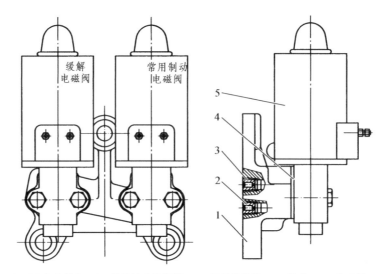

1—RS 电空阀体；2—常用制动限制堵；3—缓解限制堵；4—胶垫；5—电磁阀。

图 11-4　RS 电空阀

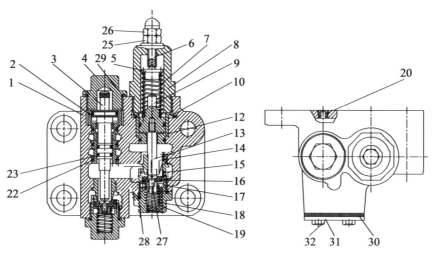

1—电空紧急阀体；2—放大阀套；3—放大阀杆；4—上盖；5—中心顶；6—调整螺丝；7—限压阀弹簧；8—限压阀盖；
9—限压阀；10—限压阀密封圈；12—限压阀套；13—限压阀杆；14—止回阀套；15—止回阀挡圈；16—止回阀胶垫
（ $\phi 18 \times 5.5 \times 5$ ）；17—止回阀；18—止回阀弹簧；19—下盖；20—紧急限制堵；22—O 形圈（ $\phi 24 \times 2.25$ ）；
23—O 形圈（ $\phi 14 \times 2.25$ ）；25—螺母；26—盖形螺母；27—螺钉；28—O 形圈（ $\phi 25 \times 2.65$ ）；
29—O 形圈（ $\phi 30 \times 2.65$ ）；30—低温电磁阀胶垫；31—盖板；32—螺栓 M8×16。

图 11-5　紧急电空阀

放大阀：在紧急电空制动时，放大副风缸至制动缸的通路截面，提高电空紧急制动时制动缸的进气速度，大大缩短电空紧急制动的距离；同时，使列车管通大气，产生电空紧急制动附加排风作用，缩短 F8 阀的动作时间，使制动距离更短。

限压阀：电空紧急制动时，限制制动缸的最高压力，并使制动缸压力有初跃升作用。

紧急制动电磁阀：电空紧急制动时，控制放大阀，使它起作用。

缓解、常用制动和紧急制动电磁阀均为二位三通电磁阀，可无条件互换使用。

三、F8 电空制动装置常见故障及其判断与处理

（一）充气缓解位故障判断与处理

1. 副风缸充气过快

（1）检查副风缸充风限制堵中心孔直径是否过大，如果是，应更换限制堵。

（2）主阀上体内部漏泄（不常出现），应更换主阀上体。

2. 压力风缸充气过慢或充不进风

（1）检查试验台总风压力是否在 650 kPa 以上，列车管压力是否为 600 kPa，如果不是，应重新调整总风或列车管压力。

（2）检查压力风缸充风限制堵中心孔（中心孔为 $\phi 1.1 \sim 1.2$ mm）是否被异物堵塞（稳定性差），如果是，应疏通该限制堵中心孔。

（3）检查压力风缸限制堵对应的上下体通路是否畅通（不常出现），如不畅通，则应疏通。

3. 压力风缸充气过快

（1）检查压力风缸限制堵中心孔是否过大（制动灵敏度差），如果是，应调整或更换该限制堵。

（2）检查大膜板是否破损，如果是，更换大膜板。

（3）检查大膜板上下体组装时是否没装正而被挤压，引起内圈变形，如果是，应重新组装或更换。

（4）检查缓解柱塞与大活塞之间的 O 形圈是否漏泄或漏装，如果是，应更换或装上 O 形圈。

4. 缓解排气口漏泄

（1）检查平衡阀胶垫表面或阀口是否有异物，如有，应清除。

（2）检查平衡阀胶垫表面是否有凹凸不平、划痕及被异物压出的印痕，或阀口印痕有明显的深浅不均现象，如有，应将平衡阀胶垫磨平。

（3）检查平衡阀是否卡住，是否装正（观察阀口在胶垫上的印痕），如果是，要找出原因，处理后重新组装。

（4）检查平衡阀弹簧是否产生了永久变形或弹力不足，如果是，应更换弹簧。

（5）检查平衡阀导杆上的 O 形圈是否漏泄，如果是，应更换。

（6）检查主阀平衡阀座阀口是否有缺陷（不常有），如果有，且阀口伤痕较浅，可用砂纸轻轻研磨，如伤痕较深，则更换该平衡阀座。

（7）检查缓解柱塞最下面一道 O 形圈是否漏泄（不常有），如漏泄，则更换该 O 形圈。

5. 充气阀尾部及侧面小孔漏泄

（1）观察阀体充气阀尾部侧面小孔是否漏泄，如漏泄，应检查：

① 中间体 O 形圈是否漏泄或未装好，如果是，应重新组装或更换该 O 形圈。

② 中间体小胶垫是否老化变形或有缺陷，如果是，应更换。

③ 中间体是否未装好，如果是，应重装。

（2）检查充气阀套尾部是否漏泄，如果是，应更换充气阀套后部第二道 O 形圈或更换局

减阀套及缓解柱塞第二道 O 形圈。

6. 充气阀六角帽小孔漏泄

检查充气阀套第一道 O 形圈是否漏泄，如漏泄，应更换。

（二）制动位漏泄的故障及其判断与处理

1. 缓解排气口漏泄

（1）检查缓解阀胶垫表面或阀口是否有异物，如有，应清除。

（2）检查缓解阀胶垫表面是否有凹凸不平、划痕、被异物压出的印痕，或阀口印痕有明显的深浅不均现象，如有，将平衡阀胶垫磨平。

（3）检查缓解阀是否卡住，是否装正（观察阀口在胶垫上的印痕），如果是，找出卡死原因，处理后重新组装。

（4）检查保压弹簧是否产生了永久变形或弹力不足，如果是，应更换。

（5）检查缓解阀导杆上的 O 形圈是否漏泄，如漏泄，应更换。

（6）检查局减阀套最下面一道 O 形圈是否漏泄，如漏泄，应更换。

（7）检查局减阀套阀口是否有缺陷，如有，但阀口伤痕较浅，可用砂纸轻轻研磨，如伤痕较深，则更换该局减阀套。

2. 充气阀尾部及侧面小孔的漏泄

（1）观察阀体充气阀尾部侧面小孔是否漏泄，如漏泄（缓解位不漏），应检查：

① 主阀小膜板是否破裂，如破裂，则应更换。

② 主阀杆与活塞间 O 形圈是否漏泄，如漏泄，则更换该 O 形圈。

③ 主阀小膜板是否未装好，如果是，重新组装小膜板。

（2）检查充气阀套尾部是否漏泄，如漏泄，应更换充气阀套最后一道 O 形圈。

（3）检查充气阀杆尾部是否漏泄，如漏泄，应更换充气阀杆最后一道 O 形圈。

3. 充气阀六角帽小孔漏泄

（1）检查充气阀膜板是否破损，如破损，则应更换。

（2）检查充气阀膜板是否未装好，如果是，应重新组装。

（3）充气阀杆与活塞间 O 形圈是否漏泄，如漏泄，则应更换该 O 形圈。

（4）充气阀杆最上一道 O 形圈是否漏泄，如漏泄，则应更换该 O 形圈。

4. 限压阀盖小孔漏泄

（1）检查限压阀套 O 形圈是否漏泄，如漏泄，应更换。

（2）检查限压阀第一道 O 形圈是否漏泄，如漏泄，应更换。

5. 试验台排气口漏泄（列车管排零）

（1）检查大膜板是否破损，如破损，则更换。

（2）大膜板上下体组装时是否没装正而被挤压引起内圈变形，如果是，则应重新组装或更换大膜板。

（3）检查缓解柱塞与大活塞间 O 形圈是否漏泄或漏装，如果是，应更换该 O 形圈。

（4）一次缓解位时，检查局减阀套或缓解柱塞 O 形圈是否漏泄，如漏泄，应更换该 O 形圈。

（5）检查中间体与小膜板外圈密封是否严密，如不严密，应重新组装中间体。

（6）检查副风缸充气止回阀是否能灵活动作，如不能，应找出原因，处理后重新组装该止回阀。

（7）检查副风缸充气止回阀的胶垫与其阀口接触处有无异物，如有，应清除。

（8）检查副风缸充气止回阀胶垫表面是否有凹凸不平、划痕、被异物压出的印痕，或阀口印痕有明显深浅不均现象，如有，应将止回阀胶垫磨平。

（9）检查副风缸充气止回阀的弹簧是否产生了永久变形或弹力不足，如果是，应更换该弹簧。

（10）检查副风缸充气止回阀的阀口是否有缺陷，如有，且阀口伤痕较浅，可用砂纸轻轻研磨，如伤痕较深，则应更换该充气止回阀座。

（三）制动保压的故障及其判断与处理

1. 不制动或制动灵敏度差

（1）检查压力风缸限制堵中心孔直径是否过大，限制堵螺纹配合是否过松，如果是，应换限制堵。

（2）检查大膜板是否破损，如破损，则更换。

（3）大膜板上下体组装时是否没装正而被挤压引起内圈变形，如果是，应重新组装或更换大膜板。

（4）检查副风缸充气止回阀是否能灵活动作，如不能，应找出原因，处理后重新组装该止回阀。

（5）检查副风缸充气止回阀的胶垫与其阀口接触处有无异物，如有，应清除。

（6）检查副风缸充气止回阀的胶垫表面是否有凹凸不平、划痕、被异物压出的印痕，或阀口印痕有明显的深浅不均现象，如有，应将止回阀胶垫磨平。

（7）检查副风缸充气止回阀的弹簧是否产生了永久变形或弹力不足，如果是，应更换该弹簧。

（8）检查副风缸充气止回阀的阀口是否有缺陷，如有，且阀口伤痕较浅，可用砂纸轻轻研磨，如伤痕较深，则应更换充气止回阀座。

（9）检查缓解阀盖内气路是否被异物堵塞，如果是，应疏通缓解阀盖内气路。

（10）检查保压弹簧是否过软或漏装，如果是，应更换或加装该弹簧。

2. 制动保压位保不住压（很快缓解或压力继续上升）

（1）检查大膜板是否破损，如破损，则更换。

（2）大膜板上下体组装时是否没装正而被挤压引起内圈变形，如果是，应重新组装或更换大膜板。

（3）检查副风缸充气止回阀是否能灵活动作，如不能，应找出原因，处理后重新组装该止回阀。

（4）检查副风缸充气止回阀的胶垫与其阀口接触处有无异物，如有，应清除。

（5）检查副风缸充气止回阀的胶垫表面是否有凹凸不平、划痕、被异物压出的印痕，或印痕有明显的深浅不均现象，如有，应将止回阀胶垫磨平。

（6）检查副风缸充气止回阀的弹簧是否产生了永久变形或弹力不够，如果是，应更换该弹簧。

（7）检查副风缸充气止回阀的阀口是否有缺陷，如有，且阀口伤痕较浅，可用砂纸轻轻研磨，如伤痕较深，则应更换该止回阀座。

（8）观察制动缸压力表指针，如上升，则应检查：

①平衡阀胶垫表面或阀口是否有异物，如有，应清除。

②平衡阀胶垫表面是否有凹凸不平、划痕、被异物压出的印痕，或阀口印痕有明显的深浅不均现象，如有，将平衡阀胶垫磨平。

③平衡阀是否卡住，是否装正（观察阀口在胶垫上的印痕），如果是，要找出原因，处理后重新组装。

④平衡阀弹簧是否产生了永久变形或弹力不足，如果是，应更换该弹簧。

⑤主阀杆与小活塞及压板组装是否密贴，如果未密贴，应重新组装并上紧。

⑥主阀上盖内的气路及与其对应的主阀体内气路是否被异物堵塞或不通畅，如果是，应疏通。

（9）检查限压阀下部大缩孔堵中心孔是否被异物堵塞或变小，如果是，应疏通。

（10）检查压力风缸排水塞门是否关严，压力风缸管路或塞门是否漏泄，如果是（不常有），应关严塞门或更换管路及塞门。

3. 制动保压一段时间后缓解

（1）检查大膜板是否破损，如破损，应更换。

（2）大膜板上下体组装时是否没装正而被挤压引起内圈变形，如果是，应重新组装或更换大膜板。

（3）检查缓解柱塞与大活塞间的 O 形圈是否漏泄或漏装，如果是，更换或补装该 O 形圈。

（4）一次缓解位时，检查局减阀套或缓解柱塞第一道 O 形圈是否漏泄，如漏泄，更换该 O 形圈。

（5）检查副风缸充气止回阀是否能灵活动作，如不能，应找出原因，处理后重新组装该止回阀。

（6）检查副风缸充气止回阀的胶垫与其阀口接触处有无异物，如有，应清除。

（7）检查副风缸充气止回阀胶垫的表面是否有凹凸不平、划痕、被异物压出的印痕，或阀口印痕有明显的深浅不均现象，如有，将止回阀胶垫磨平。

（8）检查副风缸充气止回阀的弹簧是否产生了永久变形或弹力不足，如果是，则更换该弹簧。

（9）检查副风缸充气止回阀的阀口是否有缺陷，如有，阀口伤痕较浅者，用砂纸轻轻研磨，伤痕较深者，应更换该止回阀座。

（10）检查限压阀下部大缩孔堵中心孔是否被异物堵塞或变小，如果是，则疏通。

（11）检查压力风缸排水塞门是否关严，压力风缸管路或塞门是否漏泄，如果是（不常有），应关严塞门，或更换管路及塞门。

4. 制动保压后列车管压力继续下降

（1）检查 F8 阀中间体中副风缸通路是否堵塞，如果是，则更换管座，将换下的中间体重新疏通副风缸通路。

（2）检查副风缸各管路是否畅通，如不畅通（不常有），则疏通。

5. 局减室升至最高压力的时间达不到要求

检查局减止回阀限制堵中心孔是否过大、过小或被异物堵塞，如堵塞，须清除异物或更换该堵。

6. 制动保压后出现再制动

检查限压阀下部大缩孔堵是否漏装或中心孔是否过大，如过大，应调整或更换该堵。

7. 制动缸补风灵敏度达不到要求

（1）按试验方法要求试验，即制动缸压力是否在 200 kPa 左右，如果不是，应按试验要求重新试验。

（2）平衡阀弹簧是否太硬，如果是，则更换平衡阀弹簧。

（3）中间体及主阀上下体组装同心度是否较差，如果是（不常有），重新组装中间体及主阀下体。

8. 常用全制动时制动缸升至最高压力的时间达不到要求

（1）平衡阀开口过小，应更换稍长的主阀杆。

（2）限压阀套上三个排孔是否被异物堵塞，如果是，应疏通限压阀套上所有的小孔。

9. 制动保压后列车管继续减压，局减室压力随列车管下降

该故障原因是局减止回阀漏泄。

（1）检查局减止回阀胶垫与其阀口接触处有无异物，如有，则清除。

（2）检查局减止回阀胶垫是否有凹凸不平、划痕、被异物压出的印痕，或阀口印痕有明显的深浅不均现象，如有，则将止回阀胶垫磨平。

（3）检查局减止回阀是否能灵活动作，如不能，应找出原因，重新组装该止回阀。

（4）检查局减止回阀弹簧是否产生了永久变形或弹力不足，如果是，则更换该弹簧。

（5）检查局减止回阀阀口是否有缺陷，如果有（不常有），阀口伤痕较浅者，可用砂纸轻轻研磨，伤痕较深者，更换该止回阀座。

10. 制动保压后局减室压力空气通过充气阀尾部排风不止

（1）观察充气柱塞是否动作，如未动作，则检查充气阀盖内通路是否畅通，如不畅通，则疏通充气阀盖内通路。

（2）检查充气阀弹簧是否太硬（不常有），如果是，则更换弹簧。

（四）一次缓解和阶段缓解的故障及其判断与处理

1. 缓解灵敏度差

（1）检查试验台总风压力是否在 650 kPa 以上，列车管压力是否调整到 600 kPa，如果不是，应重新调整总风或列车管风压。

（2）中间体及主阀上下体组装同心度是否较差，如果是，则重新组装。

2. 制动缸压力缓解不到零且再次发生局减作用

其原因是缓解柱塞较长，应更换该柱塞或将柱塞头稍磨去一些。

3. 缓解不良（一次位）

（1）大膜板组装有误，应重新组装大膜板或更换大膜板。

（2）小膜板破损（此时充气阀尾部侧面小孔排风不止），应更换小膜板。

4. 局减室排气较慢或不排气

（1）检查充气阀弹簧是否装错或漏装，如果是，则重新正确组装充气阀弹簧。

（2）检查充气阀套最后一排小孔是否被异物堵塞，如堵塞，应疏通。

（3）主阀上体局减通路是否畅通，如果是（不常有），应疏通。

5. 缓解时间过长

（1）检查局减阀套是否安装到底（可检查弹簧挡圈是否完全入槽），如果是，则重新安装到底。

（2）检查缓解柱塞杆是否太短，使缓解阀开度过小，如果是，则更换长一点的缓解柱塞。

（3）检查保压弹簧是否太硬，如果是，则更换。

（4）检查缓解阀是否被卡住，如果是，则需找出卡住的原因，重新组装。

（5）检查中间体内制动缸通路是否不畅，如果是（不常有），则应将中间体卸下，疏通制动缸通路。

（五）其他故障及其判断与处理

1. 缓解稳定性不良（易产生自然制动）

（1）检查压力风缸限制堵中心孔是否过小或被异物堵塞，如果是，则疏通。

（2）保压弹簧是否太硬，如果是，则更换。

2. 紧急限压后，制动缸压力下降不止

紧急限压后，制动缸压力稍有下降是正常的，如下降不止，则将操纵阀手把置于 3 位保压，观察列车管压力是否上升，如上升，则重新上紧中间体或更换主阀小膜板。

3. 紧急限压后，制动缸压力继续上升

（1）检查限压阀或限压阀套 O 形圈是否漏泄，如果漏泄，则更换。

（2）检查主阀杆 O 形圈是否漏泄，如果是，则更换。

4. 无阶段缓解或阶段缓解不明显

（1）检查转换盖板及胶垫是否安装正确，如果是，则应将转换盖板及胶垫按正确的方法重新安装（注意：一次位与阶段位相互转换时，只转动盖板而不转动胶垫）。

（2）检查转换盖板及胶垫是否有缺陷，如果有，则更换。

（3）检查充气阀套第二道 O 形圈是否漏泄，如果漏泄，则更换该 O 形圈。

四、F8 型电空制动作用原理

F8 型电空制动阀主要有充气缓解位、常用制动位、保压位和紧急制动位四个作用位置。

1. 充气缓解位（见图 11-6）

此时缓解电磁阀励磁，常用制动电磁阀和紧急制动电磁阀无电。压力风缸充电：制动管压缩空气经 $g \to g_1 \to g_5 \to g_6 \to$ 缓解电磁阀 $\to m_3 \to m_2 \to$ 限制堵 $A \to$ 过渡板上 $m_1 \to m$，充向压力风缸（同时还可经 F8 型分配阀向压力风缸充气）。压力风缸可充至定压。

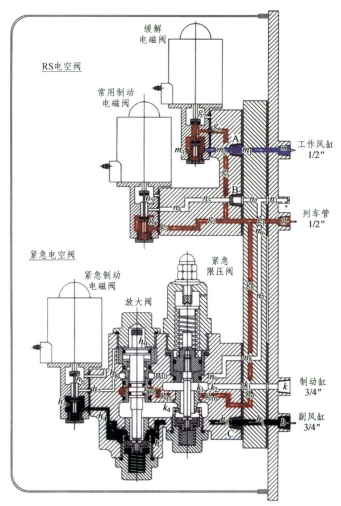

图 11-6　F8 型电空制动机的充气缓解位

另一路，制动管压缩空气经 $g \rightarrow g_1 \rightarrow g_8 \rightarrow g_9 \rightarrow g_{10} \rightarrow g_{11} \rightarrow g_{12}$，到放大阀套外侧。由于放大阀处在上端位置，所以制动管压缩空气不能与大气相通。

制动缸缓解：副风缸压缩空气经 $h \rightarrow h_1 \rightarrow h_2 \rightarrow h_3 \rightarrow h_4 \rightarrow h_5$，由于此时紧急制动电磁阀无电，阀口关闭。制动缸经 F8 型分配阀与大气相通，呈缓解状态。

制动后再充气缓解时，由于压力风缸的空气压力比制动管的空气压力高，所以，压力风缸压缩空气经 $m \rightarrow m_1 \rightarrow$ 限制堵 $A \rightarrow m_2 \rightarrow m_3 \rightarrow g_6 \rightarrow g_5 \rightarrow g_1 \rightarrow g$，向制动管逆流，使制动管的增压速度提高，起到加速缓解的作用。限制堵 A 控制压力风缸的充气速度和逆流速度，达到既满足一次性缓解的要求，又具有满足阶段缓解的性能。

常用制动电磁阀无电，常用制动排气口被关闭，制动管压缩空气经由 $g \rightarrow g_1 \rightarrow g_2 \rightarrow g_3 \rightarrow g_4$，到达常用制动电磁阀下方。但常用制动电磁阀下方的制动管压缩空气与大气之间的通路被切断。

紧急制动电磁阀无电，制动管通副风缸的空气通路被切断。放大阀上部气室 $h_9 \rightarrow h_8 \rightarrow h_7 \rightarrow h_6 \rightarrow$ 大气，放大阀杆处于上端位置。

2. 常用制动位（见图 11-7）

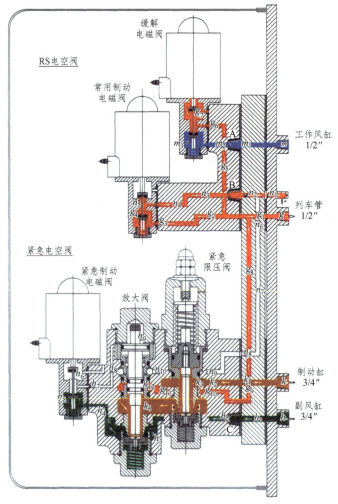

图 11-7　F8 型电空制动机的常用制动位

电空常用制动时，常用制动电磁阀励磁，缓解电磁阀和紧急制动电磁阀无电。制动管减压：制动管压缩空气经由 $g \to g_1 \to g_2 \to g_3 \to g_4 \to$ 常用制动电磁阀 $n_5 \to n_4 \to n_3 \to$ 限制堵 $B \to n_2 \to n_1 \to$ 大气，加快了制动管的减压速度，使 F8 型分配阀迅速产生制动作用。这样，F8 型分配阀的动作不受空气制动波传递时间的影响，限制堵控制制动管有较合适的排风速度。

产生常用制动作用后，制动缸的压缩空气可经由 $k \to k_1 \to k_2 \to k_3 \to k_4$，进入紧急制动电空阀腔体内，但对该阀的动作无作用。

此时，由于缓解电磁阀和紧急制动电磁阀均不励磁，所以压力风缸的空气压力不变，放大阀和紧急限压阀均处于初始位置。

3. 保压位（见图 11-8）

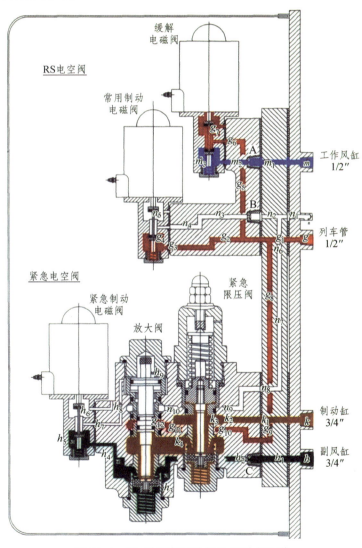

图 11-8　F8 型电空制动机的制动保压位

此时常用制动电磁阀、缓解电磁阀、紧急制动电磁阀均不励磁。制动管、压力风缸、副风缸和制动缸的空气压力均保持不变，相互间的联络通路被切断。在此位置时，如果缓解电磁阀间歇励磁，可获得电空制动的阶段缓解作用；如果常用制动电磁阀间歇励磁，可获得电空制动的阶段制动效果，因此保压位是不可缺少的位置。由于 F8 型分配阀已具有阶段缓解性能，所以不需要单独设保压电磁阀。

4. 紧急制动位（见图 11-9）

此时常用制动电磁阀和紧急制动电磁阀同时励磁，缓解电磁阀无电。制动管压缩空气经 $g \to g_1 \to g_2 \to g_3 \to g_4$，经常用制动电磁阀 $\to n_4 \to n_3 \to$ 限制堵 $B \to n_2 \to n_1 \to n \to$ 大气，使制动管产生与常用制动时相同的排气效果。

紧急制动电磁阀励磁后，副风缸的压缩空气经由 $h \to h_1 \to$ 限制堵 $C \to h_2 \to h_3 \to h_4 \to h_5 \to h_7 \to h_8 \to h_9$，进入放大阀杆上部，推动放大阀杆向下移动，完成以下工作。

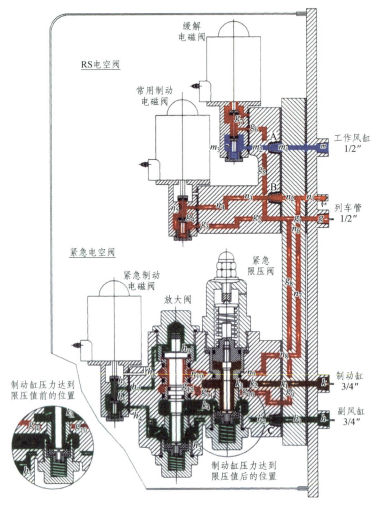

图 11-9　F8 型电空制动机的紧急制动位

（1）制动管排气。

制动管压缩空气经由 $g \to g_1 \to g_8 \to g_9 \to g_{10} \to g_{11} \to g_{12} \to$ 放大阀杆与套的间隙 $\to n_{10} \to n_9 \to n_8 \to n_7 \to n_6 \to n_1 \to n \to$ 大气。此时，制动管排大气的通路不受限制堵的限制，排气速度较快，且与

常用制动的排气叠加，制动管减压速度骤增，F8 型分配阀立刻进入紧急制动位，使列车中各车辆同步起紧急制动作用，最大限度地改善了由于列车中各车辆制动时间差而引起的列车冲动。

（2）副风缸向制动缸充气。

此时放大阀杆向下移动，压缩止回阀弹簧，打开下方止回阀。副风缸压缩空气经 $h \to h_1 \to$ 限制堵 $C \to h_2 \to h_3 \to$ 左侧止回阀 $\to k_4 \to$ 右侧止回阀 $\to k_3 \to k_2 \to k_1 \to k$，进入制动缸。此时，副风缸压缩空气除经 F8 型分配阀进入制动缸外，又增加了一条新通路，相当于扩大了副风缸向制动缸充气的通路面积，缩短了制动缸的升压时间。制动缸的升压时间可由限制堵 C 的孔径来调节。

制动缸升压后，压缩空气经限压阀杆及其套的间隙，作用在限压阀活塞上，当该作用力大于限压阀弹簧力时，限制阀向上移动。同时，由于下方止回阀弹簧力的作用，右侧止回阀和限压阀杆一起向上移动，右侧止回阀被关闭，切断副风缸与制动缸之间的联络通路，停止从该通路向制动缸增压。

制动缸限压值的大小，可用调整螺丝来调节限压阀弹簧的预紧力而改变。

F8 型电空制动单元的工作原理如图 11-10 所示。

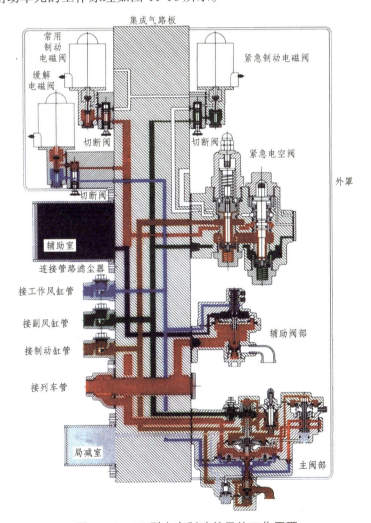

图 11-10　F8 型电空制动单元的工作原理

任务三 风源及干燥系统

 任务目标

【知识目标】

（1）掌握 CR200J 动力集中型动车组风源及干燥系统的组成；

（2）掌握 CR200J 动力集中型动车组风源及干燥系统各部分的作用。

【技能目标】

能够对 CR200J 动力集中型动车组风源及干燥系统进行检修。

【素质目标】

培养学生的实际操作能力，提升标准化作业意识。

 任务描述

风源及干燥系统是复兴号 CR200J 型电力动车组的重要组成部分，提供空气制动系统的动力来源。课前同学们要完成对 CR200J 动力集中型动车组风源及干燥系统组成和作用的学习，课上汇报学习成果，同时老师讲解各组成部分的作用；课后同学们要根据所讲知识自主对此系统的作用原理和检修过程进行更深入的探究。

数字资源

风源及干燥系统

 配套知识

每台电力动车配置一套风源及干燥系统，包括 2 台主空压机、1 台干燥器、2 个总风安全阀、4 个总风缸和 1 台辅助空压机，如图 11-11 所示。

图 11-11 风源及干燥系统

一、主空压机

主空压机由机体、冷却风扇、电机、联轴器、空气过滤器、进气阀、油气桶、油气分离器、压力维持阀、后冷却器、油过滤器、温控阀、安全阀、温度开关、视油镜、泄油口、油冷却器、真空指示器、压力开关等组成，如图 11-12 所示。

图 11-12　主空压机

主空压机出口压缩空气的质量符合 ISO8573-1 规定的固体颗粒 2 级、油 4 级。润滑油采用 Anderol3057M，额定工作压力 1 000 kPa，公称流量容积（吸风量）1.6 m³/min，电机电源 AC 380 V，50 Hz，控制电源 DC 110 V。

主空压机启停控制逻辑如下：

单泵模式：中央控制单元（CCU）检测到总风缸压力降至 750 kPa 时，每台动车启动 1 台主压缩机；降至 680 kPa 时，每台动车的 2 台压缩机同时启动；总风压力升至 900 kPa 时，压缩机停止泵风。

双泵模式（CCU 上电默认）：CCU 检测到总风缸压力降至 750 kPa 时，每台动车 2 台压缩机同时启动；总风压力升至 900 kPa 时，压缩机停止泵风。

空转模式：总风压力升至 900 kPa 后，压缩机停止泵风并进入空转模式 5 min（直车体）或 2 min（鼓形车），空转期间允许执行主压缩机启动指令。

总风压力低于 500 kPa 时，牵引封锁，常用全制动惩罚制动（停车状态除外）；须总风压力高于 600 kPa 解除牵引封锁、惩罚制动。

二、干燥器

压缩空气进入制动系统前，需经过干燥装置处理。干燥器（A04）、安全阀（A03/A07）、微油过滤器（A05）、塞门（A20）组成干燥器模块，如图 11-13 所示。

1. 技术参数

处理量：5.0 m³/min；

吸附剂（60 万千米更换）：活性氧化铝+分子筛；

再生方式：无热、常压；

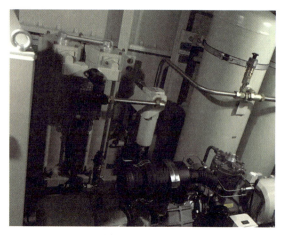

图 11-13 干燥器

再生耗气率：15×（1±3%）；

转换周期：120 s；

经过干燥器处理和微油过滤器处理后的压缩空气符合 ISO 8573-1 规定的固体颗粒 2 级、油 2 级、水 2 级。

2. 单塔式空气干燥器的作用原理

空气干燥器一般都是塔式的，有单塔式和双塔式两种。

单塔式空气干燥器的特点是吸附剂的吸附作用与再生作用在同一个干燥筒内进行。

当总风缸压力低于调压值的下限时，调压器立即动作使空气压缩机开始运转。同时，电磁阀励磁，其上方的排气口关闭，再生风缸和除湿滤芯下面的排气阀活塞之间的气路连通。此时，从空气压缩机排出的压缩空气经二次冷却器冷却后送到除湿滤芯，其中的水分、灰尘和油等被吸附剂分离掉，如图 11-14 所示。

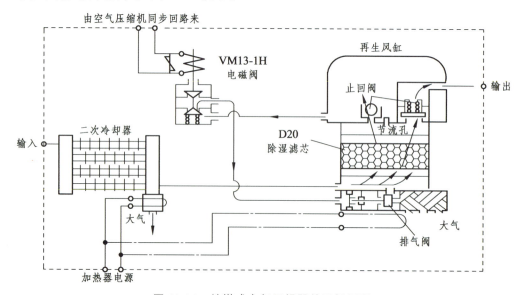

图 11-14 单塔式空气干燥器的干燥原理

压缩空气被干燥后，一部分经再生风缸上的止回阀进入再生风缸，再经电磁阀进入排气活塞的左侧，克服弹簧的弹力将活塞关闭，以免压缩空气从排气阀漏出；另一部分则经压缩空气输出口前的止回阀输送到总风缸。

当总风缸空气压力高于调压值的上限时，调压器立即动作使空气压缩机停止供风。同时，电磁阀消磁，切断再生风缸向除湿滤芯下面的排气阀活塞的供风气路，电磁阀上的排气阀口打开。

排气阀活塞左侧的压缩空气经电磁阀排大气，排气阀在弹簧弹力的作用下打开。再生风缸里的压缩空气经节流孔流出并发生膨胀，在流经吸附剂时吸收干燥过程中分离出来的水分、灰尘和油等，最后从排气阀排至大气，如图 11-15 所示。

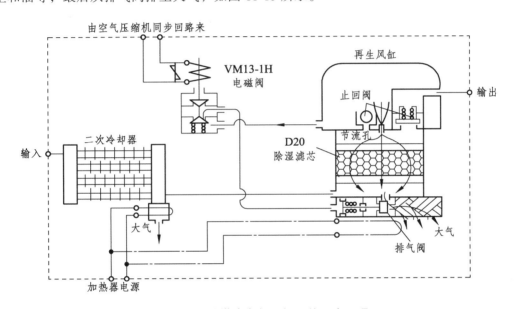

图 11-15　单塔式空气干燥器的再生原理

三、安全阀

1. 安全阀组成

为防止总风缸压力过大，须设置安全阀。安全阀由阀体、阀杆、压紧弹簧、调节螺母、封口螺母、铅封、排气口、阀座组成，如图 11-16 所示。

2. 安全阀的作用原理

（1）当工作压力处于正常水平时，阀座关闭。

（2）当超过安全压强（设定值）时，阀杆顶起压紧弹簧，额外的压缩空气通过打开的排气口释放。

（3）当压强降低到设定值后，阀座再次关闭。

（4）旋转调节螺母可以改变安全阀的开放压强。

（5）打开安全阀的封口螺母，可检查零件的工作状态，并排出存留在阀体内的灰尘。

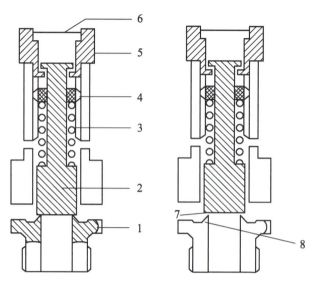

1—阀体；2—阀杆；3—压紧弹簧；4—调节螺母；5—封口螺母；6—铅封；7—排气口；8—阀座。

图 11-16　安全阀

四、辅助空压机

正常运用时，升弓、主断由总风供风。当总风不足时（低于 480 kPa±20 kPa）由辅助压缩机供风，推动升弓扳键开关，此时辅助压缩机打风，升弓风缸升至 735 kPa±20 kPa（CAB-A）或 750 kPa±20 kPa（CAB-B）时停机。再次推动升弓扳键开关，受电弓升起。

辅助空压机如图 11-17 所示，技术参数如下：

公称流量容积（吸气量）：60 L/min（出口压力 800 kPa 时）；

电源：DC 110 V；

出口压缩空气符合 ISO 8573-1 规定的固体颗粒 3 级、油 2 级、水 2 级。

图 11-17　辅助空压机

五、总风供风

总风供风管路安装在总风缸与后端墙之间的位置。总风供风管路上设置有传感器和塞门。流量压力传感器将数据发送至风源监测主机。

精选习题

一、单选题（选自职业技能鉴定题库）

1. CR200J动车组制动系统采用自动式电空制动系统，采用（　　）线制电空制动控制。

　　A. 3　　　　　　　　B. 4　　　　　　　　C. 5　　　　　　　　D. 6

2. CR200J动车组初速度为160 km/h时，紧急制动距离不大于（　　）m。

　　A. 800　　　　　　B. 1 100　　　　　　C. 1 200　　　　　　D. 1 400

3. F8型电控制动装置电空阀箱内有（　　）、紧急电空阀、过渡板及连接电路。

　　A. RS电空阀　　　B. 常用电磁阀　　　C. 保压电磁阀　　　D. 缓解电磁阀

4. 常用制动电磁阀的作用：电空常用制动时，提高制动管的压缩空气（　　）速度，加速电空制动作用。

　　A. 充气　　　　　　B. 排气　　　　　　C. 局减　　　　　　D. 逆流

5. 由于F8型分配阀已具有阶段缓解性能，所以不需要单独设（　　）电磁阀。

　　A. 缓解　　　　　　B. 保压　　　　　　C. 紧急　　　　　　D. 常用

二、判断题（选自职业技能鉴定题库）

1. F8型电空阀在充气缓解位时，缓解电磁阀消磁。　　　　　　　　　　　　（　　）

2. F8型电空阀在常用制动位时，紧急电磁阀消磁。　　　　　　　　　　　　（　　）

3. F8型电空阀在保压位时，如果常用制动电磁阀间歇励磁，可获得电空制动的阶段制动效果。　　　　　　　　　　　　　　　　　　　　　　　　　　　　　　（　　）

4. 单塔式空气干燥器的特点是吸附剂的吸附作用与再生作用在两干燥筒内进行。　（　　）

5. 安全阀在空气压力超过安全压强（设定值）时，阀杆顶起压紧弹簧，额外的压缩空气通过打开的排气口释放。　　　　　　　　　　　　　　　　　　　　　　　　（　　）

三、简答题

1. 简述CR200J动车组制动系统的功能。

2. 简述CR200J动车组制动系统的组成。

3. 简述F8型电空阀的结构组成。

4. 简述F8型电空阀充气缓解位的作用原理。

5. 简述F8型电空阀常用制动位的作用原理。

6. 简述F8型电空阀紧急制动位的作用原理。

7. 简述风源及干燥系统的组成。

8. 简述干燥器的作用原理。

9. 简述辅助空压机的工作原理。

精选习题客观题答案

参考文献

［1］张旺狮. 车辆制动装置[M]. 北京：中国铁道出版社，2018.

［2］彭鹏，蒋奎. 车辆制动装置[M]. 北京：北京交通大学出版社，2022.

［3］中国国家铁路集团有限公司. 铁路技术管理规程[M]. 北京：中国铁道出版社，2014.

［4］中国铁路沈阳局集团有限公司. 制动钳工岗位作业指导书[M]. 2020.

［5］中国国家铁路集团有限公司. 安全管理规定[Z]. 铁安监〔2023〕39 号.